WO BEN JIANG XIN XIANG MINGYUE

胡若隐 著

北京大学出版社
PEKING UNIVERSITY PRESS

图书在版编目(CIP)数据

我本将心向明月/胡若隐著.—北京:北京大学出版社,2016.9
ISBN 978-7-301-27476-7

Ⅰ.①我… Ⅱ.①胡… Ⅲ.①社会科学—文集 Ⅳ.①C53

中国版本图书馆 CIP 数据核字(2016)第 212831 号

书　　　名	我本将心向明月	
著作责任者	胡若隐　著	
责 任 编 辑	胡利国	
标 准 书 号	ISBN 978-7-301-27476-7	
出 版 发 行	北京大学出版社	
地　　　址	北京市海淀区成府路 205 号　　100871	
网　　　址	http://www.pup.cn　　新浪微博: @北京大学出版社	
电 子 信 箱	ss@pup.pku.edu.cn	
电　　　话	邮购部 62752015　发行部 62750672　编辑部 62753121	
印 刷 者	三河市北燕印装有限公司	
经 销 者	新华书店	

650 毫米×980 毫米　　16 开本　　插页 1　　25 印张　　341 千字
2016 年 9 月第 1 版　　2016 年 11 月第 2 次印刷

印　　　数　5051—10050 册
定　　　价　52.00 元

2006年获北京大学法学博士学位（左为时任北大校长许智宏，右为胡若隐）

舜德书院主楼(2014年落成，创院院长胡若隐)

（自序）

一个时代的生命或长或短，或显赫或平庸，命有定数，其盛衰并非时人的约定。是故那些即使浓墨重彩涂抹历史画卷的人物，也有人彻悟社会和人生真谛，感叹钟鸣鼎食终究烟消云散，活出真性情才是至高境界。余数十年来背负的行囊之中，从未负载人生面具。自从我挥手告别家乡湖南省永州市宁远县九疑山，先后赴湘潭求学、燕园淬修，并且担任新闻记者、国家智库机构生员乃至国相助手，昼夜勤作，孜孜以求。学习改变命运，只是这改变确也与无数艰辛跋涉相伴随。

总有贫困不能窒息的基因

像我这样至今年近半百之人，对家国贫穷落后有着刻骨铭心的记忆。20世纪70年代末期，基层人民公社实行集体经济，村里要将生猪定量分派到各家饲养，养不好不计工分，还得上纲上线挨批。我见过村里女人因为家里生猪不进食而心急如焚，其情其虑，甚至超过自家孩子罹患大病。是啊，毕竟猪只有一头，孩子多达三四个。猪有时候比人重要。我至今不明白的是，当年村支书家的围墙刷上"阶级斗争一抓就灵"标语那天，居然倒塌。先生说不太吉利。第二天学生娃跟先生到后山开刷"继续革命"之类的标语，好不容易用生石灰水刷白地色，不料下山途中竟有孩子掉进了猎人早些年布下的陷阱。

先生是代课老师，却很受尊敬。他的身份还是农民，别人下地干活，他凭三尺讲台挣工分。先生给同学们讲柳宗元《哀溺》的故事：永州百姓都善于游泳，在一次渡船过江遭遇洪水暴涨、船破逃生时，平时水性最好的那人淹死了,因为他腰间系有千金却又不肯放弃。先生说人为财死很正常,他若弃金上岸,家人都得穷死。我后来明白,柳河东被贬永州心情不好,其本意不是说只有永州人爱财如命,人为财死。柳氏散文《捕蛇者说》比寓言《哀溺》讲得更明白,捕蛇可能死,不捕蛇全家都得死。人在穷途末路时,选择赖活不失尊严。

代课中医,这是祖父和父亲两辈对于我的希望,今天看来,毋宁说那实在是应对贫穷潦倒的最好出路。虔诚于大地的行者,不会留意哪片云下雨。"文化大革命"结束三年后,我要到县中学文化去了。离开村寨的头天晚上,爷爷、父母和我围坐火塘,盘算我的下一次出息。父亲说,学的文化够辨认中草药方子,也好做爷爷毕生郎中的传人,回乡弄个代课先生当就更好。爷爷却说,山林毁坏厉害,那些草药即便你认得也找不到,郎中是做不成了;无论你是抓阄撞运,还是光脚硬拼,总得弄个一官半职回来。代课中医,这是父辈们针对我赢弱矮小、因材施教之方略。然而听见爷爷这么个口气,我虽从未触碰家谱之类的东西,却暗自断言祖上有人见过世面,否则绝然不会遗传下如此坚韧不屈的性格基因。

"一方水土养一方人",一个地方的文化塑造这个地方族群的性格。第一次离别我生养之地"绿园"小村,担笈杖锡,经过地名中富含儒家观念的中和、保和两个镇级区,再前往县城的路上,都得在背后山蛟龙潭一带喝上一口泉水。据说北宋诗词评论大家、中国第一个注解李白诗歌集大成者杨齐贤,800 年前就出生在这个地方。他的先辈在唐朝主政湖南郴州,拜访道州刺史元结后专程来到我的家乡宁远,听从唐朝中南地区开科状元李郃禀呈在背后山安家落户的建言。此地有春水奔腾而过,上溯几十里便是汉武帝所封春陵侯国,东汉光武帝刘秀的太祖父刘买分封于此。纵观秦皇汉武、唐宗宋祖以及大明太祖,都极力推崇舜文化。文治武功,这是成就杰出帝王之道。

数不清的各色人等蹚过绿园到县城这条水路,他们中有现任工程院院士,也有个别被全国通缉的匪类。永州坊间评价各县地方百姓性格,"唱不过祁阳,打不过东安,蛮不过道县,巧不过宁远"。我揣摩,任何聪明乖巧，一旦滑落到邪路，都没有什么好的下场。宁远地处五岭山区，北压衡岳，南瞰粤秀。此地堪称首善之区，九疑山为舜帝藏精之所，文庙规制仅次于曲阜孔庙，儒家教化深入人心。是故拥护国家统一、政府权威，这种价值观成为传统主流。太平军起于湘南邻里广西全州，越过省界后激战于湖南道县。洪秀全赋诗云："十万雄兵过道州，征途得意月岩游。"洪氏想不到石达开一部在宁远遭遇挫折，早期湘军管带石焕章就地做大。后来国民革命风行广东，宁远平田一村有入黄埔军校者二十人之多。即便此后政局诡谲胶着，也鲜闻改弦更张者。抗战名将阙汉骞曾经行草书"艰苦中求奋发，废墟上有新生"，流露出一身本色血性。

总有职业不能如愿的面对

"天下熙熙，皆为利来。天下攘攘，皆为利往"。1988 年 9 月 11 日，我被这名利洪流卷了进来。南来北往的民工潮中，湖南农民更多选择到广东务工。凭着大学录取通知书，半票三块五毛钱买了郴州到长沙的 318 次增开列车。郴州站乱得很，排队人太多，有两队并轨的，有蛮横插队的。忽然，戴红袖套的工作人员拿着扫帚在买票队伍上挥舞，叫嚷大家排队买票，秩序更加混乱。郴州地处京广大动脉湖南南大门，历来不平静。唐人宋之问在郴州大庾岭留下诗句"度岭方辞国，停轺一望家"，表达出远离中原、孤独南迁的不舍和郁闷。如今即便郴州西站通了高铁，纷乱依然。每次在站台上候车，听到广播传来满口方言式的普通话，无非是催促旅客抓紧时间上下车。那声音催命夺魂，令人心惊。多次听到候车旅客交流，郴州候车，先得备上速效救心丸，以备不测。

能够宣泄才华志趣，找到存在感，这是每个人社会角色定位的幸运。然而多数情况下，职业选择的结果并非自我实现的优化方案。我从 1992 年起从事过三种职业。最早从事的是新闻记者，其次是智库研究，时间做得最长的是国相工作助手。我的性格也许其实未必适合助手角色，虽然它带给人虚荣满足。不惑之年前，已经是正局级官员，然而我却不懂得何谓珍惜羽毛。在同僚看来我官运亨通，但是自己却再没有找到做记者时的快乐。至于从事所谓的政策研究，像历来些许御前文人一样，应该善于察言观色，但是，本人坚持认为，除非不折不扣地坚持实事求是之原则，秉承独立思考之精神，否则智库不如仓库，智囊不如酒囊。每个人自从来到这个世界，就得像一台机器不停运转。生命之折旧，有自然规律折掉的，有互相磨损折掉的。官场除构建公共利益之外，也属于个人进取激烈的利益场，很多人入仕后如同羝羊触藩，进退不得，不知何苦。

四年不到的新闻生涯，至今让我回味。在编辑部吃住18天后，我入住到北京后海附近棠花胡同八号杂院，有幸接触到地地道道的北京人。当时人们将环保等同于环卫。编辑里约环境发展大会专稿时，"可持续发展"漏掉了"可"字，资深编辑说"持续发展"也讲得通。听当时第一任国家环保局局长曲格平教授讲，维持国内生产总值12%的高增长率，需要2%的国内生产总值（GDP）投入才能够勉强控制环境污染势头。以1997年为例，因为环境污染造成GDP损失2%。领导们到处讲我们绝不能走发达国家"先污染、后治理"的老路，事实上，当时强调经济增长优先、忽视资源环境规律的大篷车队已经走得很远。面对首钢总公司1994年以823万吨的年钢产量登上中国钢铁家族的第一把交椅，1995年又喊出了新的目标"实现1000万吨是最大的政治"，首都人民心急如焚。这些呼声，在笔者的批评报道《首钢，首都的难题》中历历在目。首都雾霾不是偶然的，与其说它是人们忽视环境危机逼近的侥幸心理的产物，不如说它是"肉食者鄙"的决策渎职的结果。滔滔淮河奔流不息，宋健国务委员走过许多乡村，发现河水竟然污染得无一瓢可饮。听到他抒发"重现淮河碧水丰姿"的豪情时，我揣摩，他作为领导的表态超越了他作为科学家的纯粹理性。我在《长江之歌》的旋律中游历过壮美三峡，因而对1994年"三峡刻石"行为具有天生的反感。这是我生平第一次直接或间接与一线华人书画家打交道，据此写出的长篇通讯反映了市场经济条件下艺术遭遇的困境，故曰《艺术逼近一线天》。我对即将到来的艺术品市场价格暴涨缺乏提前预判。

舜德书院是自我放逐的结果

许多体制内志趣高尚的人士,八小时之外过得特别精彩。爱因斯坦的质能公式 $E=MC^2$ 开启了人类核爆时代,我绝对相信人的潜能同样巨大,深陷绝境者更理解生命。我自 2008 年初夏以来携重症晚期病残之躯,倾个人心力,尽家人资财,蒙大家不弃,历经艰辛,欣慰于 2014 年秋落成文化平台"舜德书院"。周霖先生的设计花了心思,总体建筑古朴沉雄,与中国传统文化的含蓄厚重相呼应。主楼展厅陈列作品丰富,内容涵盖自屈子以降的唐人李白、宋人苏东坡以及今人毛泽东主席等圣贤文章对九疑山舜文化的盛赞。园林里有 30 通碑刻作品,涉及作者有启功、刘炳森、沈鹏、欧阳中石、李铎、张海、孙伯翔、韩天衡、王镛、文怀沙、姚奠中、周其凤等先生,或在当今中国以书艺卓绝,或以学术不同凡响入列其中。本院所要弘扬的舜文化,主要包括个人修为要孝德,国家治理要善治,对待自然要敬畏。建设书院的本意,不是要追随或复制中国古代书院,而是让远方客人拜谒远古圣人时,除虔诚典礼外对舜帝文明有更多直观的感受。舜德书院坚持"摭以兼通、和而不同"的艺术理念,追求"韶韵九疑、舜德天下"的价值目标,向往和谐而不雷同的境界,渴望不同风格书体、不同艺术门类、不同学科乃至不同价值理念在这里对话。

舜德书院竣工开院于 2014 年 10 月 21 日(农历甲午年九月二十八日),第十一届全国政协副主席李金华莅临现场,时任中国书法家协会主席张海专程前往并致贺词。省市县党政领导欧阳斌、陈文浩、魏旋君、向曙光、刘卫华、桂砺锋和家乡籍中国工程院院士何继善、欧阳晓平、特邀嘉宾章伟秋等出席仪式,父老乡亲千余人现场见证。是日清晨云销雨霁,活动期间阳光明媚,仪式结束后大雨如注。舜德书院奠基于 2012 年 10 月 18 日,时任湖南省委书记周强发贺信,希望把舜德书院建设成为一个文蕴厚重、功能完善、特色鲜明的重要文化品牌。中央数字电视书画频道董事局主席王平先生表达了支持书院、合作共赢的愿望。按照传统历法 2012 岁次壬辰,书院孕育和开工顺乎天时。2016 年清明节前日,家乡籍省委书记秦光荣参观舜德书院,留下感悟之词与我共勉:九疑儿子襟期高旷,修身践言光大舜德。我们畅叙家乡时,话题自然围绕如何依托厚重底蕴、做好文化旅游文章。客观历史地评价,秦光荣39岁就任当时零陵地委书记时,对永州发展大局的把握和文化认知基本到位,提出了"开发九疑山,抢修舜帝陵"的目标,还是展示了"功成不必在我"的境界。

余当谨遵圣人之言"陈力就列、不能者止",坚持产权明晰,随时恭候大方之家担任院长。凡是加盖"舜德书院鉴藏"(张继先生制印)的作品,任何条件下不得流出书院。惟望身后两代人今后锲而不舍,每年制作一碑,70年后则碑林作品过百通,算是纪念舜帝百岁南巡九疑山的壮举。每念谋划书院以来,余一改平日做人低调风格,适度张扬。余坚持认为,建筑再宏伟奢华,如积年无文化巨人出入,百年之后它定会沦落为叫花子遮风挡雨之废墟。浏览中国古代四大书院,范仲淹讲学成就应天,司马光编修《资治通鉴》增光嵩阳,朱熹"教条主义"定制于白鹿洞,"朱张会讲"名噪岳麓,书院似乎总给人一个总体印象:必有名流讲学传道,方育桃李满园。

每每抚摸这些花岗岩基的书院碑林,我感到大家气息跳动和生命不息,温馨又温暖。张继隶书《史记》"舜葬九疑说",讲述的是历史渊源:"舜践帝位三十九年,南巡狩,崩于苍梧之野,葬于江南九疑"。先生以汉隶书汉人章句,构想得体。孙晓云2012年行书的"诛杀贼臣严嵩疏"节选:"自古风俗之坏未有甚于今日者,盖嵩好利天下皆尚贪,嵩好谀天下皆尚谀"。无疑是借古讽今,意味深长。清代书法巨匠何绍基有诗《游九疑山》:"生长月岩濂水间,老来才入九疑山。消磨筋力知余几,踏遍人间五岳还。"先贤真迹不见,请中国书协主席张海书之,弥补遗憾。丙申之春,余来到友人张智勇先生家乡,泠江萦绕的九疑山西弯村,看到何绍基所作"水峙山流"等多幅真迹,内心激动。山水滋润大地,文化养育心灵。斯言当真。如今满地侏儒,在讲述恐龙故事。微斯人,吾谁与归?

人若有失尊严,多因名利所累

人在许多时候为尊严而生存,学习成为寻常子弟攀登的阶梯。我离开小山村游学县中时,抱定学成回乡当代课中医的愿望。在我离开县城要到湘中一带游学时,也没有"男儿立志出乡关,学不成名誓不还"的想法。我尽量放大胆子想,回县城当个干部是很美的事,至少娶媳妇时省些彩礼。从往届毕业生分配看,这个想法不过分。

　　我就读湘潭大学中文系时,对湖湘文化开始了解。儒家孔子推崇舜帝,他讲"三十而立""五十而知天命",和《史记》记叙的舜帝年三十得到尧帝重用,五十岁开始监理国家的内容是一致的;孔子还评价舜帝所作的"韶乐"尽善尽美。宁远是舜文化重镇,它的几条河流多数汇集到道县,经潇水汇流湘江后入长江。儒学理学,一脉相承。北宋理学集大成者周敦颐,平生精粹尽入《太极图说》《通书》,主静为宗,要求人们减少欲望,《爱莲说》倡导做人要"出淤泥而不染"。清朝学者王闿运撰联,"吾道南来原是濂溪一脉,大江东去无非湘水余波"。湖湘文化有源头,却也追求经世济用。它推崇国家至上、成就功名。晚清中兴名臣中,曾国藩一直认为自己"同进士出身"学问不算光彩,同治三年(1864)封他个一等毅勇侯属于功名不配。至于左宗棠,他一直为自己的"举人"出身感到不爽,直到光绪四年(1879)才封的二等恪靖侯。许多建功立业者,因为学问虚名不够,确实糟蹋了好心情。

　　如同很多寒门子弟追求高学历学位一样,我在很大程度上也是为情势所因,为名利所累。我1992年到新闻单位前,很快补习了"北人大、南复旦"不同风格的经典新闻著作,着重在消息标题制作、导语写作和新闻评论方面下过工夫,以至于自己得心应手,很快成为单位的业务骨干。同事谈论道,看来中文系学生转新闻不难。我1996年到国务院研究室后,感到自己小本科的弱小。同事们隔行如隔山,彼此却热衷于在清谈中说服对方。例如有肇事车撞老人后逃逸,路人该不该见义勇为?医学博士担心道,救助不科学造成二次伤害。新闻博士说,这种事见怪不怪,时代的悲哀。经济学博士发问,把伤者弄到医院,药费谁出?1998年新任总理搞改革,带头裁减冗员。我单位按比例执行。博士们要留下,近期获得领导批示的文章作者留下。我属于后者,搞得不明不白的"知识经济"内参得到过大人物的批示。我这才意识到,学历可当饭碗,文章可以救命;若要混得更好,回炉再炼大有必要。

我 2001 年通过严格考试进入北京大学,师从王浦劬教授,攻读法学博士,每周工作日里上两天课。后来北大政治学与行政管理系升格为政府管理学院,在百周年纪念讲堂搞庆典,有同学自发挂了横幅,"中国不可一日无北大,北大人不可无报国心"云云。导师做了一回创院院长。后来我协助作家解思忠先生开办北大国民素质研究中心,2010 年在人民日报撰文《国民素质是第一国力》。我 2012 年在《从地方分治到参与共治》一书中谈道,"中国人口基数过大而国民素质总体不高,将长期成为掣肘发展的超级变量,加之可能出现的城市化狂热进程,任何看似聪明而复杂的制度模型都可能失去国情和理性的支持"。慢慢地,我对真正的学术研究有了好感。何况,燕园为我最崇敬的鲁迅先生待过。他说自己的一生多是在疾病和被谩骂中度过,三十岁就满口掉牙。我在 2008 年开始大病,汶川地震那天住院。我的牙口至今尚好,对国民劣根性的认识远不如先生那么深刻,故不至于经常咬牙切齿伤了牙口。看来一个人要痛恨自己的母国,没有独立见解和睿智也便没有资格,随口开骂只能显得没有教养。

北大有一种神秘而强大的力量,将"志存高远,追求卓越"信念潜移默化于每一个成员。多数专业都强调理论与方法,而方法的收获要超过知识本身。尽管"人是各种社会关系的总和",却经常因为利益关系发生冲突;集团必须达成"集体行动逻辑",趋利避害,否则就会发生更多的"公地悲剧";产权明晰是必要的,除非一个国家容忍低效和腐败蔓延;在别的办法都不能奏效时,可以把目光注意到制度调整方面。如此等等,很多学术派别的创立,是聪明绝顶者将自己的偏见阐发成似非而是的结果。学术凡人历练到相当明白,他讲述的再简单的东西,也会赢得世人惊异的目光。我是在不知不觉中陷入了国家公共治理的忧愁。

信仰混沌是吾国吾民之困局

古罗马时代历史学家设下这样一个陷阱:当政府部门失去公信力时,无论说真话还是说假话,做好事还是做坏事,都会被人们认为是说假话、做坏事。比起猎人挖的陷阱,掉进"塔西佗陷阱"虽不牵涉具体某个人的痛苦,但它困住的是一个时代的人心。在我们这个时代,物欲横流,"滔滔者,天下皆是也"。在利益追逐激烈的资本市场,"一根阳线改变情绪,两根阳线改变观点,三根阳线改变信念"。2015年中国股市因为杠杠游戏和规则失控发生股灾,有关部门采取全面调控措施,股民引用网络热词嘘声"然并卵"(全句"然而这并没有什么卵用"的缩写)。斯文扫地,内涵虚空,呜呼哀哉。此等投资群体断然与强大市场无缘。

信念信仰,从来没有像今天这样弱不禁风。穷鬼变成土豪金之后为富不仁,弱智掌管权力笼子后忘乎所以。空气污浊酿成雾霾,水乡变得没有水喝。表面看来人人关心众人之事,实则冷漠充斥着每一个角落。激滟时光微陌途,依然如故。即便传来一曲"黍离麦秀",有几人停下匆匆追逐的脚步?多样性,多极化,多元,多中心,治道名目繁多,常背离人民幸福的归宿。"因为太阳温暖,我才来到这个世界"。如若国人富得只是剩下大量金钱,多数人被沦为科学的玩偶,嘘寒问暖游走于无形网络,这样的时代,至少我不会留恋。

如果说科学、文化、健康储备能够全面提升人的智商,让一个人在职业竞争中取得优势,那么,人格、精神、道德素质更关乎人的情商,它决定一个人总体境界的高低。即便一个国家能够连续建造世界第一高塔,却远不及古巴比伦人建造"通天塔"那么富于传说魅力。"未来帝国是头脑的帝国"。幸好还有人做着聚沙成塔的美梦,还有人不畏沼泽或废墟,努力从中国传统文化中吸取精华,建造现代中国大厦。它不仅是物质富饶的堆积,更是守望精神的家园。当下我们讲顶层设计,在社会发展的稳定函数中,首先需要强化人的积极变量。

如果每个人的文化自觉生长于真善美的土壤,是耳濡目染而不是外力强加的结果,人气和谐成为可能。精神向往超越物质利益诱导,人类存在意义由此获得。很多学者探讨人的今生来世命题,试图揣摩前人伟大思想的灵感,找到重新建构的方案。"最后的儒家"梁漱溟自陈,"我的前生是一个和尚"。作家王蒙偏爱儒学,著作了《天下归仁》。林语堂先生曾经说儒家正视人生,释家简化人生,道家否定人生，似乎想抓住三家的精髓。燕叟文怀沙的"正清龢"，对儒道释的理解陷入了绝对简单。溯流而上，相传孔子闻礼于老子，圣人和佛祖几乎是地球上同代人。礼主天地之序，乐主天地之和。"生民之道，乐为大焉"。可见，治理百姓的方法中乐最重要，为政者要与民同乐，但不能放弃权威，淡化对民众的引导和约束。一个国家如果公共决策失误，群体利益分配严重失衡，就会滋生不断的冲突。"天地尚不能久，何况人乎？"人们对名利的追逐总有疲倦的时候。大约再过三四代人即一百年左右，绝大多数人的物质驱动欲望递减，就会重新选择简化生活，回到人类追求快乐的固有天性。

　　我的家乡目前物质上尚不富裕，但文化底蕴令人自豪。当我身处都市，屡屡为雾霾所困的时候，想起毛泽东"九嶷山上白云飞，帝子乘风下翠微"的诗句。家乡诗人杨季鸾为柳子庙题联"才与福难兼，贾傅以来，文字潮儋同万里；地因人始重，河东而外，江山永柳各千秋"，于我心有戚戚焉。6年前的国庆假期，放逐自我于九疑山如此多娇的风光中，在泠江上游青山尾、羊蹄岭一带，我看到那里的山水与田园交融，晨雾与楼阁相映，历史文化底蕴深厚，料想山水画大师董源作《潇湘图》时在这里找到了灵感，我也作了一首小诗《江南九疑》。没想到，一年后河谷水草、润泽之地全因挖沙洗沙破坏。是谁如此胆大妄为，在县城饮用水源上游区作孽多端？两年后特大洪水席卷了这一带，有百姓呼天抢地，也有人庆幸老天抹去了这笔糊涂账。无独有偶。在我亲历的九疑山深处河谷地区，径流引水发电使天然河道断流干涸，原生态环境被糟蹋殆尽，巨石裸露，生机黯然。我再也不敢领朋友进山畅游了。山里没有水，如同人没有眼睛。我家乡的"老爷"们啊，是什么蒙蔽了你们智慧的双眼？以致如此漠视来自大地的呼声？

　　文化是自信的基因，是风景的灵魂。

　　人在做，天在看。如果放弃底线，恐会招致天怒人怨。

　　而我，该休息去了。人不能把别人的黑夜当作自己的白天。

　　来不及考虑，我若下地狱，鬼待哪里去。

永州之野人胡若隐于北京

2016年6月8日

目　录 Content

一　环境自觉

其一　生存家园扫描　/ 001

01　国策在经受热浪冲击　/ 001

02　执法者被非法拘禁之后　/ 006

03　县委书记的环保情结　/ 010

04　英雄故乡悲剧重演　/ 013

05　总理为本报创刊十周年题词　/ 017

06　黄土情未了　/ 018

07　电力工业欲筑环保科技风景线　/ 021

08　宋健率团赴淮现场办公

　　　淮河污染困扰多年今望还清　/ 022

09　宋健进行治淮战前总动员

　　　共同参与齐心协力　早日重现碧水丰姿　/ 024

10　新闻特写：万吨高炉静悄悄　/ 026

11　总理要求尽早变清淮河水

　　　淮阴万民愁眉久锁今放晴　/ 028

12　解振华称"周口现象"有典型意义

　　　落实治淮精神得力　周口莲花越开越艳　/ 030

13　新闻特写：治淮众生相　/ 032

14　宋健接受记者专访　强调治淮措施果断　/ 034

15　百强县扬中注目生态兴市　/ 037

16　我国着手摸清环保产业家底　/ 038

17　三峡工程昨日正式启动　/ 039

18　新闻特写：三峡工程：走向新世纪的丰碑　/ 041

19　新闻特写：

　　"菜篮子"里看环保——跟随总理走四川　/ 043

20　总理现场强调治理洞庭湖　/ 045

21　台州大兴土木风　农民害怕做市民　/ 046

22　新闻特写：滕头村民谱新曲　/ 048

23　说首钢，话申奥　/ 050

24　子孙之路不能断　/ 056

25　决战淮河　/ 060

26　居民消费水平稳步提高　豪华楼堂馆舍仍需严控　/ 074

27　湘大学生欢欣鼓舞迎"七一"　/ 075

其二　生存境况评论　/ 076

01　环境小议 6 篇　/ 076

02　记者评述：何方相助噪声"愁城"　/ 081

03　记者评述：秸秆铺出小康路　/ 083

04　短评：群众讲完了再拍板　/ 085

05　短评：就得"软硬兼施"　/ 086

06　评论员文章：向淮河流域水污染宣战　/ 087

07　评论员文章：机构不强万事难　/ 090

08　畅所欲言：以邻为壑者戒　/ 091

09　产经分析：新菜受宠是一种环境觉醒　/ 093

10　产经分析：众口激辩火电　脱硫实施困难　/ 096

11　读者论坛：当今"愚公"新追求？　/ 099

12 读者论坛：刹住这股歪风 / 100

其三 生存命运对策 / 101

01 中国环保产业面临复关挑战 / 101

02 淮河,怎样走向新世纪 / 106

03 三峡刻石风 众议难认同 / 111

04 "一线天"边涛声疾——"三峡刻石"采访断想 / 113

05 三峡工程环保话题 5 篇 / 118

06 长江特大洪水警示录 / 129

07 急剧恶化的地球村 / 135

08 国家安全战略新见解 / 140

09 自然之友：草根环保不可或缺 / 147

10 富春环保：酿造可人春色 / 154

11 碧水源：为有源头活水来 / 158

二 学术研究

01 我向海湾国家外派护士亟须加强管理 / 163

02 关于"知识经济" / 166

03 关于知识经济的政策与措施 / 170

04 应重视高科技在环保产业的应用 / 178

05 国民素质是第一国力 / 183

06 地方行政分割与流域水污染治理悖论分析 / 188

07 我国流域水污染治理困境及对策 / 196

08 超越地方行政分割体制 探索参与共治的流域水污染
    治理新模式 / 202

09 探索的艰难与尴尬——对"中国现代派文学"的
    一种描述 / 214

三　对话经典

01　艺术逼近"一线天"——"世界华人画家三峡刻石记游"透视 / 225

02　中国榜书艺术的变与常 / 233

03　魏碑风骨孙伯翔 / 237

04　书画家当慎"被收藏" / 240

05　龟翁弟子孙伯翔 / 243

06　黾勉从事成大家 / 247

07　"孙门弟子"需要艺术突围 / 253

08　敢云大隐藏人海 / 258

09　度则舍筏话张海 / 264

10　诗书画印求"四融" / 274

11　学问大家萧艾访谈录 / 277

12　苍梧之野　伟岸"三杨" / 280

13　名将阙汉骞和"拨云体" / 290

14　迎接舜德书院的新生 / 294

15　舜德书院初创略记 / 303

16　闲话科学与艺术 / 307

17　临安国石村调查 / 310

18　书法艺术提升永州文化自信 / 319

19　艺术契合源于文化皈依——兼论欧阳维忠的何体书法之路 / 325

四　随性小作

01　杂文《三个日本人急了中国人》等6篇 / 330

02　黄昏,我噙着一支黄土情歌 / 339

03　南风之薰兮 / 343

04　从来,我没有后悔 / 345

05 家 雀 / 346

06 有所思 / 347

07 话说京城：输不起的北京人 / 352

08 岁岁年年人不同 / 354

09 湘西,春天里的抒情诗 / 356

10 沦陷的感觉 / 358

11 话说京城：别把四合院当古董 / 360

12 诗歌《纯属男人话题》等 7 首 / 363

13 文章立意与国学基础 / 369

重要附录

01 学术评价《从地方分治到参与共治》 / 377

02 茶叶冲里谋发展(新浪网新闻) / 381

一　环境自觉

其一　生存家园扫描

01　国策在经受热浪冲击

历史的丰碑已经铭记:1992 年,邓小平同志发表重要的南方谈话,中国经济建设迅速驶入快车道;联合国环境与发展大会在巴西召开,可持续发展成为各国首脑的高度共识。10 月,党的十四大奏出强音:加强环境保护成为 20 世纪 90 年代改革和建设的十大主要任务之一。

几乎与此同时,在湖南省株洲市政府支持下的株洲轮胎厂,在市中心人口稠密区强行上马年产 30 万套子午胎化工项目。半年多来,以株洲硬质合金厂职工为主的周围居民对上述项目的选址不当表示强烈不满。省市环保部门因为对项目审批把关不严,处境微妙。一时间,围绕此事的激烈争议成为株洲市 50 万市民注视的焦点,并且引起首都多家新闻单位的密切关注。

由于地方政府领导对经济发展和环境保护关系理解上的偏颇,酿成了这起市民对市政府的信任危机。在计划经济观念盘踞人们脑海的当时,这个污染严重的化工项目报告书上盖了 200 多个图章,真可

谓来之不易。在可能出现的环境破坏问题上，市政府的主要领导讲
"上了再说"。

株洲市是我国南方的铁路枢纽，又有湘江从市中流过。得天独厚
的交通优势，使这座新中国成立初期的小镇迅速崛起为市区人口达到
50万的中等城市，被誉为"火车拖来的城市"。

株洲轮胎厂是湖南省唯一的专门生产汽车和拖拉机轮胎的厂家，
也是株洲市的利税大户。但自从1990年以来，企业出现亏损。该厂
生产的传统尼龙斜交胎面临被市场完全淘汰的危险。企业意识到产
品更新换代的紧迫性，提出上马当今世界轮胎工业最高技术水平的子
午胎的建议，得到了市政府负责同志的支持。项目报告书上的图章盖
了200多个，年产30万套子午胎的项目总算争取下来。

问题接踵而至，工程选址位于市中心的离火车站仅仅2000米的
环境敏感地区，是一片锅底窝风地带，处于居民、商业、文化和工业混
合区域。除南面为新华路，其余三面为株洲硬质合金厂、钨钼材料厂
的居民生活区和一所医院。地势低洼，不利于废气排放；主体工程与
居民生活区之间的最近距离不到6米，实际上没有卫生防护距离；地
处人口稠密区，可能引发无穷后患；面积狭小，今后难以有更多的空间
发展。

如此选址，有关方面是有他们的考虑的。轮胎厂的负责同志表明
他们有难处：厂里资金困难，这次冒着风险自筹资金3000多万元，并
通过湖南省在香港办的三湘公司，引进了部分资金。到别的地方上这
个项目，恐怕要花费3个亿以上。株洲市分管环保的副市长也谈到：
轮胎厂是市属企业，搬迁不起，只能就地改造。

基于这个并不乐观的前提，湖南省环保局的专家们断然指出：长
远而言，目前的选址是不太适宜的，即使采取一些补救措施，也不能从
根本上解决问题。轮胎厂的上述做法无疑是一种以牺牲环境换取效
益的短视行为。3万多名居民对子午胎工程由失望转而愤怒，甚至出
现过激言行。

30万套子午胎项目在没有环保审批的前提下强行上马,脱缰而去。

1990年8月,湖南省环保局批准了株洲轮胎厂原先上报的10万套子午胎项目,但后来厂里提出上马30万套子午胎规模,没有得到省环保局的批准。为了慎重起见,省环保局于1992年1月特邀有关专家、教授组成评审小组,最后作出的结论是:按原有平面图布置兴建年产30万套子午胎工程是不太适宜的。

在30万套子午胎项目环评没有得到省环保局批准的情况下,株洲轮胎厂试图以10万套作为"掩体",为造成30万套的"既成事实"而挑灯夜战。可是,"障眼法"并不能消除问题的隐患,群众的强烈不满立即引起上级政府部门的高度重视。1992年12月,湖南省政府一位副秘书长召集有关部门,就建设30万套子午胎项目引发的矛盾召开协调会。他在会上归纳大家的意见后指出:建设中首先应该考虑环保问题,现在是项目上得勉强,30万套要最后有省环保局的批复才行;株洲市再不要讲10万套了,是30万套就是30万套,不要掩盖今后的矛盾。1993年1月,株洲市政府办公室文件将"30万套子午胎"列为当年全市重点项目之一。轮胎厂目前的土建等都是按照30万套这一规模进行的。

4月16日,记者在工地上看到的是一片繁忙的建设场面,主体建筑拔地而起10余米。记者在现场尤其注意到,其"固定资产投资项目许可证"牌子上的内容为"建设规模:30万套子午胎",在两小时后被改动为"建设规模:10万套子午胎"。至此,株洲轮胎厂游戏法律、强行促成项目上马的真相欲盖弥彰。

就这样,由于株洲市政府支持下的轮胎厂的执意坚持,30万套子午胎工程在不适当的地点、时间强行上马时已半年。严峻的现实也注定了环保部门的尴尬处境。"如果市政府一定要搞的话,那就市政府负责。"省环保局一名负责同志的说法,反映出省市环保部门的某些"苦衷"。难怪,4月17日,记者来到省环保局采访时,7位正副局长全都"人走茶凉",不见踪影。其他人员无一愿意说出局长们的去向。

"企业靠市场,环保靠政府"。各界人士不满大型污染项目在市中心环境脆弱区强行上马,地方政府能做到知过而改吗?

国家化工部橡胶司司长黎扬善曾经撰文指出,我国子午胎生产处于起步阶段,目前能参与全球竞争的轮胎企业只有7—10家,它们的规模在100万套以上;大部分轮胎企业难以对付"复关"之后的激烈竞争。以此观照株洲轮胎厂尚未"投胎"的30万套子午胎工程的规模和前景,不能不叫人"汗不敢出"。日前,化工部计划司负责同志同样指出,30万套子午胎的规模和选址是没有发展前景的。

湖南省建委的一位同志,将轮胎厂的选址比作在长沙繁华的芙蓉路上建工厂一样。这一类比虽然浅显,却也不乏幽默。试问:株洲轮胎厂除了"见缝插针""画地为牢"以外,真的是"这里没商量"了吗?在谈到子午胎选址引发的矛盾时,当时的湖南省委书记熊清泉就曾建议,子午胎项目搞到化工区好;这样就可以考虑上80万套,也有规模效益。

我们可以理解企业以产品的更新换代,来赢得成功的竞争的迫切心情,那么周围数万名居民渴望清新宁静环境的心情又该谁来理解呢?振兴地方经济是地方政府的首要任务,然而,当同时兼顾经济效益和环境效益有些困难的时候,又怎么能简单地以牺牲环境来换取经济效益呢?

"另起炉灶"不是意味着一次艰难的抉择吗?国家环境保护局牟广丰副司长设想,广州市对城市中心区污染企业实施"异地改造"模式,以关停并转或者拍卖地皮等手段来实现城市结构合理化,这一成功的思路是否也适合我国内地的城市?株洲市分管环保工作的副市长对广州模式颇感兴趣,并且说株洲的环保工作要做到"天是蓝的,地是绿的,水是清的"。

有报道说,荷兰政府已经通过一项大规模的"回归大自然计划",将良田重新变成森林、沼泽和湖泊,以挽救某些将要灭绝的珍稀动植物。然而,荷兰人不是一直为宏伟的围海造田工程而自豪吗?

"往者不可谏,来者犹可追"。作为一级政府的首脑,在观照经济建设与环境保护协调发展的大坐标系时,只有时刻不忘社会效益和人民呼声这一坐标"原点",才能做到科学决策,造福民众。

寓言"两小儿辩日"说,两小儿为早晨和中午的太阳哪个高的问题争吵不休,后来请教了圣人孔子。我们设想,在株洲硬质合金厂职工为主的周围居民,与株洲市政府支持下的轮胎厂围绕 30 万套子午胎项目争议相持不下的时候,双方是否可以学学"两小儿"的精神,先停止施工,给上级政府部门一个机会以明辨是非,妥善处理呢? 否则无休止的争议和不可取的对抗,丝毫无助于问题的解决,相反,却只能导致工程在法律的"红线"和民众的怨愤中疯长起来,真正酿成骑虎难下的灾难性结局。

不多的机会,尤其应该好好把握。

(本文综合了发表于《中国环境报》1993 年 5 月 25 日头版头条通讯《国策在经受热浪冲击》。合作者系报社湖南站记者易进先生,本文署名"金剑"。)

02　执法者被非法拘禁之后

1992 年 8 月 29 日，湖南省郴（州）蓝（山）公路上，一辆吉普车朝着蓝山县方向疾驶……突然"叭"的一声，车主鸣枪示警，前面的货车赶紧靠边。此刻，谁能想到被"请"上车的郴州地区环保局副局长谢鼎煌和副科长李松，因为正当的环保执法被人戴上手铐，失去了人身自由？

事隔 9 个月后，行业同仁和民众对违法者的愤怒日益高涨，而违法者却一直逍遥法外。

此案缘起于一起重大的污染隐患。

1992 年 8 月 28 日上午，郴州地区环保局局长欧阳道接到举报电话："中南地质勘探局 303 大队驻郴州办事处的招待所内，存放了大量砒灰……"招待所地处居民稠密区，距离郴州市自来水厂约 150 米。情况十分紧急。欧阳道决定由主管副局长谢鼎煌带队前往查处。

下午 4 时，地区、市环保局和市工商局联合成立的调查组来到招待所。办事处李主任说："砒灰是蓝山县法院强制执行 303 大队汽修厂诉宜章县矿产品公司一案中，从宜章扣押后运来的，共计 40 包，存放了 4 天。"

危险的现场叫人不寒而栗。因为没有内包装，砒灰溢满了地面。存放处名曰仓库，里面却停放一台车，屋顶还是漏雨的。当时电闪雷鸣，下起了毛毛雨。仓库 10 米开外，就是一家餐厅。见此情景，调查组决定将砒灰转移到地区行署指定的专用仓库，并请办事处将这个决定告知 303 大队和蓝山县法院。砒灰转移后，调查组给办事处开具了收条。

接下去的故事是郴州地区环保局副局长身陷"鸿门宴"。

8 月 29 日上午 10 时，蓝山县法院副庭长雷渊兵等 5 人来到郴州市环保局。环保局副科长李松陪同他们，来到存放砒灰的专用仓库。雷渊兵见货物便要查封，李松考虑到其他货物的进出，并说个人做不了主，没有同意。

中午，雷渊兵等3人登门请谢鼎煌吃饭。谢、李考虑到单位间的关系，赴了这次始料未及的"鸿门宴"。餐桌上，宾主谈及砒灰事宜，话不投机。餐后，雷渊兵请谢、李二人上他们的吉普车，说是送他们回家。可是，车一出招待所大门便直奔远离郴州市区的方向。

见状不妙，谢鼎煌问："你到底往哪开？"

雷渊兵道："跟我们到蓝山跑一趟。"

就这样，谢、李被当作犯人押到蓝山县法院，被迫在"审问记录"上签字。法院再填好拘留证，谢、李以"转移法院扣押物资，妨碍民事诉讼"之名，被分别关进了拘留所。

事后，我们赶赴湖南省蓝山县。当事人雷渊兵不太情愿地接受了我们的采访。记者问：你们既然是依法办案，为什么要诱捕？雷渊兵说：我们是外地人，觉得在郴州市的机关大院内抓人有困难。记者问：谢鼎煌是地管干部，你们抓人给他的单位打了招呼吗？雷渊兵说：我们对这一点考虑不周。记者问：环保局也是在依法行政，你们为什么要抓人？雷渊兵回答：我是奉命行事。如果货物不在，或者有损坏，就必须带人。

在郴州，谢鼎煌和李松则向记者诉说了他们所受的种种屈辱。例如，在郴州到蓝山的长途行进中，他们连方便的权利都失去了。雷渊兵等人的解释是，在郴州境内下车，怕人被劫走。

在蓝山县法院某些人看来，经济法的效力要高于环保法。副庭长雷渊兵就当着谢鼎煌的面说过：你环保法算什么法？我的法是管你的法的法。在这种逻辑前提下，此案发展到环保局出钱赎人的荒唐结局。

8月30日上午，郴州地区环保局副局长缪存修一行迅速赶赴蓝山县。双方经过一天半的谈判，签署了下面的协议：被环保局转移的砒灰，由蓝山县法院授权环保局处理；环保局负责将宜章县矿产品公司所欠汽修厂的 45000 元及利息、滞纳金、执行费用等共计 56160 元人民币交付法院;法院不再追究对方的任何责任。

协议签订后,缪存修两次挂长途电话通知单位,送现金和单位公章到蓝山县来。31 日晚,蓝山县法院收到了如数交来的现金和盖有公章的协议,才解除对郴州地区环保局谢、李二人的拘留。至此,谢、李二人失去人身自由长达 56 个小时。

此案是我国环保执法人员遭到非法拘禁的首例,涉及司法执法和行政执法的协调问题,因此在业内引起了轩然大波。

9 月 3 日,两名执法人员被非法拘禁的消息传到长沙。湖南省《环境保护报》的两名记者采写的《一起骇人听闻的拘禁事件》一文见报后,各界舆论哗然。湖南省岳阳市检察院的一同志认为:谢、李依法将剧毒物品转移到安全地方,不是隐藏起来,这与法律规定的转移法院扣押的财产有着本质区别。

当事人双方各持一端,针锋相对。环保局认为,谢、李的行为属于行政执法活动,法院滥用法律条文,诱捕环保部门干部性质恶劣,故要求追究违法单位和主要当事人的法律、行政责任,挽回谢、李和环保局的一切损失。

蓝山县法院蒋日锡副院长(后为县政法委书记)则指出:砒灰的运输、存放环节违反了环保法和国务院《危险化学物品安全管理条例》的规定,要吸取教训;环保局擅自转移法院扣押的砒灰,是违法的,法院拘留当事人是对的;事发原因是地方保护主义起作用(宜章县属于郴州地区,蓝山县属于零陵地区);双方协商已经将问题处理好了,望不要再节外生枝,若郴州方面想通过舆论挽回名誉,损害了我们的名誉,我们将上诉法院奉陪到底。

当事人雷渊兵认为:他秉承法院有关领导的旨意,是客气地请谢、李到蓝山县的,在带人方式上有考虑不周之处。湖南省《环境保护报》报道失实,有明显的欺骗性、挑拨性、煽动性以及攻击性,损害了办案人员及法院的名誉,故他保留对文章作者起诉的权利。

此案涉及跨地区的司法部门与行政执法部门，处理起来更加复杂。有关部门相继表示了极大的关注。郴州地区检察院受理了谢、李的投诉。零陵地区地委、法院的领导专程到达郴州市，与对方交换处理意见。湖南省检察院根据省人大的批示，接办了这个案件，两名检察官进行了一个月的侦查工作。

国家环境保护局副局长张坤民在湖南省地市环保局局长会议上指出，此案在我国尚属首例，其性质恶劣，影响极坏，望慎重严肃处理。湖南省副省长周伯华在全省环保工作会议上指出，环保部门要严格执法，抓住典型案例，公开严肃处理，以树立环保执法的权威。副省长周时昌、省高级人民法院院长詹顺初及省环保局的领导关注此案。广大民众以及环保法律界的人们密切注意事态发展，期待着法律的公正判决。

（本文参考了中国环境报社 1993 年 6 月 15 日内参《环境情况》，标题《湖南发生一起非法拘禁环保执法人员案件》，报送中办、国办、全国人大、全国政协，中央和国务院有关部委，主送湖南省人大和省政法委。5 月 31 日报社总编辑许正隆在文稿《法律，亮出你的重拳——湖南郴州"8·29"非法拘禁案纪实》上批示：稿件牵涉面大，小样送国家环保局主管局长审阅。本文合作者为中国环境报湖南记者站记者易进先生。该内参内容 2000 年 1 月在《我们家园的紧急报告》一书出版时公开。）

03 县委书记的环保情结

"靠山吃山"对江南山区县来说,眼下或许还用不着犯愁,现任湖南省宁远县县委书记周建达却说,山区经济要起飞,得张开一双利用资源和环境保护的翅膀。

一、寓环境建设于开发中

"九嶷山上白云飞,帝子乘风下翠微",毛泽东同志曾赋诗吟咏九疑山这座充满传奇色彩的湘南名山。1990 年 4 月,湖南省政协主席刘正来到九疑山。低头忆,中华始祖舜帝南巡治洪荒的故事;抬头望,树木稀少。他顿生感慨:"现在是九疑山上白'雾'飞了,帝子乘风下翠微,那'翠微'在哪里?"这一富有艺术色彩的批评,使宁远县刚上任的周建达县长感到重任在身。

在全县"四套"班子负责人会上,周建达慷慨陈词:要以全方位开发和绿化九疑山为突破口,振兴宁远经济。就在当年,九疑山封山育林 15000 亩,宁九公路旁植树栽竹 1 万多株,退耕还林 2000 多亩,沿途各村推广节能灶。斑竹为舜妃寻夫挥泪所致,很有名气。小镇有了斑竹编织一条街,瑶汉同胞乐呵呵:"斑竹啊斑竹,你总算走出了山门。"周建达泥一身,水一身,一颗公仆心紧攥着九疑山的绿色。3 年过去了,九疑山已是竹青树绿,"养在深闺人未识"的名山唤来了众多的中外游人。

1992 年,九疑山成为国家级森林公园。周建达已是宁远县委书记了,却不因担子重了轻了环保。为探寻保护区的环境功能,他带领行家里手在这片海拔 1800 米的原始次生林中穿行,考察了整整 4 天。每发现一株珍稀树种,他寻问记录;每遇见一只猕猴或者一条娃娃鱼,他嘱咐严加保护。

二、顺口溜不溜了

周建达在 1989 年 11 月调任宁远县长之前,是东安县常务副县长。一直到今天,东安的乡亲们依然记得这位环保工作过硬得法的实干领导。他自荐为县环委会主任,得知黄泥洞锑矿滥采乱挖现象严重,"要想富得快,都上片头寨"这一顺口溜颇为流行。他爬山 2 小时,赶到片头寨山头。只见松杉葱郁,地表坑洼,厂棚林立,四周不时传来隆隆炮声。周建达语重心长讲危害,"滥采乱挖,忽视安全,会造成人员死亡。一遇大雨,山洪暴发,会毁坏良田。乡亲们,咱利用矿产资源,又要保护好环境,不能人人都上片头寨啊。"这些亲切而警醒之语,字字句句落在大伙心坎上。

县政府发布通告后,片头寨的 400 个矿井被压缩到 13 个。县政府还在山上设立矿产资源留守处。冬天来了,周建达上山送棉大衣、保暖鞋;春节前,他安排人给大家送年货。留守处的同志说:"有县长惦记我们,身在山头心里热啊。"

三、待到山花烂漫时

宁远是湘南的山区大县,村民们靠山吃山,很少去想如何念活"山"字经,奔向致富路。作为一县之长的周建达,他的视野开阔得多。他说,必须给农、林业创造好的生态环境,消灭宜林荒山,建设生态农业村,促进资源利用的良性循环。

为了尽快消灭宜林荒山,全县在香花铺乡黎壁园村、大介乡腊树脚村办起了示范点。周建达带着锄头、被子、蚊帐,吃住在农家,劳动在山上。大家叫他"农民书记"。几年下来,宁远已成为消灭宜林荒山县。晓木塘乡罗家洞村坐落在群山之中,是县生态农业试点村。周建达要农林水及农机部门为试点工作大开"绿灯"。一年多来,罗家洞村出现了喜人的"三变":村民变农药杀虫为生物防治,保护蛇类、青蛙,繁殖赤眼蜂,全村今年生物防治的 250 亩稻田增产粮食 2.5 万公斤。村民变化肥增产为绿肥保产,利用草籽等绿肥,全年减少化肥施用量

100 吨,从根本上消除了环境污染。全村变单纯引水灌禾为植树涵养水源,造林 1700 亩,森林覆盖率由原来的 67% 增加到 86%,有 400 亩稻田旱涝保收。

花香蝶自来。罗家洞生态农业村像一朵盛开的红山茶,周围十里八村的农民慕名而来。现在全县的 46 个乡镇就有 46 个生态农业村。她们像烂漫的山花,沐浴春风细雨,尽情争奇斗艳。面对这一切,周建达书记舒心一笑:"咱们山村的经济要起飞,也靠环境保护啊。"

（原载于《中国环境报》1993 年 7 月 17 日头版头条。合作者为本报通讯员乐黎明先生。原文标题《深情紧系这方土》）

04　英雄故乡悲剧重演

1993 年，不断加重的农民负担成为基层工作的矛盾焦点。"减负"问题成为我党稳定农村的重大政治任务，比往日任何时候都显得重要。就在这年，一场罕见的农业污染事故，发生在战斗英雄董存瑞的故乡——河北省张家口市怀来县。起因是洋河发生严重的水污染，老百姓的庄稼和果林大面积死亡。

一群被领导称为"坏头头"的村干部到首都新闻单位上访。《中国青年报》《农民日报》和《中国环境报》的记者们一同前往调查，却被市政府一位负责同志指责为"来自民间渠道，很不严肃"，新闻采访遭到拒绝。

接着，中央电视台《焦点访谈》记者也遭到"反弹"。当他们找到张家口市政府为群众讨说法的时候，没有人出面表态。记者问市长（副市长）哪去了？ 七名（副）秘书长呢？ 接待他们的同志说：你们没有约时间，市长们都很忙。记者章伟秋将摄像机镜头对准了市政府的大门，发出了如下的感叹：市长们开会很重要，可是，老百姓的吃饭问题也很重要。

战斗英雄董存瑞的故乡河北省怀来县，英雄的雕像高大而威严。假若英雄有灵，看到这满目苍凉的热土上，洋河水污染使得故乡的人民遭受严重的经济损失，而有关部门却迟迟没有一个像样的答复，他肯定会发出严重的抗议。

塞北仲春，五月里来春耕忙。农民们引洋河水浇灌农田。不久，他们发现水稻、小麦、蔬菜等农作物成片枯黄，烂根死亡。人们焦急万分。

农业专家初步断定是水污染所致，理由是：机井浇地的庄稼平安无事；溯河而上，宣化工业区上游水稻、小麦等农作物长势良好；受危害的农田稻麦枯死，玉米却茁壮成长。他们还怀疑污染物可能是宣化农药厂生产的一种玉米化学除草剂——"阿特拉津"。人们回忆,1988年当地发现同样症状的农作物受害事件,但是面积不大。由于技术手段的局限,原因也就没有查明。1992年春夏之际,再次发生了农田大面积受害事件,农业经济损失高达 2000 余万元。省市有关方面多次派员下来调查,但是案子还是没有一个结果,1993 年的污水又浩浩荡荡地杀了过来。

7月初,张家口市农业局、环保局向市政府打的紧急报告称:5月份以来,我市所属怀来县、涿鹿县、下花园区农田受害总面积达 5.3 万亩,预计粮食减产 2118 万公斤,蔬菜减产 576 余万公斤,经济损失达 1184 余万元。

在田头,一些农民和乡村干部告诉我们,仅怀来县受害的 5 乡 1 镇,1992 年就有上万亩土地绝收。省民政部门给怀来县拨了救灾款,每亩地大概只能摊上 13 元。即使正常年景,每亩地的成本也要 150 元左右。很多农民是借钱买口粮度日。这次又是大规模的污染悲剧重演,又有 5000 亩土地绝收,10000 多亩土地的庄稼收成无几。

损失惨重啊。五尺男儿在田间地头号啕大哭……

5 万多农民要找政府评理。人们纷纷掏出仅有的一点积蓄,甚至卖鸡蛋凑路费,推着村干部们上路,叮嘱这回找不到一个"说法"就别回来。1992 年,农民们先后到县、地市、省和北京上访 20 多次。最早在首都传媒做出反应的是《中国青年报》,记者王安在《经济周刊》发表《上访》一文,形象说明了老百姓表达意见的艰难。

1993 年这次水污染事故后,《中国青年报》《农民日报》和《中国环境报》的记者是被当作救兵搬来的。

我们了解到,各级政府领导正在寻找事故的答案。据说,河北省上届和本届政府主要领导对污染事故均作出过批示。省市农业、环保部门的局长们也曾带队赶赴现场作过调查。张家口市政府的有关人员说:问题卡在鉴定污染物的技术难度很大。首先,"阿特拉津"是个"洋名",这种农药产品在我国目前尚无污染致害标准;其次,危害程度的实验证明比较复杂,河北省缺乏这方面的技术和资金支持,做不了实验,派专人送样品到北京找农业、环保科研权威机构做,还要托人找关系才能排上队;再次,此类实验有周期性、重现性特征,要等两三个月后才能得出可靠数据,河北省拿到实验报告后,又先后在不同范围内多次组织技术研讨,以求慎重。

河北省环保局受省政府的委托,邀请本省农业、环保、土壤、气象和水利等方面的专家,召开了"怀来、涿鹿、下花园水稻受害专家论证会"。会上,专家们再次一一排除气象、种子、病虫害等方面致害的可能性,得出结论是:农作物致害的主要污染物为化学除草剂"阿特拉津"。会后,省环保局依据专家论证的结论,向省政府提出对污染事故的处理意见,报请省政府批准执行。

我们逆流而上,试图寻找污染的根源。

在宣化农药厂,副厂长周小军带记者参观并介绍了 1988 年以来该厂重点投资建造的环保设施及运行情况,以及配合张家口市环保局调查事故、改变生产时间,经济上作出了牺牲的情况。他说,科学如果确证主要污染源在该厂,他们将加倍治理污染。

塞外长城。英雄的土地养育出朴实而勤劳的人民。他们仅仅要求政府迅速查明原因,以绝后患,给予适当的补助,帮助他们度过即将到来的寒冬。

处理污染事故为什么拖了这么长的时间?就是为求"科学"二字;否则,搞错了污染源,不但不能对症下药,还会给工农业生产造成新的损失。当然,我们也不能排除当地政府办事效率、强化环境管理以及某些官僚主义行为等方面的原因。

1994 年 2 月 3 日下午,怀来县 8 名村干部代表 5 乡 1 镇的 6 万名乡亲,将一面"伸张正义,为民呼吁"的锦旗赠给中国环境报社,感谢报社派记者赴当地报道污染事实、为受害者呼吁的做法。他们说,经过各大报社和中央电视台"焦点访谈"后,问题的解决有了进展。张家口市政府在财政紧张的情况下,拨款 200 万元弥补农民遭受的损失。农民代表表示,他们看重的不是经济赔偿,而是要保护祖祖辈辈赖以生存的土地和水。后来听说,张家口市政府主要负责人到中央电视台表示歉意,还说无理拒绝新闻监督的行为是毫无道理的。

发生在英雄故乡的水污染案件总算有了一个比较圆满的答案。假若英灵有知,也算得到了一些安慰。

（本文综合了《中国环境报》1993 年 8 月 12 日头版头条通讯《洋河污染事件说明了什么》。合作者为群工部副主任丁品先生。报社1994 年 6 月推荐这篇通讯入围"中国新闻奖"评选。2000 年 1 月本文收入《我们家园的紧急报告》一书中,同时吸收了"新闻特写"《六万农民的心愿》部分内容。）

05　总理为本报创刊十周年题词

本报讯　元月 3 日，是《中国环境报》创刊 10 周年。中共中央政治局常委、国务院总理李鹏为报庆题词："保护环境，人人有责。"

全国人大常委会副委员长王丙乾，国务委员、国务院环境保护委员会主任宋健，全国人大环委会主任委员曲格平等也分别题词祝贺。王丙乾的题词是："发挥舆论宣传优势，提高全民族环境意识"。宋健的题词是："发挥新闻舆论优势，提高全民族环境意识，功在千秋。"曲格平的题词是："百报争雄，独树一帜。"

作为国务院环委会机关报的《中国环境报》，致力于宣传我国环保工作方针、政策、法律法规，报道防治环境污染和保护自然生态环境的经验，揭露各种破坏环境的违法行为，反映广大公众保护环境的意见要求，成为环境保护战线上一个重要的舆论阵地，对推动我国环保事业的发展起了积极作用。

经过 10 年努力，《中国环境报》已成为一张独具特色、读者广泛、影响较大的专业报，并于 1985 年和 1987 年，分别获得联合国环境规划署颁发的银质奖和"全球 500 佳"称号。

《中国环境报》的发展，得到了各级环保部门的大力支持。目前，已在全国各地建立了 45 个记者站。近几年来，发行量一直保持在 40 万份以上。

元月 3 日上午，本报在人民大会堂举行了庆祝创刊 10 周年座谈会，宋健、曲格平、解振华等领导出席会议并讲了话。中宣部副部长龚心瀚发来了贺信。首都新闻单位的领导、国家环保局在京直属单位和有关部门的领导同志到会祝贺。

（原载于《中国环境报》1994 年 1 月 4 日头版头条消息。合作者为记者部王国宁先生。）

06　黄土情未了

高见邦雄，一个曾就读于东京大学的日本人。他放弃了本来可以得到的优厚工作和生活条件，成为日本绿化地球协会的主要发起者。

不惑之年了，却一头扎进我国黄土高原的贫困山区，与他栽下的树木，也与经他帮助成长起来的小"树人"们结下了不解之缘。

日本的大报《读卖新闻》《经济新闻》对他的事迹作过报道。而在他挚爱的中国热土上，他的名字是陌生的。他不是新闻人物，他的事迹却感人至深。

4 年来，他在中国山西省贫困的黄土地上种下了 120 万株树木，绿化 500 公顷土地，培育各类苗木 140 万株，为缺林、贫困地区的绿化义务捐款达 100 万元人民币。

高见邦雄先生今年 45 岁，热衷于全球环境保护和中国的绿化事业，6 次来到黄土高原，一住就是一两个月。

1991 年 1 月，在这最寒冷的季节里，他第一次踏上黄土高原，这是他向往已久的古文明发源地。但是他的所见却是作为日本人所想象不到的沟壑纵横的山，黄土的黄褐色驱走了生命的绿色。百姓土窑中烧炕的煤气呛得他几乎窒息，纯朴的老乡们在恶劣的环境中顽强地生活着。他说："我看到了老百姓生活的艰苦，感到难受，我相信，当年日本侵华军在山西一带推行'三光政策'时，老百姓的苦难肯定会比现在重几十倍。现在光说'中日友好'远远不够了，我们应该面向 21 世纪，为人类文明的延续，为了治理环境，和中国人民一道做出实实在在的努力。"

高见先生留下了，目标只有一个，那就是种树。

他是个普通人，生活并不富裕。他为种树放弃了工作，生活来源完全依靠支持他事业的爱妻。然而，他在第一次协作中就无偿投入 10 万元人民币的绿化资金。为了省钱，他不住宾馆，与老乡们同吃、同住在简陋的窑洞里，点蜡烛，吃方便面，苦斗两个月。他说："在日本喝一杯咖啡耗费 300 日元，在当地（指中国山西省浑源县等绿化现场）可以买 300 株树苗。为什么不多贡献一点力量呢？"

有一次，他从山西返回日本时，路过北京，身上除了交通费外，已无力解决食宿问题，又无接待单位，只好在一个"练气功"的公共场所求助于中国标准化所的张铭续先生。二人素不相识，张为其精神所感动，给他食宿帮助，高见先生得以顺利返回日本。每次回到北京，他头一件事便是打电话给他的中国朋友们说："这次来，我还想住你家。"3月 16 日，记者在北京重庆宾馆采访他后，他对朋友们说："这回是有记者采访，不得不住宾馆的。"

高见先生不懂中文，这并不妨碍他与老乡们的交流。他说："我每次到老乡家，'嘿'一声进屋，少了客套话。老乡们知道我是日本人，随便议论，我看到了他们真实的生活。"

高见先生得知，在少数地方一些老乡们的年均收入仅有 80 元，有些儿童在 5 岁成了劳力，小学失学率过半。他当初那种出点钱、出点力搞绿化的设想受到冲击，意识到光植树木不培育"树人"不行，只是绿化不可能从根本上解决环境问题。

去年秋天，他又有了新想法：为当地小学办经济果林园。由当地政府划出一块地皮，他出资引种一些果树苗，办养鸡场。大一点的孩子们以勤工俭学的方式例如挖树坑，参与果园建设，解决一部分学费来源，果园和养鸡场产生效益后，又为学校提供一定的经费。他认为要解决环境问题就必须注意三方面的问题，即循环性、多样性和社会性，这样环境才能步入良性循环。他风趣地说："钱这东西是耐不住寂寞的，它老想向发达地区跑，这样就造成了富的地方更富，穷的地方更穷，我的愿望就是帮助穷困的人。"

他在日本发起的地球绿化网络的成员已达 400 多名，参与捐款的人有国会议员、一般职员、宗教界人士、家庭主妇和学生等。一位 90多岁的老太太，个人生活十分清苦，每年还要捐 10 余万日元给中国人民的绿化事业，并说，要是再早几年，自己也要到山西来种树。

北京的三月,春回雁归。高见先生第七次踏上他所熟悉的黄土地,回到他的土窑里。这次他带来了日本民间捐款 800 万日元,要在山西浑源县西留乡修建伙伴们来植树时要居住的 4 间窑洞,准备为 4 所小学修建有助于"希望工程"的果园。

这里的共青团绿化行动很有成效,每年栽的树木染绿了全县总面积的 1.5%。高见先生说:"我们所做的只是为他们助助威。"

(原载于《中国环境报》1994 年 3 月 19 日第 1 版。)

07 电力工业欲筑环保科技风景线

本报讯（记者　胡若隐）　电力给人们提供清净明亮甚至夜市的辉煌,可作为我国电力主要来源的火电厂有相当数量入围"全国 3000 家重点工业污染企业名单"。电力工业必须借助环保科技的巨大力量,挽回不该流失的经济效益,才能拓展"第二瓶颈"的通道,塑造现代文明企业的新形象。这是 5 月 10 日至 12 日在京召开的电力工业部第一次环境保护工作会议上,各电网、电力设计院和省（直辖市）电力局的专家们形成的共识。

煤电占我国电力构成的 80%,火电厂必须实施全过程控制污染物排放。电力工业实施发展大机组战略,加快现有中低机组"以大代小"为主要内容的技术改造,提高用优质煤作动力的比例。这将有利于提高能源利用率,使大量吃黑炭、吐明亮的火电厂找到塑造自身形象的办法。近 10 年间,我国火电装机容量增加了 184%,而烟尘排放量只增加了 22%,每万千瓦的排污量下降了 53.7%。电厂灰渣得到综合利用,脱硫设施开始起步。电力部决定组建脱硫公司,将行业内部的设计、科研、制造等单位组织起来,发挥集团优势。目前,电力部批准成立的龙源电力环保技术开发公司正常运作。

电力部要求,在环境问题压力大、经济发达的地区,如长江三角洲、珠江三角洲电力密集区,新建项目先走一步,做得好一些。鉴于不少省份的原状灰逐渐走俏,海南省电力局提出对自行装运粉煤灰者,收取适当费用、促进治污合力生成的建议。脱硫设备国产化是电力工业之急务,而火电厂的脱硫设施和运行费用较高,有官员和专家建议实施相应的经济政策,在电价方面找到出路。

（原载于《中国环境报》1994 年 5 月 17 日第 1 版报眼。）

08　宋健率团赴淮现场办公

淮河污染困扰多年今望还清

本报讯(记者 李世东 胡若隐)　国务委员、国务院环委会主任宋健于 5 月 20 日率全国环境保护执法检查团抵达河南省郑州市,开始对淮河流域进行环保执法检查,将于 26 日在安徽召开现场会,研究淮河流域水污染防治措施。

20 日上午,河南省委书记李长春、常务副省长范钦臣、副省长张洪华向检查团汇报了河南省环保执法情况以及淮河流域综合治理方案。李长春说:"河南是淮河的发源地,也是污染的源头,我们要本着对沿岸一亿五千万人民高度负责的精神,加快污染治理步伐。"

淮河流经河南、安徽、江苏、山东等省,其中,河南境内流域面积占整个流域面积的近 1/3,涉及 10 个地、市。流域内工农业总产值占全省的 52.7%。

80 年代以来,随着工农业生产发展和城市化进程的加快,淮河各主要支流受到严重污染,水质急剧恶化。去年,"中华环保世纪行"活动,曾对淮河上游主要支流黑河的污染状况进行了系列报道,在社会上引起强烈反响,也引起各级政府领导的高度重视。河南省委、省政府将淮河流域的治理列入了重要议事日程,提出了 2000 年水质控制目标和污染物削减方案,"八五"期间,每年新增废、污水处理能力 2.1 亿吨,"九五"期间,每年将新增废、污水处理能力 3.6 亿吨,并将利用国际贷款,在郑州、平顶山、漯河等市建设污水处理厂。实现上述目标,需总投资 15.6 亿元。

宋健同志在河南执法检查现场会上的讲话中指出:"淮河孕育了一亿五千万中华儿女和两千年的文明史。而今,淮河的污染又成为中华民族的一块心病。随着经济的发展和经济实力的增强,现在该是解决淮河污染问题的时候了。我们没有理由让污水在淮河一泻千里,而应该以高度的责任感,将沿岸人民从恶劣的水环境中解脱出来。治理淮河的污染,要运用法律的手段,逐步健全和完善法律体系,增强立法强度;要以科技发展的长远目光,逐步淘汰那些污染重、生产效益差的工业项目与工艺,加大清洁生产的比重。参加这次执法检查现场会的有关部委,要对淮河流域的污染治理提供技术及经济政策方面的支持,力争在 2000 年前,使淮河水重新清澈起来。"

这次执法检查现场会主要是听取河南、安徽、江苏、山东省人民政府、水利部淮河委员会关于淮河流域水污染和防治工作情况的汇报;检查环境保护法、水污染防治法等法律、法规的执行情况;研究进一步治理淮河流域水污染的对策和方案。20 日下午,检查团开始进行实地考察。

参加这次执法检查现场会的有全国人大环境与资源委员会副主任委员杨振怀、国家环保局局长解振华以及经贸委、农业部、化工部、建设部等 11 个部委和单位的有关领导。

(原载于《中国环境报》1994 年 5 月 21 日头版头条。)

09　宋健进行治淮战前总动员
共同参与齐心协力　早日重现碧水丰姿

本报讯(记者 李方华 胡若隐)　5 月 24 日至 26 日,国务院环境保护委员会在安徽省蚌埠市召开淮河流域环保执法检查现场会。这次会议是向淮河流域水污染宣战的一次动员,开创了解决跨省河流污染问题的先河。国务院有关部委和豫皖苏鲁 4 省负责同志及有关代表聚集一起,共同商定治理淮河水污染的方针政策,制定目标和措施,决心团结治淮。

会议制定了到 20 世纪末,力争使淮河河水变清、重现碧水丰姿的目标。会议要求各省已制订的"八五"污染防治计划必须按期完成;"九五"实现淮河流域干流及其主要支流河水变清,流域所有企业排放的污水必须达标排放。按水体环境功能要求,制订污染物削减计划,1996 年污染物排放总量得到基本控制,到 20 世纪末大幅度削减,实现淮河水变清。

为实现这一目标,会议制定了治理淮河水污染的有效措施。各级政府要进一步提高环境保护意识,加强环境法制建设,牢固树立可持续发展观念,积极进行污染治理,大力推行清洁生产,禁止新上污染严重的企业。要健全淮河流域水污染防治的法律体系,1994 年年底草拟完成淮河流域污染防治法或条例。要坚定不移地执行国家产业政策,对污染严重、效益差又难以治理的污染企业坚决关停,1994 年年底前关停 196 个污染企业;对所有污染严重的企业进行限期治理,做到达标排放;到 20 世纪末,流域内所有市县必须因地制宜建设污水处理设施,重点城市要建污水处理厂。

国务委员、国务院环委会主任宋健在会上作了重要讲话(全文另发)。他要求各级政府、各部门和各企业单位统一思想,充分认识到淮河流域水污染的严重性和治理污染的紧迫性,正确处理好经济发展与环境保护、当前利益与长远利益、局部利益与整体利益、企业经济效益与环境效益的关系，把治理污染摆到重要议事日程，真抓实干，抓出成效。

　　宋健深情地说，人民是我们的上帝。治理好淮河水污染，恢复其本来面目，这是广大人民的迫切愿望和要求，是关系到一亿五千万人民生产、生活和健康的大事。我们要团结奋斗，去争取胜利，我们使淮河水变清、造福人民的目的就一定能够达到。

　　（原载于《中国环境报》1994 年 5 月 28 日头版头条。）

10 新闻特写：万吨高炉静悄悄

一个多月前，安徽省马鞍山钢铁公司的人们乐了，他们的 2500 立方米的大高炉顺利而安全地炼出第一炉铁水。这座年产生铁 175 万吨的新高炉相当于马钢原 9 座高炉的总容积，标志着马钢进入一个新的发展阶段。马钢人能不乐吗？

可是没过几天，马钢人又懵了。原因是住在大高炉附近的居民和熟悉一般高炉生产的局外人，见新高炉自从报纸、电视台报道投产消息后既不冒烟，也不冒气，白天黑夜无动静，左邻右舍慌慌张张问道："新高炉是不是出故障了？"

新高炉停产的谣言不胫而走，传到了省会合肥。有的说高炉坏了，有的说高炉试产就失败了……马钢人能不懵吗？

谣言果真厉害。数天之后，谣言传到了外国人的耳里。澳大利亚的铁矿石供货厂家闻讯急了，立即致电马钢，询问新高炉到底怎么了。当他们得知新高炉生产正常，之所以不冒烟、不冒气又无生产噪声是各种辅助设备配套、工艺先进的结果时，如释重负地连称道："这是中国人的 OK。"

夜晚，记者登上新高炉，获得的是一种全新的感觉：在这里，除了喷涌的火花、通红的铁水和明亮的灯火，你根本感觉不到新高炉在夜以继日地运转着。

马钢是全国十大钢铁公司之一，也是唯一入围"全国环保先进企业"的大型钢铁公司。马钢公司在组建股份制企业、生产规模不断扩大的过程中，按照环境高标准，投资 30 亿元引进和采用了 10 多项国内外先进工艺和技术装备，1993 年从卢森堡引进了二号水淬渣设备。仅与新高炉配套的绿化工程就投资 1700 万元。这就确保了很高的现代化水平和清洁生产的实现。

自从新高炉炼出第一炉铁水以来，马钢人，继而省内、全国乃至世界上关心马钢新高炉命运的人们,都经历了一场忧喜交替的感情变化。

马钢人懵而不急。虽然这起社会谣传由误解而逐渐生成,马钢人却为误解的原因感到意犹未尽。因为,人们多年来习惯于把烟囱林立视为钢厂最显著的"景观",而今天的马钢人改变了炼钢高炉在人们心中的形象。

(原载于《中国环境报》1994 年 6 月 11 日第 1 版"新闻特写",合作记者柳玉云。)

11　总理要求尽早变清淮河水

淮阴万民愁眉久锁今放晴

本报讯(中华环保世纪行记者 高杰 胡若隐)　国务院总理李鹏要求淮河流域水污染防治工作要加快,要早让淮河水变清,目标放在本届政府任期内。8 月 22 日上午,国家环境保护局局长解振华在江苏省江阴市深入调查淮河下游污染事故现场情况后,向河南、安徽、江苏三省负责同志传达了李鹏总理指示的上述目标。这一指示是 8 月 11 日国务委员宋健向李鹏总理汇报淮河流域水污染防治工作时,李鹏总理指示的部分重要内容。

李鹏要求,到 1997 年年底,所有的企业都要达标排放,治理不好的企业要依法坚决关停并转,包括大企业。要完善环保法制,逐步加强环保执法力度。修订有关环保法规时,要增加有关处罚条款,要抓大案要案。对于造成严重环境污染的,要公开惩处。宋健同志在淮河流域环保执法检查现场会上的讲话精神,要传达到有关各省,必要时会议纪要可以发到有关企业。淮河流域水资源保护领导小组要赶快充实和加强。今后对淮河流域水污染防治工作每年要抓一次,关停并转一批严重污染环境的企业。

李鹏指出,环境问题很重要,要抓出几个样板来,治理淮河污染应是一个样板。只要认真去抓就能解决问题。关停并转一批严重污染环境的企业,也是"九五"期间结构调整的需要。解决淮河流域的水污染问题,对地方经济甚至对全国经济可能会有影响,但这是应该做的。要抓紧制订淮河流域水污染防治条例。

日趋严重的淮河流域水污染近年来呈现出频率快、危害大、范围广等特点,关涉鲁、豫、皖、苏四省的水污染防治需要四省齐心协力,走好"一盘棋"。今年 7 月中旬以来,淮河下游发生史无前例的特大污染事故,原因是河南、安徽两省淮河干支流上开闸泄污,造成淮河下游水体被严重污染。反常的久旱不雨自然条件加重了污染程度。

污染造成的危害极为严重。安徽省淮南、怀远、蚌埠及江苏省淮阴市盱眙县城相继出现饮水困难,仅淮阴市洪泽、盱眙洪泽湖及沿淮地区死鱼 1200 多万公斤,死蟹 1.3 万公斤,直接经济损失过亿元,盱眙县城就有 10 多万人饮水告急。此次水污染还给淮阴市的工农业生产及社会稳定造成一定危害。

淮河下游特大水污染立即引起中共中央、国务院有关部门的高度重视。李鹏、邹家华、宋健、陈俊生等国务院高层领导对淮阴市人民政府的紧急报告作出批示。8 月 20 日,国家环保局局长解振华和水利部副部长严克强一行受国务院委托,到达遭水污染损失特别严重的淮阴市,作现场调查,并转达国务院领导同志对受害群众的慰问。

解振华和严克强深入调查了受损特别严重的洪泽县老子山镇龟山村的详细情况。这个 150 户人家共 702 人的村庄地处淮河岸滨细长的山丘之上,生计全靠淮河赐予他们的捕捞和渔业养殖。该村村民舍得血本共计货款 20 多万元发展网箱养鱼,眼看勤劳致富之路被特大水污染化为乌有,村民王开珍、潘正喜、张献富等纷纷诉说自己的痛心,表示相信有党和政府对全面治理淮河水污染的坚定决心,淮河流域流传的顺口溜"五十年代淘米洗菜,六十年代洗衣灌溉,七十年代水质变坏,八十年代鱼虾绝代"的后面一定会加上一句"九十年代清水又回来"。

"淮河变清的时候,就是淮阴市千万人民放心致富的时候。"年轻的村民徐宝贵一边向记者述说,一边编织着明年养虾用的"地笼",并向记者提个要求,代请告诉中央领导一句话——老子山人民明年还会干起来。

(原载于《中国环境报》1994 年 8 月 23 日头版头条消息,合作者为报社江苏站记者高杰。)

12　解振华称"周口现象"有典型意义

落实治淮精神得力　周口莲花越开越艳

本报讯(中华环保世纪行记者 胡若隐)尽早变清淮河水有可能吗？国家环保局局长解振华 8 月 24 日在详细了解河南省周口地区落实国务委员宋健淮河流域水污染防治现场办公会精神措施得力的情况后指出,全流域都这么做,尽早变清淮河水大有希望。各级政府拿出治淮专项资金,是这一希望变成现实的物质保证。周口地区表现出来的喜人现象,对激活河南省乃至全淮河流域水污染防治这盘棋具有典型意义。

解振华概括了"周口现象"的本质内涵。它体现了一级政府落实现场办公会精神雷厉风行的工作风格；强烈环境意识的警醒和深入人心；以对人民高度负责的态度和感情,充足的劲头和强有力的措施,确保取得治淮明显成效；在环保执法、机构建设等方面表现出富有效率。

河南省副省长张洪华强调,在治理淮河水污染问题上,决不能因为河南方面的工作不到位而影响"尽早变清淮河水"整个战略目标的实现。

"尽早变清淮河水"的号召,使周口地区的领导同志明确根治淮河水污染的必要性和紧迫性。群众重温"走千走万,不如淮河两岸"的愿望则让地方干部倍加感奋。5 月 25 日,国务委员宋健离开周口的第二天,周口地区召开"四大班子"会议,地委书记王明义、行署专员王延明痛陈淮河水污染动摇沿淮群众生存基础的严峻现实,强调周口地区在环保工作上要力戒以往"一般人讲,讲一般话"现象。全会决定实施严格的"一票否决制"：环保不过关,别想上项目；环保不及格,别想过考核。地县乡推行三级环境目标责任制,纳入各级政府政绩考核内容。重大环保问题党政一把手要亲自过问,协调解决。环境意识真正在各级领导心中警醒并逐步深入人心。

周口地区辖 8 县 2 市,地县市环保机构在现场办公会后均升格为政府一级局。此前,地区仅设环保办公室,仅郸城县设一级局机构。周口地区重新对污染源进行摸底,109 个污染源被下令限期治理或关停并转迁,其最后期限是 1997 年。地区味精厂等 6 个重点污染源必须用 2—3 年时间完成限期治理任务。莲花味精厂职工告诉记者,集团总经理、周口地委委员李怀清暗访沈丘群众惨遭污水祸害情况后,10 余日彻夜难眠。李怀清告诉记者,莲花味精厂今年环保投入为 2100 万元,高浓度废水治理已获技术突破,现有一半污水经处理后可以用于农灌。到今年 10 月 12 日,味精厂可以实现污水不入淮的目标。莲花集团所有企业明年达到污水不入淮,否则自行关门。

现场办公会以来,周口地区的环保执法由于"老大"出面不再难。两个月前,背着"合资企业"牌子的商水县华裕皮革厂,拒不执行"三同时",屡教不改。行署领导出面下达限期治理、补办手续及罚款 3 万元的处罚通知,并在全区环保执法检查会上公开曝光。皮革厂找到曾在商水当过县委书记的朱轴峰副专员,却被当头敲了一棍:"处罚皮革厂是我同意的,依法办事是唯一出路。"结果,皮革厂在久拖不治的情况下,被地区法院强制执行处罚决定。群众说"环保法在周口长大了",因为这种执法力度在现场办公会以前是没有过的。

(原载于《中国环境报》1994 年 8 月 25 日头版头条。)

13　新闻特写：治淮众生相

一些民谚在流传和演变。"走千走万,不如淮河两岸""五十里涡河,五十里网箱",这些声音逝去久远。"渔夫难过五月关""五十年代淘米洗菜,六十年代洗衣灌溉,七十年代水质变坏,八十年代鱼虾绝代""官清之日,河清之时""变清淮河水",这不是千百万淮河儿女最真实的声音吗?

直到 8 月底,淮河下游一些地方仍然饮水困难。黑色 7 月,一场 2 亿立方的污水团先后席卷安徽省淮南市、蚌埠市,窜至江苏省洪泽湖、盱眙县等淮河主干,酿成特大污染事故。所到之处鱼死虾亡,资源环境遭受摧残;工农业生产直接经济损失 2 亿多元,江苏省淮阴市受损为最。

淮阴市洪泽县老子山镇洪明村潘正喜家 1500 平方米网箱,一天就死鱼 4000 公斤,损失 3 万余元。渔民董绍崔与其 4 个儿子建的 16 个网箱,2.4 万公斤鱼全部死亡,损失近 20 万元。全家场面惨淡,白发人劝黑发人"想开些"。靠捕鱼和养殖维持生计的龟山村民今年借贷的数十万元血本化为乌有,5 户人家门上落锁,外出谋生。

特大污染事故是河南省槐店闸、安徽省蚌埠闸等淮河干支流开闸泄污所致。近一个月来,仅盱眙县城 10 多万人"近淮楼台不得水",发生饮用水困难。听到县长王士高"今年已三次发生水污染,我们何以向百姓交待?"的痛陈,河南省副省长张洪华、安徽省副省长王秀智神情严肃,表示对江苏人民道歉,要将他们在江苏的见闻带回去,让全省上上下下都明白"淮河已经到了非治不可的时候"。

蚌埠市副市长孙自庆曾在严重污染水团袭来时发布电视讲话,这一"特殊节目"伴有低沉的音乐,成为当时收视率最高的节目,只有饮用淮河水已经致病者没能观看。直到蚌埠闸开启,污水团过境,人们才透过气来。安徽省水利厅负责同志解释"安徽既是受害者又是害人者"时，并不推卸开启蚌埠闸泄污存在一定"本位主义"因素。

根治淮河水污染必须消除"本位主义"思想作祟，豫、皖、苏、鲁四省必须协调动作，首先在各个污染源的治理上狠下功夫。河南省周口味精厂是一个污染淮河水体的大户，治理废水的成败关系到整个企业的存亡。该厂今年的环保投入为2100万元。治理高浓度废水已经获得技术上的突破。在污水处理现场，该厂技术员李运生告诉记者，他们现在已具备处理全厂一半高浓度废水的能力，处理之后的水体可以用于农业灌溉。为了赢得别人的信任，他端着装有处理之后废水的烧杯，喝了一大口。记者跟他"实践"了一回，发现这水虽然清澈，喝到嘴边则顿感怪味难受。

（原载于《中国环境报》1994年9月1日第1版"新闻特写"，合作者为江苏站记者高杰。这次淮河之行将我们的名字联系到一起。陈桂棣先生在《中国农民调查》一书中提到了我们对淮河水污染的采访。后来我在北大做田野调查时来到江苏，仁兄高杰陪同我和师弟孙朝阳（现任张家口副市长）一天之内驱车北到连云港赣榆县、南到苏州吴江市，可见他平时做记者时的敬业勤勉。作为报社驻地方记者，仁兄来稿数量多、分量足，受到各个版面编辑喜爱，许多见报后被权威媒体转载。他靠自己的"烂笔头"和汗水、才智赢得环境保护界的殊荣"地球奖"，并由徐州调到省环保局宣教中心，继续他的文字活儿。后来许久没有他的消息，有人说他退休了。又后来，同事终于如实相告，仁兄突然去世了。在我心中，他永远活着。总有这样的草根，在地平面下背着太阳而成长，朝着下面的方向，深层地计算着生命的高度。）

14　宋健接受记者专访　强调治淮措施果断

记者：宋主任，最近国务院召开研究部署淮河水污染防治工作会议，进一步明确了治淮的目标，该目标是怎样确定的？

宋健：今年 5 月份召开的治淮现场会，提出了让淮河水 2000 年变清的目标，但与广大人民群众要求淮河水早日变清的迫切愿望相比，步子显得有些慢。因此，经过反复考虑，在这次会议上，大家一致认为，应让淮河水早日变清。具体的目标是：淮河的污染防治工作到 1997 年年底要取得突破性进展，让淮河水初步变清；到 2000 年让淮河重现碧水丰姿。

记者：为了实现这一目标，有哪些具体措施呢？

宋健：对那些污染严重、治理无望、效益又差的企业，要坚决关闭，今明两年要关闭一批这样的企业，各地现在正在拟定关闭企业的名单；其他企业到 1997 年年底要做到达标排放；各地决不能再上污染严重的行业和项目；沿淮市、县要修建城市污水集中处理设施。与此同时，要加强法制建设，各地要加强执法，对违法排污的行为决不能姑息。《淮河流域水污染防治条例》现在在抓紧起草，可望年底出台，将为淮河的污染防治工作提供强有力的法律保护。通过这一系列措施，逐步使淮河流域的经济活动走向可持续发展的良性轨道。

记者：国务院领导指出，治理淮河水污染应当作为我国环境保护工作的典型，这一典型的意义是什么？

宋健：治理淮河水污染是沿淮人民期盼的大事，治淮还可以为我国跨流域治理提供典型经验。现实的紧迫性注定治淮只能成功，不能失败。淮河水污染主要涉及豫皖苏鲁四省，流域内人口众多，都是农业大省，乡镇企业发达。淮河的问题解决了，就可以为我国的流域治理提供经验。

记者：据我们了解，一些地方政府和企业都希望中央财政拿钱给他们治理污染。有人建议中央财政设立治淮专项资金,国务院是否准备做这方面的工作? 您对此有何看法?

宋健:政府拿钱治理淮河污染不是必需的条件,必须按淮河污染治理的原则完成淮河的污染治理工作。但考虑到一部分污染是由于历史原因造成的,政府会在企业转产和技改方面提供帮助。建设污水处理设施和企业的技术改造应列入计划,以保证得到贷款。到 1997年年底仍做不到污染物达标排放的企业,必须依法坚决关停并转。企业不能躺在国家身上伸手要钱,那样的后果只能是"死路一条"。

记者:关停并转污染企业会给当地政府和企业职工带来一定压力。一些排污大户如果经济效益好,污染治理不过关,到时是否关闭它们?

宋健:过去,一些地方和部门由于一味追求经济效益,忽视环境保护,使一些地方的经济发展走入了歧途,这是造成今天淮河污染如此严重的主要原因。因此,引导企业的健康发展是各级政府的责任。这些排污严重的企业在各省占的经济比重并不大,关闭它们不会造成太大问题。关停并转一批严重污染环境的企业,也是"九五"期间结构调整的需要。

记者:依法治理淮河污染这一重要措施将具体表现在哪些方面?

宋健:淮河流域水资源保护领导小组已经得到充实和加强。今后对淮河流域水污染防治工作要常抓不懈,关停并转一批排污企业。要完善环保法制建设,加强环保执法力度。修订有关环保法规时,要增加有关刑事处罚条款,要抓大案要案。对于造成严重环境污染的,要公开惩处。

记者:当您得知今年 7 月中旬淮河中下游发生特大水污染事故时,您的第一感觉是怎样的?

宋健:看到我们的人民受到如此严重的危害,我的心情很沉痛。作为主管环保工作的负责同志,我没有把工作做好,一直下不了决心采取果断措施。这次污染再一次敲响了警钟,我们再也不能让类似的情况发生了。这种牺牲环境资源的短期行为必须得到制止，少数人害多数人的现象必须结束。

（原载于《中国环境报》1994 年 9 月 20 日头版头条。作者和摄影部记者高光德先生此前在中南海采访了国务委员兼国务院环境保护委员会主任宋健。原文标题《宋健日前接受本报记者专访时指出　治理淮河必须加强法制》。）

15　百强县扬中注目生态兴市

本报讯(记者 胡若隐)　10 月 6 日下午,江苏省扬中县的舟公们为"丢了饭碗"而高兴。一座主要由农民集资 1.5 亿元修建、1172 米长的扬中长江大桥正式通车,使扬中这一长江岛县的 27 万人民免受轮渡之苦,南渡长江变成"胜似闲庭信步"的美事。撤县设市后的扬中人民又迈上了建设生态市的新征程。

扬中人民创造了经济奇迹。1993 年,人均国民生产总值达到 7116 元,农民人均纯收入达 2000 元,成为我国第一批"小康县",列"全国农村综合实力百强县"第 27 位。近几年来,扬中先后被评为全国农村改水、电气化、能源综合建设及平原绿化等先进县。

扬中人希望成为"花园城市"的市民。先行实施的环岛绿色工程、管道集中供气工程已正式奠基,工业污染源集中控制、小城镇环境综合整治和生态农业工程也将陆续实施。

生态建设关扬中之安危。1991 年 7 月 14 日,长江水位高出扬中海拔高度 3 米多,惊涛骇浪高歌"大江东去",身在港澳的扬中籍同胞致电扬中县长,建议家乡人赶快撤离小岛。此时,扬中群众生活井然有序,圩内水稻葱绿苗壮,各大影剧院正在放映电影《毛泽东和他的儿子》,场场座无虚席。

是"环岛绿色工程"护卫着这个江中宝岛。站在环岛江堤上,观江浪而人不惊。总长 120 公里的迎江大堤垸宽 5 米,坝脚 30 米,拱卫着扬中鳞次栉比的农家"将军楼"。现在,迎江大堤内外绿树成荫,滩边垂柳成片,是游人小憩难得的好地方。

今年元月 22 日,扬中组团与国家环保局联合举办了"生态县建设汇报会"。这项每年投资过亿元的环保工程被国家环保局主要领导称为"一项具有远见卓识的重大举措",并有望在全国经济发达地区尤其是"百强县"中,树立一个环境与经济协调发展的典型。

(原载于《中国环境报》1994 年 10 月 13 日头版头条。)

16　我国着手摸清环保产业家底

本报讯（记者 胡若隐） 10 月 27 日,全国环境保护产业基本情况调查领导小组在京召开第一次会议。国家环保局局长、调查领导小组组长解振华到会指出,环境技术作为实施保护环境这一基本国策的"硬件",在环境形势非常严峻的今天,进行环保产业情况的调查工作十分紧迫。摸清家底,加强引导,利于打破地区和行业垄断,促进技术设备公平竞争的环保产业市场体系的尽快形成。

解振华详细阐述了我国目前严峻的环境形势。他说,环境现状注定了我国发展环保产业的紧迫性,也带来了很好的机遇。环保产业经过 20 多年的发展已初具规模,但从总体上说仍处于发展初期,基础还比较薄弱,与国内需求不相适应。发展环保产业是实现 20 世纪末环境保护目标的有效对策之一。要增加环保产业的技术含金量,确保环保设施的投入有好的产出。发挥国营大中型企业的技术优势,调整产业结构,也是企业增强活力的一种机遇。

此次调查活动由国家环保局、国家计委、经贸委、科委和国家统计局联合开展,调查工作由国家环保局组织实施。调查的对象是在我国境内从事环保产业技术开发、科研教学、产品生产、经营销售、环境工程设计、施工安装、信息咨询、资源综合利用及自然生态保护的企事业单位。调查结果将于明年下半年出版公布。

国家环保局副局长、调查领导小组执行组长叶汝求主持会议。科技标准司司长尹改通报了调查筹备情况,并就调查方案和要求作了说明。

（原载于《中国环境报》1994 年 10 月 29 日第 1 版报眼。）

17 三峡工程昨日正式启动

本报宜昌三斗坪 12 月 14 日电(特派记者 胡若隐) 举世瞩目的三峡水利枢纽工程,经过长达 40 年的论证,全国人大七届五次会议批准,又进行了近两年的施工准备,现在已经具备了开工的条件。今天上午,中共中央政治局常委、国务院总理李鹏为三峡工程开工仪式剪彩,并作了题为《功在当代利千秋》的重要讲话。

三峡工程是一项具有防洪、发电、航运等巨大综合效益的工程。长江洪水一直是我国的心腹之患。长江中下游是我国重要的经济发达地区,历史上曾多次发生过严重洪水,给江汉平原、洞庭湖区广大人民群众的生命财产和沿江重要城市、工矿企业、交通干线带来极大的损失,给我国的政治、经济、社会安定带来全局性的不利影响。三峡工程是解决长江中下游洪水威胁的诸多措施中的一项关键性工程,意义十分重大而深远。

三峡水利枢纽是全国乃至世界规模最大的水电站。它将为华中、华东、四川等地区提供大量的电力,并促进全国电网的形成,对长江沿岸的经济繁荣产生巨大的推动作用。如果不建三峡工程,国家必须再建 5 个年产 1000 万吨的煤炭基地和运煤铁路线,以确保上述地区的火力发电。然而,火力发电将会排放大量硫化物,加剧我国酸雨重灾区的危害程度。

三峡工程建成后,高峡出平湖,将极大地改善长江的航运条件,充分发挥黄金水道的作用。经过认真筹划,三峡的名胜古迹会得到最大限度的保护,而且可以形成新的景观。三峡工程及其坝区将会成为现代气魄与民族风格兼备的气势磅礴、青山绿水、环境优美的风景旅游区。三峡的环境保护和旅游事业将得到进一步发展。

三峡工程建设将得到顺利推进。1997 年实现大江截流,2003 年首批机组发电,2009 年工程将全部竣工。一个宏伟壮丽的三峡工程将巍然屹立在中国的大地上，一代领袖"截断巫山云雨"的宏伟构想将成为中国人民的世纪强音。

李鹏总理在为工程揭幕之后，还视察了三峡建设工地。

（本文为"特派记者"采写的三峡工程开工消息，刊登于1994年12月15日《中国环境报》头版头条，消息原标题《重彩绘三峡　浓墨写千秋　三峡工程昨日正式启动》，在此标题作了简化。）

18 新闻特写：

三峡工程：走向新世纪的丰碑

1994年12月14日上午，国务院总理李鹏在长江三峡工程开工典礼大会上宣布，当今世界上最大规模的水利枢纽工程——长江三峡工程正式开工。

三峡工程开工典礼在三峡大坝坝址——湖北省宜昌市长江之滨的三斗坪举行。国务院副总理邹家华主持了开工典礼，有关部门负责人及三峡工程的建设者们参加了开工典礼。

李鹏总理在大会上发表了《功在当代利千秋》的重要讲话。他说，中央决定三峡工程正式开工，这是我国经济建设中的一件大事，也是全国人民关注的一件大事。三峡水利枢纽是全国乃至全世界规模最大的水电站。三峡工程是目前世界上最大的水利工程。我们一定要把它建成世界第一流的工程。三峡工程的建设资金是有充分保证的。李鹏说，在以江泽民同志为核心的党中央领导下，在广大建设者的努力和全国人民的支持下，任何困难都难不倒我们。三峡工程建设必将顺利进行。

10时44分，李鹏总理宣布三峡工程正式开工。天空中尚有淡淡的白雾没有散去，临时搭建的主席台下是少先队员们绽开的笑脸，国旗前边是整齐的乐队，数响礼炮在对面山上连起。"建设三峡，开发长江"的大标语清晰可见。300米外的施工现场上，推土机在高低不平处作业，吊车的"手臂"在旋转，工程车在对面山路上川流不息。工人们在翻动着工地上的泥土。有人说，科学家的事业是寂寞的。而此刻，工程建设者们的事业同样寄托在对祖国建设事业的贡献之中，而这种奉献是那样默默无声息，在平凡中结出伟大。

借这胜过节日的兴奋时刻，敬礼——为三峡工程的建设者们。10

时 48 分,李鹏总理为长江三峡工程奠基揭幕。他一边向大家挥手致意,一边向围聚过来的工程建设者们说:"同志们好","同志们辛苦了!"到处是黄白色的盔帽在晃动,表达了建设者的一片挚情。

1997 年要实现大江截流,2003 年首批机组发电,2009 年工程将全部竣工。到那时,这项具有防洪、发电、航运等巨大综合效益的工程将成为世界之最。只有 17 年时间,要筹集上千亿元的资金,装机容量达到 1820 万千瓦,防洪库容为 221 亿方。这些数字说明,我们的任务是多么艰巨,这一建设项目又是多么壮观而伟大。但日渐走向繁荣富强的中国人民有志气、有能力建设好当今世界上最大的水利水电工程。

"截断巫山云雨"。三峡工程功在当代利千秋。

(本文为作者以《中国环境报》特派记者身份采写的新闻特写,见该报 1994 年 12 月 17 日头版头条。)

19　新闻特写：
"菜篮子"里看环保——跟随总理走四川

"菜篮子"工程的好坏关系到人民生活质量的提高。12月7日至11日，中共中央政治局常委、国务院总理李鹏在四川省视察工作，听汇报，串农户，奔田头，一路风尘，却始终惦记着关系国计民生的"菜篮子"工程。其间，我们可以形象地发现，"菜篮子"与环境保护有着密切的关系。

在成都，李鹏总理高兴地得知，成都市狠抓"菜篮子"基地建设，市民平均每天可吃上1斤蔬菜。接着便问道："群众冬天吃些什么菜？"市委黄书记如数家珍地报上萝卜、白菜、莴笋等一串蔬菜的名字。总理问："莴笋多少钱一斤？""8角8分。"总理："啊，这么贵？"对方很快反应过来："是每公斤的价钱。"总理这才点了点头。

来到成都市武侯区永安养殖公司，总理向永安村党支部书记陈古锡仔细询问了这家农村股份合作企业的情况。目前该公司年出栏生猪6万头，每天要屠宰二三百头。当总理得知每天单给四川联合大学就要运去40头时，面带微笑地说道："我们的同学生活很艰苦，正在长身体，应该吃到质量有保证的鲜肉。"总理还参观了猪圈的卫生设施和附近鱼塘，称永安公司走了一条生态农业发展路子，是一个现代化的养殖公司。

路上，李鹏总理还问本报记者："你看，这里的污染治理怎么样？"记者高兴地回答说："这里的废物基本上资源化了，生态链接比较到位。"原来，猪的可利用的残物有些引入了鱼塘，每年产鱼1万公斤。塘泥又派上给菜地追肥的用场。环境保护科学上说的生态系统良性循环，在这里展示出魅力。

李鹏总理赞赏永安村党支部在做好"菜篮子"文章中，党员带头集资为群众办实事的做法，他说："我们的基层党组织就该这样，吃亏在前,带领大家找路子,奔小康。否则,天天去向群众伸手要点什么,还谈什么战斗堡垒和模范先锋作用?"

李鹏总理参观了和平村成片的钢架大棚蔬菜基地,面积30亩。他肯定地指出,大棚蔬菜基地有着品种多、效益好及其兴建中的科学性,而这种高效益与生态农业相关。在地头细心耕作的农民停下手中的活儿,用粘有泥巴的双手发出浑厚的掌声,迎接总理的到来。有人说:"地头见到总理比电视里的更亲切。"

蔬菜种植和家禽饲养专业户黄体抗夫妇把总理接到家里,把一家四口年收入4万多元的好消息告诉总理。坐在黄家客厅的沙发上,总理听说他家每天要卖100斤鸡蛋、销售人手吃紧的情况后,给坐在身边的黄体抗算了一笔账:"据你讲,批发价比市场价只低1毛钱。我看和一些销售单位建立合同联系就好喽。"黄体抗笑着说:"我正在寻找这方面的买主。"

在德阳市考察期间,李鹏对该市生猪业发达、销售势头看好表示满意。他要求德阳市在养猪业深加工方面做好文章。当他了解到猪肉已涨到每斤6元而大白菜每斤才卖8分钱时,对该市领导说:"肉菜价格太不成比例了,会伤害菜农的积极性和切身利益,这种消费结构需要调控和引导。"同时,李鹏总理对企业的清洁与文明生产提出了要求,指出提高人的素质在这方面尤显重要。

针对四川省近年来屡受干旱之害,"菜篮子"工程受到严重威胁,李鹏强调指出,整治河道,加大农业投入和农田基础设施建设是一件大事,必须抓实抓好。

(原载于《中国环境报》1994年12月27日第1版"新闻特写"。)

20 总理现场强调治理洞庭湖

本报讯（特派记者 胡若隐） 国务院总理李鹏 12 月 15 日上午离开长江江轮，从湖北公安县驱车前往湖南，天色黄昏时到达湖南汉寿县蒋家嘴镇，在那里详细询问并视察洞庭湖生态环境及湖区农业生产情况。他说，湖区有 1000 万人民、1000 万亩土地，并生产出占全省 40% 的粮食，洞庭湖的治理是必要的，中央是关心的。他说，我国粮食产量在 20 世纪末要达到增产 1000 亿斤，必须依靠科学种田，水利是命脉，良种是关键。

由于多种原因，洞庭湖已由宋代诗人范仲淹笔下的"八百里洞庭"（面积约为 6000 平方公里），新中国成立初期缩小到 4360 平方公里，目前只有 2653 平方公里。而且湖区生态环境不佳，水患威胁极大。

李鹏总理在湘考察期间，多次强调农业的基础地位，全党全国要根据中央经济工作会议的精神，各地要把农业放在经济工作的首要地位，一定要把农业搞上去。他引用古谚"湖广熟，天下足"，指出湖南是一个农业大省，是我国重要的粮食生产基地，粮棉油猪对国家贡献很大，在今年遭遇特大自然灾害情况下，粮食生产仍达到 540 亿斤，比去年增产 15 亿斤，接近历史最高水平，棉花和油料都创历史最好水平；粮食生产要再上一个新台阶，一靠政策调动农民的积极性，二靠科技，三靠投入；我国粮食产量在 20 世纪末要达到增产 1000 亿斤，主要靠科学种田。水利是命脉，良种是关键，再加上科学施肥、土壤改良、防治病虫害和加强田间管理。

李鹏高兴地得知湖南农科院在"两系法"杂交水稻研究方面取得基本成功。他肯定湖南农科院和湖南农业大学从事的改进粮食品种工作的突破有重大意义，取得了很好的成果，袁隆平同志为国家做出了很大贡献。结束对湖南工作考察的 17 日上午，李鹏总理在长沙市龙王港段湘江防洪筑堤工地上，穿着雨鞋，握起铁镐，和省军区某部官兵一起劳动。

（原载于《中国环境报》1994 年 12 月 20 日头版报眼。）

21　台州大兴土木风　农民害怕做市民

本报讯　中国农民历来都想跳出农门,浙江省台州市的农民现在却害怕做城里人了。原因在于地以稀为贵,没地农民出路难。

台州地区于去年 8 月被批准撤地设市,辖椒江、黄岩、路桥 3 个县级区,市政府驻地为椒江区。此后至今,台州市有关方面正在酝酿中心城市规划,并准备今年 6 月底出台。根据规划,台州市人口将由现在的 26.9 万人增加到 85 万人,控制区面积达 488 平方公里。到 2010 年,将共有耕地 9.96 万亩被城市占用,仅城市广场就占去耕地二百至三百亩。记者发现,有关部门近期已围圈耕地 1400 亩,首批新建住宅楼 40 万平方米,市政府办公楼 5 万平方米,大兴土木之风日烈。被征地用户虽可得每亩 6 万元的眼前利益,但此举对三区人均耕地仅 3 分的农业状况是一个致命打击,失去土地的农民难谋出路。

台州市领导将土地有偿出让作为兴建新的中等城市的主要资金渠道。去年 9 月,椒江永鸿房地产开发有限公司更是捷足先登,购得土地 150 亩,并且在《台州日报》上发布消息。其广告词说:此地叫做“名人山庄”,新迁的台州市行政区作为“掌握台州地区行政决策之核心”就在它的对面,此地绝对坐拥地价三级跳的地利。

台州市辖三区环境污染严重,化工区异味熏人,路桥区“破烂王”用焚烧法处理废旧电器,无人过问。去年 12 月 19 日至 25 日,临海市到黄岩的主要公路上,因路面积水严重堵车,32 公里路程耗时 28 小时。大批海鲜坏死,乘客内急不便,怨声载道,外商闻讯而退。

台州市机关大院要从原地区所辖的临海市搬迁到椒江区,预计耗资 12 亿元。椒江、黄岩和路桥三区人民盼望市领导将钱用在刀刃上,加强城市基础设施建设,加大西部扶贫开发力度,不要耗费巨资,广占良田,大兴土木。原黄岩市 160 名人大代表签名呼吁台州地委撤销撤区移地设市的决定,明确反对机关大院大搬家。很多市区领导表示,耗费巨资大铺摊子严重脱离台州市辖三区的实际情况,主要领导很有必要慎重定夺台州市中心城市规划。

（本文为作者以"吴瑛"为笔名发表的《中国环境报》1995 年 1 月 26 日第 1 版消息,当日早晨 7 时中央人民广播电台"新闻和报纸摘要节目时间"选播了这条消息。）

22　新闻特写：滕头村民谱新曲

浙江省宁波市滕头村的村民们对环境保护有着深厚的感情,在"六五"世界环境日到来之际,村民们一封朴实无华的信传到国家环保局主要领导的手上。是啊,滕头村作为"全球500佳"早就尝到了环保的甜头,他们以这种形式表达出得益于环保、热爱环保的真诚心声。

滕头村民忘不了,1993年6月4日,滕头村通过努力获得了举世公认的荣誉。联合国副秘书长伊丽莎白·多德斯维尔女士来到村里,赞不绝口地说:我到过世界上许多国家,却很少见到像滕头村这样美丽、整洁的村庄。6月5日,滕头村党委书记代表全体村民在人民大会堂领取了"全球500佳"奖章和奖状。滕头村的名声走出了国门,这是中国农民梦寐以求的机缘。

然而,知情者都知道,滕头村民是通过自己的艰苦创业,才奏响生态农业的乐章的。较之三年前,滕头村的经济建设和环境保护事业取得了突破性进展。社会总产值翻了三番,1994年人均收入达到5026元,现有集体资产达1.3亿元。这些成绩的取得,与滕头村党委一批远见卓识者很有关系。

滕头村载誉归来后,在"田成方,屋成行,洁清河水绕村庄;橘子渠,葡萄河,绿树成荫花果香"的基础上,全面推进"一优两高"农业、生态立体农业和创汇农业,1994年,种田人平均收入超9000元。今年起又重新调整种粮格局,所有粮田全部实行集体化、专业化、基地化经营。滕头村的工业取得发展,组建了宁波滕头集团公司,多种行业协调发展。沼气站产气率名列全省第一,完全能满足全村村民的燃料需要。滕头村富裕了,富裕的村民追求更加美好的生活。他们有自己的幼儿园、学校,还正在兴建3万平方米的农民公园。从"农民公园"这个名字,我们可以看出村民们对这片土地的感情之深。

越来越多的异乡朋友来到滕头,感叹生态农业给村民带来了社会主义的新农村。高度文明之光照耀下的村落,仿佛在向来访的客人作一次无声的证明——生态农业可持续发展是中国农业的必由之路。"生态农业的成果是滕头村民的骄傲,中国的光荣。"来访的客人留下这样的感叹,然后走了。而对滕头村来说,创造新的生活是永无止境的。最近,村党委书记傅嘉良从北京参加全国劳模表彰会回来,又在构思新的未来:村里成立环境与资源保护委员会,聘请环保局调研员当顾问,以便更好地保护环境,让环境意识深入滕头村民的心中。

(原载于《中国环境报》1996 年 6 月 6 日第 1 版"新闻特写"。)

23　说首钢，话申奥

精明的北京人发现，世界上没有别的国家在离开自己首都中心仅仅17公里的地方，兴建本国最大规模的钢铁公司。

1994年，首钢总公司以823万吨的年钢产量使鞍钢退居第二，健步登上中国钢铁家族的第一把交椅。这一奇迹性变化并没有给北京人带来多大的兴奋，相反，由于首钢生产规模的扩大，日趋严重的环境污染加重了首都群众的心病。

1995年7月13日，北京市石景山区人大常委会组织部分市区人大代表，视察了首钢总公司贯彻落实《环境保护法》、治理环境污染的情况。人大代表们认为："由于首钢总公司生产规模的不断扩大，污染排放总量继续增加，石景山区的环境污染状况日趋恶化。"深表忧虑的代表们建议：石景山区不要再上污染扰民的新项目；首钢的发展应当符合党中央、国务院对《北京市城市建设总体规划方案》的批复精神，认真按照《环境保护法》办事；首钢要加快治理环境污染的步伐，使石景山区人民不闻异味，常见蓝天。

来自北京市石景山区环保局的监测资料表明，该区大气中尘污染在全市各区首屈一指，如果首钢现有生产规模继续扩大，该区环境质量继续恶化的趋势无法得到遏制。

1994年，石景山区大气环境质量较往年又有下降。其中，大气总悬浮颗粒物是世界卫生组织年均值指导高值的5.9倍，降尘超过北京市清洁对照区的1.8倍，是城市近郊区的1.6倍，二氧化硫超过国家标准0.6倍。区域环境噪声平均值为62.7分贝，超过国家二类地区标准。环境污染对群众身体健康构成严重危害。1990年，该区肺癌死亡人数比1987年上升了121.5%。

1994年，北钢（首钢钢铁主产区）石景山区部分排放的大气污染物为：二氧化碳30663吨，烟（粉）尘15994吨，一氧化碳114830吨，氟化物 370 吨,氮氧化物 49301 吨。

首钢公司(石景山区部分)1993 年总耗煤量 364.4 万吨,占全市工业企业总耗煤量的 23%。工业用水总量占全市的 23.47%。石景山区人们自然把首钢看作造成环境污染的主要责任者。

仅在 1993 年,首钢因排放污油缴纳超标排污费 53 万元,因为拖缴排污费受到法院强制执行处理,因为第三炼铁厂违反环保审批制度被罚款 20 万元。

"城门失火,殃及池鱼"。首钢严重的环境污染使得石景山区 30 万人民深受其害,并且给市区 600 万人民带来危害。一位美国记者在北京旅游,敏感地发现市区的降尘有很多是从西北的天空中飘过来的。从天安门广场西行,他发现石景山区的主要污染源在首钢。石景山区环保局局长、市人大代表高德贵婉言谢绝了他索要该地区环境监测数据的请求。

家丑不可外扬,但身临其境的石景山人却不得不承受着难以忍受的环境污染之苦。大量首钢职工出于维护自己的生存和健康的直觉,对首钢污染现状报以尖锐的谴责,这确实是一件发人深省的事情。

养马场居民郑仲山老人对记者说:"我们现在被首钢的生产区包围了,日子真是没法过。刚刚下过雨,你才能幸运地看见树的绿色。平时,我们面对面讲话都听不清。今天是星期六,生产炼钢辅助原料的白灰窑没有全部开工,所以你能听见我说话的声音。我家有九间屋子,住房算是宽裕。可是,为了不影响我那念小学二年级的孙子的学习,我儿子带着一家三口,躲到别的地方去了。"由于粉尘和噪声污染严重,老人将屋子的木制格子窗换成了全封闭的固定的玻璃窗。

在北钢小西门,值班门卫说:我在这里上班是最受罪的了。那边刮来热电厂的污染,这边刮来首钢的粉尘,真是两面夹击啊。对首钢就得重罚,罚少了它不心疼。

在铸造村,上百名居民向记者讲述了深受首钢污染之苦。这里是首钢的部分职工宿舍区,平房顶上落满了粉尘。两年来,这里的天空中几乎每天都有黑色或者红色的"烟龙"飞舞,无风时节则在居民区一带盘旋。在最严重的时候，一路之隔看不清是谁，过往司机改道行车。

类似养马场、铸造村的还有北辛安、白庙和水屯等地区，群众的生存环境受到了严重威胁。

群众的呼声引起了北京市领导层的高度重视，但是万民齐呼并不能减缓首钢污染加剧的步伐。这个先天布局本来就不合理的大型钢铁企业进行环境综合整治的力度，赶不上扩大再生产带来的污染加剧速度，问题的焦点也就集中到首钢的发展规模上面。

多年来，北京市委、市人大、市政府和市政协对首钢的环境污染问题给予了高度关注。1994 年 10 月，北京市专门成立石景山区环境污染治理领导小组，督促首钢、石电厂、水泥厂加快环境污染治理步伐。1995 年，首钢治理污染的项目为 20 个。8 个月过去了，项目才完成 4 个。其他项目尚处于"进行状态"。治理污染的进度赶不上新增污染的加速度。因此，当地处西客站附近的特钢南区接到当年"9 月停炉"的决定，首钢要将它搬到石景山区的时候，人们对首钢"不会增加污染"的承诺表示怀疑。

首钢的发展曾经为中国现代化基础设施建设提供了坚实的骨骼，1995 年 2 月又提出了新的目标："实现 1000 万吨是最大的政治。"按照首钢"九五"计划，仅转炉钢产量就要达到 950 万吨，大气中二氧化硫、烟尘、一氧化碳等污染物的排放量将增加 25% 左右。规划可谓宏伟，实施却很艰难。准备新建的 2160 热轧厂房距离居民楼仅 68 米，并且以铁路运输为主。设备噪声高达 100 多分贝。到那时，邻近群众何以安身？

党中央、国务院在对《北京城市建设总体规划方案》的批复中指出："北京是全国的政治中心和文化中心"。国务院重申："北京不要再发展重工业，特别是不能再发展那些耗能多、用水多、占地多、运输量大、污染扰民的工业，市内现有的此类企业不得就地扩建，要加速环境整治和用地整治……严格控制在市区特别是水源上游、城市上风向发展有污染的工业。对市区内现有的污染扰民项目，要逐步进行产业调整或逐步外迁。"

地处北京市区上风向、地下水、地表水上游的石景山区，确实不应发展占地多、运输量大、污染扰民的重工业了。首钢要在繁华的古城、八角村8万多人的居住区边缘上马新的工程，显然违背了北京市城市总体布局原则。若要避免10年后讨论"首钢搬迁还是首都搬迁"的问题，当务之急是正视首钢今天如何发展的严峻现实，并且作出科学决策。

1993年3月6日，尽管如北京奥申委主席在欢迎以贡纳尔·埃里克松为团长的国际奥委会考察团抵京的致词中所说"人们对奥林匹克运动向往之情，对团长和各位先生、女士的欢迎之情，快要到38℃了"，中国人与2000年奥运会还是无缘。

当时的国人很少想到，有那么多委员在公开表决还没有到来之前，已经被他国的"申奥银弹"击倒了。呼吸得并不舒畅的北京人认为除了政治原因不利之外，也同意在令人透不过气来的环境中比赛，确实不利于运动员水平的发挥。

1998年11月25日，北京市市长贾庆林正式向中国奥委会主席伍绍祖递交了举办2008年奥运会的申请书。中国奥委会主席在接受申请后说，北京申办了2000年奥运会，由于众所周知的原因，以两票之差没有成功。1999年1月5日，中央电视台《焦点访谈》将焦点对准了北京的大气污染，提出"还首都北京蓝天"。

寻找原因时，羞答答地找到了政治方面，说白了是中国政府对发生在1989年的政治风波采取了强硬政策，在国际上得罪了西方国家不少人，也就丢了不少票。当时，中国方面对北京与悉尼在环境质量方面的差距却缺乏自知之明。北京奥申委新闻发言人给记者们提供的《奥申报告》中说，目前北京市的环境质量正在改善，据7年的监测结果，8至9月份是北京大气质量最好时期，各类气态污染物的含量水平都在中国国家标准限值和发达国家同类标准限值以内，饮用水质也保持了良好质量。未来的北京在环境状况方面是令人乐观的。

再举一个简单的例子，就是人们对野生动物的态度大相径庭。中国有着对野生动物实行"囚笼"政策的历史。北京有 16 万到 20 万人在养着 80 万到 100 万只鸟。据统计,每捕捉 20 只野生鸟才能到达养鸟者手中 1 只活鸟。1993 年北京申办 2000 年奥运会的电视报告片中,有一位长寿老人提着鸟笼悠闲散步,而悉尼报告片中却是一只小动物在大自然中悠闲嬉戏。

澳大利亚对所有野生动物都实行严格的保护政策,法律严明,执法极严。在我们到过的菲利普岛,每晚七点半是观看南极海企鹅上岸的时间。面对寒冷的海风,海边站满了来自澳大利亚和世界各地的人。人们耐心而好奇地等待着,为的是观看企鹅列队上岸。由于澳大利亚实行严格保护企鹅的法律,不准任何人用闪光灯对夜间上岸的企鹅拍照和摄像。不久,在海滨柔和的灯光下,但见一队队大小企鹅,准时地从遥远的南极海,缓缓回到菲利普岛的树丛中休息。第二天早上,再去海洋里觅食。它们昼出夜归,甚有规律。由于企鹅不多见,对初到墨尔本的人来说是在观看奇迹。

列举以下简单数字和结论,就能发现北京作为申办奥运会的城市在环境方面的欠账:造成北京严重的大气污染的原因是,煤的大量燃烧,其次是油的燃烧。北京一年要烧掉 3000 万吨原煤,上百万吨的燃料油。100 多万辆汽车烧掉 100 多万吨的汽油、柴油。

1992 年,牛津布朗韦尔出版社出版的"全球特大城市空气污染程度"表明,北京为全世界污染严重的首都城市之一。

1995 年,北京出现"氧吧",即一种专门供人吸氧、以解除身心郁闷的特殊场所。这是一种危险的信号。北京、沈阳、西安、上海、广州 5 座城市中,大气中悬浮颗粒物日均浓度分别在 200—500 微克/立方米内,超过世界卫生组织标准 3—9 倍,被列入世界污染最严重的 10 个城市名册之中。北京因此成为世界上环境质量最糟糕的首都之一。

1997 年 4 月,在北京召开的世界能源理事会亚太地区论坛会上,公布了全世界十大污染严重的首都城市,北京排在第三。

医学专家们认为,1998 年北京市爆发的两次大规模流感,很可能与北京市日趋严重的环境污染有密切关系。人们欣慰地看到,中央领导决心全力支持北京市治理环境污染尤其是大气污染。无铅汽油上市,破旧车辆报废,燃料条件改善,这些实实在在的措施正在削减污染物排放量。不说申奥成功与否,单说为了首都人过日子,一切改善环境质量的措施早该实施。如任由首钢粗泛扩张,污染依旧,北京人将没有生存出路。

　　(本文综合了《中国环境报》1995 年 7 月 27 日头版头条通讯《首钢,首都环境的难题》,后入选《我们家园的紧急报告》一书公开出版。)

24　子孙之路不能断

1995 年 1 月 26 日,《中国环境报》一版在不太起眼的位置刊登了一篇消息,标题是《台州大兴土木风,农民不愿做市民》。没想到,当天早晨被中央人民广播电台的《新闻和报纸摘要节目》播发,从而引发了国家有关部门对浙江省台州市资源环境问题的高度关注。消息的主要意思是这样的:

中国农民历来都想跳出农门,浙江省台州市的农民现在却不愿做城里人了。原因在于地以稀为贵,没地的农民出路难。台州地区 1994 年 8 月被批准撤地设市,辖椒江、黄岩和路桥 3 个县级区,市政府驻地为椒江区。接着,台州市有关方面积极酝酿中心城市规划,并准备 1995 年出台。根据该规划,台州市人口将由 36.9 万人增加到 85 万人,控制区面积 488 平方公里。到 2010 年,将共有耕地 9.96 万亩被城市占用,仅仅城市广场就要占去耕地两三百亩。记者了解到,有关部门近期已经圈去耕地 1400 亩,首批新建住宅楼 40 万平方米;市政府办公楼 5 万平方米,大兴土木之风日烈。被征用土地的农户虽然每亩可得 6 万元的眼前利益,但是,此举对当地人均耕地 3 分的农业状况是致命打击,没地的农民出路难。

台州市领导将土地有偿出让作为兴建新的中等城市的主要资金渠道。1994 年 9 月,椒江永鸿房地产开发公司更是捷足先登,购得土地 150 亩,并且在《台州日报》上炒作。其广告词说:此地叫做"名人山庄",新迁的台州市行政区作为"掌握台州地区行政决策之核心,权贵者的第一舞台"就在它的对面,此地绝对坐拥地价三级跳的地利。

与此同时,一份由浙江省台州市黄岩区的全国人大代表、市区人大代表 90 人联名提交的报告,陈述台州撤地设市后异地建市过程中资源环境被严重破坏的事实,表达了社会各界对异地建市的关注。国务院高层领导得知此事后表示关切,并且指示浙江省委、省政府主要领导:耕地要受到严格的保护。在这种情况下,浙江省有关方面调查组前往台州调查处理此事。记者再次赴台州采访此事,对该市地改市过程中不顾资源环境条件、行大铺摊子之实进行了深入调查。

台州撤地设市后,在中心城市规划没有获得批准的情况下,加紧异地建市步伐,由此造成了土地资源和生态环境的严重破坏。

1994 年 8 月,国务院批准撤销台州地区,设立地级台州市。台州中心城市规划领导小组拟定 1994—2010 年《台州中心城市总体规划初步大纲》,要把台州建设成浙江省中部沿海科工贸发达的现代化港口城市。在台州撤地设市过程中,市委、市政府将从原来地区行署所在地临海市(原地区所辖的县级市)迁到椒江,下设黄岩(原地区所辖县级市)、椒江和路桥等 3 个区,其中心市区在 3 个区之间的良田上重建。1994 年 2 月底,台州行政中心搬迁的首项工程——枫南住宅小区破土动工,工程总投资 1.7 亿元,占地 330 亩。拟建中的中心城市广场规划面积为 200—300 亩。据统计,台州市从 1995 年异地建市后,建设用地共计 27113 亩,其中占用耕地 18947 亩。按照台州市未获批准却擅自动工的规划,中心城市可能占用耕地 10 万亩,仅市委、市政府搬迁后将在农田上兴建的台州中心区面积就达 4 平方公里,计良田6000 亩,建筑面积 429 万平方米,计划投资 107 亿元。耗费如此巨资,大兴土木之风何其盛。大面积的土地、良田被毁,实在可惜。

台州市的环境保护工作没有得到应有的重视。大气、水污染严重,农村生态环境恶化。尤其值得注意的是,原黄岩市一带淡水资源非常缺乏,农田灌溉仅仅靠库容 5.3 亿立方米的长潭水库,年最大供水量为 3 亿立方米,而修建的引水工程将引走 1.5 亿立方米用于中心城市。农业用水不足已经成为定局。黄岩河道时有断流,河水黑臭,养殖的鱼鸭大量死亡。黄岩一带的水价一提再提,工业用水价格为每吨1.7 元,城镇居民生活用水每吨 0.9 元。如此之高的水价,全国少见。

黄岩一带的环境容量将难以承担这个中心城市带来的环境压力。

台州市准备耗费巨额资金、占用大量良田搞异地建市的做法，引起了社会各方面的关注和不满。

在 1995 年全国人大常委会组织的全国《农业法》大检查中，全国人大常委、环境与资源委员会副主任委员杨振怀率队赴浙江检查后提交的报告指出，目前许多地方为创政绩，不从实际出发，以牺牲耕地为代价，盲目搞城市改造和扩建。台州市打算把椒江、黄岩和路桥三地连成一大片，变成大城市，不少同志担心，这又要掀起继"开发区"之后的第二次占地高潮了。他们讲，这么做是在卖祖宗的家当，砸子孙的饭碗。

1995 年 3 月，由北京大学张友仁教授等经济学家组成的黄岩经济考察组在实地考察后认为，台州地区在撤地设市过程中采取的异地建市、重组区内行政区划的做法，对当地经济将产生许多不利影响。其主要问题，一是包括土地在内的资源浪费严重；二是严重束缚了作为台州地区工业中心与经济发展"龙头"的原黄岩市的经济发展。

国家土地管理局刘文甲副局长针对这件事说，台州建设大城市的设想，确实代表了当前比较普遍的一种倾向。随着我国经济社会的快速发展，城市化的进程加快了。在城市化的口号下，目前出现了追求城镇数量过多、规模过大、用地指标过高、发展速度过快的情况。台州市占用大量良田的城市规划未经批准是不能动工的。几十年来，各地城市"摊大饼"式的外延发展造成"城市病"日趋加重，城郊优质菜田、农田被毁，城市外围环境破坏，城市蔬菜和副食供应紧张，近郊农业不能稳定发展，已经给了人们深刻的教训。希望台州市不要将本来分散的椒江、黄岩、路桥、临海人为地连成一片，形成一张"大饼"。

台州市一些领导以滚动开发土地为名，以城市建设名义和行政手段压价征用大量农田，用来炒房地产，已经引起农民的严重不满。千百年来，以栽培闻名全国的"黄岩蜜橘"为生计的农民心急如焚，扼腕痛叹：地之不存，橘将焉附！

联合国确定的人均耕地数量的警戒线（也称危险点）是 0.795 亩。

浙江省人均耕地已经降到 0.56 亩,人均种粮土地只有 0.44 亩,从一个粮食基本自给略有盈余的省份变成了仅次于广东的粮食调入大省。台州市人均耕地已经不足 3 分,远远突破危险点。1995 年 4 月至 1996 年 1 月,台州市调进粮食 1.08 亿公斤。黄岩原来是一个有名的农业大县,夺得过全国第一个粮食亩产跨纲要的殊荣,并于 1990 年跻身全国百强县市之列,而眼下的粮食却不能自给。根本原因在于,耕地锐减和水资源的紧缺制约了农业生产的发展。目前,台州市每年财政可支配的财力除去行使政府职能的支出外,仅仅剩下 2 亿元人民币左右。要在 15 年内实施耗资上百亿元的异地建市工程很不现实。这个脱离实际的异地建市方案和中心城市规划没有征得本级人大的批准,自然受到临海、黄岩等地人大代表的广泛抵制。

一个城市的形成,是一个地区经济和社会发展到一定阶段的自然结果。台州地区位于宁波与温州之间,境内多山,没有较大平原和盆地,灵江的腹地也不大,海门港的条件不好,因此,在历史上没有形成较大的城市。临海市历史上一直是台州府的所在地,是国务院公布的历史文化名城,现在已经规划了中等城市的框架。有关专家认为,从历史和现实的角度看,台州市的行政中心仍然以设在临海市为宜,异地建立大城市的决策并不英明。

浙江全省农民人均纯收入已经达到 2224 元,居全国第三位;农村第二、三产业已占农村社会总产值的 88%。按照世界上发达国家和地区工业化进程的做法,浙江省早已应该大力实行工业向农业反哺了。

我们认为,各行各业支援农业,首先要做到不与农业争地争水。台州市已经不算贫穷了,应该给儿孙们留下一些较好的生存条件,应该尽可能地为儿孙们多留一份土地和环境资源。只有这样做,才算真正实施了人口、经济和资源环境协调发展,才算在实际中做到了江泽民总书记所说的"决不能吃祖宗饭,断子孙路"。

(本文综合了《中国环境报》1996 年 3 月 23 日同名通讯,副标题为"台州易地建市资源环境破坏严重"。)

25　决战淮河

淮河是中国最多灾多难的河流之一。当她在河南的桐柏山中款款地漫步时,她是那样的温顺、秀丽,清澈见底,但她终于走向了辽阔的平原。她注定是一条属于平原的河流。

如果回到几亿年前,我们就会发现现在被称为中原的地方,还是一片茫茫的大海。构成中国现在版图的两大陆块——扬子古陆和华北地台,正是在这里缝合和对接。沧海桑田的变化,造就了中国的大平原,也造就了淮河。

一、重要地理分界线

淮河从她形成时起,就注定要成为中国南北的分界线和交汇带——她既有北方大河的粗犷与狂放,又有南方河网的散漫与温柔。

在淮河流经的地方,我们可以看到一座座古城,和深埋在厚厚黄土下的古代遗址,这是历史留下的深深浅浅的脚印。不仅仅是黄河,淮河无疑也是中华民族的摇篮。

1994 年 5 月,当我们随国务院环委会淮河环境保护现场执法检查的代表从北京来到河南后,才知道淮河和黄河是如此的不可分离。黄河自从出晋陕大峡谷、进入中原以后就完全成了一条地上河。中原地区没有一条河流再"高攀"注入黄河。可以说,从黄河高高的大堤下开始,直到长江边上,几乎所有的河流最后都汇入了淮河。

正是在淮河哺育的这块古老的土地上,当最后一个冰河时代结束后,我们的民族从滔滔的洪水中走来,从无数的神话和传说中走来,他们与无情的洪水搏斗,在他们的身后,升起了东方文明的第一缕曙光。

传说中的第一位女神女娲,在这里"炼五色石以补苍天,积芦灰以止淫水",她以坚忍的精神从灾难中站立起来。淮河平原上的河南西华县境内的女娲城,尚有女娲补天的遗址。

在古称陈州的淮阳县,完好地保存着始祖伏羲氏巍峨的陵墓和雄伟的殿堂,有伏羲氏分阴阳、占祸福、画八卦的画卦台。我们民族先民中的这位英雄和领袖,他"上究天象,下察地理,中观万物",还是为了掌握与适应当时生存环境的变化,"作八卦,结网罟,教民渔猎"。看来,当时这片土地上河湖纵横,森林密布,自然生态还保持着一种原始状态。

4000 多年前,夏王朝就在河南的郑州地区建都;3500 年前,这里是商王朝的中心,在郑州市区还有商代都城的遗址,矗立的商鼎成为郑州这座历史文化名城的标志。

在我国五千年悠长的历史里,有整整两千年这里是中国的政治经济和文化的中心。

淮河毕竟是一条平原河流。

平原,造就了她的性格和特征:支流众多,而河流的落差不大。由于处于南北过渡带,降水又相对比较集中。在历史上,黄河一次又一次决口,夺淮南下,给淮河地区带来了深重的灾难。淮河也因此成了我们民族的心腹之患。

一定要根治淮河,成了新中国成立后的一件大事。

经过几十年的努力,在淮河流域,建起了一座座水库,一座座水闸。在淮河的下游,也开凿了一条条河渠,使汇集洪泽湖的淮河水能通畅地奔向大海。

防洪历来是淮河沉重的话题。

1985 年 3 月 6 日,国务院副总理李鹏在水利部长的陪同下视察淮河。洪涝灾害刚过,自然把防洪的话题留给了在场的各位领导和专家。一场争论开始了。淮委会的人强调,宿鸭湖对下游防洪起决定性作用,主张优先加固宿鸭湖水库。而当地的专员则据理力争,主张优先建设板桥水库,因为它占了宿鸭湖洪峰流量一半以上。

李鹏同志站在宿鸭湖坝上,眺望茫茫不见对岸的湖水,波涛滚滚,犹如大海。他不无感慨地说:匈牙利人引以为自豪的巴顿湖也不过如此。中国还太穷了,这里目前还不可能建设成旅游胜地。

可见，淮河的污染问题在当时还不突出。

淮河反映出越来越严重的污染，是在 80 年代的后期。

在河南，淮河流域的 17 条主要支流上，省环保系统共布设了 44 个水质监断面。1992 年的监测结果表明，其中 23 个断面水质超过国家标准五类的允许值，占监测断面总数的 52.7%。即有一半以上河段的河水丧失了任何利用价值。

淮河的干流在安徽境内长 420 公里，穿越阜阳、六安、淮南、蚌埠、滁州 5 个地市。据 1985—1993 年水质监测，淮河干流淮南、蚌埠段水质平均不符合地面水五类水质要求，即低于国家规定的水质标准下限。这里每年冬春季节，水质都处于警戒状态，水污染事故日趋频繁。

进入 20 世纪 90 年代以来，淮河无论干流还是支流，水质污染有增无减，日益加剧。

二、金水河名不符实

淮河的严重污染开始于何时，其源头又在哪里？

河南郑州市有一条美丽的河流叫金水河。

垂杨、绿柳与清流，曾给这座中原的名城带来了无限的春意与生机。它带给人们的不仅有舟楫之便，还有渔歌之乐。现在人们百思不解的是，这条如丝线似的河流居然还能发洪水。20 世纪五六十年代，也是因为"防洪"，在金水河的上游修建了两座水库，从此，金水河的源头完全被切断了。

金水河成了一条没有源头活水的河流。

而金水河流经的郑州市却在日新月异地发展着、膨胀着。它从解放初期仅有十几万人口的中原小城，发展成为有 570 万人口的现代化城市，其中市区人口 115 万。中国长城铝业公司、中原制药厂、郑州烟厂、郑州第二砂轮厂等一大批企业建立起来了。金水河自然成了郑州市的一条主要排污沟。

郑州城市的生产和生活用水，主要取自于黄河。

以黄河和嵩山为主的众多人文自然景观，成了郑州市的骄傲。

虽然郑州位于黄河之滨,但从严格意义上来说,郑州还是位于淮河流域。金水河之水最后还是进入了淮河的支流贾鲁河,并在河南南部周口地区汇入了淮河的支流沙颍河。经多次监测,贾鲁河入沙颍河断面处的高锰酸钾等指数年平均超出地面水五类标准1.9倍。污水一泻千里,令人触目惊心。

应当看到,郑州近年来在城市建设与环境保护上做了不少工作。如对严重污染的金水河就进行了"根治"。沿河的工厂和居民生活污水,不再排入河道。现在河水已经变清,金水河两岸重新成了风景秀丽的地方,成了郑州游人一个流连忘返的好去处。郑州的绿化更是取得了巨大的成就,"半城绿树半城楼",使之有了中原"绿城"之称。市内主要街道两边树木成行,街心花园、花圃和绿草如茵的草坪随处可见。

可美丽的郑州竟没有一座污水处理厂!

所有污水都通过地下的渠道排入熊耳河、东风渠后进入贾鲁河,最后还是注入了淮河!

不仅仅是郑州。

古城开封、平顶山、驻马店、许昌、周口、漯河、徐州、淮南、蚌埠、阜阳,到了20世纪90年代,都没有污水处理厂,城市污水未经处理便直接排入了淮河。

上游与下游,支流与干流,省与省之间,地区与地区之间,围绕淮河的污染产生了数不清的矛盾与纠纷。

在这块沃野千里、资源丰富的土地上,很早就流传着"走千走万,不如淮河两岸"的民谣。由于淮河的污染日趋严重,河流近在咫尺,可河水不能灌溉饮用,河里鱼虾绝迹。仅颍河、涡河,从1988年至今已发生水污染死鱼事故200多起,渔业累计损失超过亿元。

——安徽涡阳县素有"五十里涡河,五十里网箱"之称,曾作为全省的渔业先进典型。但在1992年5月,因上游突然排放废水,鱼类遭到灭顶之灾,2500网箱鱼死亡殆尽,直接经济损失500万元,渔民们痛不欲生。

——濉溪县包河、浍河，自 1978 年起，受上游污水危害，致使 20 万人、11 万头牲畜饮水无着，河水也不能养殖和灌溉，每年直接经济损失 2000 万元。

——阜阳市是皖西北的重镇，虽然濒临水量较大的颍河，但因污染而不能使用，不得不依赖地下水作为城市的水源。超采地下水，导致地下水位下降达 80 多米，因此又带来地面下沉。地面沉降速度每年高达 86 毫米，累计下沉 940 毫米，影响面积达 360 平方公里。由于地面沉降，这对京九大动脉的建设、颍河防洪安全和当地经济发展带来严重的影响。

——1978 年 8 月至翌年 4 月，淮河地区久旱少雨，蚌埠闸连续关闭 247 天。因为枯水季节，淮河中大部分是浓度极高的污水，如果开闸放水，污水大量下泄，就会直接危害下游江苏的广大地区，引起洪泽湖水质的恶化。这时，闸上闸下形成 60 多公里长的黑水河，蚊虫滋生，淮南、蚌埠自来水发臭。成千上万的市民被迫用防空洞的水或临时掘井。对水质要求高的制药、食品等企业不得不停产，一些饭店旅社也因缺水而停业。蚌埠是津浦铁路上的大站，南来北往的列车很多，可途经蚌埠的列车也不得不停止上水。这次造成的经济损失达 7000 万元。

——1989 年 2 月，上游造纸厂污水库突然塌坝，大量高浓度污水经颍河入淮，造成淮南市 90 公里长的河面上黑浪翻滚，臭气冲天。淮河沿岸 200 万人无清洁饮用水。很多群众饮用受污染的水后，发生呕吐、腹泻，医院一时应接不暇，人心浮动，工业用水告急，电厂运行受阻。

——1992 年 2 月，因淮河水质严重污染，淮南电厂缺水，三台机组停运，影响华东电网供电，一些工厂因此停产或限产，造成了一亿元的经济损失。

......

江苏地处淮河的下游，这个省受客水的污染也最重。但这又是相对的。

如淮河的主要支流奎河，发源于江苏省的徐州市，流经安徽的宿县，绕了个弯后进入江苏的泗洪。但近年来，这条河流每天接纳徐州市的 25 万吨污水，早已成了一条黑臭的没有生机的河流，即使是数百米之外，行人仍感到奇臭难闻，鱼虾绝迹，不能灌溉。据监测，1993 年奎河溶解氧为零，色度超过 7.4 倍，化学耗氧量超标 40 倍，氨氮超标 16.3 倍。

在这条河流两岸几公里的范围内，地下水都遭到了严重污染，其间绝大多数浅水水质都不符合饮用水标准。在奎河沿岸的一些村子里，癌症等发病率明显高于其他地区，有的乡村近年体检竟没有合格的兵源。河水对人体的危害触目惊心！

沿着淮河，从上游到下游，国务委员、国务院环境保护委员会主任宋健越走心情越沉重。

淮河严重的污染，他早几年已有所知。每年，一封封告急的电报，从淮河中下游的城市农村不断打到北京，打给国务院。但当他来到淮河的边上时，还是一再被淮河滚滚的黑浪震惊了。他作为一个科学家，更作为一位主管环保的我们国家的高层领导，顶着烈日，一再深入淮河重污染的现场，亲自察看"灾情"。

改革开放，特别是进入 20 世纪 80 年代中期以来，淮河流域的经济有了飞跃的发展。

在河南省，淮河流域的西部是国家规划中的能源、重化工基地的主要组成部分，东南部则是重要商品粮基地和农副产品加工基地。由于大批乡镇企业和一些工艺落后小企业雨后春笋一般出现，给淮河流域的环境带来了很大的压力。

许昌、漯河、周口、界首……一座又一座新兴的工业城市。

造纸、味精、酿酒、制革……一家又一家污染严重的企业。

淮河流域地处我国南北和东西的组合部，在经济和产业的发展上也兼有这两者的特点，既有资源开发型，又有加工型——而即使是加工型一般说来属于高新技术产业的也不多。如豫西的一个县里，有二百多个小煤窑，一百多家小造纸厂，正是反映了这一特色。

三、存此立照在黑河

1993 年开展的"中华环保世纪行"中,中央电视台对淮河支流黑河的严重状况进行了曝光,引起了河南乃至全国的惊动。当地一位造纸厂厂长的话反映了这种矛盾与困惑的心态:对发展当地经济来说,我是一个功臣,而造成的污染对人民群众来说,我又是一个罪人。

这话在相当程度上,或者说在一定发展阶段是正确的。

因为发展是一个前提。没有经济的发展,如果连温饱都没有解决,就谈不上环境问题,谈不上治理污染。但是,这也是相对的,如果超过了一定的限度,环境问题又会严重地制约经济的发展。那时,一些企业家头上"功臣"的光环就会全部消失,而余下的,只是"罪人"。

现在,我们又来到了黑河。

黑河的两岸,是一望无际的麦田。田间的小路坑坑洼洼,车队开过,扬起了滚滚的黄尘。

这是一座残破的水泥桥。站在水泥桥上,可以望见黑河水从远方蜿蜒而来。这本应该是一条乡村秀美的小河,河中有鱼儿欢跃,有嬉戏的孩子;河边有绿草青青,有农舍炊烟……但展现在眼前的却是一条已经死去的毫无生气的河流。黑乎乎的酱状的液体在可怕地缓缓流动着,液体上浮着一片片白沫,散发出一阵阵恶臭。河边接近流动液体的地方,青草全都枯死了。

可黑河依旧。

同行的河南省副省长告诉宋健,黑河污染在电视上曝光后,对河南省震动很大。治理黑河污染的方案已经开始制订,一些排污大户的污水处理工程已经动工。但也有一些困难,如资金不足等。我们有决心让黑河变清。否则我们没法向河南人民,也没法向全国人民交代。

宋健提议,我们一起在黑河边上照个相吧,当地的领导同志都来。这叫做存此立照。就要拿这污染的河流作背景,过几年我们再到这里来看看,也站在现在这个地方,再照一张相,看看河水变清了没有。

宋健和河南省的副省长,当地的市长、市委书记在黑河的桥上站成一排,我们拍下了这难忘的一刻。

黑河,是"淮河之役"的又一个重要突破口。

国务院环委会淮河环保执法检查团经过周口地区时,下榻在周口味精厂的莲花宾馆。周口味精厂的产品为莲花牌,因此宾馆的建筑也别具特色,成莲花的花瓣形。

周口味精厂不在周口市,而在项城,这里古为项子国,汉初置项县,是中国历史最悠久的县之一。这个豫东大县有一百多万人口。有8000多名职工、跻身于世界同行业四强之一的周口味精厂,在项城市区中占有"半壁江山"。现代化厂房与现代化楼房给这个古老的县城增添了时代色彩。项城市的领导直言不讳地说,如果没有周口味精厂等大型企业,项城就不可能撤县建市。目前,这家企业与日本味之素株式会社联合投资 2.5 亿元进行扩建,扩建工程完工后年产量可达 10 万吨,居世界同行业第二位。

宾馆里,流金溢彩。我们为有这样一个大型的现代化企业而自豪。

在这古老而又现代的土地上徘徊、沉思,从汉代的南顿故城废墟到今天的新城,从周兴嗣所作的《千字文》想到了电视上经常出现的广告"莲花味精,滴滴香浓"。这里是东汉著名的学者应邵、"建安七子"应场的故乡,可谓人杰地灵。可是水,正是土地的血脉,那时淮河的支流沙颍河一定水量丰富,既给人舟楫之便,又有灌溉之利。古今名人一定得益于淮水的精灵之气。

而奔流了千万年的沙颍河,如今却是一河脏水、臭水。鱼类绝迹、帆影杳然。

面对被严重污染了的淮河,面对散发出恶臭的淮河,我们还会有滴滴香浓的感觉吗?

淮河,已盛不下很多的愁!

四、淮滨人家最是愁

最愁的是淮河边上人家。

宋健一行来到了淮河边上的一个村子里。

为了迎接北京来的领导,村子里的道路经过了打扫,干干净净的。路面上还洒了水。但这些仍掩盖不住小村的贫穷和落后样。当我们穿过村舍间的土路,浩荡而宽阔的大河便赫然出现了。河面足足有一百多米宽。

一个小村和一条大河,千百年的悲欢。

我的眼前一再幻现出欢欢跃动的图景。宋健同志走上堤坝,又下到河边。他伫立在滩地上,迎着寒风。眼前这条河是一条正在死去的河。这是历史的浓缩和凝结?

宋健同志的声音变得激越起来:老百姓说得好,有清官才有水清。我们共产党人不做清官谁做清官?!我们一定要在本世纪内把淮河水变清。他问同行的当地领导,你们都是父母官,你们说能不能做到?

他从河中掬起受污染的水来,询问这水质的各项指标。这水是不能饮用和灌溉了,现在村子里的老百姓饮水问题怎么办?要打深井,解决他们的饮水问题。这事情要像救灾一样尽快解决。他走进一户农家,又一户农家,了解他们生活和生产的情况。

这个村子里的人,祖祖辈辈都在淮河边上生活。过去有不少人靠捕鱼为生。

宋健问:"你们最后捕到鱼是什么时候?"

一位老人说:"大概是 1990 年、1991 年吧!现在鱼虾绝迹了。过去这村子还是个水陆码头呢,现在河上一条船都没有了。"

他是最后一个"渔佬儿"?

沿河的人家都在院子里打了井,可是井里打上来的水仍然是发黑发臭的,没法喝。一个老人说,喝了这井里的水,身上就起疙瘩,还闹肚子,有的皮肤还烂了,吃什么药都不行。小孙女放学后到我们这儿来,连一口水都不敢喝。有时,我们买点饮料放着给她喝,有时她渴了就跑回家去喝水。老人说着,眼角闪动着泪花。他来到院子,打上一桶水来。他说:你看这水,都臭成这样子了,还有水里许许多多看不见的有毒的东西,还能喝吗?

河南省的一位领导说,过去我不管环保,没想到淮河成了这个样子了。如果一味地上规模，不讲社会效益，不顾环境保护，这无异于"谋财害命"！

沈丘，是河南与安徽接壤处的一个大县。县城就建在沙颍河的边上。一进县城，到处就弥漫着臭气。这城有一个大闸。当年是为防洪而修建的。现在成了纳污闸。

这个县承担了周口、许昌、漯河等中原许多城市、大大小小企业排污的压力——安徽省不要你高浓度的污水，因为这些污水一旦下泄，对下游的城市来说将是一场大灾难。河南省只好把高浓度的污水关在境内，等到雨季淮河发洪水时再打开闸门，这时淮河水量骤增，可以使污水得到部分稀释，这样下游尚能承受。

可是，有时闸内的污水实在太多，水位太高，只好开闸排污。这时往往就引起了省与省之间的矛盾与纠纷。下游就告上游的状。当地的同志告诉我们，4月份开过一次闸，河两岸恶臭冲天，沿河的工厂被迫停产。医院里，患呼吸道疾病的人骤增。

就是在这个县，万名群众签名，要求根治淮河污染。

我们从界首进入安徽。

我们来到了泉河边上。泉河是颍河的支流。河边的景色十分秀美。青山如黛，倒映水中。泉河过去是阜阳市的饮用水源，水质以甘甜如泉而著称。泉河及支流每天接纳上游河南李坟闸以上城镇排放的9万吨废水后，从临泉进入阜阳，再注入颍河。现在，在颍河、泉河、涡河这三条河流中污染最重。河水常年呈棕黑色，并有异味。不仅仅是河南上游的城镇，当地的城镇同样把污水排入这条河流之中，其中临泉县每天向泉河排放废水总量为2.35万吨。

治理淮河污染，必须上游与下游一起动手，互相配合。因为我们只有一条淮河。我们没有别的选择。

五、淮河历史蚌埠弯

淮河将在蚌埠转折。

1994年5月24日，来自河南、江苏、安徽、山东四省的领导来到了蚌埠,共商治理淮河污染的大计。

淮河是皖北的交通枢纽和工业重镇。

远在新石器时代,蚌埠就是淮河流域最早的居民"淮夷氏"活动的中心。蚌埠古乃采珠之地,因盛产河蚌而得名。现在淡水珍珠的养殖中心已南移到浙江和苏南,淮河已经不产珍珠了。

淮河在蚌埠转弯。

淮河的历史也在蚌埠转弯。

站在古城怀远的望淮楼上,夹江对峙的涂山和荆山历历在目。

这是淮河下游的最后两座山。这儿是古代涂山国的所在地。4100多年前,夏部落的治水英雄大禹,经过这里时,借助与涂山氏女的联姻,劈开涂山与荆山导淮,镇支祁,斩防风,并留下了"三过家门而不入"的美好传说。至今这里尚有启母石、禹会村、防风冢等遗迹。登高纵目,淮河与涡河交汇处的三角洲上,水绕山环,在淮河北岸的荆山上,大禹雕像高高矗立。

现在,治理淮河污染的历史使命,又落到了我们这一代人的身上。河南、安徽、山东、江苏都提出了治理淮河污染的方案,一些重点污染源要限期治理。一批污染大而经济效益差的企业要关停并转。在这次现场上确定的第一批关停企业达200家。

淮河流域的经济正开始起飞。但这一地区生态环境又相对比较脆弱,同时又承受着1.5亿人口生活、生存与发展的巨大的压力,其中还有不少是老区和贫困地区。

淮河流域,正是中国人口、环境与发展问题的缩影。

1995年,国务院环委会在江苏连云港市召开第二次淮河污染治理现场执法检查现场办公会。就是在这次会议上,提出1996年6月30日前,关闭淮河流域所有年产5000吨以下小造纸厂的化学制浆设施。关闭这些小造纸厂,将影响淮河流域的工业产值约1%,而削减污染总量10%~12%。

国务委员宋健认为,这个决定的意义不仅在于对淮河污染治理的本身,还在于它体现了中央的决心,中央的政令能不能在淮河流域做到令行禁止。

现在,淮河流域 999 家小造纸厂已经全部如期关闭。

但是,问题也不尽如人意。记者在江苏徐州的一些地方的采访中发现,有的小造纸厂采用几家联合的办法,组建所谓的"企业集团",使年产量超过 5000 吨。有的还用虚报产量、多挖几个制浆池的欺骗办法,想方设法继续生产。

下一步,对淮河污染治理的执法力度将进一步抽紧。年产一万吨以下的小造纸厂也将列入关闭计划。

到 1998 年 1 月 1 日零点,新年钟声敲响的时候,正是淮河流域工业企业必须实行达标排放的法定开始时间。为了全面检验 1997 年达标排放的结果,国家环保局和中央电视台开展了"零点行动"。国家环保局在北京设立了总指挥中心,局长解振华坐镇指挥,一批专家、监测人员和中央电视台等新闻单位派出 60 多名记者分赴沿淮四省,现场监测和采访。"零点行动"成功地营造了全社会关注、全民关心、全流域动员的浓厚舆论环境,使治淮第一战役达到了预期的目标。

六、地方保护须破除

在我们的面前,还有很多困难。地方保护主义就是很大的阻力。

1994 年 7 月,淮河流域再次发生全流域性的水污染,下游洪泽湖一片悲歌,直接经济损失就达 2 亿元。记者随同国务院淮河水污染事件处理小组前往调查,了解到主要污染水源来自河南。河南这年久旱无雨,省里主管农业的领导听说上游要下雨,就下令开启淮河大闸,让污水下泻,腾出容量储存干净水,用于农业灌溉。结果是老天报应,上游地区也没有什么大雨。当河南省有关部门的同志拿出省领导的开闸放水调度令时,水利部的领导叫他们赶快收起来。原因很简单,我国长期以来都是多头治水,水利部管水量,环保局管水质。这次恶性事件,全是调度不当造成,板子该打在谁的屁股上不说自明。

就在采访这次特大水污染事件归来不久,宋健同志在中南海办公室接受了我们的采访。记者问:"当您得知今年 7 月中旬淮河中下游发生特大水污染事故时，您的第一感觉是怎样的？"宋健说：看到我们的人民受到如此严重的危害，我的心情很沉痛。作为主管环保工作的负责同志，我没有把工作做好，一直下不了决心采取果断措施。这次污染再一次敲响了警钟，我们再也不能让类似的情况发生了。这种牺牲环境资源的短期行为必须得到制止，少数人害多数人的现象必须结束。

　　记者还发表了一篇展示《治淮众生相》的文章，客观介绍了相关省份对治淮的态度，称河南方面对下游地区诚恳地表示了歉意，"安徽省水利厅的同志解释'安徽既是受害者，又是害人者'时，并不推卸开启蚌埠闸泄污存在一定'本位主义'因素"。接着，安徽方面有人往报社传话称《中国环境报》如不道歉，明年的报纸一份不订。总编辑急不可待找记者谈话，记者一再坚持内容上没有失实，不必退让。在地方保护主义面前，新闻监督是如此困难。

　　治淮是艰难的，而这场战役正在继续，直到彻底胜利。这是一项空前浩大的工程。淮河之役的成败，将在很大程度上决定中国未来的发展和命运。

　　新世纪的文明和曙光，终将在淮河上升起。

作者补记：

　　本文内容曾收录到报告文学集《我们家园的紧急报告》中，并于2000年1月由时事出版社出版。每次整理自己为环境保护事业呐喊的艰难而有意义的岁月，情不自禁想起好朋友、好兄长、好老师新华社高级记者朱幼棣，他的为人率真和文章驾驭能力令我钦佩。基于我们共同的环保情结，他提议我们联名出版环境报告文学集《我们家园的紧急报告》。他的文章在书中分量厚重，却要出版社把我的名字署在前面。我说这不公道，也不客观，你影响大，贡献多，又是兄长。他说，看来你没有信心，我们的书没有写好。

　　朱幼棣，1950年生于浙江黄岩，2015年6月3日溘然长逝。生前主要从事新闻工作，是报道中国第一次南极科学考察建站的首席记者，后来长时间专跑中央常委活动新闻专线，其作《领导干部的楷模——孔繁森》《温州大爆发》《大国医改》《后望书》《怅望山河》等畅销后影响甚大。转任国务院研究室社会发展司领导后，他提出了许多有利于国家治理的对策。其书法专著《书风法雨》见解独到，并曾为我作书一幅，内容是南宋辛弃疾词《破阵子》。财经作家吴晓波称赞他，爱好及学识之广博，宛如文艺复兴年代的"大百科全书"学派，堪称国内顶尖级历史地理学者。

先生曾动议调我去新华社，后来未果。他说，看来我官不够大。我们都做记者时，经常见面，探讨业务窍门。吃饭聚会，都不喝酒。他喝茶，但不太讲究。在我见过的活人中，他的文笔首屈一指。我们误入官场后，见面少。前年他才知道我病了，晚上坚持来我家附近茶室看望，阜外医院重症监护室主任张海涛教授陪同他来。那是我们见的最后一面，主要是互相嘱咐保重，至于他的穿着我也记不得。我不知道见了这次，他就会死。彼此心是相通的。感情太到位，疏忽也自然。我居然找不出一张有他也有我的照片合影。

26　居民消费水平稳步提高　豪华楼堂馆舍仍需严控

本报讯（记者 胡若隐）　关系群众利益的"安居工程"发展很快，而对一些高档豪华宾馆、饭店、娱乐设施等要采取控制措施。日前，国家计委主任陈锦华在国务院新闻办召开的新闻发布会上，在回答有关今年上半年房地产的记者提问时作上述表示。

国家统计局副局长邵宗明通报了我国国民经济上半年运行势头良好的简要情况。宏观调控取得新成效，农业有所升温，投资结构进一步改善，资金着重向基础产业、基础设施以及国家支柱产业倾斜，重点建设得到加强。物价涨幅已呈现由高到低的积极变化。

城乡居民收入持续增长。上半年，城镇居民人均生活费收入1968元，比去年同期增长31.7%，扣除价格因素实际增长8.8%；农村居民人均现金收入（未扣除生产费用）758元，实际增长12%。城乡居民储蓄存款新增4037亿元，比去年同期增加890亿元。市场销售稳中见旺，居民消费水平稳步提高。经济运行中好的方面继续得到保持和发展。

国民经济主要统计数字表明，在国有单位固定资产投资完成额中，上半年房地产投资为583.42亿元，比去年同期增长26.2%。权威人士在分析这个比例时指出，关系到普通群众"居者有其屋"的安居大事要加快发展，而对高档豪华宾馆、饭店、娱乐设施等方面的房地产开发要采取控制措施。因为后者会分散大量资金，削弱重点项目建设力量。搞"泡沫经济"，不利于投资结构进一步改善。此外，高档房地产非常人有能力过问，其开发给土地、环境资源带来巨大压力，也由此被认为脱离国情。

（原载于《中国环境报》1995年7月22日第1版报眼。）

27　湘大学生欢欣鼓舞迎"七一"

本报讯　历时两个月、有两万多人次参加的湘潭大学第二届学生文化艺术节,于 6 月 18 日晚在欢送九一届毕业生的文艺会演中降下帷幕。

本届艺术节适应校园内近年来出现的学马列原著的热潮和广大同学认识党、了解党的渴望,以知识竞赛、演讲、邮展和书画比赛等形式,寓教于乐,成效显著。学生会主席李瑞颜说:"持之以恒学马列,坚定不移跟党走,是我们献给党的最好礼物。"另外,还举办了卡拉 OK(民族歌曲)大奖赛、校园歌手大赛、吉他演奏会、摄影艺术展、声乐讲座等,生动活泼,深受师生员工好评。

（本文为作者和同班好友樊胜利在湖南省《湘潭日报》实习期间采写的一则消息,见于该报 1991 年 6 月 21 日。全文 245 字,算是最早的"豆腐块"。我那时不知道自己毕业后将从事新闻工作,但在大学期间担任学生通讯社主编的历练为自己作了专业铺垫。）

其二 生存境况评论

01 环境小议 6 篇

之一："替罪羊"当谋远虑

自从上海的一些粮店挂出"今天不售湖南米"之类的牌牌后,湖南人身上那股"鱼米之乡"味儿消失殆尽了。

然湖南何罪之有?"湖广熟,天下足"。湖南农业成就尤以鱼米为代表,流出省门之规模壮观,由来久矣。只因我国农业现代化过程中,出现了类似西方石油农业所具有的"养身病",生态问题接踵而至,农业产品质量下降,病虫灾害频繁,加诸要求更高的上海人要换胃口,"洋起来"的广东人看上了泰国米,故"湖南米有毒"之说不知何时如风云乍起,好像中国的毒米都汇流到了湖南。就此而言,湖南委实成了"替罪羊"。

成了"替罪羊",杀身之祸也就时刻存在。当今中国,生态农业代表着建设有中国特色的现代农业之方向。最近,中国代表在亚太地区农业生物技术会议上也强调指出,饥饿问题最终要靠生物技术解决。因此,作为农业大省的湖南,应考虑的不是丢掉传统,而是在发展生态农业方面如何做到步子更快些、系统更完善、质量更合格的问题。

近闻江西宜黄县一个四十户人家的小村,自 1984 年以来兴起了无农药耕种热。今年百分之八十以上农户实行无农药耕种,以少用氮肥催苗减少病虫,以大施农家肥提高地力,以保护青蛙、益鸟等方法防治病虫害,生产投资少,效益高,稻谷无污染。看来,这些"江西老表"倒很值得"湖南老大哥"学习学习了。

（原载于《中国环境报》1992 年 9 月 10 日第 1 版"环境小议"专栏文章,以下 5 篇刊登于同一专栏。）

之二：有客远方来主人悲乎

客来主人喜，自古而盛矣。子曰："有朋自远方来，不亦乐乎？"是以为证。然客来主人悲的事，亦有所闻。

云南大理市某纸厂就曾有此事。其外排废水中纸浆含量不低，对环保部门的"回收"建议不予理睬。几个聪明的福建客闻讯后，千里迢迢奔云南，干起了从废水中回收纸浆的营生。在经济效益真正时髦的时候，企业对这种通过回收就能挽回的效益弃如草芥，倒让客人如获至宝，委实应引以为悲。

究其原因，在环境保护工作方面，一些企业仍是"动口君子"，遇到难题绕道走，倒是"八仙过海，各显神通"了。或毫无远虑和全局观念，动辄说"现在我单位还用不着环保"；或借口技术欠缺，囊中羞涩，得过且过；或将环保设备"明镜高悬"起来，根本做不到物尽其用……如此等等，造成了实际工作中的消极被动，对一些即便是唾手可得的效益，也熟视无睹，放任自流，使企业效益大损。何况大部分因环保出现纰漏造成的事故，往往不同程度地危及人们的生产生活，造成民怨沸腾。

欣慰的是，大理某纸厂两年前仅投资二千多元建立回收装置，每年获净值十九万元，可谓本小利大，利国利民利企业。但不得而知，福建客人丢了"饭碗"，离开云南后，又找到了类似的营生不？

（原载于《中国环境报》1992年9月12日第1版，署名"胡南"。）

之三：专家都有"斗室癖"？

自从数学家陈景润在斗室里成了大气候，"斗室"效应就降世了。至今，一些专家都在效法他，身居斗室，昼夜不息搞科研。

如说，河南的刘专家将自己的一间平房既当卧室，又当实验室，黑液试验的成功为治理造纸废水提供了新招儿。又据报道，江苏的陈专家研制出电镀废水克星，新闻界报道他的事迹时说："5年前，他在斗室里度过了半年紧张的试验阶段。而如今，在发明成果推广应用之时，他在斗室里又忙开了。"美国人多次想重金收买这项专利，可陈专家说,应该让国内的电镀与环保事业先受益。

如此功勋卓著的专家,其爱国之情、奉献精神实不减当今"最后一代傻瓜"那股劲儿,令人敬佩。然专家都有"斗室癖"耶?答曰:实不得已啊,中国知识分子似乎向来都是享受不得的"命"。奖他一部汽车,众目睽睽之下,只好充了公;奖他一万块钱,他宁可"与人同乐",知者有份。大凡专家获奖后,就这下场。自然的,专家们的"斗室"心理积习固若金汤。然而,中国发展问题的根本出路在于科技进步。未老先衰,积劳成疾,壮志未酬身先死⋯⋯社会无需以华丽辞藻来表白那种痛惜之情。在专家本身而言,也要敢于撞出斗室,既要受得了寂寞,也要受得起重奖。

(原载于《中国环境报》1992 年 12 月 26 日第 1 版。)

之四:舆论岂能"助纣为虐"

欣闻,全国环保执法大检查几路人马开出去了。

惊闻,江苏省常州市繁华的广场上有一条数米长的广告牌"野生动物人间美肴",让那些见多不怪的人也百思不解。

近又拜读河北的《张家口日报》,才知常州的那块广告牌较之"大巫"只能甘拜下风。请看,该报白纸黑字,标题醒目:野味飘香迎客来。赞扬聚春园餐厅"生猛海洋,鲜活野味烧制精细","抓住机遇,特意同承德围场挂钩,从那里随时购进活蛇、活鹿、黄羊等名贵野味",精心制作成红烧鹿肉、烤黄羊等,如是云云。依笔者揣摩,这里的"机遇"极易给人误解:市场经济嘛,用野味吊胃口、赚大钱也算本事,红烧几个野鹿、烤几个黄羊,又何妨伤乎?

见利忘义者自古有之,要不国家颁布《野生动物保护法》做甚?生态平衡、环境保护、基本国策,我们讲了一二十年,敢说环境意识真正淡如水者只是少数。那些非法赢利者,常自作憨态可掬、装聋卖傻、"大智若愚"状,对有关法律清清楚楚,但唯利是图,纯系铤而走险罢了。但作为公众舆论,尤其是新闻"喉舌",是社会舆论导向的航标,在各种传媒中起着举足轻重的作用,是决然不能信口开河的。否则,产生"助纣为虐"的负面效果,引发众人迷惑,同仁相怨,是谁之过?

委实不懂的,必须学起来。

（原载于《中国环境报》1993 年 9 月 28 日第 1 版。）

之五：绿色帮了挪威人

波黑问题旦夕祸福,枪声震动希伯伦,埃姆斯间谍案引人注目,只有聪明而酷爱绿色的挪威利勒哈默尔人首创的"绿色奥运",使第 17 届冬奥会魅力倍增,让人们紧张的神经网松弛片刻。

挪威人真聪明,聪明得能利用自己司空见惯的冰雪就把"五环旗"请到家中。挪威人会创新,他们提出把奥林匹克运动推向体育、文化之外的第三个领域——环境保护。利勒哈默尔成功地向世界展示了"挪威精神"的魅力,这最大的魅力便来自他们首创的"绿色奥运"。挪威人何以想到绿色? 或许是珍贵的绝色赋予他们一种很好的直觉,他们更懂得绿色的魅力。

富于创新的挪威人把自己很多年来的目标融入了奥林匹克运动,赋予奥运精神新的内涵。正如本届冬奥会主席黑伯格所说,体育运动只有与环境保护相结合,才能有一个辉煌灿烂的未来。可以预见,随着"绝色奥运"的延续和全世界体育爱好者的广泛参与,全球环保水平必将得到提高,而运动本身也将受益无穷。

我们的祖先迫于自然力的强大,走出森林,但热爱绿色永远是人类的天性。轮到我们的时候,圈地植以花草称之为公园,呼朋引伴买了门票得入之。人类对大自然屡屡胜利,自然界报复人类甚至连他们的后代也不放过。因为对"征服自然""人定胜天"的片面理解,人类曾经发生危机而困惑不解,后来才如梦乍醒。现在,挪威人利用体育盛会扬己美名,倡导以环保工程反"危机",其意义远远高于以绿色为运动本身创造一个舒适的环境。

（原载于《中国环境报》1994 年 3 月 5 日第 1 版）

之六：刺耳声中找点子

十三年前还是一个机械修理小组组长的李新观,现在却是跻身我国汽车制造十强企业的江苏仪征汽车制造厂的"老板"了。他还摇身一变成了全国优秀企业家,靠的只是"胆识"二字。要不,带一帮农民在田野上能创造一座汽车城的奇迹吗?

有些传媒以《好一个李大胆》为题说他如何大胆。或许一般人了解到他身为厂长卖过冰棍的企业史时,会大叫一声:穷极了,能不大胆吗?而笔者所知,仪汽之所以能创造"自己上马,自我发展,自我改造,自主经营"发展汽车工业的新模式,是与企业领导的胆大心细分不开的。仪汽天生就是"无娘喂奶"的孩子,变得特别谨慎,他们就明确表示不能负债经营。

农民造汽车,会造汽车的农民当然不能与"刀耕火种"相提并论。当然,这座"黎明汽车城"的带头人就走得更远了。李新观不满足于意大利客人对仪汽的惊奇赞扬和合作的顺利进展。他对逆耳之言表现出很好的姿态。顺风谦听逆耳声,反弹琵琶出点子。一次他到日本国考察汽车行情,听到一段很不给面子的话:你们北京近年来汽车多了不少,交通事业发展很快,汽车数量相当于东京的1/5。我们没想到,汽车尾气污染却相当于东京的5倍多……

李新观听到如此刺耳的话,却喜于形色,怒于心中。他找到了一个新的结论:汽车业,走上绿色之路。目前,全世界汽车每年向大气排放的有害气体达2亿多吨,成为污染环境的主要原因之一。美、日、德、英、法、意等6大汽车国均采取了相应对策,在严格管理和开发低污染技术方面狠下功夫。他将这些告诉仪汽人。仪汽人很快意识到环境技术"含金量"在未来汽车市场的角逐中,是一只很重的砝码。如今,他们正在研究解决废气污染的新课题。看来,仪汽人是因为心有远虑才变得胆大的了。

（原载于《中国环境报》1994年11月3日第1版）

02 记者评述：何方相助噪声"愁城"

在我国第三产业的迅猛发展过程中，商业、饮食和文化娱乐等服务性行业引发了严重的噪声污染，使许多城镇成为噪声肆虐的重灾区。大城市灾情尤重，众多卫星城和小城镇的生活噪声直线上升，危害广大居民的身心健康。许多居民为此四处求救，问题解决却步履维艰。

中国科学院植物研究所住北京二里沟宿舍的学部委员洪德元、教授姜怒、郝乃斌、张正东、张大卫及副教授、研究员、高级工程师、副编审等64人因受生活噪声长期肆虐联名向本报发出呼救，问题至今未能解决。植物所在建设二里沟宿舍时，按北京市政建设的要求，在楼下3米处另建了一排平房，作为居民楼的配套设施。这些设施建成后现在却改为经营所用，酒家、餐馆在房顶上装有大马力排风机直指宿舍楼；卡拉OK屋配有大功率卡拉OK机，每天要吵到凌晨2点。宿舍里住的知识分子白天有繁重的科研任务，晚上得不到较好休息，甚至在高温酷暑季节也不得不紧闭门窗。许多老年知识分子神经衰弱。一位从事生态科研的副研究员接受记者采访时风趣地说，如果问题得不到解决，他家门口将改贴对联"毕生献计于生态，无力自拔出愁城"迎接新年的到来。

河南省永城县县城，解放路上的4个长途公共汽车站为招徕乘客，在建筑物制高点上架设了高音喇叭，从凌晨开始广播，响声覆盖数公里。个体汽车也装有高功率扩音器，不停喊叫。十几家录像厅为招徕观众装上外接扩音设备。小商小贩自备喇叭招引生意。居民们早晨4点就被吵醒，商店对面听不见人语，医生无法使用听诊器，学生听不清教师讲课，机关难办公，有的老人靠耳塞棉球抵挡。噪声引发的吵骂撕打、流血事件时有发生，外商游人称这里是"聒死人的鬼地方"。为此，住地94家党政机关、学校、医院等联合上告，未果。

类似上述二例的生活噪声问题在我国很多地方发生。有了环境问题,群众自然想到环保部门。河南省商丘市环境保护监理站,为治理火车站广场上高音喇叭噪声污染,对各车辆的声源进行严肃查处,使人称"蛤蟆坑"的火车站少了一份"热闹"。江苏省滨海县环保局严格整顿个体摊点和磁带门市部,使高音喇叭广告宣传战"嗓门"变小了,群众得到安宁。

河南省商丘市的交通噪声问题和江苏省滨海县的生活噪声问题,都在环保部门的干预下处理好了,实属大幸。然而,大多数情况下,环保部门出面并不能解决问题。河南省襄城县县城有 8 家录像厅,喇叭音量任意放大,噪声达到 80 分贝以上。县环保部门多次到现场监测、干预,解决不了问题。居民们根据国家《环境噪声污染防治条例》第六条第三款"各级公安部门对社会生活噪声污染实施监督管理",告到公安部门,得到的答复是:"文化局发证,收费,本着'谁受益,谁负责'的原则,录像厅噪声应由文化局管。"居民又告到文化局,得到的答复是:"文化部门只对录像内容负责,噪声不管"。问题就这样你推我推,不见进展。

随着第三产业的高速增长,城镇商业、饮食和文化娱乐等服务性行业大量增多,很多项目由于缺乏环保审批,忽视环境效益,致使生活噪声点源泛滥,给群众生活和身心健康造成了严重危害,问题已经是到了非解决不可的时候了。目前,公安部门颇感维持社会安定的任务重任在肩,他们在噪声监测手段和技术上感到困难。另一方面,环境问题找环保部门解决,这顺乎一般民众心理,但是按照法律规定,环保部门管理生活噪声纯系"越俎代庖",他们在执行过程中遇到了很大的阻力。结论是不言而喻的,治理生活噪声涉及部门多,与群众关系密切,需要各方面协调行动,综合治理,但是根本的一条在于,法律授权部门牵好头,让群众明白"到底谁说了算",才有可能对生活噪声实现投诉有路、管理有据、根治有效,还群众以宁静的生活、工作环境。

(原载于《中国环境报》1993 年 11 月 27 日第 2 版"记者述评"专栏。)

03　记者评述：秸秆铺出小康路

江南一带的农民兄弟有句俗话："粮虽进仓，文章一半。"意思说秋粮收割入仓了，农作物秸秆安置和农田越冬问题就成了最大农事。我国农作物秸秆资源特别丰富，南方的稻草、北方的麦秆、玉米秆等等概莫能外，长期以来却叫农民兄弟犯愁：烧来可惜，堆来易烂。

山东省临朐县农民却不再为这事犯愁了，他们利用秸秆走出了一条致富路。临朐县农村能源办组织科研人员，经过多年研究和实验，逐步掌握了用秸秆生产食用菌的技术，并在全县大力推广。今年以来，该县共有 600 多万公斤秸秆被用于生产食用菌和发展沼气、养殖业等。临朐益寿食品厂将食用菌加工成罐头制品，远销日本、美国和加拿大等 10 多个国家和地区，创利 100 多万元。临朐县辛寨镇早在去年就有 1500 多农户利用秸秆生产食用菌 60 多万公斤，人均增加收入 1000 余元。最近，尝到甜头的临朐农民正在筹备兴建食用菌加工中心和秸秆综合利用基地。

和全国大多数情况一样，我们在山东省微山县看到的却是农民随意在地头、村边堆放和燃烧秸秆、狼烟四起的景象。在微山至韩庄公路两旁的地头和路边，随处可见因燃烧秸秆被烟熏火烤甚至拦腰烧断的树木。10 月 17 日，微山岛乡吕村一村民因燃烧秸秆和树叶，酿成 5 万公斤饲料化为灰烬、危及周围几十户村民房屋安全的惨剧。

我国农业生产粗放经营积弊已深，秸秆利用仅是反映这一问题的一个环节。据说，在我国重要的商品粮棉基地之一的湖北省江汉平原，由于能源吃紧，农民大多将麦秆当柴烧掉，只有少量被用于牲畜饲料。这种习以为常的农作物秸秆的低效率利用，使大量生物资源白白流失，人为造成环境污染，土壤肥力下降，是我国农业现代化和生态农业发展后劲不足的主要原因之一。在一定意义上说，充分利用农作物秸秆就是保护环境，有效利用资源，最大限度地发挥了生态资源的生产力。临朐县农民利用秸秆生产食用菌，发展沼气和养殖业，农业生产呈良性循环，粮食产量获得增长，这是多年来许多地方农民积极探索的成功范例之一。

高产、优质、高效是我国农业发展的目标。高效的实现需要创新的探索，唯其探索的艰难才显示意义的重大。临朐县和微山县同属山东省，农民对农作物秸秆的不同利用方式产生了相差甚远的效果。这里的关键在于，地方政府只有加强对农民的引导和组织，同时将科学技术送到广大的农村，用科学去武装现代的农民，广大农民有效利用资源才能化为自觉行动。充分高效利用农业生态资源，这是我国农民发展第三产业的优势和源泉，也是我国农民奔小康的一条好路子。

（原载于《中国环境报》1993 年 12 月 23 日第 2 版"记者述评"专栏，合作者为本报湖北站记者冉启国先生。）

04 短评:群众讲完了再拍板

北京市向亚行申请贷款,用于改善北京的环境质量,这是顺乎民意的。这些供气、水源保护等项目关系民生,故而哪怕是道听途说的"小道消息"也能引发众人关注。现在,市政府在项目尚未动工前就把情况告诉群众,众议之热烈自不待言。

长期以来,环境保护法规定的建设项目上马前要经过专家论证、公众参与、政府拍板等环节,实际中的公众参与环节却往往被忽略了。以致项目开工之日便是众人怨怒之始,这种情况并不鲜见。可以预见,随着公众环境意识的提高,征询公众对建设项目的意见将成为项目管理的一项重要制度,公众参与是不可或缺的环节。

这么做,小而言之能使决策部门更全面地了解情况,拍对板子,大而言之能加强政府和群众的联系,是党的群众路线工作作风、工作方法的基本要求之一。北京既已开先河,其他地方不妨学一学。

(本文是作者为《中国环境报》1994 年 1 月 20 日头版头条消息《北京就建设项目征询公众意见》配发的短评。)

05　短评：就得"软硬兼施"

如何促使国营大中型企业将环保工作化为自觉行动？如何让巨大的环境效益释放出能量？沈阳市环保局的一张"黑牌"引出的轰动效应给了我们圆满的答案：就得"软硬兼施"。

所谓"硬"，就是说国家的环保法律、法规既然出台生效，公民和企事业单位就必须不折不扣地予以执行。工业污染防治是环境保护的重头戏，因而尤其要力求唱出水准。对于污染扰民、屡教不改者，准备一块"黑牌"也不是什么坏事。企业都知道，挂"黑牌"不是光彩的事，"冒黑烟本身就是个黑牌子"，"烟囱里流出惊人的效益"，因而就会采取相应的措施对付工业污染，将保护环境化为自觉行动。不给压力难出动力，由压力转化为动力，这是"黑牌"效应的原理所在。

除了"硬件"不走样，"软件"开发也相当重要。所谓"软"就是说法律、法规的阐释性工作要做到家，光打板子不讲清道理不行，甚至包括创造一个很好的环保服务体系，帮助企业想方设法治理污染。企业不惜重金买良方，这反映出根治污染的决心和手段上无可奈何的双重心理特征。基层环保部门就应该为它们出谋划策，拿出可行性方案，牵线搭桥，共同攻克污染顽症。只有这样，"软件"开发的潜能才可以显示出来。

（本文是作者为《中国环境报》1994 年 4 月 19 日头版头条配发的短评。）

06　评论员文章：向淮河流域水污染宣战

近年来,淮河流域水污染日趋严重,并呈现出频率快、危害大、范围广等显著特点。今年7月中旬,淮河中下游发生史无前例的特大污染事故,使流域资源环境遭受重大破坏,沿淮人民生活受到严重影响,工农业生产蒙受巨大损失。这说明,淮河污染已成为阻碍和破坏社会经济发展、影响和困扰人民安居乐业的重大问题。治理淮河污染,已刻不容缓!

淮河的污染问题引起社会各界的广泛关注,受到党和国家的高度重视。今年8月,国务院领导同志就淮河流域水污染防治工作作出重要指示:淮河流域水污染防治工作的进度要加快,到1997年年底应取得突破性进展,让淮河水初步变清,到2000年重现淮河碧水丰姿。根据国务院的指示,河南、安徽、山东、江苏已经迅速行动起来,把淮河流域的污染防治工作摆到了重要议事日程。这表明,现在解决淮河污染的决心是上下一致的。有了上下一致的决心,淮河的事就一定能够办好。对此,我们充满信心。

应当看到,根治淮河的污染是一项具有相当难度、必须付出艰辛努力的工程。淮河是我国地理学上的重要分界线,水位变化十分敏感,洪涝现象时有发生,客观条件加大了污染事故发生的可能性。淮河水系复杂,支流众多,河网纵横交错,跨省河流多,水事矛盾复杂,这给整个淮河流域管理造成了一定困难。然而,淮河污染的最根本原因,是近年来流域内一些地区和部门突破国家产业政策,违反环境保护法规,上马了一批污染严重、治理困难的企业。因此,根治淮河污染的关键在于能否成功地严格控制新增污染负荷,实现超标排污的重点企业在规定期限内完成治理任务,并坚决地关停并转一批污染严重、治理难度大的企业。

治理淮河污染是一项牵涉四省的跨流域治理工程。治淮的根本利益在于促进全流域社会经济健康、持久、稳定地发展,保证沿淮一亿五千万人民安居乐业。只有把认识统一在这个事关大局的根本利益上,沿淮各省的治理工作才能在国家统一协调下顺利进行,逐步使全流域范围内的经济活动走上可持续发展的良性轨道,并为我国跨流域的水资源治理工作提供成功的经验。

治理淮河污染涉及国家、地方、行业、企业等方方面面的关系,调整各方利益关系的基本依据是依靠法律。今年年底可望出台的《淮河流域水污染防治条例》将为治淮的各项工作提供强有力的法律保障。为了严格依法治淮,沿淮各级政府要尽快健全执法机构,增加执法力量,加大执法力度,树立执法权威。

治理淮河污染是一项大规模的系统工程,需要政策、资金、技术等多方面的保证。因此,沿淮各省在"八五""九五"地方社会经济发展规划中,要对治淮的各项工作给予统筹考虑并作出具体规划,要根据本地实际情况制订有利于治淮的相应政策,帮助企业多方筹集资金,满足污染治理的需要,并结合产业结构的调整,为企业转产和技术改造提供必要的帮助。

在淮河治理期间,沿淮各省必须高度警惕,严防再次发生重大污染事故。各地有关部门要对主要污染源和污水排放严加控制,切实加强对污染源和入淮排污口的环境监测。对因工作不力、管理不严、采取措施不及时、互相推诿扯皮造成水污染事故者,必须严肃追究责任。

我们高兴地看到,豫、皖、鲁、苏四省在国务院指示下达后已经迅速行动起来了。他们通过实地调查,摸清本地污染源情况;通过现场会,对治理工作进行具体部署;通过分析问题和难点,明确目标,制订计划;有些则已经开始对污染企业实行关停并转。

我们也高兴地看到,企业动起来了。河南周口地区莲花集团味精厂投入2100万元治理污染,今年10月便可实现高浓度污水不入淮的目标。莲花集团的决心是集团所有企业明年污水不入淮,否则自行关闭。实现治理淮河的目标,需要这样的决心和努力。

我们坚信,昔日曾在战场上携手并肩屡建奇功的淮河儿女,今天在党中央、国务院的领导下定能齐心协力打好治淮这一仗,唤回"走千走万,不如淮河两岸"的碧水丰姿。

　　(本文是《中国环境报》1994 年 9 月 20 日第 1 版评论员文章,原标题为《打好治淮这一仗》。新闻部主任杜琳先生、副主任李瑞农先生对本文给予修改把关。)

07 评论员文章：机构不强万事难

安徽省在精简机构、压缩编制的情况下，独立设置正厅级环保局，这对我国地方环保机构建设来说是一大喜讯。这有助于安徽省的环境保护工作焕发出新的活力，也给全国其他几个没有最终彻底解决环保机构问题的省份带了一个好头。

1994 年是我国地方环保机构面临考验、不平凡的一年，青海、内蒙古、江西、福建等省区的环保机构在全国机构改革的大背景下，一举成为独立设置或"升格"的环保执法单位，我国环保机构建设取得阶段性成就。现在从总体上看，省级环保机构有所加强，全国 30 个省、自治区和直辖市已有 21 个一级局，较机构改革前增加了 9 个，省会城市、计划单列市和省辖市的环保机构也大多是一级局建制。这为今年做好健全县级环保机构这项基础工作提供了良好条件。

李鹏总理在八届人大三次会议所作《政府工作报告》中强调，要坚决执行环境保护的基本国策，严格执行环境保护的法律法规，加强监督管理。由此看来，严格执法、坚决治污已成为我国环境保护工作的重中之重，加强环保机构建设已是大势所趋。一些省级环保机构近年来得以加强，这是我国严峻的环境形势和人民群众的呼声所要求的，各级编办和有关部门给予了大力支持，国家环保局在加强对地方环保机构建设指导方面做了大量工作。

我们欣慰于山东、江苏、湖南等省的县级市和一类县中的一级局机构在环境执法等方面显示出威力；大连市将市区环保局改为直属分局，加强了市环保局对全市环保工作的统一监管；一些省区环保机构"升格"后，正在开拓环保工作的新局面。所有这些表明，只有加强机构建设，环保工作才会取得明显的效果。我们同样清醒地看到，一些地方的环保机构尚不具备独立执法能力，给环境执法和管理造成疲软后果，这些现象的克服须从机构建设的根本上得到解决。一鼓作气抓好环保机构建设的任务仍然十分紧迫。

（原载于《中国环境报》1995 年 3 月 9 日第 1 版，评论员文章。）

08　畅所欲言：以邻为壑者戒

今年8月上旬,处在特大洪涝面前的河北人民发出"一保京津、二保干线、三保油田、最后保自己"的誓言,明知薄弱环节在滹沱河南大堤,却将人力物力的重点放在京津的屏障北大堤上。扼守华北安危的岗南、黄壁庄两座大型水库,面对百年不遇的特大暴风雨裹挟着山洪如恶兽般凶猛而来,为确保京津、省会和下游地区的安全,不到万不得已始终没有开闸泄洪。老区平山县的人民眼看着自己的家园陷入了洪涛之中,秋收作物绝收,大量耕地被毁,基础设施瘫痪,企业停工停产。这只是河北人民英勇抗击特大洪涝的悲壮一幕,它所体现的牺牲自我、顾全大局的精神,是对以邻为壑者的最有说服力的训诫。

以邻为壑者自古有之。此典出自《孟子》,意为拿邻国当作大水坑,把本国洪水排泄到那里去。众所周知,筑坝拦水目的无非是枯水期蓄水灌溉,丰水期蓄洪防汛。河北平山县的两座大型水库确实很好地达到了筑坝拦水的目的。同是筑坝拦水,淮河流域的一些水闸大坝却受到了强烈的谴责。原因在于这些年来淮河流域内污染严重,滞留在闸上的大规模污水因多次突然下泄,造成了淮河下游地区的深重灾难。以前年发生的特大水污染事故为例,仅洪泽湖一带就造成直接经济损失2亿元。有一次,某地听说上游地区将要下大雨,故拍板开闸;泄空所有污水,准备截留上游要流过来的净水,以用于农业灌溉。结果呢,"人定胜天"又不灵了,预报的大雨并没有兑现。更为恶劣的是居然也不向下游地区打个招呼,就将2亿吨浓黑的污水团下泄了。受害的群众在索赔无望的情况下,痛骂上游以邻为壑、罪责难逃,这确实一点也不过分。

看来,对于防治利用有形的水而言,库闸调度者若搞"以邻为壑",其后果足以酿成大规模水患。对全国经济建设这盘棋来说,地方领导若在"外交"上奉行"以邻为壑"的土政策,其后果则足以祸国殃民。在统一开放的全国市场体系中,如果各地只讲竞争对抗,不讲协作配合,相互封锁,画地为牢,各自为政,其后果只能是贻害国民。

（原载于《中国环境报》1996 年 9 月 24 日第 2 版"畅所欲言"栏目,署名"若象"。）

09　产经分析：新菜受宠是一种环境觉醒

　　山东省好些地方种菜出了名，一些农民把菜"种"到外国去了。山西人蔬菜消费的胃口也高了，细菜比重由 1993 年的 52% 上升到 1994 年的 67%。上个月，12 个满载海南反季节瓜菜的 10 吨装冷藏保鲜集装箱从海口起运北京，标志着被称为海南"绿色冷链"的瓜菜保鲜运输线与全国铁路网正式实现对接。在海拔 3700 多米的西藏拉萨，在五六十年代曾与鲜花摆放在一起供人观赏的西红柿如今走下展台，与其他高档菜一起进入普通市民的一日三餐。全市蔬菜品种从 10 年前的 50 多个增加到 140 多个，人均日消费量达 0.45 公斤，与其他省会城市不相上下。在北京，几年前秋菜上市时那种大白菜堆遍街头巷尾、菜店挑灯夜战、居民排队抢购贮藏的情景一去不复返了。

　　如上列举的"东西南北"蔬菜行情片断，大致说明了近几年来我国蔬菜市场确实出现了货源充足、品种多样的喜人局面。但是随着我国人民生活水平的不断提高，好菜才能吊胃口成为城乡人们共同认可的判断。表现在蔬菜生产环节上，无公害成为起码标准，代表了蔬菜生产的基本方向。表现在流通环节上，净菜受宠乃是大势所趋，它表明少污染成为市场竞争的有力手段。表现在消费环节上，山野菜的崛起折射出人们对蔬菜的花样、质量的追求。因而可以说，无公害蔬菜、净菜和山野菜这"三菜"近几年来在市场上占尽风流的景观，生动反映出蔬菜生产、流通和消费三个环节上人们对蔬菜无公害、少污染、高质量、新品种这条环境规则的认同。

　　因为食用蔬菜而中毒的事件屡有发生，菜中农药问题越来越引起人们的关注。据中国农科院植保所对某城市批发市场的蔬菜进行检测，发现菜中农药残留量超标者过半，令人触目惊心。据统计，我国目前蔬菜播种面积为 1.3 亿亩，年总产量达 2.14 亿吨，年人均占有量达 185 公斤，蔬菜总供给量与总需求量日趋平衡。但是我国 22 个省、直辖市、自治区 200 多个城市现已建立的无公害蔬菜生产基地只有 100 多万亩,年生产能力仅为 610 万吨。无公害蔬菜生产潜力可见一斑。北京市技术监督局曾对来自京、津、冀、鲁等地的 12 种蔬菜 30 个样品进行现场测定,发现没有农药超标现象。北京是幸运的,全国的一般情况却不能让人放心。于是,一些有心计的消费者开始专挑有虫眼的菜买,因为这些菜已被敏感的虫子先行验证,农药残留量较少。这表明,现实迫使人们发展无公害蔬菜,防止农药污染的自我保护意识有了明显增强。

蔬菜中农药量超标的主要原因是,菜农大多数以一家一户为生产经营单位,农药的使用有很大的随机性,许多蔬菜喷了农药还未过安全期就匆匆上市;外运菜基地往往是稻棉、蔬菜两作区,一些在稻棉上使用的剧毒农药被用在蔬菜上,甚至包括已被国家禁用的"六六六"粉近年来又在一些地方被重新用来防治害虫,加剧了蔬菜中的农药污染。

获得国家专利的"铁路 10D 型冷板式冷藏保鲜集装箱"的制造及贮运技术,圆满完成了海南省首批冷藏保鲜瓜果起运北京的任务,表明我国冷藏保鲜运输能力明显提高。在流通环节上,经过修整、分级、选择、包装等技术处理越来越为蔬菜企业所认可,一些带有冷藏设备的超市和蔬菜商店里,一袋袋包装精美的鲜嫩净菜完好如初。无论春夏秋冬,只要您走进菜店,上百种蔬菜任您挑选,带回家后甚至不用清洗就能下锅。这样既节约了时间,又节省了越来越贵的城市用水,还减少了城市垃圾,适应了现代社会日益加快的生活节奏,"净菜"自然为许多城镇居民青睐。

人们对蔬菜的需求正从数量消费型向质量消费型转变,对蔬菜新的花色品种的追求也是永无止境的。近几年,随着城市建设的迅速发展,大量近郊菜地被挤占,一大批老菜农和"种菜把式"纷纷转到其他行业,而大量远郊的新菜农缺乏种菜经验,加上经常给蔬菜过多地施用化肥,导致蔬菜品质的下降。"芹菜不香了","西红柿没味了",人们经常就听到家庭主妇的这些议论。几年前生菜、荷兰豆算是稀奇菜,如今已进入寻常百姓家,人们又在期待着其它新菜上市。

山东省巨野县城关镇农民刘东生是温室大棚菜种植户,前年他得知市场看好山野菜的行情,巧种山野菜1.2亩,当年就获纯收入1.3万元。为保证山野菜的天然品位和无毒性,他多施有机肥,少施或不施化肥、农药,生产出的山野菜还没成熟,货已被订完了。

这一事例生动说明,无公害蔬菜是相对没有农药污染而言的,无公害是蔬菜生产的起码标准;山野菜的崛起具备了这一基本水准,并兼有高质量和新面目等特征,因而价格较高却仍受欢迎。

充分认识渗透在蔬菜生产、流通、消费等环节中人们日渐认可的无公害、少污染、高质量、新品种这一崭新的环境规则,对我国"菜篮子工程"建设有重要现实意义。适应这一规则,企业就能在市场竞争中处于优势且造福于民。

最近,农业部会同国家环保局等5个部委联合发出通知,要求蔬菜生产基地必须做到无公害、无污染,严禁在蔬菜生产中使用高毒、高残留农药,提倡使用生物农药和进行农业综合防治,对现有蔬菜基地的环境污染情况进行一次调查清理,对有污染的要尽快采取措施,排除污染或调换基地。"通知"的发布无疑对我国无公害蔬菜基地建设是有力的支持,基地建设的无公害化必将有利于我国城镇居民的食菜安全。

国家应尽快引进世界各地的优良蔬菜品种,加以驯化和改良;同时组织科技人员加速培育新的品种,并对野生蔬菜资源加以合理开发利用,进一步增加花色品种;要鼓励科技人员深入生产第一线,解决菜农生产难题,切实加强技术培训,以从根本上改善蔬菜质量,丰富品种需求。

（原载于《中国环境报》1996年3月21日第2版"产经分析"专栏。）

10   产经分析：众口激辩火电   脱硫实施困难

在酸雨问题日益严重的今天，我们不能回避火电脱硫这一难题。我国火电脱硫步履艰难，到底是因为技术难度还是因为资金紧缺？"九五"期间，我国火电脱硫趋势如何？火电脱硫必须走国产化之路，那么国产化的关键又是什么？

随着二氧化硫排放量的增加和我国酸雨问题的日趋严重，火电脱硫成为当今中国环保界的共同呼声。

我国酸雨分布之广、强度之大已为世人所知。在国家环保局公布的全国3000家重点工业污染企业名单中，大气污染特别严重的企业不少为火力发电厂。最新的《中国环境状况公报》表示：我国酸雨主要分布在长江以南、青藏高原以东地区及四川盆地。据77个城市统计，酸雨污染严重的城市依次为长沙、南充、赣州、怀化和梧州，酸雨频率大于90%的城市为长沙、赣州和宜宾。

我国以火电为主的能源结构在相当长的一段时间内不会改变。据统计，我国80%以上的电力来源于火力发电，其中煤电占火电的比例高达90%。换句话说，我国约有70%的电力来源于煤电。我国煤炭资源丰富，为获得煤电这种二次能源提供了物质前提，但是我国煤质不好，灰分比例大，煤的平均含硫量达1.15%~1.2%，含硫量大于2%的高硫煤占煤炭总量的百分之十几。高硫煤集中分布在贵州、广西、四川、陕西等省区，含硫量高达3%。上述许多地区酸雨危害严重，而经济发展相对落后，因而与此相关的火电脱硫任务十分艰巨。

实施污染物排放总量控制和《中国跨世纪绿色工程计划》，是"九五"期间环保工作的两大举措。去年8月，我国颁布经过修改的《大气污染防治法》，针对酸雨和二氧化硫污染日趋加重的情况，划定了酸雨控制区和二氧化硫污染严重区，要求在控制区内采取必要的防治措施。"九五"期间，国内火电厂投入运行和在建的脱硫设备总容量预计达 1000 万千瓦左右。具体而言,有三种情况。一是在酸雨控制区内新建电厂,若使用高硫煤发电,会造成严重的环境污染,因而毫无疑问要实施火电脱硫;二是污染负荷集中且有能力实施脱硫的地区,如广东、福建、江苏、上海、山东等沿海省市的一些地区,现在已有大型火力发电站,如果再上新的火力发电站,是否实施火电脱硫,必须据具体情况,经过环保论证后才能决定;三是中外合资、外国援建的火电厂如确实需要的必须配套火电脱硫设备,否则因为环保过不了关,项目难以谈判成功。

华能公司兴建的重庆珞璜电厂两台 36 万千瓦机组配套日本的脱硫装置,投运几年来脱硫效果不错。珞璜电厂成为我国第一家引进火电脱硫设备的电厂。

火电脱硫有技术难度方面的原因,但是如何解决资金出路乃是火电脱硫的关键所在。按 6000 千瓦以上装机容量的火电厂统计,1994年我国火力发电约 7200 亿度。按照国外火电脱硫费用计入电价成本的定例计算,假定我国目前每度电提价 1 分钱,则用电者将要承担 72亿元的经济负担。提高电价幅度过大会给企业和居民带来很大的压力,因而在现阶段难以作为筹集资金、解决脱硫费用的可行途径。

我国石灰石资源分布广泛,价格低廉,石膏综合利用程度较高,因而引进国外先进的石灰石—石膏湿法脱硫设备,以石灰石为原料,在脱硫过程中最终获得石膏,脱硫率可达到 95%,利于实施二氧化硫污染物排放总量控制。

如果依靠设备进口,每台火电机组的脱硫费用约占这台机组全部费用的 20% 左右,例如一台 30 万千瓦机组花 15 亿元,脱硫工程费用则约为 3 亿元。这是一笔高昂的费用。国家应该对引进环保设备实行政策倾斜,在经济上扶持脱硫这种公益事业,否则"谁做好事谁出更多的钱",这在实际中行不通的。

最近,龙源电力环保公司主持的全国火电脱硫国产化调查表明,火电脱硫要走一条民族工业发展之路,其国产化的关键在于设计技术国产化。火电脱硫本身如同一个小化工厂,其工艺设计中有相当部分是通用设备,如水泵、电机、输送机和搅拌器等,这些设备在国内就可购置。技术含量高的关键设备如换热器、循环浆泵等,数量不多却价值很高,我们的环保技术开发重点也就在此。我国制造业有相当基础,只要市场需要,这些关键性设备也是可以生产出来的。我们在引进设备的同时必须兼顾技术引进。"九五"期间,我国火电脱硫首先要摸清家底,使各种具备环保优势的企业形成网络,以利于火电脱硫逐步向产业化方向迈进。

（原载于《中国环境报》1996 年 3 月 28 日第 3 版"产经分析"专栏。）

11　读者论坛：当今"愚公"新追求？

移山愚公苦于出入不便而挖山不止，今人才得以"愚公移山"的寓言教化孩童。老愚公那子子孙孙绵延不断的家庭继承了他的事业吗？如今更进化和聪明的现代人毕竟智商要高些，他们的追求不会停留在当年愚公的认识水准，而是将开山的动机放在房地产的开发上。

据说，随着大连市房地产业的骤然升温，新愚公也多起来了。开山伐林造房屋现象正在蔓延，从白云雁水公园东山至新起屯之间的开工线竟达一公里之长。很多市民为这座海滨城市的自然山色将付诸东流而不安，一连串大连长途直通《中国环境报》编辑部，说你们是专门搞环境保护的，应该过问这事。

百姓很着急。生死于斯，要是他们和自己的孙辈将"常恨春归无觅处"了，他们能不急吗？有人说，市府和人大方面对此问题亦有说法，但不尽相同。有人估计，这种开山伐林的趋势若不加以严格控制，南部风景线的自然山色将在几年之内被蚕食殆尽。一位南方来的游客说：大连如此下去，其旅游价值和魅力将毁于朝夕。

安居工程很重要，但百年育林，朝夕可毁。而那些峻美的山色，要被新"愚公"们斩掉了，还有回来的可能吗？在群众异议颇多的情况下，决策者怎能以"搁置争议，共同开发"一句话了之？

最近，美国亚利桑那州斯科茨代尔市的房地产开发商想在该市的麦克道尔山附近兴建住宅。环保主义者却说，这将毁掉这个山区脆弱的生态系统，并威胁巨大的树形仙人掌的生存。开发商最后决定不惜花巨资动用遥感技术来制定这一城市规划。大连不也正在向现代国际大都市迈进吗？那么，美国人科学而审慎的规划思路不也值得大连人学习吗？

（原载于《中国环境报》1994 年 11 月 10 日第 3 版"读者论坛"栏目。）

12　读者论坛：刹住这股歪风

一些农民在打听农业贷款哪里去了？这封来信说：真正用于农业生产的只有 60%，其余 40%"农转非"了。这不能不发人深省。

农业是国民经济的基础。为了加强这个基础，国家正在增加农业投入，增拨农业贷款便是其中的一部分。而现在竟有人搞农贷"农转非"，把农业贷款挪来用于从事非农业生产活动，甚至进行非法活动，这是与国家利益、人民愿望背道而驰的。

没有投入，农业就很难有大的发展。各级都要制订出切实可行的投入方案和措施，并付诸行动，当前特别要坚决刹住这种农贷"农转非"的歪风，以取信于广大农民群众，促进农业生产的顺利发展。

（作者 1991 年 7 月在《湖南日报》群工部实习，指导老师李特南。19 日遵照该部李玉葵先生要求，为"读者论坛"栏目作此短文。配合同版面刊登的读者来信《农业贷款"农转非"现象严重》。）

其三 生存命运对策

01 中国环保产业面临复关挑战

市场经济是无情的,优胜劣汰的经济法则更带有血腥味。当世界经济一体化的潮流,冲毁横亘在中国与西方世界的关贸壁垒以后,中国企业包括年轻的环保产业不论面临何种命运与挑战,都将面对一个严峻的现实。

关税和贸易总协定(GATT),过去这个使中国老百姓既感遥远又感陌生的东西,现在却已直逼东方大国的经济生活,并成为人们时常议论的话题。

面对 GATT,有人兴奋:中国今年一旦恢复关贸总协定的缔约国地位,大批洋货将以低价进入国内市场。那时人们就可称心如意地选购物美价廉的进口商品,再不会因洋货价格望而却步了。

有人忧虑:中国一旦"复关",国门大开,外国商品长驱直入,民族工业必受重创,中国企业在内有困境、外遇强手的市场竞争中面临厄运,企业倒闭,始料不及。

人们在心理上的反差,或许最终都会冷静下来:勿以物喜,勿以己悲。经过改革开放锻炼,中国人已学会未雨绸缪:要生存,先把泪擦干,在市场经济的生死对搏中去开辟自己的地,创造自己的天。

一、复关,缘何而来

也许有人会问:中国与关贸总协定这个全球性的国际经济组织几十年未结缘,今天中国为何提出了恢复缔约国合法地位一说。要知端底,还得从头说起。

关贸总协定创建于1947年(1948年1月1日正式生效)。二次大战以后,西方国家为了削减国际上的贸易障碍,主张在市场经济的公平竞争中扩大国际经贸关系,抑制贸易保护主义,以防止因经贸摩擦而诱发战端。1947年由美、英、法等23个国家和地区在瑞士日内瓦通过多边谈判正式签署了以削减关税和扩大自由贸易为宗旨的国际经贸协定,即关税和贸易总协定。1948年4月21日当时的南京政府代表中国也在该协定的最后文件上正式签字并成为23个原始缔约国之一。但在新中国成立,国民党失去大陆统治退往台湾后,已无力承担总协定赋予缔约国的义务,加之美国等西方国家采取敌视中国的政策,唯恐中国政府利用关贸总协定缔约国的合法地位和西方世界的政治、经济产生不利影响和威胁,于是促成台湾当局于1950年非法代表中国宣布退出关贸总协定,从此便使中国与GATT中断了关系。

目前,GATT与世界银行、国际货币基金组织并称为调整世界经贸关系的三大支柱。GATT现有105个国家和地区成为缔约方,另有8个国家(包括中国)正在申请加入或恢复地位,还有28个国家沿袭殖民地时期关系,实际上在适用关贸总协定。目前GATT缔约国之间的贸易额占世界贸易的90%左右。中国与GATT缔约国之间的贸易额也占我国对外贸易的80%以上。

但中国作为该协定的局外人,在国际经贸交往中屡受西方国家的歧视。如美国在对华实行最惠国待遇上设立了年审制度,并借口人权等问题年年在国会里折腾不止,使中美正常的经贸关系受到人为阻碍。同时欧共体成员国也对我国近200种商品实行进口限制。因此中国只有复关,才能打破国际关贸壁垒;解决西方国家对我国实行的"有条件最惠国待遇"、歧视性数量限制、滥用反倾销措施和技术出口管制等单方面报复行为,使我国在国际经济组织中有真正的发言权,摆脱"外来妹"的地位。

二、复关,并非重蹈"鬼门关"

复关,意味着双向开放,即国际市场要向中国开放,而国内市场也要向世界开放。打开国门,开放国内市场,就要放宽外国商品的准入条件。按照关贸总协定对各国进口管理体制的要求,是以关税为主要调节手段。由于我国长期实行计划经济,行政干预手段过多,关税和非关税措施都比其他国家复杂。复关后,不仅要求我国对现实的经济管理体制和政府行为作相应的调整改革,建立起新的市场规则和法律保障条件,同时还要大幅度减让关税。目前我国关税税率既高于发展中国家的 15%,更高于发达国家的 5% 的水平,因此我国关税必须做出大幅度减少,即把现行关税率平均降低 50% 左右。

减让关税,放"虎"进来,这意味着中国企业要在基本平等的条件下与外国企业进行竞争。虽然按照 GATT 的规则,中国政府可以对少量支柱产业和幼稚类产业实施必要的保护措施,但是,大部分企业都将直面市场与外国企业进行生死对搏的较量。由于我国企业技术水平和经营管理与外企尤其是大部分跨国垄断企业都有很大差距,我国企业在市场竞争中要想立于不败之地,就必须加快转换经营机制,大胆引进市场经营规则,加快技术更新和开发高科技产品,强化企业管理,提高经济效益,使企业获得支配市场的经济实力。

如果在外来挑战中,企业不练好内功,不采取积极进攻态势,只想挤进政府的保护圈,这不仅是不可能的,也是不明智的。因为按照总协定的要求,政府的保护措施只是过渡性的。因此复关后,开放国内外市场,实际上是大家在竞争中比技术、比机制、比质量、比实力的较量,中国的企业在市场竞争中将面临一场严峻的考验。

三、升腾中的一轮"朝阳"

在共和国奔赴关贸总协定家族的序曲声中,国人在审视世界,世界在注视中国。被喻为"朝阳产业"的中国环保产业命已注定,这轮"朝阳"的升腾决不会轻而易举。

中国环保产业将面临何种挑战?当记者笔触到这一问题时,一位环保情报人员随手拿出一摞子外国环保公司的产品推销报告,美国的 A.W.T 公司、日本的荏原公司,纷繁的外文封皮让人目不暇接。弦外之音是,在环境问题成为全球性热点之一的今天,深厚的经济、技术实力的挑战将彻底改变我国环保产业基本上自给自足"一夫当关,万夫莫开"的旧格局。

挑战是严峻的。在去年6月巴西圣保罗国际环境技术博览会上,有识之士就已洞察到世界环保技术发展的特点和动向:大力发展清洁能源和节能技术,从根本上解决污染的发生;改革生产工艺,把污染消除在生产过程中;各类监测仪器向多功能、自动化、小型化方向发展,已成为环保产业未来发展的方向。虽然,路透社记者曾以"中国在环境博览会上的展品令人惊奇"为题对中国环保适用技术予以报道,中国环保界在赞誉声中对产品的高技术含量低的问题却保持高度的自知之明。1991年统计表明,我国环保产业3800多家且多以乡镇企业为主,年产值60亿元,年利润10亿元,从业人员42万。环保设备开发以机电部门居多,作为环保产业另一翼的环保工艺开发明显不足。换言之,技术开发与发达国家存在一定落差,一些急用的技术没有开发出来,产品高技术含量低,重复生产严重。学者认为,技术开发不够是造成环保产业发展后劲不足的主要原因。

诚然,为温饱问题所困扰的国人对环境认识有一个逐步深化的过程,经过20年努力新兴起来的环保产业至今仍与起步晚、起点低的特点形影相伴。1988年,国务委员宋健对"环保产业"一词实现"洋为中用"。1990年2月,国家环保局长曲格平教授根据环境保护在强化管理的同时必须改善和加强物质基础手段的实践,提出20世纪90年代环境战略要转移到科技进步上来的科学命题。1990年,国办转发环委会文件《关于积极发展环境保护产业的若干意见》中指出,环保产业是保护和改善环境、防治污染和其他公害的物资和技术基础。1992年4月,全国第一次环保产业工作会议和紧跟而来的环保产业展览会,使中国环保产业第一次有了宣言:以独立、完整的角色在中国经济大舞台上舒展身姿。

在激烈的国际市场竞争中,环保设备开发已形成多学科多领域、服务广泛的设备行业,不论是国际性跨国公司、大型垄断企业还是专业化企业,均拥有雄厚的经济、技术实力,朝着综合性、大型化、集团化方向发展。相比之下,我国环保产业明显表现出规模效益差的缺陷,诸如缺乏宏观调控、没有骨干企业和完善的信息服务体系、市场混乱、产品质量差等。每年产值 2 亿元的江苏省宜兴环保产业在全国可谓一流的乡镇企业,鉴于小规模单一生产污水治理设备和环保市场缺乏的现实所迫,每年得派 2000 人到各地"游说"以促经销。

起步晚、起点低、发展后劲不足、规模效益差,这是我国环保产业的显著特点。专家分析,"入关"初期,我国大多数环保产品由国内提供的现状不会根本动摇,环保技术将更多得到引进,我国一些过硬的环保产品将平等地参与国际竞争。去年,我国进出口总量达 1600 亿美元,世界环保市场成交额达 2000 亿美元,而我国环保产品进出口不过 1 亿美元。毫无疑问,未来世界的环保市场终究会被高技术、高质量、低价格的产品占领,适用性不再是企业考虑的第一要素。据预测,"八五"期间我国环保投资为 800 多亿元,要实现"八五"计划和十年规划的环境目标,仅控制污染的投资则需要 2000 多亿元,我国环保产业必须走一条自我发展的新路子。谈"虎"未必要"色"变。据悉,北京环保交流中心、郑州环保科研中心的相继面世,表明我国环保产业在横向联合上有了起步。中国环保产业在香港的"环保之窗"也将很快建立起来。"往者不可谏,来者犹可追。"中国的"朝阳产业"只有改变"黔之驴"的姿态,走出国门看世界,在经济浪潮中变成"小老虎",才能守住自己的"山寨",迎接外来"虎"的挑战。

（原载于 1993 年 1 月 30 日《中国环境报》月末版头版头条,合作者为群工部主任李实先生,原文标题《GATT 闯进国门以后》。）

02 淮河，怎样走向新世纪

4000 多年前，夏部落的治水英雄大禹在淮河之滨的涂山，借助与涂山氏女的联姻，演出了劈山导淮、驱逐洪荒的英雄诗剧。

20 世纪末期，导淮不再是淮河水利事业的唯一话题。淮河，这一孕育 4000 年文明的母亲河正被严重的水污染死死缠缚，淮河儿女面临着一个十分严肃的命题：淮河，怎样走向新世纪？

一、饥渴之间　恶性循环

5 月 20 日，"中华环保世纪行"记者抵达河南郑州，南下漯河，东经周口、项城、沈丘、安徽界首、阜阳、颍上、淮南等淮河流域城市，24 日到达安徽蚌埠市。所到之处给记者印象最深的是，百万淮河儿女饮水告危，沿淮城市出现"近水楼台不得水"的惨况。

安徽省一些地方由于地下水资源缺乏，淮河成为唯一水源地。1989 年 2 月和 1992 年 2 月，正是春节前后，淮河两度发生大面积污染事故，淮河盱眙县城居民眼巴巴望着河水滚滚进入洪泽湖，顿成"巧妇难为无水之饮"，人们只好到山上背水煮年饭。在河南境内的黑河两岸，苏鲁交界的新沭河，皖鲁交界的奎河一带，群众饮水困难，打井工程迫在眉睫。在水污染严重地区，人们身心健康遭受摧残，奎河沿岸的安徽省宿县地区每 100 人中就有 1 人患了癌症，一些村镇多年来无一人身体合格应征入伍。

在淮河上游，一半支流的河水完全失去利用价值。有关部门对沙颍河的水质监测表明，其脏浊程度相当于 9 杯河水就要稀释 1 杯来自生产、生活的高浓度污水，而保持河流达到地面水三类水体标准的正常污径比是 1：20。河流自净功能丧失殆尽。

记者来到沙颍河上的槐店大闸。由于造纸行业、淀粉酿造和炼焦行业的大量废水在这里沉淀，平时 200 米内的地方可闻到河面散发的臭味。大闸公园负责人朱洪玉告诉记者：今年 4 月开闸放水，河底沉渣泛起，散发出大量硫化氢气体，职工乔云龙一个星期眼睛红肿，成了"睁眼瞎"。园内冬青树枝枯叶落，公园里见不到任何游人。大闸公园内有"畸形动物展"，公园工作人员领记者参观了那只开闸泄污期间差点瞎眼的猴子。在此举办这种展出，不正说明沈丘人民对淮河水污染的痛感吗？

淮河流域水污染给豫皖苏鲁四省人民造成了惨重的经济损失。1992 年 2 月，淮南电厂因淮河水质严重污染，离子交换水来不及供应而停运 3 台机组，影响华东电网供电，许多工厂减产或停产，造成 1 亿元经济损失。类似事故 10 年来已发生 10 多起。

安徽省涡河亳州、涡阳和蒙城段素有"五十里涡河，五十里网箱"之说，网箱养鱼成为沿河群众的主要致富途径，并被列入国家"星火计划"。现在，由于水污染引起的死鱼事故，足以使这些地方的"星火计划"化为灰烬。"渔户难过五月产"，涡河渔民以此话表达自己的忧心。

原国家水利部部长杨振怀激动地回忆说，1985 年他陪同当时的国务院副总理李鹏视察淮河，发现水污染还不算严重。两位热心于水电事业的专家更多地将视点放在如何使淮河儿女全部解决温饱问题上。时隔近 10 年，淮河人民的温饱问题已基本解决。他们感激地说，是党的政策带来了新的生活。然而一些乡镇企业的盲目上马引发的水污染日趋严重。5 月 20 日，国务委员宋健率团到淮河流域现场办公，为求解决水污染问题。

先"饥"后"渴"的事实面前，我们必须悔悟：自有人类以来，"饥""渴"二字形影相随，其真理的绝对性从来没有动摇过；有饭吃没水喝不行，如果一旦破坏了我们的生态环境导致没有水喝，我们迟早会变得没有饭吃；淮河水污染给四省经济带来的严重创伤充分证明，贫穷与环境的动态平衡中，只有聪明地做才能摆脱恶性循环，否则我们将自砸饭碗。

二、相隔三十年看"县官"

在河南农村同干部和农民的交谈中，最使记者感奋不已的是人民群众对焦裕禄同志的怀念。何况今年的 5 月 14 日,是焦裕禄同志为人民鞠躬尽瘁、英年早逝 30 周年的纪念日。人们追忆这位县委书记的好榜样,在祖国 3 年严重困难时期,站在苦难的河南省兰考大地风沙、内涝和盐碱"三害"肆虐的锋线上,沉勇地向自然宣战。

30 年前的焦裕禄,引导一群食不果腹的兰考农民征服自然求生存,在群众中树立了威信。30 年后的陈黎东,这位河南省舞阳县县长又怎样引导农民奔小康呢?

舞阳县的乡镇企业不少,其中较大的造纸厂就有 3 家。第一造纸厂 1993 年完成工业产值 4100 万元,利税 400 万元,是"河南省 1992 年利税二十强企业"。治理黑液技术难度很大的造纸厂,给舞阳县的地方经济带来了效益,同时废水的排放也给本县和邻县人民带来了深重灾难。

来自舞阳县的造纸废水排入舞阳县和舞钢市两县(市)的界河三里河(洪河的上游),害苦了 560 口贾湾人。5 月 22 日,记者在岸上看到的三里河水面不宽,黑臭扑鼻。原村党支部书记刘海潮告诉记者:自从三里河被严重污染后,村里的小麦只能"望天收"了,今年雨水少,每亩至少要减产 300 斤。烟草更是种不活,人畜饮水都成了问题。女村民李春芝说,去年村里每人集资 30 元钱,才打了一口机井。记者问:"如果要你们拿钱治这条河,你们愿意吗?"回答说:"愿意,当然多了我们掏不起。"……村里的人们还给记者讲了一件凄惨的事:河里常淤积 3 米多高的泡沫,淹了桥面,风一吹,整个村里"黑雪"跳舞。一些牲畜因找不到桥面,跌入河中,活活被泡沫呛死。

1991 年的一天,贾湾人按捺不住对三里河的痛恨,集体到舞阳县政府上访。这天正是陈黎东上任舞阳县县长的日子。

直到 1993 年 10 月,洪河严重的水污染问题在"中华环保世纪行"活动中被多家新闻传媒曝光,舞阳县的决策层发生了强烈震动。这位年轻的县长起誓,如果今年 6 月底仍治不好造纸污染,他率县政府官员全体辞职。记者在 3 家造纸厂看到,各种治污设施正在安装。有人说,原先就知道靠造纸赚钱不是上策,各厂建厂时就准备了"第二手":

它们的卫生陶瓷生产线、印刷机器厂等现在红红火火运转着。

从焦裕禄到陈黎东，相隔 30 年看"县官"。求生存，靠的是艰苦奋斗改造自然；奔小康，保护和利用好自然环境今天尤为重要。因地制宜，发展优势产业，才能为广大群众谋利益。相反，一些杀鸡取卵式的"土政策"，即便能立竿见影地给少数人带来利益，却必然损害广大群众的根本利益的根基所在。这是淮河流域的省长、市长和县长们务必引起高度重视的问题。

三、创一曲"淮河大合唱"

1992 年 5 月，茨淮新河因抗旱引入污染严重的颍河水致使水质恶化，安徽省阜阳县 37.5 万公斤网箱养鱼全部死亡。有的渔农担着鱼食直往河里跳，其情催人泪下。农田灌溉也受到影响，直接经济损失 200 万元。事前，有关部门没有将引水消息告知渔农，缺乏动作协调性。由于缺乏赔偿问题上的法律依据，政府只能以救灾的形式给渔农部分救济。

无独有偶，1994 年 6 月 1 日一份叫"环境情况"的内参直呈国家最高决策部门。

5 月 2 日至 28 日，安徽省颍上县水利局用污染严重的颍河水灌溉农田，大量污水流入安徽省凤台县水产养殖基地焦岗湖，4.3 万亩水面被污染。据凤台县初步估算，渔业直接经济损失超过 2000 万元，以湖水为饮用水源的群众 200 多人中毒。这是一起恶性污染事故。

石梁河水库是江苏省连云港市的重要水源区，盛产商品鱼。近年来由于山东省临沭等县的有毒废水通过新沭河下流，打破了库区往日的平静。江苏方面心急如焚，山东方面却说："你们的水库根本不养鱼，它们是自生的。"去年秋天，由淮河水利委员会出面召开苏鲁边境水污染协调会。双方在承认污染事实前提下，却在"污染"二字前用"较重"还是"严重"一词争执不下。此时，河岸居民饮水告危。

山东省的微山岛人流传着改词后的歌儿：西边的太阳快要落山了，微山湖污水静悄悄，一瓢净水哪儿找……本报曾对此问题曝光，群众现在来信说,仍是外甥打灯笼照舅(旧)。

淮河流域水污染主要关涉豫皖苏鲁四省。由于淮河水系复杂,支流众多,河网纵横交错,跨省河流多,水事矛盾复杂,径流人工控制,流域管理难度很大。要想遏制水污染严重恶化趋势,四省必须创作一曲"淮河大合唱";淮河必须沿着依法治水的轨道走向 21 世纪。

四、"人民是我们的上帝"

"五十年代淘米洗菜,六十年代洗衣灌溉,七十年代水质变坏,八十年代鱼虾绝代。"一些地方流传着痛心的顺口溜。数百年后,它会不幸地成为民谚吗?

国务委员宋健曾沉重而动情地说过这么一段话:"淮河流域污水一泻千里,涂炭生灵,祸害百姓,令人痛心。我曾惭愧地向李鹏总理要钱,为的是在污染重灾区打井,使人民群众有水喝……"

5 月 24 日至 26 日,这位曾疾呼"人民是我们的上帝"的现任国务院环委会主任的杰出科学家,在安徽省蚌埠市进行治淮战前总动员。他主要的注意力转移到根治淮河水污染的战略布局上:到 20 世纪末,使淮河水变清,重现碧水丰姿。

四省 196 家严重污染企业年底关门,断其浊流;淮河流域水污染防治条例即将出台,依法治淮;治淮领导小组力量加强……淮河儿女有理由相信:淮河将重现碧水丰姿,携一亿五千万中华儿女走向新的世纪。

(原载于《中国环境报》1994 年 6 月 14 日第 1 版,与社长张力军联合署名,获得"中华环保世纪行"新闻评选一等奖。)

03　三峡刻石风　众议难认同

刚被"世界杯旋风"吹得兴致酣然的亿万中国人,眼下正受到日渐猛刮的"三峡刻石风"吹拂。其感觉却是截然不同的,后者没有赢得,也不可能赢得国人像球迷一样为精湛球技所倾倒的那种一致认同。

中国画研究院、湖北省美术院、广东画院等单位联手发起和主办"世界华人画家三峡刻石记游"活动,倡议将当代华人画家诗、书、画、印刻于三峡,创造一个高品格的石刻文化带,以墨咏志,绝唱千秋,旨在记录和保存三峡珍贵的文化遗产,弘扬优秀的民族文化,创造峡区新的人文景观,促进国际文化艺术交流。

6月21日,湖北省美术院院长冯今松再次率领组委会来到宜昌,对三峡刻石区进行详勘,继而拿出整个设计方案,标志着此项活动拉开序幕。他们选择仙人桥附近的石门景点作为刻石区,感叹说:真乃天生石门待画图。这里上有天柱山,下有陡山砣,从江面能见其雄峻峭壁,沿公路可进入石屏,中有一线天相通,石质极好。整个刻石工程分阶段进行,首期刻石工程定于今年金秋时节完成。

正当湖北、广东和北京美术界欣然于这项"将世界华人书画作品刻石三峡,推出一项跨世纪的罕见的文化工程"时,一些从三峡旅游归来的文化界人士和部分港澳台胞提出了异议。7月14日,江渝50号轮由重庆到达武汉港,旅客冯任、刘斌对记者说:"在三峡石壁上作诗刻画,破坏了自然景观,使三峡失去了原有的壮丽,实质上就是一种污染,是一种破坏行为。"三峡天下壮,高峡出平湖。未来欣赏这些作品的游客们中的绝大多数人认为,三峡之壮观在于它的自然美,而非人文景观。任意凿造使自然风光与人工痕迹相混杂,显得不伦不类,且降低三峡的旅游价值。

基本赞成刻石工程的少数游客也表示某些担心。来自吉林的官员钱伟认为,刻字没有什么不好,古代就有不少三峡刻字,但规模不宜过大,否则会改变原来的景观。

　　一些专家认为,既不公开讨论,又不经旅游、环保等部门充分论证就贸然刻石,是一种很不严肃的短期行为;一些书画作品内容不一定适宜镌刻于三峡,很难有永恒的文化价值。湖北省环保局高级工程师秦文涛指出:三峡刻石必须很好规划和论证,不能破坏原有景观,广告是绝对不行的。记者了解到,近期武汉某报社买下三峡一块巨石做报纸宣传广告。

　　"三峡刻石风"吹得舆论界始作哗然,难以表态。武汉《长江日报》以《天生石门待画图,巨笔摩岩绝千秋》为题,报道"三峡刻石记游"拉开序幕的消息。《湖北日报》则刊登记者何士军、吴万的来信《要立即制止刻石三峡的行为》。

　　北京大学文艺学硕士研究生吴戈给本报编辑部打来电话:"本寝室同学虽爱书画,但对刻石三峡惑然不解。果真行得通,刻完三峡刻哪里?"

　　以组织活动为形式的大规模三峡刻石工程,能否确保它具有泰山这类历代名人留下的文化珍品的永恒价值?人文与自然两种风格能否在三峡的壮丽中得到水乳交融的完美体现?三峡只有一个,"下刀"之前是否应该由规划、文化、建设、旅游、环保等部门充分论证并做出决策?即便要刻,如何尊重国人热爱古朴自然的文化心理和情感,科学规划以避免三峡原貌受到损伤?记者认为,有关部门对上述问题应该尽早给出说法。

　　(原载于《中国环境报》1994 年 7 月 19 日头版头条,获"中华环保世纪行"新闻评选三等奖。)

04　"一线天"边涛声疾——"三峡刻石"采访断想

编者按：

　　这一期我们重点推出了本报刊发的《艺术逼近"一线天"——"世界华人画家三峡刻石记游"透视》一文。这篇通讯获本报8月份好新闻一等奖。通讯刊发后在社会上赢得了众多的好口碑。《光明日报》《文摘报》《文汇报》和《长江开发报》等报刊纷纷转载，编辑部也收到了大量读者来信。我们在此全文转发这篇通讯及湖北记者站站长李远柏对此文的观感，还特约本文作者之一胡若隐写了采访断想，借此讨论我们环境新闻在采访和写作上的新途径。

一、动机交代

　　"不为善始，不为恶首。"

　　我却想，一名新闻工作者若是这样，也就万无一失，那他的一切也就完了。

　　去年11月至今年8月，由中国画研究院、湖北省美术院和广东省画院联合举办的"世界华人画家三峡刻石记游"活动快速进展，得到了有关部门和很多海外华人的认同，同时引发一些专家、游客和政府部门的非议。刻刀刚举，纷议乍起，新闻传媒褒贬不一。

　　6月29日，武汉《长江日报》刊登消息《"三峡刻石记游"拉开序幕》。7月5日，《湖北日报》刊登读者何士军、吴万的文章《要立即制止随意刻石三峡的行为》，以"来信"的形式表明省报的立场，此举可谓聪明。7月12日，《文汇报》开辟栏目"三峡刻石是与非"并加了"值得一议"的编者按，同时刊出消息《逾百中外华人画家参与三峡刻石创举》和读者来信《三峡只一个，刻石风当止》。7月17日，我大学同班同学吴戈（现为北京大学文艺学硕士研究生）要到青海省调查"青年志愿者行动"情况，临行前来电说："你注意到'三峡刻石'问题了吗？

《文汇报》正在展开争鸣，我觉得'三峡刻石'很愚昧。"

　　7月13日，我报头版头条发表《三峡刻石风，众议难认同》。其中部分调查材料是湖北记者站的冉启国同志代为紧急调研获得的，他怕惹上麻烦，坚决不同意联合署名。这倒好，我差点落得"秀才不出门，炮制天下事"的罪名。

　　7月23日，《长江日报》发表文章《有关负责人谈三峡刻石意在建设文化三峡》。8月2日，《人民日报》发表湖北省长阳县何士军的"呼吁"《刹一刹"三峡刻石"风》。同时，一些文章在《中国青年报》《羊城晚报》《文摘报》等重要媒体上转载，更使"三峡刻石"问题变得"难识庐山真面目"了。在争议激烈、没有权威解释的情况下，我以为有必要进行突击性采访。

二、采访日记

　　7月30日星期六　武汉

　　武汉真是"火炉"。冉启国在武昌站接我，并说："你的运气好，今天气温才35℃。前天，你给李站长挂电话，他喊你莫来，怕你受不住这热浪。"我的运气怎样，鬼晓得。不过，李远柏先生多次劝我不要一意孤行下"火炉"，其情也真。

　　和启国一道，下午采访武汉大学环境系主任姚禄安教授。他对刻石问题虽知之不详，两个论断却是不容推翻的。一是"三峡刻石"必须以不损害自然风光为前提，二是艺术活动必须考虑酸雨的严重破坏。

　　7月31日　星期日　武汉

　　湖北省龟山电视塔的剑牌香烟广告换成了市化工厂的洗衣粉"一枝花"广告。设想武汉人对这一变化会有看法，没想到守卫长江大桥的几位战士死活好坏不说。他们是外乡人，到了城里学得聪明。天生的朴实加上过分的谨慎，让人难以接近。

　　启国提醒我"武汉人胆大敢说"。我们在顶天烈日烘烤下，信步走到长江大桥北端。市交通局大桥大队警察魏太林真的敢说："黄鹤楼现在就是二手货，'三峡刻石'当然不能破坏自然壮丽，武汉市民对电视塔的广告是心有余悸的。"

8月1日　星期一　武汉

坐在我们面前的是几位真正的艺术家。湖北省美术院的冯今松院长、陈立言副院长都来了,主要谈及活动的策划和资金来源。艺术家们的构想由来已久,香港方面的200万元有着苛刻的交换条件——100幅画,这是一种单纯的赞助吗?艺术活动的非经营性和组织方面的严密,这与我原来的料想相差太远。冯先生对刻石选点问题解释得谨慎却很模糊,我们不得不借助录音并请他对谈话内容签字以示真实可靠。

这位头披银发的国家一级美术师以艺术家固有的直率,满足了我们的要求。而我知道,这么做是记者的后续手段,特别在批评报道方面,有备无患是记者的优先安排。政治家需要记者的敏感,记者需要政治家的魄力。如果我哪天换了行当,就会用"I'm sorry(对不起)"来对付记者。

8月2日　星期二　宜昌

据湖北省美术院提供给我们的"一线天"照片,我们到宜昌县城找车前往石门。去石门只有早晨的班车,也没有方便的"面的"。我们只能租了两辆摩托,在盘山公路上疾驶。两位车手不要命了,恨不得一眨眼工夫就把我们的钱捞到手。启国的脚显然受伤了,却在喊黄姓司机:"慢一点,我倒没关系,要绝对保证我北京哥们的安全。"哥们啊,生命是死神嘴边的一丝微笑,人无高低贵贱之分。你若如是说,岂不伤感情?若是该死,天上陨石也会落你头上。死神,请为我们放行。

没有任何外援,当顶的烈日迎接了我们。"一线天"为当地大多数人不知,我们在两位车手帮助下中午时分才找到目标。为犒劳车手,我们仅有的2瓶矿泉水送给了他俩。

"一线天"距葛洲坝25公里,地处西陵峡口,为鬼斧神工之绝壁。沿着约45度斜坡可通长江之岸,绝壁长约20米,高20米许。崖壁北高南低,虽日正中天,窄道却有荫可蔽,看来北崖倾斜。在蛇行荆棘中拍照时,炮声连响,系风景名胜区刁民炸石。"养在深闺人未识",如获至宝不知爱。

由此前行 50 公里可到三峡大坝,不去了。甚至路过三游洞,也无力无心欣赏了。两位车手送我们一天,说为我们的工作精神感动,跑了百来公里山路,总共只收了 100 元。看来他们说的"宜昌人最怕别人说心黑,宁愿自己吃亏,也不给宜昌市抹黑",此言不假。我对他们的印象变好了。贫困培育朴实和善良,富裕生长虚伪和丑恶;贫困向往富裕,富裕同情贫困。这是城乡关系的辩证逻辑吗?两难选择的结局只能导致辩证的极端化,而一般人只能沦陷于这一悲剧的泥潭吗?

8 月 3 日　宜昌至北京列车上

宜昌市文化局负责同志的说法和省美术院的说法严重撞车,各弹各的调。我的急活是尽快脱稿,将"三峡刻石"真相告诉世人。

三、胡编随笔

报社有几位同仁私下叫我"胡编",这是一个很好的称呼。长年累月坐班,不知星移斗转,长此以往,我们对付各地来稿的唯一法宝不就是"胡编"吗?好的编辑首先应该是好的记者,我如是认为。

近 160 年前,美国第一个真正的记者班内特创办《纽约先驱报》,在其创刊号上宣称:"我们不说废话,不带偏见,公正地、独立地、无畏地和善意地进行报道。"他的高见至今不低。

任何一家报业的兴衰在于它取得社会认同的程度。我热爱这张愿为之鞠躬尽瘁的绿色新闻纸,最大的烦恼和自信力受创也是因为她的缘故。我们放走过环境热点新闻吗?我们对政策的权威阐释如何?组织了多少重头报道和独家采访?为本系统宣传了多少具体的典型经验?……基于本报仍处中国行业报"老大哥"的崇高地位,我作为编辑部的普通成员谨作上述自由言说,也算是一点居安思危吧。坦言之,每次报纸征订的汛期到来时,我作为报纸编辑部一分子为发行工作困难重重感到弱不禁风,倍感屈辱。依靠指令性办法实施发行方案,这是所有新闻纸在不多时间内的最后一道堤防。实现长期战略目标的唯一途径,是提高办报质量,加强对社会生活的干预力度。要让人们都知道,环境报道的权威是我们,要让聪明的灵长类都懂得,咱们的报纸能保护它们。

光荣的使命在相当程度上落在为报纸殚精竭虑的撰稿者身上。会议报道得注意角度,歌功颂德得讲究技法。编辑部除了唯稿是取,没有别的故事。我曾给几位同仁说过一个笑话:写得好,一个字也能上头版头条。不信,咱们有的人现在要能在闲情中练上一把书法,哪怕只一个字,其包含内容浩如烟海,足可头条配评论。在家坐班,经常收到这样一些稿件,长篇大论,淹没精华,试图一文以穷宇宙间最基本的原理。建议作者动笔之前选好角度,写来精短,惜墨如金,也是给编辑同志帮个大忙啊。

走出"一线天",正长江惊涛向前。我一向以坐而论道为年轻人最大忌讳,讲这些废话权当完成记者部同志交给我的任务。

（原载于《环境工作通讯》1994 年第 78 期,时任主编成亚威先生。）

05　三峡工程环保话题 5 篇

编者按：

党和国家领导人强调指出，随着三峡工程的正式开工，三峡的环境保护事业将得到进步发展。

三峡工程对环境影响极其重大，利弊俱存。如何趋利避害，是三峡工程环境保护工作方面的重大实践命题。本报编辑部今日起推出"三峡工程环保话题"栏目，先后刊登效益篇、治沙篇、防污篇、生态篇及警示篇，以期读者对三峡工程准备期以来的环境热点问题多一些具体认识和理性判断。

之一效益篇：防洪是最大的环境效益

当民主革命的先驱孙中山先生构想三峡工程的时候，他的目光没有放在工程本身对环境保护的影响上，虽然这种影响明显存在而重大。

1994 年 12 月 14 日，国务院总理李鹏在三峡工程开工典礼大会上宣布，三峡工程及其坝区将成为现代气魄与民族风格兼备的气势磅礴、青山绿水、环境优美的风景旅游区。三峡的环境保护和旅游事业将得到进一步发展。通过对三峡工程防洪、发电及航运等巨大效益的深层分析，我们首先找到了三峡工程对环境保护和可持续发展的重要意义。

长江流域历来是我国洪灾最严重的地区之一。尤其是荆江河段的两湖地区，近 600 年来共发生荆江溃决 91 次，平均 5 年至 6 年一次。20 世纪长江发生过 3 次严重的洪水。1931 年和 1935 年的两次大洪水分别淹地 5090 万亩和 2264 万亩，死亡 14.5 万人和 14.2 万人。1954 年洪水中虽然保住了荆江大堤和武汉市区，但仍淹地 4755 万亩，死亡 3 万多人，京广铁路 100 天不能正常通车，经济损失无法估算，洪涝灾害已成为江汉平原人民的心腹之患。

直到今天,湖南君山农场的 4 万多人居住在洞庭湖堤垸之内,每到汛期,农场的首要工作就是保护堤垸。长达数万米的大堤无论哪里出现溃漏,堤垸内顷刻便是一片汪洋。冬闲时他们要不遗余力地修筑躲水楼台,以求一旦洪水进院后有个逃生的地方。

平均每年有 0.98 亿立方米的泥沙沉积在洞庭湖区的河道湖泊内,其中来自长江的泥沙占 83.5%。时至今日,这一天然湖泊由 1825 年的 6000 平方公里缩减到现在的 2691 平方公里,蓄水容积由 1949 年的 293 亿立方米减少到现在的 178 亿立方米。

新中国成立后的 1949 年及 l954 年的两次长江大水,促使中共中央和中央人民政府决心对长江流域进行治理,长江流域规划办成立。周恩来总理生前还说:"葛洲坝工程是三峡工程实战的准备。"正在兴建中的三峡工程库容为 221 亿立方米,可以有效控制长江上游的洪水,避免发生毁灭性灾害,并可减少进入洞庭湖的泥沙淤积和湖区日益繁重的防洪负担。三峡开发总公司负责人对记者说,三峡工程的兴建对于库区人民来讲是生活环境的改变问题,因而三峡工程的防洪效益是最大的生态和环境保护。

国家环保局局长解振华最近透露,我国酸雨污染从 80 年代以来呈加速发展趋势,范围已从西南局部地区扩大到长江以南大部分城市和农村。中国的酸雨主要是由于燃煤排放的二氧化硫等致酸污染物引起的。原能源部水电总工程师、中科院学部委员潘家铮指出:如不建立三峡水电站而代之以火电,会加剧运输困难和环境污染,无法解决能源的合理布局。

三峡工程设计装机容量为 1820 万千瓦,年发电量 847 亿千瓦小时,约为 10 座大亚湾核电站,可以供应华中、华东和川东等能源不足地区。如果不建三峡工程而改用火力发电,则至少需配套兴建 5 个年产 1000 万吨的煤矿和运煤铁路。电厂将排放大量烟气、废水和废渣,每年排放的二氧化硫就多达 200 万吨,对上述酸雨重灾区无疑是雪上加霜。

三峡工程建成后将有效改善库区和坝区航运条件,万吨船队可从武汉直达重庆,充分发挥长江干流"黄金水道"的作用。长江三峡重点旅游区西起四川奉节白帝城,东到湖北宜昌南津关,全长 192 公里,两岸高峰耸峙。水库蓄水后,水上景观秀色不减,两岸奇峰雄风犹存,"夔门天下雄","神女应无恙"。现在,三峡坝区施工范围内的所有文物已全部发掘完毕。文物保护在工程投资中列支相当数量的经费。经过认真筹划,三峡的名胜古迹得到最大限度的保护,而且可以形成新的景观。

(原载于《中国环境报》1995 年 2 月 7 日第 1 版。)

之二治沙篇:三峡水库会寿比南山吗

泥沙淤积,一度成为影响三峡工程是否可行的一个关键问题。三峡水库的泥沙淤积会影响其寿命吗?我们对泥沙淤积将采取什么样的对策?随着移民工程的进展,三峡水库的治沙篇又遇到了什么样的新考验?这些问题至今仍然是整个工程对环境保护诸多影响中的热点之一。

首先面临的挑战来自三门峡水库和三峡水库之比较,三峡水库会重蹈前者之覆辙吗?长江由四川东流到三峡,平均年径流量为 4500 亿立方米,其中含泥沙砾石约 5 亿吨,占总水量的 1/900。黄河三门峡年径流量为 500 亿立方米,含泥沙量约 15 亿吨,占总水量的 27/900。这种简单的算术比较,证明了长江天赋的挟沙能力。三峡水库本身的自然地理条件和河道型特征,使更多的人相信工程的可行性。

为了解决泥沙淤积问题,除利用其优越的自然条件外,还要在枢纽上设置足够的泄洪排沙设施,在水库的调度运行方式上采取"蓄清排浑"的方式,即在汛期多沙期保持水库在低水位条件下运行,使泥沙能较多地排出库外,同时减少水库内较高部位的淤积;汛末开始蓄水供枯水期调节之用。这样,水库绝大部分的有效库容可以长期保留并发挥调节作用。泥沙淤积不会对坝区和库尾变动回水区及航运产生大的不利影响。据最新科学测算,三峡水库运用 80 年后,泥沙冲淤达到初步平衡。运用 100 年后,防洪库容能保留 85.8%,调节库容可保留 92%。此后,水库的有效库容将得到长久保留。

用泥沙模型试验法来测算三峡水库的寿命,虽有原型河道冲淤的验证,但由于模型试验比例尺小和数学模型的简化假定特征,科学家们谨慎地评估着这种理论上的误差对整个工程带来的危害。于是,国人在谈论淤沙问题时必然注目于治理长江上游水土流失的根本点。

今年 1 月 5 日,担任长江上游水土保持委员会主任的四川省省长肖秧在武汉疾呼:长江上游水土流失现在已很严重,部分地区已达到触目惊心的地步,等于是在流血。肖秧认为,长江上游水土流失治理问题要坚持科学治理,加大开发力度,提高治理效益;要深化改革,拍卖"五荒"使用权;有偿承包到户的,一包 50 到 100 年不变,允许继承和转让。

三峡工程的成败在于移民。1992 年 1 月,我国著名水利专家严恺撰文指出:不应过分强调粮食自给,从而导致盲目开垦荒地、坡地,加剧土壤侵蚀。中科院等评估三峡工程对环境的影响时同样指出,要合理安排库区周围防护林、水土保护区的建设,减少水土流失,在库区要根据土地承载能力来确定移民区可能安置的农业人口数量,要发展林、牧、副、渔多种经济,不宜提倡移民粮食自给的方针。

说来容易做来难。由于坝区淹没耕地,移民和城镇迁建,加强了本来就很突出的人地矛盾,并由此可能加剧植被破坏,导致更为严重的水土流失。库区前年淹没线刚划定,超前砍伐淹没线以下区域树木的苗头渐盛。国务院三峡委发布红头文件,三峡工程的建设者们细心做工作,把水土保持是库区经济生命线的道理给群众讲清了,他们才放下斧头回家去。如今水要淹地,他们牺牲个人利益,却也自然想到了高处垦殖,发誓石头岭上要开田。这种过度垦殖行为需要积极而耐心的引导,而不是责怪甚至不加解释的强制。

三峡工程正式开工前,国务院总理李鹏来到四川省奉节县草堂镇柑子村考察移民情况。他握着农民陈胜茂的双手,称赞陈家大种果林是一条致富的好路子。记者以为,库区农业由种植业为主向其他多业优先发展转变是大势所趋了。科学而有效地引导产业结构走向合理,是扩展三峡工程库区环境容量的重要途径。

(原载于《中国环境报》1995 年 2 月 14 日第 1 版。)

之三防污篇:江浪不浊千古流

我国政府对三峡工程的污染防治是有底数的。1992 年 2 月经国家环境保护局批准的三峡工程环境影响报告书明确指出:三峡库区污染源主要为工业和农业用水、生活污水、城市径流和船舶流动污染源等。在工业和生活污染源中,主要污染源在重庆,其次是涪陵、万县等沿江城市。目前,库区废水年排放量约 10 亿吨,绝大部分未经处理直接排入江中,沿江城镇的局部江段已形成了较严重的污染带。

何况,建库后库区水体流速减缓,复氧和扩散能力下降,将加重局部水域污染。三峡工程运行后,将导致重庆市江段泥沙淤积、水质下降,现有给排水设施受到影响。

"得长江者得天下",有人用这句话说明长江对整个经济区的重要影响。身处北方的人们因为水源危机的困扰,对南水北调工程长期以来望穿秋水,而当他们得知长江水体受到污染时的心情可想而知。前车之覆,后车之鉴。当淮河被人为污染导致 2/3 支流完全丧失任何利用价值的悲剧发生后,党和政府决心 1997 年初步变清淮河水。有识之士痛感,长江不应有淮河这样的污染大劫难。否则,中华民族将负罪于长江这一伟大的母亲河。

以库区排污量最大的城市重庆为例,每年排入长江的污水达 9400 万吨。如果长江水体继续恶化,重庆人只能落得"近水楼台先得污"了。他们不愿看到宋代诗人范仲淹《岳阳楼记》描述长江汛期到来时"阴风怒号,浊浪排空"的满目萧瑟,来毁损"截断巫山云雨"的宏图。幸哉。国家已决定对重庆市在引进国际信贷、兴建污水处理设施方面实行优先原则。百万大移民是一项艰巨的任务,但同时也给新城区的合理布局、产业结构优化带来了最佳时机,污染源将会得到有效削减。记者获悉,四川省万县市新的城区规划中,基础设施建设得到优先安排,各功能区布局科学合理,43 家新兴企业在新区落户。浙江"娃哈哈"入川,投资 4000 万元改进同类企业工艺设备;云南玉溪烟厂对口支援涪陵烟厂,去年已创利税 2 亿元;享誉全国的涪陵榨菜企业将由60 家精编为 3 家,面向世界闯天下……

长江已不再清澈,污染仍在继续。在乌江,垃圾像是要别有用心地填平这里的"天险"。嘉陵江畔,某特种钢厂将废渣大量倾倒江中,其规模 2 里有余。环保部门一旦过问,为恶者振振有词"某研究院认为此举科学可取"。真是荒唐之极。各种脏物从游船上抛入江中,形成流动污染带,此类现象已使新闻传媒因屡次批评而疲惫了自己,国家是否应立法以制止? 以法律约束力来培养和提高民众的道德水准,总会深得多数人的拥护。

国家环保局一位领导在视察长江水体污染现状后不无忧虑地说:长江若长此以往,南水北调也只能调来废水了。多一份忧患意识,也就多一份坚决的行动,这种忧患才真正可取。

三峡工程所在地湖北宜昌市为了早日建成"东方日内瓦",正在积极治理环境污染。省长贾志杰多次到宜昌现场办公,落实重点治污项目的资金问题。宜昌磷肥厂、水泥厂、造纸厂被列为首批治理项目。在 30 多家污染严重的企业中,有的项目已列入世行贷款工业治污项目。位于三峡库区的兴山县,已对两家污染严重又无治污能力的企业进行停产、转产。

最近,三峡开发总公司负责人对记者说,在水质保护方面将采取必要的控制、治理措施,力求入库污水浓度达到国家规定的排放标准。水库建成后,在水流速度降低的情况下,最多只影响排污口下游 1000米范围内局部水域水质,在排污口下游 1000 米外便可达到饮用水源水质标准。

国务院总理李鹏去年 12 月 12 日下午在长江轮船上,听取三峡工程风景旅游总体规划的论证后强调指出:在大坝组织施工需要的

15.28 平方公里范围内既不搞家属区,也不搞工业区,一般不发展第二产业;大坝风景区要与三峡的自然风景相结合,把三峡建设成为高水平的旅游风景区;因考虑秭归新城临近大坝以上水域,其规模有待进一步论证。

三峡的环境保护事业应该得到进一步发展,三峡工程的防污措施须进一步得到加强。

(原载于《中国环境报》1995 年 2 月 25 日第 1 版。)

之四生态篇：生物种群因此生变

一次重大的考古发现证明,充满原始而雄奇色彩的自然环境与蒙昧没有必然联系。1956 年湖北"长阳人"的发现似乎在论证"深山出祖先"的直观判断。这种智力人类型说明三峡地区乃至长江流域与北京地区、黄河流域一样,同是中华民族的文明滥觞。

洪荒时代恶劣的自然环境包括猛兽对人类祖先的威胁,让 10 万年前的"长阳人"伤透脑筋。然而正是由于这种生物多样性之间的激烈竞争,使早期人类成熟和发展。直到今天,保护生物多样性被提到保护人类自身的高度来认识,这是生命意识的回归和升华。国务委员、著名科学家宋健更是指出,保护好中国生物多样性具有重要的国际意义。

三峡工程的生态问题已经引起世人的普遍关注,锦绣三峡会轻而易举地容纳下充满现代文明色彩的混凝土结构吗？三峡库区的生物种群将会发生什么样的变化？

三峡库区以山地为主,但人口密度大、土地垦殖系数高,尤其是人类活动的加剧更使生态问题日渐突出。目前除鄂西 3 县外,其他各县森林覆盖率仅有 7.5% ~ 13.6%,沿江地带仅 5% 左右。现存森林林种单一,防护林所占比例小;林分结构简单,多为纯林,马尾松占 70% 且幼林居多。库区大于 25 度的坡耕地占总面积的 17.6%,占旱地的 25%。水土流失面积已占土地总面积的 58.2%。植被处于逆向演替状态,即由森林→灌丛→草丛→草坡→裸岩方向退化。库区为著名的伏旱区,伏旱频率高达 80%～90%,生态系统抗逆力减弱。一些物种在库区濒临灭迹。库区脊椎动物原以森林群落为主,现在演变为以草灌群落为主,虎豹在库区已濒于绝迹。

三峡库区已知的高等植物有 2859 种,约占全国植物总数的 10.28%,列入《中国珍稀濒危保护植物名称》的有 47 种。三峡工程虽不会导致它们的灭绝,但会淹没一些品种的原产地和植株数量,如荷叶铁线蕨将受到威胁,库区珍贵的经济林木如荔枝、龙眼等大部被淹没。在三峡工程影响区有 6 种珍稀濒危水生动物,其中白鳍豚、白鲟、中华鲟和长江鲟为一级保护动物,江豚和胭脂鱼为二级保护动物。建库后由于上游生境的改变,约 40 种鱼类受到不利影响,其中 2/5 为上游特有鱼类。它们虽不致灭绝,但因栖息地面积缩小约 1/4,种群数量会相应减少。四大家鱼在库区因繁殖有利、饵料增加、水面增大,这“四大家族”会兴旺发展,但在坝下水域会减少。

三峡总公司负责人介绍,兴建三峡工程包括采取有效的物种保护措施。根据库区和库周的陆生植物现状,拟采取自然保护区、珍稀植物保护点和古代珍稀树种保护 3 类方法。自然保护区拟建宜昌天宝山森林公园、兴山龙门河亚热带常绿阔叶林和巫山小三峡景观生态。自然保护点有万县市荷叶铁线蕨、秭归疏花水柏枝和宜昌莲沱川明参等。拟从库区 5000 株古代珍稀树中挑选 199 株作为重点保护对象。

根据保护物种种族延续不因水库兴建而中断,以及改善水生动物栖息地环境要求,拟规定 4 个水生生物自然保护区、一个半自然保护区,建立长江上游长江鲟、胭脂鱼和白鲟人工繁殖放流站,在长江中游设珍稀鱼类人工繁殖放流站,使区站成网,以保证物种生息繁衍,补充种群数量。长江上游合江至金沙江下游屏山江段将成为我国规模最大、品种最多的珍稀鱼类自然保护区。

去年 10 月以来,清华大学承担了三峡工程风景旅游总体规划的任务,建议将三峡总公司目前的征地范围 15.28 平方公里扩大到 85 平方公里,旨在建立以三峡大坝为景观主体,兼有生态恢复培育、观光旅游和教育功能的，人工与自然环境相协调的国家公园。此举已得到有关部门基本认同。

现在，人们关心的中华鲟只能在葛洲坝以下至虎牙滩之间寻找新的自然卵场。这里的天然砂砾为它们提供了良好的"静养"栖息地和洄游通道。工程挖掘沙砾料时，已充分考虑到产卵期避免对中华鲟的干扰等因素。中国人在以最大的努力，兑现保护长江生物多样的国际承诺。实际效果如何，尚待时间和历史检验。

（原载于《中国环境报》1995 年 3 月 2 日第一版，原标题为《锦绣三峡容纳混凝土以后》。）

之五警示篇：点睛不易　画龙更难

三峡工程是一项具有防洪、发电、航运等巨大综合效益的工程。三峡工程及其坝区将会成为现代化与民族风格相融合的气势磅礴、青山绿水、环境优美的风景旅游区。

这些论断毫无疑问称得上三峡工程环保话题的"点睛"之笔。如此，三峡的环境保护和旅游事业将有望得到进一步发展。

然而，"点睛"虽不易，"画龙"更见难。三峡工程对生态与环境的影响有利有弊，必须予以高度重视，对不利影响必须在政策、工程措施、监督管理、科研以及投资等方面采取得力措施并切实执行，使其减小到最低限度，生态与环境问题不致影响这项跨世纪宏伟工程的顺利进行。这样的结论出自《三峡工程环境影响报告书》，足见我国政府对三峡工程的环境问题没有低估。

以国务院环委会科学顾问顾明为总顾问、以国家环保局局长解振华为团长的三峡环境考察团去年 6 月结束考察后恳切进言。专家们认为，三峡工程巨大的经济与环境效益是建立在库区良好水质和良好的生态环境基础上的，当前应着重做好如下四项工作：首先要建立一个高层次的环保决策与协调机构，完善三峡工程环境管理体系；二是库区有关城镇、企业和移民重新安置时，必须进行环境影响评价并制定环境规划;三是工程建设必须严格执行环保法律法规;四是进一步抓好长江上游的水污染治理和生态保护工作。

《三峡地区经济规划纲要》指出:三峡地区经济发展目标是,力争到 2010 年人均国民生产总值接近或达到当时全国平均水平;产业重点是把大农业的开发放在首位,加快交通、能源、通信基础产业的发展,大力发展旅游等第三产业,建设一批化工、建材、机电、冶金、轻工等骨干项目。国务院已将三峡库区 17 个县列为长江经济开放区,实行沿海经济开放区的政策;将宜昌市、万县市、涪陵市列为沿江开放城市,实行沿海开放城市的政策。三峡库区共有 1599 个工矿企业和 9 万多千瓦小型电站被淹没。这些企业绝大多数规模较小,相对落后,需结合产业结构、产品结构调整进行技术改造以利发展。截至 1994 年 11 月,各省市、各部委与库区签订对口支援合作项目 748 项,其中湖北省 506 项,四川省 242 项;已完成和正在实施项目 171 项,到位资金 6.8 亿元。另外对口支援还提供了一批物资、设备以及人才、信息等。

我国政府总结以往水库移民的经验和教训,决定三峡水库实行开发性移民方针,改变过去单纯将水库移民看作赔偿对象的处理方式,对水库移民迁建后的生产和生活安置作出全面安排,统一规划,负责到底,以求长治久安。三峡地区气候温和,雨量充沛,积热量高,有多种类型的气候条件和多样化的植物种属、群落,适宜发展农林果及渔牧业生产。但是,环境容量的扩展有一个过程,过度的坡耕农业势必造成严重的水土流失。记者认为,国家应引导移民更多地发展高效林牧渔业,以满足未来更大群体的旅游市场对绿色食品的需求。这应该是国家对三峡库区实施大农业政策的重要内涵。

清华大学规划系主任郑光忠教授建议国务院组织专家,重新审查秭归新城的选址、规模和性质问题。在审查结束前,严格控制其施工范围和进度,以确保不与三峡大坝国家公园建设发生用地之争。国务院主要领导听取上述建议后,表示秭归新城的问题有待重新论证。三峡工程是至今为止世界上规模最大的水利水电工程,模范执行我国环境保护法律法规,有利于工程本身巨大综合效益的发挥和库区生态系统的良性循环。三峡工程因效益巨大令国人鼓舞,也因为对环境影响之大而令世人关注,因而伴随工程兴建中成功的环境保护事业,也是中国人民对全球可持续发展的最好贡献。

　　(原载于《中国环境报》1995 年 3 月 28 日第 1 版,为"三峡工程环保话题"警示篇。)

06 长江特大洪水警示录

1998 年的夏天,中国长江再一次遭受了特大洪水的摧残。有人为了推卸责任,冠冕堂皇地将悲剧的原因主要归结为气候异常。

其实,早在 1996 年 9 月,当长江洪水刚刚退去,传媒又在大量报道重建家园故事的时候,笔者在《中国青年科技》《中国环境报》等报刊发表《洞庭底朝天——中国 96 长江特大洪水启示录》一文,试图"危言耸听",唤起有关部门从根子上思考长江大水的原因。

一、大洪水接连不断

尽管大多数传媒对当时的灾害性消息保持沉默,却又不得不承认,1996 年 7 月长江发生了共和国历史上的大洪水,受害程度以湖南省的洞庭湖地区为最。

盛传岳阳市频频告急。我于 7 月 20 日拨通了作为该市市民的一位老同学的电话。他说我是外行,他家住在城陵矶粮库,自然是处高不畏水的,不过岳阳市告急倒也不假。当天 16 时,洞庭湖出口的岳阳市城陵矶水位高达 35 米,超过历史上的最高水位。

湖南省素有"三湘四水"的雅称,而如今的洞庭湖已经容不下湘江、资水、沅江和澧水急流的豪放了。它那往日"衔远山,吞长江,浩浩荡荡,横无际涯"的巴陵盛状不再,洪水下泄的严重不畅,转化成满目的凄凉和悲壮。

湘江急流,长沙临险,橘子洲的房子浸泡在水中,只有树梢和屋顶残露。有的居民待在船上守望着家门。资水泛滥,邵阳市政府所在地一片汪洋。沅江逞威,沅江市城区大堤漫溃,14 万群众生命财产危在旦夕。澧水咆哮,湘西土家族民众受害不浅。

在洞庭湖地区,由于四水相汇,急流排入长江困难,湖区一些堤垸 21 日前后,终因长时间超过历史水位浸泡冲击后相继溃垮。岳阳市华容县的团山垸和隆西垸相继溃决,垸辖 37 个自然村总面积 13.76 万亩的 7 万多人受灾。湖南省根据灾情及时提出了保坝、保命、保重点的防洪抢险对策。益阳市发出加强胡子口隔堤防守的紧急动员令,保证每公里堤段上备足 200 个劳动力和足够的石料。

湖区人民的生命财产遭到重创,生产生活发生困难。加上湖区连日天气恶劣,空投的直升机徒劳而返。被围困上堤的灾民和被迫疏散转移的群众饮食不足,衣服帐篷奇缺,防疫药品紧张。军民共同抗洪抢险,写下了一曲曲动人的故事。

洞庭湖水文系统复杂,湖泊面积萎缩,河床抬高,日趋频繁的洪涝灾害早已引起了各级领导的高度关注。

洞庭湖位于湖南北部,长江中游南岸,接纳湘资沅澧四水和长江松兹、太平、藕池三口分流,经岳阳市城陵矶吐纳长江,径流量为长江径流量的三分之一以上,是长江中下游最重要的过水性调节湖泊。大江东去,而长江挟带的泥沙却因为水流变缓停留下来。每年约有 0.98 亿立方米的泥沙沉积在湖区的河道湖泊内;其中,来自长江的泥沙占 83.5%。这一天然湖泊至 1825 年尚可称"八百里洞庭"(约 6000 平方公里),解放初期缩小到 4360 平方公里,目前只有 2653 平方公里,蓄水容积由 1949 年的 293 亿立方米下降到现在的 178 亿立方米。并且,新中国成立以来,湖底河床年平均淤高 1 米,西洞庭湖局部淤高竟达 12 米,已经基本淤积成为陆地。专家预测,南、东洞庭湖用不了多久也会消亡。现在的洞庭湖可谓支离破碎,不仅有东西南北之分,而且有内外湖之别,仅内湖就达 667 个之多。

中国第一大淡水湖的地位动摇了。洞庭湖洪涝灾害加剧了。据史料记载,公元 285 年至 1868 年,洞庭湖水灾平均 41 年 1 次,而现在的大水灾不到 5 年就有 1 次。1954 年,百年罕见的特大洪水就曾是湖南省防洪抢险的参照系。洪水淹没耕地 385 万亩,280 万灾民一片哀鸣。1994 年夏天,湘赣湖区再次成灾,并对某些地方的长江大堤提出了严重警告。

二、危情牵动中南海

1994 年,新上任的湖南省委书记王茂林完成了 15 天的湖区考察,发现一些地方洞庭湖的警戒线已经相当于垸子里二层楼顶的高度。他说:洞庭湖不仅是湖南的,也是全国的,这里有保护武汉、京广铁路和江汉平原的大问题,因而也是一个重大的政治问题。我看到群众处于非常危险的境地,心里很担心,如果再发生 1954 年那样的大水,不知道有多少人伤亡。湖区现在主要是保命的问题,要建安全楼,一旦发生意外,群众能够到楼顶避险,要拿出发生泄洪时的方案。

就在这一年,岳阳市市长欧阳松向全国环保执法检查团陈述了湖区堤防脆弱和排涝设施老化的情况,请求国家将洞庭湖治理纳入自然保护区建设中去。他说:洞庭湖的安全和治理,是岳阳市市长的首要大事。我一年到头为防洪保安的事情忙着,就好比头上顶着一盆水,不知道什么时候会出问题,也不知道出多大的问题。

就在这一年底,时任国务院总理的李鹏一路风尘,视察川鄂湘三省,宣布举世瞩目的三峡工程正式开工后顺江东下,于 12 月 15 日从湖北省公安县乘车去湖南。天色黄昏时,到达洞庭湖滨的益阳市汉寿县蒋家嘴镇。李鹏向省水利厅的同志详细询问"八百里洞庭"萎缩的过程和原因,并实地察看了湖区防汛和农业生产情况。他肯定地说:湖南的粮食生产是对全国作出了贡献的。洞庭湖区有 1000 万人民和 1000 万亩土地,生产出占全省 40% 的粮食。洞庭湖的治理是非常必要的,中央是关心的。依靠中央和各级政府,依靠人民群众,才能共同办好这件事。李鹏要求国家计委的同志,尽快安排洞庭湖治理一期工程的资金到位。他还仔细询问了有关湖底清淤的技术性问题。

这次洪灾损失惨重。湖区和长江大水牵动了中南海。江泽民总书记作出了"确保大江大河万无一失"的重要指示。

1998 年,长江流域特大洪水又接踵而至。

洞庭湖水位居高不下,接纳调节不了上游的洪峰,荆江大堤接二连三地出现险情。

为了抗洪,修堤便成了湖区人民的头等大事。40多年来,湖区共筑堤5000多公里,可谓中国的"万里长堤"。湖区人民用于防汛抢险的人力、物力十分惊人,每人每年用于防修负担的劳动工日占生产用工的30%,费用占生产开支的20%。

进入90年代以来,水患成灾使得中国的夏季难得安宁。英国的《卫报》曾经撰文指出,"环境破坏是造成中国水灾的主要原因"。这样的评论确实让人警醒。比较发现,我国目前的降水量比历史上的一些年代少得多,大雨必灾的原因是地表径流的快速汇集。历史资料表明,我国明清时候的森林覆盖率达50%,而现在只有13.92%。库容为221亿立方米的三峡水库超过一个洞庭湖的蓄洪能力,防洪将成为三峡工程最大的环境效益。但是,泥沙淤积将是影响三峡水库寿命的关键问题。用泥沙模型试验法来测算三峡水库的寿命,虽然有原型河道冲淤的验证,但由于模型试验的比例尺太小和数学模型的简化假定特征,科学家们在谨慎地评估着这种理论上误差对整个工程的危害。水土保持也成为三峡工程的焦点问题。

三、利益机制要调整

各方面都在寻找治理长江水患的对策,经济政策调整被当作重要的思维路径。早在1997年4月16日笔者在国务院研究室就撰写了一份题为《尽快建立长江流域生态效益补偿机制》的内部送阅件,供国务院领导决策参考。文章认为,浩瀚的长江流经省份多,流域面积广,是中华民族繁衍生息和经济建设的重要地区。但是,由于流域内尤其是上游地区森林资源遭到破坏,生态系统严重失衡,水土流失程度加重,长江干流连连洪水泛滥,给中下游地区人民的生产生活造成极大危害,并且制约了上游贫困地区的扶贫攻坚。只有尽快建立长江流域生态效益补偿机制,才能有效地保护好流域内尤其是上游地区的森林资源,促进生态系统良性循环,从而为经济建设提供一个可以永续利用的资源环境。

保护好长江上游的森林资源,是遏制长江流域暴雨成灾的根本措施。近几十年来,青海、云南、四川和贵州等省极具水土保持功能的原始森林,遭到大面积砍伐,长江生态防洪体系几乎崩溃。正在营造的长江防护林虽然取得重大进展,却因树种单一,树木生长缓慢,无法取代往日原始森林的地位。长江上游的金沙江、雅砻江、大渡河、岷江、乌江和嘉陵江等流域,由于森林采伐过度,荒山秃岭连片。即便在以山地为主的三峡库区,由于人口密度大、土地垦殖系数高,尤其是人类不科学的生产方式,加剧了生态环境的恶化。目前除鄂西 3 县外,其他各县的森林覆盖率仅有 7.5% ~ 13.6%,沿江地带仅为 5%。植被呈森林—灌丛—草丛—草坡—裸岩方向演替退化。库区大于 25 度的坡耕地占旱地的 25%,水土流失面积占土地总面积的 58%。

文章强调,生态环境脆弱制约了长江上游地区的经济发展,保护现有的森林资源无论对改善长江流域的环境质量,还是对贫困地区的扶贫攻坚,都具有重大的战略意义。据统计,在国家确定的 592 个贫困县中,长江上游地区所占比例超过三分之一。生态环境脆弱是它们的共同点,保护好现有的森林资源是扶贫开发的基本条件。事实却恰恰相反。尽管残存的原始森林呈片状分布在交通不便的深山中,一些贫困县为了解决地方财政困难和群众眼前的温饱问题,不得不加速森林资源的开发利用,造成了长期以来主要依靠"木头财政"的格局。1995 年,云南德钦县准备砍伐生息着国家一级保护动物滇金丝猴的原始森林,环境保护界舆论哗然。经协商,德钦县答应暂不砍树,有关方面答应给予救济。至今为止,资金到位困难,滇金丝猴的命运依然悬而未决。专家由此评论,"木头财政"不是出路,暂时给点救济也不是长远之计,只有采取有效的经济政策,才能挽救长江上游原始森林有可能在未来二三十年内被砍伐殆尽的命运。

制定适当的经济政策,加强对长江流域内珍稀动植物的有效保护,是保持流域内生态平衡的需要,也是我国履行保护生物多样性这一国际承诺的需要。长江流域生物多样性复杂、丰富,保护工作的任务艰巨。尽管《野生动物保护法》规定"因保护地方重点保护野生动物,造成农作物或者其他损失的,由当地政府予以补偿",但由于野生动物保护和生态补偿没有列入财政,这项规定至今难以得到落实,保护区内群众生产生活受到严重影响,自然保护区的工作也变得困难重重。在四川省汶川县卧龙自然保护区,由于保护大熊猫的需要,4000多名农民的燃料受到限制。人工培育出来的 20 多头大熊猫,一年下来的伙食费就达 20 多万元,靠保护区自办水电、旅游等项目难以解决资金紧缺问题。由于工资待遇低,从 1982 年到现在,保护区共有 120多名科技人员流失在外。两年前,在甘洛县的原始森林中,人们还发现大熊猫在恶劣的自然环境中病死。

经济发达的省市对上游贫困地的资金补给,不是单纯意义的"扶贫",更不是恩赐,而是生态效益带来的价值补偿。它体现社会分工差异和利益互补的关系,体现社会分配的公正原则。共存才能共荣。随着我国现代化进程的深入,长江流域各省市之间的经济联系更加紧密,各地的发展都有赖于对整个流域环境质量的有效保护。建立生态效益补偿机制,符合国家加快中西部地区发展、逐步缩小与东部发达地区的差距、实现全国区域经济协调发展的战略目标,有利于理顺全流域的生态关系和经济关系,有利于上游贫困地区摆脱环境与贫困的恶性循环,也有利于中下游地区实现经济社会持续、稳定和健康发展。

因此,长江流域生态效益补偿机制应该由两个方面的内容组成。一是上游地区在科学地综合开发山区的同时,保护好现有森林,并且大力开展植树造林和水土保持,所产生的生态效益(如良好的防洪、发电、航运、工农业和生活用水条件等),由主要受益方即中下游省市付给生态补偿费,或者由国家统一征收生态税交付上游地区。二是上游地区保护好森林,客观上有利于生物多样性的保护,所带来的生态效益的受益方是整个社会,因此应该由国家统一支付生态补偿费。长江水资源治理制度的调整,是我国公共资源治道变革的必然。

(本文综合了发表于 1996 年 9 月 26 日《中国青年科技》的《洞庭底朝天——中国 96 长江特大洪水启示录》一文。)

07　急剧恶化的地球村

随着交通与通信的发展,我们生活的这颗蔚蓝色的星球变小了。于是地球也就有了一个新的名称——地球村。不仅仅是中国,地球,我们这个共同的家园,正在日益受到破坏。于是,科学家们又面临着新的课题——全球变化。

热带雨林正以每年17万平方公里的速度消失;2100多万公顷农田荒漠化;土壤每年流失量高达200亿吨;每天超过70个生物物种从地球上永远消失,预计未来25年内地球上25%的生物都有灭绝的危险;每年约有2.8亿人沦为环境难民;12亿人生活在缺水的城市里;1.25亿人生活在空气混浊的城市……

如果缺乏这些枯燥的灰色数字,我们对全球环境形势很难有一个大致的把握。如果仅仅停留在这些数字,我们会觉得索然无味,并且产生全球环境的恶化与自己关系不大的错觉。在此,我们不得不借助对一些具体的环境问题的描述,以求人们对我们生存所面临的危机有一种客观的认识。

人类铸造文明,同时毁灭文明。1962年,美国人卡逊发表《寂静的春天》一书,标志着人类关心环境问题的开始。然而,自从有了人类文明的滥觞,环境问题便开始出现,并且与人类文明结伴同行。

远古时期,美索不达米亚、希腊、小亚细亚等地战争频繁,再加上居民为了眼前的耕地,砍光了那里的森林,但他们万万没有想到,后来有些地方成了不毛之地。阿尔卑斯山的意大利人大量砍伐山坡上的松林,导致山泉枯竭,凶猛的洪水倾泻而来……

5000年前,尼罗河三角洲有了高度发达的农业文明。古埃及国王法老为了追求不朽,导致了一场改变自然和国家命运的浩劫。成千上万的奴隶被驱赶着,伐木采石,挖山铺路。他们首先在金字塔的地基上砌上石头,用土铺成相同高度的斜道,再用石头铺成上面的一层。最后,拔去泥土坡道,石筑的金字塔便从泥筑的母腹中孕育出来。奇迹被创造的同时,生态环境遭到严重破坏,甚至整个国家从此走向衰落。后来,考古学家从这里林茂土沃到田野荒芜的自然变迁中,找到了金字塔这一难解之谜的答案,"人造说"逐渐占了上风。

1995 年 10 月 7 日,笔者有幸参观了墨西哥城北 40 公里的金字塔。它是印第安阿兹台克文化特奥蒂瓦坎古城遗址的主要部分。该城兴建于公元前 150 年,公元 450—600 年为全盛时期,拥有 20 万人口,面积达到 20 多平方公里。城市结构复杂,地上交通方便,地下排水流畅,农业相当发达,手工业也有一定规模,成为附近地区贸易、宗教和文化的中心。8 世纪初该城遭到战争破坏,成为一片废墟。更多的人相信另一种说法:市民们破坏了赖以生存的环境,不得不向北迁移,将该城废弃。

我国考古学家景爱在实地考察长城沿线生态环境状况后指出,修筑长城需要大量取土,破坏了沿线的草原和森林。在这种意义上说,长城是古代大型工程造成环境破坏的历史见证。人类铸造文明,同时毁灭文明的基石——自然环境。

金字塔和长城曾造成生态环境的极大破坏,这是一种合乎情理的推定。地球明显的大气污染与工业革命基本同步,却是无可辩驳的事实。日本国立极地研究所的科学家们认为,如果大气中的氧化硫和二氧化碳沉降,就会在极地的冰层中得到完好的保存;分析这些冰层,就可以查明各个时期地球大气的污染情况。他们在北极圈南部凿取冰柱,分析大气成分。结果表明,1800 年前后冰物质的 pH 均值为 5.35,已呈明显酸性;1820—1830 年间,pH 值较低;到 1986 年 pH 值已降到 5.15。英国工业革命始于 1760 年,法国和比利时的产业革命大约发生在 1830 年以后。可见,工业革命导致了最早的大气污染。

1992 年 2 月 15 日,来自 37 个岛国的官员们在联合国会议上呼吁:如果不立即采取行动延缓全球气候变暖,他们的国家就有可能被大海淹没。代表着 2300 万居民的官员们,对目前缺乏紧急措施稳定全球气候提出了强烈抗议。

太平洋岛国瓦努阿图驻联合国大使罗伯特·列罗普说,南太平洋的岛国图瓦卢和基里巴斯将被淹没,印度洋马尔代夫的 4 个岛屿也将不再适合人类居住;生存会真正受到威胁,全部的文化也会丧失。

科学家称,气候变暖会使极地冰雪融化,导致海平面上升和珊瑚礁消失。过去 100 年间海平面上升了 10—15 厘米,而在未来 40 年里这一数字将增加到 17—26 厘米。大洋岛屿和沿海低洼地区面临生存危机。即便在美国,据国家环保局估计,21 世纪将花掉大约 4000 亿美元来保护海岸的"战略性财产"。

由于岛国的共同努力,一份关于全球气候变化的框架公约在联合国地球首脑会议上得以通过。

世界上首都人口最多的墨西哥城,同样称得上城市大气环境污染的一个典型。

每当污染指数居高不下、危害人体健康的时候,墨西哥城不得不实施《墨西哥谷地环境保护紧急状态法》。期间,墨西哥盆地的所有中小学、幼儿园全部停课,榜上有名的企业减产 50%—70%,政府部门的车辆停驶一半,只保证紧急和必需的公务用车,所有敷设沥青、平整路面及油漆工作全部停止,所有浴室及染坊停止作业。大批警察出动,监控车辆行驶状况,违者必受重罚。

为了彻底解决墨西哥城的大气污染问题,政府制订了一项长远计划,加速发展其他城市,鼓励移居新兴城市的行为。

联合国秘书长加利在即将离任前的几个月,对未来战争的可能性作了富有警示意义的预测。他说,未来战争可能是水源之争,尤其是在中东。加利在美国有线新闻电视公司问答节目上所作的上述预言,道出了中东水源危机的严重性。

中东地区气候炎热,干旱少雨,缺水严重,解决水源危机是关系各国生存和发展的战略问题。为此,埃及、以色列、土耳其和海湾诸国纷纷采取对策,开源节流。

埃及以 30 年为期,制定了耗资 76 亿美元的总体战略,其目标是促使灌溉设施现代化,争取节水 10%。尼罗河上阿斯旺水坝的水将被自动化监控;在一些地区,水稻由于耗水量大而被禁止种植。

以极度缺水著称于世的以色列 1947 年建国,先后通过 4 次中东战争并两次大规模入侵黎南部地区,争夺土地和水源。至今,水资源的分配和利用仍然是中东和谈的关键问题之一。

以色列占领的叙利亚的戈兰高地,除了军事上的意义外,更是几条河流的发源地。以色列历届政府都很明确:占有水源。不解开戈兰高地这个"结",两国便不可能和平相处。

似乎有一种定论,女性的辉煌在母系社会末期便结束了。在现实社会中,如果女人在事业上的成就超过了男人,街头巷尾便会滋生"阴盛阳衰"的种种抱怨。这是一种偏见。

然而,近些年来,"阴盛阳衰"还真成了一种得到认同的普遍现象。科学家们发现,由于环境污染的日趋加重,许多发达国家的男性的体能出现了女性化趋势;更为严重的是,近年来男性婴儿变异增多。据瑞典《晚报》报道,美国、英国和瑞典的医学专家的研究成果表明,人们日常使用的大量化合物是造成男性性功能衰退的主要因素。在各种塑料制品、化学制剂等生产过程中释放的气体里,大都含氯化物,一旦过量就会破坏男子的性功能。据检测,40 年代男性的平均精子量是每毫升 6000 万个,现在每毫升只有 2000 万个。

其次,当含有氯化物的垃圾与普通垃圾混合燃烧时,就会释放二氧化物,并产生大约 210 多种碳氢化合物。前者有的具备"复制"雌性激素的功能,使得男性女性化。后者里有一种被称为 TCDD 的有毒气体,对男子的性功能损害十分严重。

许多发展中国家被发达国家视为"工业垃圾终极场",中国也尝过这方面的苦头。最近发生的柬埔寨首相洪森怒斥台湾有毒废料事件，显示出"洋垃圾"越来越受到抵制。

1998 年 12 月 30 日，台湾台塑集团主席王永庆亲笔致信柬埔寨首相洪森，就台湾塑胶公司向柬埔寨出口的一批汞污泥工业废料引起当地人们恐慌一事，向柬埔寨政府和人民道歉，表示将废料尽快运出柬埔寨。与此同时，台湾绿党人士对台塑集团至今未对此事提出解决问题的方案表示不满，他们聚集在台塑大楼门口抗议，要求台塑公司提出解决问题的时间表。一时间，曾经在商界享有盛名的台塑集团遭到两面夹击，首尾难顾。

事件的起因是，1998 年 11 月 30 日，3000 吨工业废料由台湾运抵柬埔寨西哈诺港口，经过海关、商检等部门的批准，放置在该市以北 14 公里处的一个兵营后面。后来几天里，多名拾荒者在此捡拾垃圾中毒死亡。12 月 19 日和 20 日，得知这批含汞废料有可能污染当地水源的城市居民连续发起暴力抗议事件。示威者高呼"不许用人民的生命换美元"的口号，焚烧了省长住宅。接着，约有 5 万居民逃离这个城市。

柬埔寨首相洪森要求严惩有关贪官和奸商。环境部长已经正式向法院控告当地一家违法进口有毒废料的公司。据美联社消息，至少有 33 名海关和有关官员被停职或者接受调查。一家皮包公司的董事长被警方逮捕。

（原载于《我们家园的紧急报告》一书，2000 年 1 月由时事出版社出版。）

08 国家安全战略新见解

生态退化和环境资源的危机,直接造成巨大的经济损失,甚至造成区域经济发展全面出现危机。生态环境的恶化,造成了严重的"外部不经济",影响着国家有限资源的利用方式,也就影响到国家的综合国力。1987年,我国环境污染给我国造成的直接经济损失为360亿元,生态破坏造成的经济损失为500亿元,两者相加为860亿元,相当于当年国民收入总值的9.2%。

在相当长的时间里,我国人口急剧增长,生产力水平低下。修筑梯田,围湖造田,开垦荒地,遍及神州大地。翻开如今已经发黄的报纸,赫然一个标题:"大家动手,把960万平方公里土地的宝藏都找出来。"直到80年代初期,我们对环境保护的认识仍然停留在说得多,做得少,或者说是做得很不到位。

在淮河流域,大量的乡镇企业土法上马,例如小造纸、小化工等严重污染项目,遍地开花。几年过去了,淮河岸上的少部分人的腰包鼓起来了,可是淮河80%的支流丧失了利用价值,民不聊生。谚曰:"五十年代淘米洗菜,六十年代洗衣灌溉,七十年代水质变坏,八十年代鱼虾绝代",可以为证。1994年,特大水污染袭击洪泽湖,造成了近2亿元的直接经济损失。当时,国务院派出了事故处理小组。国家环保局长解振华来到受害最重的老子山一带,可怜的渔农突然跪倒在他的面前,泣不成声。

如此的惨状,以至于担任过水利部长的杨振怀不无感慨:10年前,我陪同总理来视察淮河,为的是如何治理淮河的水患。没想到,10年后,我再次来到淮河岸边的时候,沿淮人家已经是"近水楼台不得水"了。

这就是淮河。辽河、海河也不容乐观,甚至专家还在呼吁,警惕长江成为第二条黄河。太湖、巢湖的治理正在紧锣密鼓地进行着,天池已经变得面目全非,几十亿元的资金丢进去了,情势还没有根本好转……

　　党中央审时度势,对中国经济发展的国情作出科学分析,作出了走可持续发展道路的决策。1992 年在巴西举行的联合国环境与发展会议上,李鹏总理代表中国政府庄严承诺:中国作为世界上最大的发展中国家,将保持经济与环境保护协调发展,把《21 世纪议程》付诸行动。江泽民总书记高瞻远瞩地指出:"在社会主义现代化建设中,必须把贯彻可持续发展战略始终作为一件大事来抓。""经济的发展必须与人口、环境、资源统筹考虑,不仅要安排好当前的发展,还要为子孙后代着想,为未来的发展创造更好的条件,绝不能走浪费资源、先污染后治理的路子,更不能吃祖宗饭,断子孙路。"

　　生态环境建设能够改善整个国家形象,也是一个国家或地区在经济发展和对外贸易中必须注意的重大问题。文化部原副部长陈昌本考察归来,诉说了一个关于动植物间相依为命的感人故事——这个故事使许多原本不知道毛里求斯的人,对这个印度洋岛国为之神往。

　　毛里求斯位于非洲大陆以东的印度洋上,在马尔加什岛正东,纬度相当于我国的海口市,气候温暖,风景优美。毛里求斯人见证了一个奇特而有趣的故事。500 多年前,当欧洲探险家们登上这座火山岛的时候,惊讶地发现这里到处生长着一种别处没有见过的大树,取名大颅榄树,还有一种别处没有见过的鸟,取名渡渡鸟。

　　这种渡渡鸟因为没有天敌,体形长得肥大,行动极为迟缓,像鸡一样,既跑不快,也飞不高。它自由地生活在巨大的颅榄树林子里。大颅榄树又大又高,植根于肥沃的火山黑土里,不繁自生,不理自长。人们迁居到这个岛上以后,首先遭殃的是毫无自卫能力的渡渡鸟。渡渡鸟的肉肥美鲜嫩,自然成了移民们最美的食品。先是猎获成鸟,再是寻巢取蛋。等到岛上的渡渡鸟越来越少了,移民们才想起应该饲养保护。可奇怪的是,渡渡鸟离开大颅榄树林,挪到家里饲养,竟养不活。人们只好眼看着渡渡鸟越来越少。到人们登上这座岛是 200 年后的

17世纪80年代，最后一只渡渡鸟被人们猎取来吞下肚了，从此地球上渡渡鸟这个物种就被灭绝了。

无独有偶，像渡渡鸟离开大颅榄树就活不下去一样，大颅榄树自从渡渡鸟绝种之后，也日渐稀少了。移民们的滥伐自然是一个原因，但是，后来人们见这种稀有树越来越少，不再砍伐了，还是保护不住它们。人们把它的种子找来，想尽各种办法培育，居然长不出苗来。人们把它的枝条取来，用各种办法栽插，也是成活不了。到十几年前，毛里求斯只剩下不到20棵大颅榄树了，人们还是找不到培育新苗的办法，只好眼巴巴看着这种稀有树种一棵一棵地减少。

正当毛里求斯人为保护大颅榄树忧心如焚的时候，1981年，一位生态学家来到毛里求斯。他奇迹般地发现，这些濒临绝种的大颅榄树的年龄正好是300年，而毛里求斯的渡渡鸟的灭绝到现在也正好是300年。就是说，是渡渡鸟的灭绝导致了大颅榄树无法培育新苗。正像渡渡鸟离开大颅榄树活不成一样，大颅榄树离开渡渡鸟就失去生儿育女的能力。那么，这一种动物、一种植物是怎样结为同生共死的伴侣的呢？

这位生态学家决定去寻找渡渡鸟的遗骨。真巧，和渡渡鸟的遗骨一起发现了大颅榄树的种子。就是说，渡渡鸟靠吃大颅榄树的种子生活，所以，离开大颅榄树就失去了生存能力。那么，为什么大颅榄树离开渡渡鸟也会失去生育能力呢？是不是与大颅榄树种子的发芽条件有关？于是，这位生态学家就满世界去寻找与渡渡鸟生理条件相似的跑不快、飞不高的鸟，最后认定体大、胸突、背宽的火鸡与渡渡鸟的生理条件相似。他用大颅榄树的果实喂火鸡，创造出奇迹。当火鸡把大颅榄树的果实消化一遍，排出体外时，果实的硬壳化掉了一层，内部的软层却保护得很好。生态学家把这些经过火鸡消化的种子种进苗圃，小树苗长出来了，而且苗壮茂盛，生命力极盛。大颅榄树枯木逢春，复活了。

原来，渡渡鸟与大颅榄树保持着奇妙的生态平衡关系。渡渡鸟以大颅榄树的果实为食，维持生命；大颅榄树又借渡渡鸟的胃消化来化开种壳，滋育新芽，繁殖幼苗。二者共存共荣，同死同灭。

到过毛里求斯的人，才会感到动植物间的故事让人感动。不过，把生态保护提高到国家的秘密武器的高度则是在新加坡得到完美的体现。

到过新加坡的人大多会发现，他们的经济起飞代表了亚洲"四小龙"的普遍经验，国家的文明程度来自严格的法制管理。1996年8月，新加坡资政李光耀说，绿化是新加坡吸引投资的秘密武器。《海峡时报》说，现代新加坡的创始人、前总理李光耀亲自倡导了这场旨在把这个多沼泽且蚊虫肆虐的岛国改造成为干净整洁、绿树成荫之国的运动。在60年代新加坡刚刚独立之后，观光者从破旧的巴耶利巴机场到市中心，要经过一些满是破败锌板小屋的小镇。李光耀说：我们没有设法掩盖那些小屋，因为那样做只会增加观光者的疑心。李光耀在接受记者采访时说，那时国家处于贫穷落后的困境中，他想出某种微妙的办法来使潜在的投资者确信，新加坡实际上是一个高效率的有成效的国家。他说："园圃的修剪需要每天付出劳动，如果你能做好，那就说明你能胜任那种系统化且有严格要求的工作。"

在我国最大的经济特区海南省，生态破坏加剧，一度成为举国关注的热点问题。1995年1月11日，全国人大环境与资源保护委员会主任委员曲格平去看望万里同志。当万里得知曲要去海南省时，向海南省主要领导转达了这么几句话：听说海口市的环境污染已经出现，一些地方的生态破坏也很突出，令人不安啊。一个经济发展比较晚的省份，为什么在发展中不能避免环境污染和生态破坏呢？为什么不能吸取其他省份环境问题的教训呢？说明经济发展方针有误，就是只追求经济增长，不注意环境保护，还是走先污染、后治理的弯路。国家对海南的建设方针从开始就是明确的，就是既要经济繁荣昌盛，又要环境清洁优美；二者要兼顾，不可偏废。

生态环境保护已经融入新的大国外交之中，"环境外交"成为大国外交的重要手段。

　　生态环境保护的目的已经深深地渗透在中美贸易之中。1999 年 2 月 3 日,美国总统克林顿发出行政指令,向涌入美国造成逾千亿美元生态损失的外来动植物宣战,宣称这些动物包括被认为是来自中国的长角天牛和大闸蟹。他承诺将严厉对付这些问题。1998 年 12 月 17 日起,美国要求中国出口商先以高温或者烟熏消毒处理,或者在装运的木箱内放置防腐剂,货物才被允许运入美国。美方官员还指出,中国的包装方法落后,不合时宜,对中方的包装安全表示怀疑。

　　早在 1993 年 6 月 12 日,广东省转发国务院关于禁止犀牛角和虎骨贸易的通知。7 月 23 日,境外两名不法分子在我国统一展开禁止犀牛角贸易的关键时刻,不顾国际上的有关法规,冒充“外商”诱说吴川药业集团公司出售犀牛角。事后,两个“外商”在濒危物种国际贸易公约有关会议期间,播放上述事件的录像,企图将中国政府置于尴尬的境地。我国经过积极的外交努力,才消除这场犀牛角“国际风波”。

　　早在 1996 年,克林顿政府提出“环保外交”,用环境引起的一系列“自然问题”对美国国家安全和国家利益构成威胁的论点来解释其重要性。此前,美国副总统戈尔发表了一本有关全球环保问题的著作《风雨飘摇中的地球》,为政府奉行“环保外交”制造舆论。在政府的智囊人物看来,世界上发生的局部冲突和某些天灾人祸,在很大程度上是由于生态环境恶化以及与此相关的问题引起的。例如,曾经成为美国外交上一大难题的海地问题的根源就是环保问题——由于大量砍伐森林,耕地急剧减少,水资源极度匮乏,农业人口拥入城市,失业率直线上升,无家可归者增多。人们越来越不满,最终以武力推翻政府。

　　1997 年 4 月,美国国务院发表了第一份环境外交报告,称对外政策必须对付各种超越国家和洲的界线、需要国际社会合作解决的威胁——包括对世界环境的破坏;除非人们有了可以生存的环境,否则我们在全世界促进民主、自由贸易和稳定的努力不会成功。

　　1997 年 11 月 28 日,美国《纽约时报》发表文章《污染的灾难在亚洲徘徊》,称“亚洲经济奇迹的代价是污染日益严重,它不仅是亚洲的负担,而且是全球的负担……"联合国的一项调查表明,全球污染最严重的 15 个城市中有 13 个在亚洲。

生态环境是一个国家战略安全环境的重要因素,它导致了国家之间的严重对抗,生态战争正在进行。

1997 年 11 月,美国《华尔街日报》的一期刊登了《绿色政治:环境受到的威胁引起一项新的安全议程》一文,称以环保手段保证国家安全的做法,常常需要采取像冷战时期所需要的那种巧妙的政治手法。美国环境保护署署长芮理说得更加明白,生态完整是国家安全的核心。在欧洲,119 座核电站坐落在距离自己国界 100 公里之内。丹麦议会决定要求瑞典关闭其距离哥本拉根 30 公里的一座核电站。

造成数万人丧生的印度和孟加拉国之间的冲突,就与环保问题有关。孟加拉国人口膨胀,不仅给土地和水资源造成极大压力,还给本来就很脆弱的经济带来诸多问题。自 20 世纪 70 年代以来,上千万的孟加拉国人为了寻求生计,开始逃离本土,进入印度的一些地区,造成两国边境局势紧张。

发展中国家经常成为发达国家的垃圾倾销地。在中国政府恢复对香港行使主权以前,香港成为世界上最大的废物转口港之一。一次,一批 2000 吨的美国"洋垃圾"在福州海关被查出拒收后,满载"洋垃圾"的轮船返回香港,长期滞留,得不到处理。为此,香港不得不出台有关废物进出口管制的《废物处置条例》。1994 年 2 月 23 日,绿色和平组织宣称,它将从印度尼西亚把一批塑料垃圾运回德国,以引起世人对发达国家向发展中国家转嫁垃圾问题的关注。

1995 年,法国在太平洋地区进行核试验的计划遭到日本和新西兰两国环保组织的抗议。日本绿色和平组织向法驻日使馆递交了抗议书,要求法国总统希拉克取消法在太平洋地区的核试验计划。新西兰要求政府派一艘护卫舰前往法国进行核试验的穆鲁罗瓦环礁。绿色和平组织的"彩虹勇士号"迅速抵达。

法国特工机构头目菲利普·贝尔奈尔曾经向情报机构首脑建议:用飞机携带生命力极强的水生植物水风信子,投入到苏伊士运河南端的苦湖之中，就可以使运河变成无法通航的死水。专家认为，这确实是一条妙计，不费吹灰之力就可以使苏伊士运河瘫痪。但是，专家们又提出了这么做引出的下一个问题：如果出于政治原因，我们想使运河重新开放，又有什么办法消除运河中的这些水草呢？没有人提出对策。这项破坏性的方案只好搁置。

上述内容偏重国家生态安全。从一般意义上说，国家安全战略是从国家和国际的全局高度来筹划和指导维护国家安全利益的基本方略，是维护国家根本利益的集中体现，国家政治、军事、经济、外交、科技和社会发展等方面的战略都应该受其指导并与之协调。中国的国家安全战略可以概括为："卫主权，求和平，保稳定，谋合作，促发展"，环保合作和生态环保工程构成其重要内容。

中国传统文化之要义在于强调"天人合一"和"道法自然"，而"人定胜天"更多地可以理解为人类对天地自然的局部胜出或者情绪安慰。"道法自然"的自然道德，要求人们的生产生活方式做到"环境自觉"。在古代社会人们更多表现为对自然的敬畏，在近现代社会应该表现为一种"环境自觉"。也就是说，"经济人"在追求利益最大化的过程中必须考虑到资源环境的可持续发展，将自身"环境自觉"行为贯穿于"经济自觉"活动之中。

我在20世纪90年代初就曾呼吁"环境自觉"，此举在经济粗放扩张周期中显得徒劳。所幸近年来探索我国流域水资源治理新模式的研究成果，得到李克强、张高丽、周强等领导同志和清华大学环境学院院长余刚教授的认可，有关参与共治、环境公益诉讼、举证责任倒置和省以下环保局垂直管理等建议，得以在我国环境保护中付诸实践。有识之士逐步形成共识，在经济增长的生产函数中，环境保护不是简单的约束变量，符合经济规律和环境规律的"经济自觉"与"环境自觉"形影相随，有效率的增长方式存在于"大道至简"之中。

（原载于《我们家园的紧急报告》一书，2000年1月由时事出版社出版，此次出版，略有修改。）

09　自然之友：草根环保不可或缺

　　笔者在学术上主张的参与共治是一种协商合作机制，强调在我国流域水污染治理中，社会公众（包括公众、法人和社会组织）与政府、市场同属参与的主体力量。"自然之友"（Friends of Nature）作为民间"草根"环保组织，以其强大的生命力著称于世。2011 年 11 月 18 日，笔者作为北京大学国家哲学社会科学重大项目、"科学发展观与政府管理改革"课题组成员，在北京青年湖西里五号楼专访了自然之友理事长、文化教育问题专家杨东平和总干事李波，请教有关民间环保组织的热点问题，并探讨其对参与共治有何助益。副总干事张赫赫、项目运营主管李翔、公众参与议题负责人常成现场提供了有益补充。

　　1. 笔者：我对自然之友并不陌生。1992 年 7 月我在《中国环境报》开始从事新闻工作。也就在 1993 年的"六五"世界环境日，自然之友的几位创始人发起了中国首次民间自发的环境研讨会"玲珑园会议"。理事长还记得当时的情况吗？这次会议与后来的自然之友有何关联？

　　理事长：我参加了玲珑园会议，与会者有来自媒体和大学的四五十人。我们利用聚会的机会，交流了对当时环境保护形势的看法，约定今后每年举办一次"绿色恳谈会"。北京大学的季羡林先生多次参加我们的活动，他那时已经是声名在外了。我们当天没有谈到要成立具体的组织，但大家形成了环境保护的共识。在"世界环境日"以实际行动参与更为妥当，所以我们后来选择在每年的 4 月 22 日"地球日"举办恳谈活动。应该说，玲珑园会议为自然之友的成立营造了很好的舆论氛围。

　　2. 笔者：请您谈谈自然之友成立以来的情况，并对其成长给予评价。

　　理事长：自然之友 1994 年 3 月 31 日正式注册成立，是中国最早在民政部门注册成立的民间环保组织之一。创始人有梁从诫先生、北京外国语学院教师梁晓燕、作家王力雄和我。时任全国政协委员、中国文化书院的梁从诫教授为创会会长,我为理事长。截止到 2010 年底,我们在全国累计发展会员近 10000 人,其中活跃会员 2000 人,团体会员 19 家。各地会员就近参加环境保护活动,发起创办的环境社会组织超过 10 家,总体上说自然之友获得了好的口碑。我们屡屡获得国内外激励环境保护的奖项,例如亚洲环境奖、地球奖、大熊猫奖、绿色人物奖、阿拉善 SEE—TNC 生态奖以及菲律宾"雷蒙·麦格赛赛奖"等。历经 18 年的成长壮大,自然之友因具备良好的公信力和影响力,跻身为全国标志性的社会团体组织。我感念同仁们的共同努力。当然也有一些批评声音,例如有的会员认为自然之友在一些环境问题上没有扮演好关键角色,我把它当作是一种可贵的呵护和激励。

3. 笔者:自然之友倡导了一些现代社会重要的核心价值观,还以适当方式去推动其实现。有朋友说,"自然之友"过去的迅速成长与梁从诫先生的影响力有关,因为梁先生是"维新变法"大师梁启超之孙、著名人士梁思成和林徽因之子,在社会上拥有很高知名度。您是否同意这种看法?换句话说,您是否也认为民间环保组织离不开社会名流的个人魅力?

理事长:毫无疑问,梁先生的个人魅力有助于"自然之友"的成长壮大,他的辞世是自然之友的重大损失。他毕业于北京大学历史系,20 世纪 80 年代初开始关注淮河流域乡镇企业造成的流域水污染问题,这也是他关注环境保护问题的最早情结。他认为人类应该与大自然为友,环境保护需要每一位自然之友的真心实意和身体力行。他是骑自行车赴会的全国政协常委,67 岁那年为了保护藏羚羊还奔波在可可西里。季羡林先生谈到他时说过:"中国少了一个历史学者,多了一个自然之友。"好的民间环保组织,有名流加盟固然好,但制度建设更重要。自然之友 2006 年完成了制度转型,建立起现代社会组织治理结构,摆脱了管理层个人话语权过大的影响,成立了理事会领导下的总干事负责制。2009 年起李波被聘任为自然之友总干事。他毕业于美国康奈尔大学;获环境学硕士学位,此前在云南从事民间环保组织活动,成功参与过保护滇金丝猴。新的组织结构便于接受监督,阳光下的运作也有利于组织的全面发展。

4. 笔者: 我认真查阅过自然之友理事会 2010 年 4 月通过的章程,组织全称是北京市朝阳区自然之友环境研究所,管理机关是北京市朝阳区民政局,业务主管是北京市朝阳区科委。我很欣赏朝阳区政府和相关政府部门的眼光。在很多国人心目中,自然之友已经不是一个地区性组织,而是在全国有影响的民间环保组织。请问,在中国执政党特别重视生态文明建设的发展阶段,自然之友在环境保护领域是否应该有更大的作为?

理事长: 我们一直遵守游戏规则,努力在参与国内环境保护方面承担更多的社会责任:其一,我们制定了新的战略发展规划,认识到环境保护的主体力量是政府、企业和社会公众,将未来 3 到 5 年的工作目标放在两个方面:一是回应城市环境问题,降低环境危害;二是推动信息公开和公众参与,培养绿色公民进而增进政府科学决策。鉴于普及环境意识的历史阶段基本过去,民间环保组织进入功能分化阶段。我们在项目选择上更多地关注城市生活方式,例如低碳出行、宜居城市和垃圾分类等,依靠制度创新来拓展组织内生动力。其二,我们调整与全国其他地区民间环保组织的关系。自然之友在全国有会员小组,他们作为民间非营利机构的环境志愿者参与当地的环境保护活动。我们与这些年成长起来的环境社会组织保持联系,交流工作经验,但建议他们在当地注册登记。其三,我们在培养人才方面下功夫,吸引更多的年轻人和有专业知识的人士加入我们的队伍。环境民间组织发挥作用和影响力的主要途径,是依靠对法律执行的监督来保护环境。美国环境保护协会的 150 多名全职工作人员中,有一半是科学家、律师和经济学家等专业人员。队伍专业化是我们努力的方向。在座的常成同事就很年轻,他中国政法大学毕业后又在美国宾夕法尼亚大学获得了环境学硕士学位。他能够成为阿拉善 SEE—TNC 生态奖最年轻的得主,是因为他运用法律专业知识来倡导监管部门加强对预上市公司的环境监督,此举获得了中国社会的广泛认同。

自然之友还以一个草根民间组织的身份参与到公民外交的活动中。多个国家的驻华使节、负责气候和环境领域的部长级官员到访中国时,自然之友利用会议发言和交流机会,从民间的立场讲解和分享中国的环境挑战、国家的应对计划、相关的法律法规和政策制定情况,以及公众参与和民间角色的重要补充和监督作用。国家发改委气候司认为,在国际环境政策和应对气候变化的谈判博弈中,中国民间环保组织的角色不可或缺。

5. 笔者:在接近 20 年的中国流域水污染治理研究中,我发现政府、市场和社会组织等多主体力量的协商合作是一种参与共治的全新模式。在这种新的体制或机制中,应强调培育公共治理的社会组织,培养现代社会的环境意识。借此机会,请李波总干事谈谈"自然之友"在监督水资源治理方面的案例。

总干事:水是生命之源。我们支持对水资源的科学保护、适度开发和合理利用。自然之友组织会员徒步百里,考察过密云水库上游白河水源的污染情况。今年 8 月我们得知在拥有 14 万吨铬渣的云南曲靖市陆良化工公司,厂区东南侧地下水出水口测出的六价铬浓度超标 242 倍,工厂附近用于灌溉农田的南盘江水铬浓度超过五类水标准的两倍,属于典型的重金属污染事故。我们随即派项目人员到曲靖市中院提起环境公益诉讼,尝试着提升环境社会组织在流域水污染防治中的地位和作用。法学界此后有专家评价,这是我国首例由民间"草根"环保组织提出的公益诉讼,为今后《民事诉讼法》修订将社会公众对污染环境的行为由"检举"(《水污染防治法》第 10 条)上升到"控告",提供一个有说服力的案例。我们希望环境法治的手段创新,能为我国环境保护提供重大支持。渤海漏油事故发生后,我们和民间环保组织达尔问、自然求知社等联合行动,先后 3 次发表公开信:第一封要求肇事者公开真相并且道歉,第二封建议国家海洋局提起国家环境公益诉讼,第三封呼吁农业部对沿岸渔业损失进行调查评估。实际上,透过渤海漏油事故的案例,国内多家环保组织认识到海洋污染的挑战非常严峻。中国是个海岸线漫长的大国,海洋经济地位日显重要,而民间环保组织对海洋污染的关注还很不够,海洋保护的法治力度和公众参与保护的制度空间亟待拓展。

6. 笔者:按照参与共治机制治理跨行政区流域水污染,我设想可在相应地区建立常设性流域协商治理委员会,由相关地区的政府领导或社会知名人士担任主管专员,下设若干职能小组,这就需要民间自组织和独立媒体的参与。如果上述设想成为现实,自然之友是否愿意派员参加? 如果愿意参加,是由理事会派员还是委派相关地区的会员参加?

总干事:我读过您在国务院研究室发表的研究报告《超越地方行政分割体制,探索参与共治的流域水污染治理新模式》,提出的对策具有创新意义。跨行政区域参与共治流域水污染的经验值得总结,初步形成的创新机制需要在实践中进一步完善。所以,我们希望协商治理委员会的组织形式能够早日出现,也愿意在该组织中担任积极的角色;并且我建议参与共治的组织实施,率先在汉江中上游流域的水污染地区成立。其理由如下:其一,那里是湖北和河南两省交界地区,长期以来存在跨行政区流域水污染,群众强烈要求治理;其二,那里关系到南水北调的水源区丹江口水库等敏感地区,水体优劣为国人瞩目;其三,那里有自然之友的会员单位"绿色汉江",这些年来致力于保护汉江免受严重水污染,营造了比较好的治理局面;其四,河南南阳和湖北襄阳的地方政府如能以流域共同利益为重,地方政府之间则可达成汉江跨行政区流域水污染参与共治的集体行动契约,建立汉江协商治理委员会,以确保契约的有效执行;其五,参与共治如能在这里开花结果,对推动全国跨行政区域的流域水污染治理具有示范意义。

7. 笔者:时下环保话题经常成为网络热点。有境外组织邀请我民间环保组织和个人参加跨区域的培训交流,资助他们调查我国重大经济项目情况,有的还通过境外媒体进行片面炒作。请问理事长,自然之友有无类似情况? 您是否认为我国民间环保组织需要进一步加强管理?

理事长：自然之友按照协会方式组织，不设分会和其他形式的分支机构。团体会员及会员较多的单位，可推选一人与理事会联系。未经理事会正式书面委托，个别或者部分会员不得以自然之友名义在社会上组织活动、募集赞助，不得与境内外其他团体或个人建立组织联系。这么多年，我们严格按照规矩做事。谈到管理问题，确实值得探讨。就我所知，我国社会组织普遍面临生存困难，机构注册不便，收入没有保障。我在此向您介绍一下自然之友的家底。我们去年一共募集公益资金410万元左右，其中来自国内企业或者非公募基金会的约占60%，来自国外基金会的约占40%。目前我国公益慈善资金来源呈现的基本特征是，国外部分在撤离，国内部分在增多。阿拉善生态基金就是国内实业家捐资成立的。自然之友除了组织活动、出版刊物《自然之友通讯》、租房办公等需要费用外，需要支付工资的人员主要有全职工作人员17人，兼职工作人员（半薪）6人。志愿者是没有报酬的，我和理事会全体成员7人以及议事会15人都是不拿工资的，全体员工都没有奖金之说。给您说个报酬高的吧，总干事李波税前月收入只有6000多元，不管吃住，收入不算多吧。在座的其他几位，每月收入只会比他少。我喜欢这些年轻人，关键在于他们都热爱这个事业，也喜欢简朴的生活方式。

8. 笔者：新华社记者曾经评价梁从诫先生，"他是一位伟大的坚守者"。然而，社会上不是每个人都理解民间环保组织的理念和行为，排污企业和盗猎者就不喜欢它们。还如我们所知道的，很多民间环保组织都被称为"非政府组织"，NGO在国际社会是一个通用说法，而在我国古代有"非攻"和"非战"之说，加之他们经常以监督别人的姿态出现，所以也有人容易从字面上将"非政府组织"误解为"无政府组织"或"反政府组织"。请问，我国民间环保组织在现代社会治理中应该树立怎样的姿态？

理事长：我国已经将社会团体、民办非企业单位和非公募基金会统称为社会组织，这就解决了国际接轨问题，也避免了语义上的误解。您构想的参与共治机制认为，政府、企业和社会组织都是公共资源治理的主体力量。我是支持这个看法的。我们过去片面地认为,民间环保组织在任何时间、地点、条件下都特别要而且必须要保持与政府、企业的距离,这是理论上的误区使然。把握民间环保组织的定位,需要明确以下三个基本判断:(1)政府、企业和民间环保组织三者之间是一种合作伙伴关系,相互影响,互动互补;(2)民间环保组织与政府之间不是从属关系或者上下级关系,存在不同看法和分歧是正常的,故彼此需要表达意见,在信息对称的条件下民主协商,以促使决策行为回到科学理性轨道;(3)民间环保组织除了直接从事环境保护活动外,更多的是作为社会第三部门对政府和企业的行为发挥监督作用,其目标取向可以看作是政府目标组合的合理延伸。在原则上把握民间环保组织的基本定位,它才能在我国现代社会治理中获得更好的发展,在我国环境保护事业中有更大的作为。

　　(本文于 2011 年 11 月 18 日北京初稿,基本内容在学术著作《由地方分治到参与共治——中国流域水污染治理研究》中公开。)

10 富春环保：酿造可人春色

就在 2007 年全球金融危机初见端倪的一个秋天，我在浙江富春江畔见到了富春江集团董事局主席孙庆炎先生。他做的实业已成，我做的所谓研究，所谈话题既非"谈钱伤感情"之类的寒暄安慰，也非"谈感情伤钱"之类的市场谈判——我们彼此是第一次见面，没有具体业务关系。我感兴趣的是他构想的造纸污泥焚烧发电项目是否有好的前景。他自信地说，集团新业务必须向环保产业方向突围，有两条理由支持他决不动摇：其一是必要性。作为地方的成功企业，集团有责任呵护富春江的碧水蓝天。其二是可能性。做买卖找市长不如找市场，谋大局懂政府可以避风险——富阳市政府正在着手全面治理富春江流域的水环境，造纸污泥既是治理难关，也是地方企业参与公共治理的机缘。我们读懂了政府市长的思路，找到了新兴的环保产业和市场。

在高塔矗立的电缆制造现场，我看到的是公司的规模气势和业务繁忙，听到的是毋庸置疑的产品质量。其通信产品中标三峡工程和奥运鸟巢，没有人怀疑企业产品的质量。然而，这位集团当家人说得最多的是，形势不是太乐观，投资增速在下降，电缆利润很微薄，我们需要新的产业突围，寻找到新的利润增长点。在孙先生的文化茶室里，他谈到过去在政府体制内主管国有企业的得失，回忆下海后以民营企业身份制造出全省第一根通信电缆的艰难，眼下最关心的是造纸污泥焚烧综合利用工程。他试图从政府愿望和市场前景两个方面滔滔不绝地述说，似乎是为了说服我这位曾经在国务院研究室多年研究环境保护问题的客人，能够在精神上、心理上和他的决策站在一边。

从政府愿望看，污泥纸渣焚烧综合利用工程项目顺应了国家节能减排政策和地方政府的决策意志。随着国家节能减排政策贯彻实施，小型造纸企业被逐步关停，大型白板纸生产企业盈利能力开始转好，新增产能将逐步得以消化。据浙江省制定的《富阳市造纸产业发展规划》,到 2015 年富阳市造纸年产量将达 1200 万吨,可能带来新增的蒸气供应需求。根据浙江省发改委规划,该项目所在园区在"十二五"期间造纸产能也将持续扩张,供热需求的相应增加有利于新增产能的扩张。更为重要的是,富阳市政府正在引导和鼓励工业园区外造纸企业不断向园区集聚,而灵桥工业区将作为富阳造纸业未来的主要发展区域,集中供热供气拥有集约效率和发展潜力。造纸业作为富阳市的重要经济支柱产业,同时带来了污泥纸渣污染严重、治理成本高和技术难度大等问题。富阳市委、市政府主要领导曾在不同场合多次表示,希望富春江集团在流域水污染治理中敢为人先,有所作为。富春江集团也拥有资金、技术和市场基础,完全理解地方政府的民生愿望。我们要以实际行动向环境污染宣战,造福于地方经济和人民。

从市场前景看,污泥纸渣焚烧综合利用工程项目依托富阳当地发达的造纸行业,构筑循环经济产业链,完全可以从集中供热逐步发展成为从事造纸污泥处理、新材料生产等综合性环保服务商。浙江省已连续多年成为我国第二大造纸省份,富阳因拥有白板纸年产量半壁江山而被誉为"中国白板纸基地"。富阳造纸企业主要集中于富春江江南片的春江东区、灵桥、大源工业区,园区内的造纸企业多年来已经形成依靠富春江集团的热电部门提供蒸气生产作业的格局。这样,即使全国煤炭价格上涨,相应提高蒸气价格不会带来太多来自下游客户的市场抵制。该工程项目工艺流程科学合理,先将造纸污泥脱水至40%,然后对纸渣筛选处理,最后环节是将纸渣与煤炭掺烧发电供热。在技术路径成熟和成本可控情况下,尽快建设干化设备、污泥储存仓库及配套发电、供热设施,公司就能够实现稳定的市场运营。若将来有机会成为上市公司,则可凭借资本平台逐步形成跨区域复制能力,在市场竞争中获得更多的生存空间。

"梅花香自苦寒来"。三年前的构想终于成为现实。浙江富春江环保热电股份有限公司 2010 年 9 月 21 日登陆中国创业板(简称富春环保),主营业务为火力发电、垃圾发电、蒸气、热水生产等。法人代表吴斌,总经理张忠梅。公司上市壮大了自身资本实力,一年来用好的业绩回报了市场投资者。据富春环保相关财务报表看来,公司的现实和未来增长动力呈现如下态势:

其一,市场经营稳定。公司 2011 年营收增长稳定,毛利率逐季提升。在污泥发电机组尚未正式投产之前,公司全年收入的增长主要来自热力机组蒸气销量和价格的上升;净利润主要来自下游江南造纸工业区对蒸气需求的稳步增长,以及公司抗煤价波动能力较强的"煤汽联动"盈利模式。这也表明,公司对下游供热企业议价能力较强。2011 年年底前污泥发电项目有望投产(一台 20MW 循环流化床锅炉供热能力 215 蒸吨/小时,污泥处理能力 2035 吨/天),预计 2012 年全年可贡献净利润 8000 万元。富春环保公司的运行模式,符合孙庆炎先生当年描述的企业利益链上各行为主体的竞争——均衡——多赢的投资哲学思路。

其二,政策优惠持续。到目前为止,公司已与富阳市 3 家污水处理厂签订协议以保障原料供应,对公用事业部门的收购显然得到了当地政府部门的支持。污泥发电机组投产后可享受优惠的上网电价(每千瓦小时高于热电联产机组 3 至 4 分),还可享受即征即退的增值税优惠政策。预计仅此两项优惠政策每年可为公司新增净利润 7000 万元。据杭州市政府的经济总体布局,富阳市"十二五"规划再建 1500 吨/日的污泥焚烧项目,预计该地区到"十二五"末造纸过程中每日将产生污泥 6000 多吨。富春环保可谓是近水楼台,拥有的未来发展空间巨大。

其三,模式可以复制。公司募集资金已投入污泥焚烧资源综合利用工程项目,以适应富阳和江南造纸工业区经济规模扩张的需要。公司未来可以充分利用工业污泥处理和热电联产的运作经验及技术,在富阳周边及浙江省内外经济活跃、气热需求集中的地方,通过合资、独资新建或收购等方式,推广和复制这一绿色节能、循环经济模式,有望成为国内垃圾无害化、资源化利用项目的典范。该公司股票价格在二级市场的良好表现,也反映出市场资金对公司未来成长抱有好的预期。

据悉,浙江富阳市政府近年来正在大力实施"环境立市"战略,强力实施污染减排,铁腕整治造纸行业环境污染。为加强造纸产业的环境监管,富阳市政府先后投资 1.2 亿元,建设富阳市环境监控中心、富春江地表水自动监测站,在 300 多家企业建起污染源在线监测系统并实行 24 小时在线监控,有效地监管和改善了全市水环境质量。在笔者看来,富阳市对富春江流域水污染治理的初步成效,取决于地方政府切实保护环境的坚决意志,也取决于作为市场主体的当地企业对污染治理的参与共治,各参与主体形成了合力和良性互动。富春环保是企业参与地方政府推动大规模流域水污染治理的生动案例,它表明企业在政府—企业—社会组织三足鼎立形成的参与共治体制中的不可或缺。

富阳是一个天赋美丽和神韵的地方。这里孕育了中国现代文学著名作家郁达夫。身陷北方城市"故都的秋",不同性格的人们常常拥有同样的心情。他们奔命于钢筋水泥堆砌的森林里,却经常受伤于模仿的自然。作为喝着富春江水长大的富阳人,孙庆炎先生在第一时间欣喜地告诉我今年 6 月《富春山居图》在台湾合璧展出的消息。**他还经常自豪地说,最大的欣慰莫过于倾毕生心力,挽留住富阳这方美丽的"富春山居图"。我欣赏成功的创业者,更敬重家乡的呵护者。那是因为,成败横竖都是一种结果,财富分享才是一种境界。**

(本文写作于 2011 年 10 月 16 日的北京,这是首次公开发表。当时构想将此文作为案例,用于学术著作《从地方分治到参与共治》之中。企业家孙庆炎有许多过人之处。)

11　碧水源：为有源头活水来

　　在严重缺水的北京，我还是第二次听到"中国可以不缺水"的声音。第一次是读过学者吴季松先生的书《中国可以不缺水》后，我当面请教先生何以为计，知道他是寄希望于循环经济和增长方式的转变。我担心先生的愿望落空，因为**中国人口基数过大而国民素质总体不高，将长期成为掣肘发展的超级变量，加之可能出现的城市化狂热进程，任何看似聪明而复杂的制度模型都可能失去国情和理性的支持。预言"中国可以不缺水"，证据不足。**

　　我第二次听到"中国可以不缺水"是在 2011 年 11 月 16 日，在北京生命科学园。碧水源公司的当家人文剑平当面对我说："就像咱湖南人袁隆平先生能够解决地球人的吃饭问题，我相信依靠再生水高科技能够实现中国可以不缺水。"他的路线图有别于吴季松先生的减法即节约用水，而是采用加法的思路，依靠膜技术使得污废之水资源化。因为技术优化很难突破环保与经济失衡的长期困局，我没有文先生那么乐观，但我兴奋于发现碧水源作为市场主体力量的代表，在温榆河、潮白河流域水资源治理中生动地诠释了参与共治的内涵。

　　在北京市顺义区高丽营镇于庄村，我调查区水务局下属单位新城生态调水管理中心时发现，北京市政府已经做到局部实施流域水污染治理后再进行跨流域调水，顺义区政府和高丽营镇政府发挥了具体组织作用，碧水源公司在这次水资源治理中投入了高端技术装备。顺义区新城温榆河水资源利用一期工程（"引温入潮"）的理由，一是满足 2008 年北京奥运水上项目的环境用水，二是部分解决顺义新城的景观用水。项目很快被列为北京市重点工程，并于 2006 年 12 月 31 日获得市发改委的立项批复，属于特事速办。该工程于 2007 年 10 月如期建成，在两个方面实现了制度创新：一是北京市首次实现了大规模的跨流域调水，每天有温榆河污水 10 万吨（吨水运行费用 0.426 元）得到净化处理,而后经 13 千米长的输水管线调到潮白河流域;二是碧水源公司在该中心运用了世界上最先进的膜生物反应技术,达到了占地面积小、出水质量高(地表 Ⅲ 类水标准)的要求。

素有"母亲河"之称的温榆河是唯一发源于北京市境内的河流。由于一段时间内房地产商沿途开发,加之工业项目的盲目上马,昔日温榆河畔不再是碧水清风,而是沦落为由若干橡胶坝分割拦截的排污沟。流域内群众和多家媒体要求治理温榆河的呼声强烈。北京市政府意识到,除了控制流域内的排污总量外,更要下功夫加快温榆河流域水污染治理。碧水源公司派驻调水管理中心的工程师吴念鹏,向我介绍了"引温入潮"二期工程的情况。繁忙的现场也告诉我,目前项目正处于设备调试运行之中。该项目沿用碧水源的膜生物反应器工艺,建设水质净化系统工程,膜生物反应池处于关键环节。二期工程承担着更为繁重的任务,要同时净化处理后沙峪地区的生活污水和温榆河的污水。据说,较高水温生活污水的进入,便于污水处理厂冬季正常运行。工程目标是每天增加 10 万吨 Ⅲ 类标准的再生水,利用加压泵站和管线将其引入潮白河,期望顺义新城出现碧波荡漾的城市花园。

总的看来,北京顺义区两次"引温入潮"跨流域调水中,优先考虑了治水先治污、兼顾质与量的目标,初步形成了政府、企业和社会公众等多主体力量共同参与的机制;地方政府在实现公共物品供给与生产分离中,将污水治理外包给力所能及的科技公司,在实践中体现了公共物品理论和政府协同理论的应用;企业融入参与共治的机制中,发挥了市场配置资源特别是高端技术的功能。碧水源公司也凭借膜技术一举成名,逐步在北京市政污水处理市场取得了优势。

如要追溯碧水源公司的成功之路,离不开一位意志力超强者的痴迷历程。"仁者乐山,智者乐水"。文剑平,这位来自水乡泽国湖南益阳的年轻人,命里注定是以水为乐。他 1978 年考入中南林学院,1984 年考入中科院生态中心攻读森林生态学硕士学位,1989 年至 1997 年在国家科委工作直至担任副局级官员,并且出版了学术著作《森林生态学》和《全球环境问题与对策》。就在别人看来他最是春风得意的

时候,这位有着湖南人精神的年轻人决定前往澳大利亚求学,直到
2001年完成环境工程学博士学位。在这片酷爱海洋却拥有无边大漠
的土地上,他经常听到的是人与自然和谐相处的故事,记忆深刻的是
澳洲人对水的呵护如同关爱自己的眼睛,赞叹不绝的是他们在悉尼奥
运会开幕式上将水的艺术再现得淋漓尽致。文剑平怀揣着执着的理
念决定回国,要干一番"传承社会责任、演绎生态文明"的事业。这支
四个人组成的团队,簇拥于租来的两间破旧房子里,围坐着从文剑平
家里搬来的那张只有三条腿的桌子,盘算着如何用好这不到百万元的
创业资金……创业起步难,十年磨一剑。成立于2001年的北京碧水
源科技股份有限公司2010年4月21日在国内创业板上市,2011年实
现营业收入持续稳定增长。碧水源凭借优异的业绩赢得了相关专业
人员的认可,凭借未雨绸缪的美好设想赢得了社会投资者的关注。

　　**碧水源在梦想和现实中要做的第一件事,是抢占全球污水处理技
术制高点。**按照曾9年供职于国家科委的文剑平的说法,在技术开发
上甘当人梯就意味着失去未来。膜生物反应器(Membrane Bio-Reac-
tor,简称MBR)技术是目前世界上最先进的污水处理和资源化技术。
MBR技术的原理是:将膜分离技术和生物处理技术有机结合,以膜过
滤技术取代传统活性污泥法的二沉池和常规过滤单元,使水力停留时
间(HRT)和泥龄(STR)完全分离。高效的超高浓度微生物分解能力
和固液分离能力使其出水水质良好,悬浮物浓度和浊度接近于零,并
可截留大肠杆菌等生物性污染物,处理后的出水可直接回用。碧水源
的业务涵盖污水处理产业链,在北京怀柔建有膜技术研发和产业基
地,建有膜生物反应器与污水资源化工程技术中心,自主研发专利技
术曾荣获国家科学技术进步二等奖、首批国家自主创新产品等荣誉。
现阶段国内MBR污水处理集成商众多,但是其关键组件生物反应器
中普遍使用GE或三菱生产的PVDF膜丝,膜丝价格偏高。碧水源拥
有第三代纤维膜生产技术,其尖端产品膜丝每平方厘米达到30亿个
只有水分子才能进出的小孔,大约直径只有1毫米的膜丝柔软坚韧却
能够承受20千克的重物,膜丝中空并呈负压力状态是在欢迎膜生物

反应池里水分子干干净净地进来,而其他污浊之物是被谢绝入内的,数以万计的膜丝里的水滴汇集成流,流出来的就是人们通常所说的再生水了。碧水源膜材料的自主技术和产品自给提升了公司的市场竞争能力。碧水源给首席膜技术专家提供优厚的条件,包括税后年薪1000万元和其他解除后顾之忧的条件。碧水源的人才池里,同样滋润着年轻人的梦想。如同我刚才提到的吴念鹏工程师,他说自己愿意先在生产一线干上几年,将研究生阶段所学知识活用到实践流程中,有了坚实的基础再尝试创新。

碧水源有着独特的创新市场模式。其一,合作共赢。公司在处理政府与市场的关系中秉承"甘为绿叶不为花"的服务理念,在合作中不苛求控股权过半,这就降低了进入地方市场的壁垒。公司真诚地通过与地方政府协商谈判,往往能够实现合作共赢和利益均沾。公司募投项目和云南合资公司已经形成年产 300 万平方米的 PVDF 中空纤维微滤膜生产能力。**其二,发挥优势。**碧水源拥有机制、技术和资金的综合实力。文剑平多次谈到他的 8 大"根据地",每一次选择成功都是因地制宜、运筹帷幄的结果。例如,针对太湖和湘江等地区流域水污染严重,碧水源分别与江苏、湖南等地搭建了合作平台,以资金和技术优势赢得市场,开辟了"为有源头活水来"的新境界。**其三,重点突破。**滇池是我国流域水污染治理的重点难点地区,地方政府重视,资金投入多。碧水源发挥了技术密集和占地面积小的优势,与昆明水务集团组建了"滇投碧水源"合资公司,跨区域扩张速度加快。关涉滇池流域水污染治理进度的昆明第九、第十污水处理厂预计明年 5 月底开始运行。有国家环保部的同志指出,滇池治理取得成效的原因在于地方政府投入加大,碧水源的膜技术发挥了强大的科技支撑作用。在重点河湖水污染地区均匀布局防控系统的"滇池模式",为碧水源带来了制度创新的成效。

谈到碧水源公司迅速成长的原因,公司常务副总裁何愿平坦率地说,时势造英雄。碧水源受益于北京中关村的创业环境,受益于国家节能减排的政策环境;然而正如公司的英文名字 Origin Water 一样,碧水源成功的关键在于决策层坚持"从源头上抓创新",在于膜生物反应器 MBR 技术在全球污水处理市场赢得了强大的竞争力。同去调查的朋友告诉我,很多业内人士知道,是文剑平 2005 年三顾茅庐才把何愿平请到了公司,何愿平当时已经是北大方正集团的副总裁了。这个拥有北京理工大学坦克专业和美国金融工程知识背景的人告诉我,他是真的佩服在科委共事过的老上级文剑平了。文剑平对此也笑谈道,"二平组合虽是偶然,却是缘分。一平宇内,二平天下。我们追求的境界,是做膜技术世界第一。"

文剑平和他的碧水源团队正以只争朝夕的精神,付出坚实的努力,奔向未来的理想——作为中国解决水脏水少问题的骨干力量,成为有技术能力护卫国家的水环境和水资源的力量。碧水源憧憬着,站在未来膜技术的制高点上,成为国际上解决水问题的知名企业。笔墨至此,需要初步定稿的时候,我请教国家环保部总工程师万本太先生帮我把关。在谈到群雄并起的中国水处理市场领跑者时,他很是冷静地说,碧水源的文剑平有想法,他可能做到别人还没有想到的事。

（原载于学术著作《从地方分治到参与共治》公开发表,当时用字母代替的内容本书作了实名处理。）

二 学术研究

01 我向海湾国家外派护士亟须加强管理

1996 年 11 月 20 日至 12 月 5 日,我随团赴阿联酋和科威特调查了作为劳务输出外派护士的情况,发现我国向海湾国家(还包括沙特、阿曼、卡塔尔和巴林等国家)外派护士具备优势,但在组织和管理方面存在一些问题。

我国向海湾国家外派护士具备的优势是:(1)海湾国家是世界上主要的医疗劳务市场之一,医务人员 90% 以上是外籍人员;我国和这些国家政府间良好的外交关系,也为外派护士作为劳务输出提供了基本条件。(2)我国护士技术水平高,劳务成本低,这是外派护士在买方市场情况下仍然具有竞争力的根本原因。阿卫生部两位次长助理和阿、科两国卫生部护理局局长,对我国外派护士的技术水平给予很高的评价。一些医院院长也介绍说,病人对我国护士的敬业精神、护理水平,以及文静的气质表示满意。(3)我国外派护士对所在国不构成移民威胁。阿、科两国的本国籍人口约为 70 万,国家法律严格禁止外国移民入境。我国外派护士多持因公护照,派出公司和护士签订的个人合同期为 2—3 年,国家要求到期归国,派出人员移居所在国的可能性很小。(4)我国广大的护理队伍能够为外派护士提供可靠的人才库。我国现有护士队伍112.6万人,培养护士专业的卫校490所,在校生40万。适度地外派护士,非但不会对国内卫生机构造成大的压力,而且符合改革开放的大政方针。外派护士为国家创汇的同时,也扩大了我国医疗卫生事业的国际合作,增进了国家、民族间的友谊。

我国向海湾国家外派护士始于1991年,至今已有数百名。外派护士对所在国提供的工作、生活条件基本满意,对比较单调的精神文化环境也基本适应。只有尽快地、更多地向海湾国家外派护士,才能形成规模,适应国际医疗劳务市场竞争的需要。与此同时,还必须从以下四个方面采取对策,消除管理方面的弊端。

(一)**实行归口管理,加强行业主管部门的协调、管理和服务职能**。目前的情况是多部门派出,派出机构偏重经济效益,忽视对外派护士的管理和服务。派出机构有中国医疗卫生对外技术合作公司(简称中卫公司)、中国建材总公司、中国有色金属总公司、中国石油总公司,以及省市的国际公司,共10多家。中卫公司重视外派护士的业务培训,外派工作都经过护士所在省市卫生厅(局)和单位同意,派出的程序较规范,派出人数也最多。有的公司则越过省市卫生厅(局),利用传媒大登招聘广告,招收外派护士。还有的公司让个体户去办理此项业务,甚至允许外商在华直接招收护士。凡此种种,虽然简化了出境手续,但对护士培训少,出境后的管理工作跟不上,在一定程度上引发了国内医疗机构护理队伍的混乱。对此,我驻科威特大使馆商务参赞陈英成认为,选派护士允许多家竞争,但最终必须形成一个主渠道;对外贸易经济合作部是我国劳务输出的归口管理部门,应该对护士劳务合作加强宏观调控;卫生部是国家卫生行政主管部门,对外派护士劳务具有协调、管理和服务的职能。卫生部、对外贸易经济合作部应对外派护士制定实施办法,成立有关部委参加的协调机构,以促成各派出公司在开展此项业务时做到规范、有序,消除内耗,维护国家利益。

(二)**加快派出速度**。阿、科两国卫生部对我国外派护士工作的最大意见是派出速度太慢。1991年阿卫生部拟在我国招聘护士1000

名,至今到位不足 200 名。科卫生部今年 8 月到我国招聘了 222 名护士,到 11 月底还没有到位。该国同时在埃及招聘的护士 9 月份已经正式上班。我国外派护士到位慢的主要原因是程序复杂,多方掣肘。

(三)**保证外派质量,加强境外管理和服务**。最近,阿、科两国在我国新到护士档案材料中,发现有学历、学位弄虚作假的现象。例如,为提高定级和待遇,有的将初中毕业后读护校改为高中毕业后读护校,导致简历衔接不上或"3 岁上小学"之类的破绽。中国有色金属总公司提供的外派护士材料中,最近被科威特发现有 3 名临床医生冒充护士。另外,各派出公司在海湾六国所设的劳务办事处本来人员不多,却又各自为政,互设业务障碍,甚至向外方泄露对方秘密。

(四)**迅速改革我国护士教育制度,实现国际接轨**。国外护士教育已同大学教育并轨,实行学分制,与我国三年制为主的护士中专教育相比,在国际劳务市场拥有竞争优势。这也是我外派护士工资低、到位阻力大、与其他国家派遣的劳务人员同工不同酬的原因之一。因此,建立部分外向型的护士教育和业务培训基地,实现国际接轨,也是应予以重视的问题。

另外,值得附带一提的是,**中医药在海湾国家受到欢迎,应保证其健康发展**。阿总统扎耶德已亲自组建了中草药研究中心,并决定高薪聘请 5 名中国高级中医药研究人员。目前存在的问题之一是,中医药专业人员外语水平不高,出国开业有语言障碍;问题之二是,有的非中医药专业人员在海湾国家个体开业,名为弘扬中医药,实则捞取钱财,严重损害了刚刚走向国际市场的中医药形象。

(本文为国务院研究室"送阅件"1996 年 12 月 30 日总 794 号。本档内参"送阅件"分送党和国家主要领导以及国家宏观决策、智库部门。)

02　关于"知识经济"

1998 年年初以来，"知识经济"一直是热门话题。最近，我多次参加有关会议，并大量阅读了有关资料，现将"知识经济"简要介绍如下，供领导参阅。

一、概念

知识经济是以智力资源为依托、以高科技产业为支柱的新型经济形态。知识经济的提出有一个过程。从 20 世纪 70 年代开始，托夫勒在《第三次浪潮》中提出"后工业经济"；后来，奈斯比特于 1982 年在《大趋势》中提出"信息经济"；1986 年，英国人福莱斯特在《高技术社会》中提出"高技术经济"；1990 年，联合国研究机构才首次提出"知识经济"的概念。

二、特点

知识经济是高科技经济。这里所指的高科技，不是传统工业技术的简单创新，而主要是指信息科学技术、生命科学技术、新能源与可再生能源科学技术、新材料科学技术、空间科学技术、海洋科学技术、有益于环境的科学技术和管理科学技术。按照国际科技工业园区的规范，注入了一些高科技的传统技术在本质上仍然是传统技术；只有当高科技含量超过 70% 时，传统技术才可转化为高技术。

知识经济是促进人类与自然协调、可持续发展的经济。传统工业技术发明的指导思想是尽可能地多利用自然资源来获取利润，很少考虑环境效益；而高技术的指导思想则是科学、合理、综合、高效地利用现有资源，同时开发尚未利用的自然资源，来取代即将耗尽的稀缺自然资源。

知识经济是以无形资产投入为主的经济。知识经济以智力资源的无形资产为第一要素,并通过科学化、集约化地配置自然资源,创造新的财富。知识型劳动者就业率高,获得的报酬也高,终生学习成为他们的自觉行动。

知识经济是世界经济全球化条件下的经济。高技术产业较之以往传统产业,领域越来越广阔。以信息科学技术为例,任何国家都不可能在计算机技术、微电子技术、光电子技术、芯片技术、大规模集成电路技术、光纤技术、激光技术、网络技术和软件技术,以及层出不穷的高技术领域里全面领先;任何一个国家都可以充分利用自己的智力资源,在世界大市场中占有一席之地,成为世界经济一体化的组成部分。

三、意义

一方面,知识经济解答了传统经济学无法解释的一个难题,即资源增量很少、资源存量不多的情况下,由于知识具有连续增长、报酬递增的特点,经济可以得到长期增长。另一方面,知识经济预示着社会生产领域的一场革命:它使制造业中劳动力成本的作用大大降低,它使市场竞争由有形竞争转向无形竞争,它使知识产权成为最有力的竞争武器,它向知识密集的服务业提出了全新的要求,它进一步促使各国政府重视技术创新系统在经济发展中的作用。

四、现状和未来

知识经济目前尚处于萌芽阶段,正迅速发展壮大。在这方面领先的美国,也还没有形成知识经济。在美国,虽然许多知识经济规律已经发挥作用,例如无形资产受到充分重视,许多高技术企业的无形资产超过总资产的60%,但经济的支柱产业仍然是汽车、钢铁、建筑等传统产业;高技术产业中只有信息产业可与上述产业并驾齐驱,总的说来还相对弱小。美国高技术产业对传统产业的注入颇有成效,然而,即便在成效最显著的汽车工业中,这种注入也没有使其发生质的改变。

今天的知识经济萌芽,受到了与工业经济萌芽时截然不同的对待。大约在 300 年前,农业经济向工业经济过渡时,除了欧洲大陆扶持工业经济萌芽并把它带到美洲以外,亚洲和拉丁美洲的国家基本上是视而不见,充耳不闻。而今天的亚洲、拉丁美洲以至非洲的有识之士,对知识经济的萌芽给予了高度的关注,各国开始在指导思想、组织结构、人才选拔、资金投入等多方面力图迎头赶上。80 年代以来,世界各地广泛出现了科技工业园区,它如同知识经济的社会细胞,其成长得到了各国政府强有力的政策支持。1996 年经济合作与发展组织的报告《以知识为基础的经济》发表,可以说是知识经济的一个里程碑,该报告声称,发达工业国家增量中估计有一半"是以知识为基础的"。

信息产业成为知识经济的排头兵。知识经济作为一种产业形态得以确立的标志,就是近几年来以美国微软公司为代表的软件知识产业的兴起。1997 年,比尔·盖茨这位美国微软公司的董事长兼首席执行官的净资产达到 364 亿美元,连续三年被美国《福布斯》杂志评为世界首富,被称为知识经济的典型代表。有学者估计,近年来美国经济增长的主要源泉就是 5000 家软件公司,它们对世界经济的贡献不亚于名列前茅的 500 家世界大公司。

我国的一些城市基本具备发展知识经济的条件。北京、上海、深圳、广州和天津等地,工业经济比较发达,智力资源优势明显,也有一定的经济实力,发展知识经济的条件比较成熟。广州市已经把信息产业确定为今后 15 年经济发展的支柱产业,投资额占社会固定资产投资总额的 10%。深圳市的"九五"计划提出,信息产业增加值要达到 350 亿元,年平均递增速度为 26.7%。

预测知识经济社会形成的时间表有两个:一个是 2030 年,另一个是 2010 年。去年 12 月,联合国系统分析预测,能够改变世界面貌和人类生活的重大高科技产业化将在 2030 年前后实现;而世界上不少经济学家估计,到 2010 年,信息科学技术中的软件产业、生命科学技术产业、新能源与可再生能源科学技术产业、新材料科学技术产业、海洋科学技术产业和有益于环境的高新技术产业的产值,将全面超过汽车、建筑、石油、钢铁、运输和纺织等传统产业。这两种预测都认为,知识经济将会成为 21 世纪的主导型经济形态。

（本文为国务院研究室 1998 年 5 月 18 日"送阅件"总 915 号,"实施科教兴国战略"调研报告之一。中共中央政治局常委、国务院副总理李岚清 6 月 29 日对本文批示:请将有关"高科技产业""知识经济"方面的资料,加以摘要并积累汇集,以备查考。据国务院研究室 7 月 2 日《每日情况》记载,1 日上午,教科文卫司解思忠、胡若隐同志应约到岚清同志处。岚清同志要求,我室编写一个三万字左右的小册子,面向广大干部,深入浅出地介绍知识经济,编写好后,先发"研究报告"。）

03　关于知识经济的政策与措施

为使我国在 21 世纪能走在世界知识经济的前列,而不至于在这场前所未有的变革中被淘汰,我们必须从战略上对知识经济有一个总体把握,明确发展知识经济的政策,采取发展知识经济的措施。

一、发展我国知识经济必须既要高瞻远瞩,又要从实际出发,量力而行;需要实施的是加速赶超战略,而不是跨越式战略。知识经济具有全球经济一体化特点,任何国家都有可能率先有所作为,这是我们必须抓住的机遇。我国的实际情况是:劳力经济大量存在,资源经济仍大有市场前景,知识经济在一些地区已经萌芽;只要高度重视,措施得力,有可能赶超世界先进国家的知识经济水平。但同时又必须看到,资源经济发达是发展知识经济的基础,在劳力经济、资源经济并存的国家发展知识经济,不可能通过跨越式战略向知识经济过渡。

二、必须加强政府部门的科学决策能力;建议成立国家级知识经济研究机构,挂靠在国家科教领导小组。要想在世界知识经济的进程中趋利避害,首先要加强知识经济规律的研究,提高各级政府领导的认识水平;同时,还要加强政府部门的科学决策能力,重视软科学技术对决策的作用,努力做到决策科学化、民主化、系统化和程序化。

三、要重新审视工业经济的规模效益理论,高度重视高技术对传统产业的注入。这次的东南亚金融危机引发了一些大企业集团的破产,而我国台湾地区因为大企业集团很少,在危机中稳坐钓鱼船。学者们对工业的规模效益理论有了新的认识:目前所说的"大",指的是有形资产规模大;而在知识经济中,企业竞争成败的第一决定因素不是有形资产的大小,而是其中的高技术含量,是管理人员和技术人员的知识创新能力;在同等无形资产条件下增加有形资产是有利的,但如果没有相应的无形资产,盲目扩充有形资产则可能造成"大船难调头"的被动局面;我国企业改革中的"抓大"要从实际情况出发,在扩张有形资产规模的同时应努力增长无形资产。因此,必须高度重视高技术对传统产业的注入。"发展知识经济就是发展高科技"的说法,是对知识经济的片面理解;只有对传统产业注入高技术,才谈得上全面发展知识经济。现在一讲知识经济,人们往往想到的是信息技术、软件业和互联网,实际上它们是为各行各业服务的。应该更多地考虑利用这些高技术发展各行各业。

四、加大国家财政资金投入,增强宏观调控能力。除了精简机构、压缩重复建设项目以减少财政支出外,政府还应该通过完善税收政策等途径,扩大财力,为实施科教兴国战略提供资金保障。目前,我国财政收入占国内生产总值的比重太低,1997 年为 11.6%;低于法国(37.9%)、德国(30.5%)、英国(34.9%)、澳大利亚(36.7%)、美国(20%)、加拿大(20.8%)和日本(21.4%)等发达国家,也低于捷克斯洛伐克(41%)、埃及(35.7%)、巴西(28%)、韩国(20%)、泰国(19.1%)和印度尼西亚(16.5%)等发展中国家。其中,中央财政收入占国家财政收入的比重也低;于是低上加低,1997 年仅占国内生产总值的 5.6%左右。由于中央财政收入占国内生产总值的比重偏低,中央政府对经济的宏观调控能力受到限制,严重制约着发展知识经济的支持力度。

五、逐步使企业成为科技进步和投入的主体。科技体制改革的实质,就是要把科技进步的中心由政府转到企业。推动大部分科技力量进入以企业为主体的技术开发体系,是实现科技与经济结合、科研机构与企业融合,以及产学研联合的关键环节。我国科技研究与开发经费中,政府投入一直占 60%左右。韩国过去也是政府投资为主,近 10 年来发生逆转,民间投资高达 80%。我国国家投入的科技研究与开发经费中,55%分配给政府科研机构,30%分配给企业;而发达国家却将 90%的钱分配给企业。我国必须建立在社会主义市场经济体制下有利于发展知识经济的科技开发机制。

六、加大自然资源保护的政策力度。保护资源就是保护资源经济的持续发展能力,为向知识经济过渡创造条件。以土地资源为例,我国人均耕地不及法国的五分之一,县一级政府即可批准占用;在法国,必须依法动用耕地,否则就会被告到中央政府后加以制止。1980年到 1993 年,我国耕地减少了 16%,而法国耕地增加了 3%。最近,全国人大着手修改《土地法》,国家要求地方政府实行耕地总量控制,某些地方领导还在为以前没有拿更多的土地去换项目而感到遗憾。

七、实施引进吸收创新战略,加强外资引进的导向能力。在高技术发展上,引进吸收是一条捷径。后进国家想把有限的科技资源用在高技术的全方位研究开发上,不是明智之举。目前,近 4 万家跨国公司遍布世界各地;其中高技术发展的 90%,技术转让的 75%,以及发达国家对发展中国家技术贸易的 90%,都是通过跨国公司进行的。在知识经济中,高技术转移只有两种可能:一种情况是"交钥匙",即交出一整套知识产权,这种现象十分少见;另一种情况是引进国具有相当的创新能力,能够吸收和改造这种高技术。我国高技术产业化的战略选择应该是:在技术引进的基础上加强研究开发,通过高技术及其产品在各个产业部门的广泛应用,促进技术水平的提高和产业升级,首先形成高技术产业的国内大市场。然而从总体上看,我国引进高技术的消化吸收和改造创新还比较迟缓。据原国家科委对 2300 项引进项目的调查,只有 9.2% 的引进项目得到不同程度的消化吸收;在 220 家被调查企业中,只有 2% 的引进企业与科研单位搞联合消化吸收。盲目引进、重复引进,以及重引进轻消化吸收,使我国在某种程度上陷入了"落后—引进—再落后—再引进"的恶性循环。因此,国家在制定引进政策方面,必须首先评估自己的技术创新和吸收能力,防止盲目引进,搞设备复制和技术仿照,更要拒污染转移项目和产品附加值低的项目于国门之外。

八、国家投入要保证重大基础研究项目。基础研究要在贯彻"有所为,有所不为"方针的同时,选择优势领域,重点攻关,力求突破。我们曾经有过集中国力搞"两弹一星"的成功经验,目前的主要困难是对重大基础研究项目投入不够。1997 年我国科技活动支出总额为 961亿元,其中研究与开发经费为 368 亿元,约占国内生产总值的 0.49%,低于所有主要发达国家,也低于韩国(2.1%)、埃及(1%)、印度(0.9%)

和巴西(0.8%)等发展中国家。

九、促使国家创新体系成为发展知识经济的基础和引擎。国家创新体系由知识创新系统、技术创新系统、知识传播系统和知识应用系统组成,其骨干部分是企业(以大型企业集团和高技术企业为主)、科研机构和高等院校。国家创新体系的目标,是使我国的创新综合实力在2010年前后达到世界中等发达国家水平。目前,由中国科学院组织实施的"知识创新工程",由国家经贸委和科技部组织实施的"技术创新工程"、由教育部组织实施的"211工程"都正在实施之中。近年来,世界各国都加强了对进入国际"信息高速公路"的统一领导,并由高层统一决策,全面规划运作。美国由副总统挂帅,法国由总理主抓,印度和巴西也都加强了政府领导。如何制定国际"信息高速公路"对策,显然不仅涉及信息部门一家,而是涉及宣传、文化、教育、科技、信息产业、经贸等众多部门,因此有必要由中央政府出面协调,统一指挥。建议由国家科教领导小组组织力量,统筹考虑,制定包括知识创新和技术创新、知识传播和应用系统在内的"国家创新体系",并对实施过程的主要环节予以指导和监督,确保有关部门既有侧重又有协作,全国一盘棋。

十、促使大学成为知识经济的动力源泉。"教育要面向现代化,面向世界,面向未来"。发展知识经济,教育必须要面向高技术产业化,面向以高科技为先导、以经济为基础的国际竞争,面向知识经济的未来。在知识经济时代,知识信息的创造、加工、传播与应用是经济增长最重要的源泉,集教学、科研和社会服务三项基本功能于一身的大学将起到举足轻重的作用。为此,要进一步深化教学改革,包括拓宽专业面,加强具有普遍意义的基础理论、基本知识和基本技能的学科;从以传播知识为主的教育转向以全面提高学生整体素质为主的教育;增加学生学习的自主权和教学制度的灵活性,使学生在选科、选课和转学方面有较大的自由度;改变封闭式教学观念,树立开放办学的新思想,为优秀人才创造接触生活实际、参与科技产业开发活动的条件。总之,大学教育的一切改革,都要围绕培养学生创造性思维和创新能力这个宗旨。

十一、促使高新技术产业开发区成为迎接知识经济挑战的前沿阵地。目前,我国高新技术产业开发区发展不能尽如人意的原因在于:国家缺乏统一规划和管理,致使各开发区各自为政,重复建设,相互掣肘;一些开发区缺乏大学或研究所的技术依托,容纳了许多非高新技术项目;缺乏规范的"创业中心"(国际上号称科技工业园区灵魂的"孵化器"),对高新技术项目的鉴定和产业转化能力十分薄弱;缺乏风险投资机制,尽管项目优秀也难以融资;不能给创业者和新产品提供国内外的市场服务;缺乏与国际上的稳定有效联系;等等。高新技术产业代表未来经济发展方向,目前尚处于起步阶段,在规模上不可与传统产业同日而语。各级政府必须转变观念,不能简单地以它与工业产值的比例来评价其地位和作用。建议由国家科教领导小组组织力量,建立高新技术开发区网络,使各开发区形成合力,发挥其应有的优势;制定全国开发区总体规划,避免项目重复建设和产品互相残杀;尽快完善有关开发区的优惠政策,如减免高技术设备进口关税,优先安排土地使用,赋予科技经贸人员出入境审批权限,允许开发区建立大学(苏州高新技术开发区已率先呼吁此事)等。建议有关部门尽快制定有关高新技术产业开发区和高新技术产业的法规,使其在法制轨道上运行;并尽快制定风险投资方面的法规,从根本上改善开发区的融资条件。

十二、优先发展生命科学技术产业,实现农业技术革命;建议迅速实施原国家科委提出的"中国 21 世纪养活 16 亿人口的关键技术及其产业化工程"(简称"2116 工程")。1995 年世界人口已达到 56 亿,其中,20 亿人口处于营养不良状态,7 亿人忍饥挨饿。估计到 2025 年,世界人口将达到 85 亿,其中 70 亿人生活在发展中国家,届时每年需要粮食 20 亿吨,而生产能力只有 17 亿吨,供需矛盾突出。早在 1988 年,邓小平同志就高瞻远瞩地指出:"农业问题的根本解决,最终还是要靠尖端技术,要靠基因工程。"21 世纪,我国人口将达到 16 亿,人均耕地减少到 0.8 亩;加强农业意味着必须优先发展生命科学技术产业,迅速提高粮食单产和肉类产量,从根本上解决吃饭问题。"2116工程"的总体目标应该是:筛选并攻克一批农业和农村经济发展急需的关键技术难题,基本满足21世纪依靠中国自己的力量养活16亿人口对关键技术的需求。力争到2000年,科技在农业增长中的贡献率提高到50%,2010年达到60%左右,2030年达到70%—80%;到2000年,部分农业科技领域达到或接近世界先进水平,2030年大多数农业科技领域达到世界先进水平。

十三、搞好知识经济人才的选拔,制定有力的人才吸引政策。发展知识经济需要有强大国际竞争能力的复合型人才群体,选拔知识经济人才的首要标准是具有现代科技知识。联合国和西方国家对高科技产业的研究者、决策者和管理者的个人基本知识方面的要求是:具有较丰富的高等数学知识、计算机基础知识、外语以及社会科学基本知识,会运用现代管理方法,至少在研究与开发某一领域工作5年,等等。我国目前最缺乏的创新人才有两类:一类是具有战略眼光和创新勇气的企业家,另一类是既懂技术又懂经营的企业内部技术创新的领导者和组织者。要面向世界,制定我国知识经济人才选拔标准,努力实现与国际接轨;要用新的方式在世界范围内培养和交流人才,用新的标准发现和选拔人才,用新的模式高效率地使用和激励人才,发挥人才的创造性;不仅着眼于科学研究人才、技术开发人才的培养,而且要重视各种管理人才的培养。美国第一颗原子弹研制成功和阿波罗登月计划的实施,在很大程度上依靠了移居美国的科学家;其中,为阿波罗太空火箭工作的高级工程师中有三分之一是华人。今日之美国,吸引了众多的异国科技人才和高科技项目,一个重要的原因就在于,美国具有完备的知识产权保护,风险投资机制也比较成熟,对高科技开发有利。看来,在完善知识产权和高新技术项目融资条件的同时,我国大有必要制定强有力的人才吸引政策,为知识经济进一步发展提供良好的人才环境。

十四、建议召开全国知识分子工作会议。英国首相丘吉尔曾经说过一句带有预见性的名言:"未来的帝国是头脑的帝国"。知识分子的创新能力将决定未来社会的兴衰成败。1956 年,党中央召开了知识分子工作会议,周恩来总理作了关于知识分子的报告,肯定了知识分子在社会主义建设中的重大作用。这在当时是一件了不起的事。在跨世纪的历史转折时期,应该再召开一次全国知识分子工作会议,确认知识分子在现代社会和未来社会中的历史地位和作用,把科教兴国提升为我国的首要国策,制定我国知识经济的战略方针和政策,动员全体知识分子在新的时代为民族复兴建功立业,并且从战略上和制度上对知识分子的工作条件和待遇给予保障。

　　十五、营造一种积极向上而又谨慎务实的舆论环境。知识经济的来临,既是机遇,更是挑战。如果说,"后工业社会""第三次浪潮""信息社会"等概念的提出,是国际学术界对未来社会的不断探索,那么,"知识经济"概念的提出则更具有实践依据,全体国人特别是各级领导切不可等闲视之。新闻传媒既要指出知识经济的到来是一种历史机遇,又要说明发展知识经济需要具备的条件和努力;既介绍发达国家知识经济的领先地位,又反映发展中国家知识经济的珍贵萌芽;既要呼吁人们迎接知识经济挑战,大力发展高技术产业,又要防止把知识经济讲得高深莫测,将传统产业拒之门外。总之,要营造一种积极向上而又谨慎务实的舆论环境。

　　已见端倪的知识经济,正如毛泽东同志 1930 年在《星星之火,可以燎原》一文中,预见革命高潮快要到来时所做的比喻:"它是站在海岸遥望海中已经看得见桅杆尖头了的一只航船,它是立于高山之巅远看东方已见光芒四射喷薄欲出的一轮朝日,它是躁动于母腹中的快要成熟了的一个婴儿。"我们应以智慧的头脑和决战的姿态,迎接这个新技术革命高潮的到来!

　　(本文为国务院研究室"研究报告"1998 年 8 月 17 日总 63 号《已见端倪的知识经济》最后一个部分。当年 5 月 4 日,江泽民总书记在北京大学建校一百周年大会上指出:"当今世界,科学技术突飞猛进,知识经济已见端倪,国力竞争日趋激烈。"7 月 1 日上午国务院研究室教科文卫司解思忠、胡若隐同志应约到李岚清同志处。岚清同志要求我们就知识经济问题撰写一个深入浅出的 3 万字"研究报告"。本文公开发表于 1998 年 9 月 12 日《科技日报》第五版,后来收录于 1999 年 10 月作者担任主要编著者之一并由花城出版社出版的《新经济论战》一书中。)

04　应重视高科技在环保产业的应用

目前,发达国家已普遍将环保产业视为高科技产业之一,大力促进其发展。在我国,"环保产业"的概念直到 1988 年才提出;经过十年的发展,环保产业尽管具备了一定规模,并逐渐成为新的经济增长点,但远远不能适应我国环保事业发展的需要。

一、依靠高科技促进我国环保产业发展的紧迫性

1. 知识经济要求全球环保产业由常规技术领域向高新技术领域发展,我国环保产业必须因势利导。在目前世界范围内,有益于环境的科学技术已被列为高新技术范畴,发展势头强劲。我国的环保产业包括环境产品生产流通、环境技术开发和技术服务,以及资源综合利用等活动。到目前为止,常规技术仍然占据主导地位,高新技术没有得到广泛应用,产业升级非常困难。

2. 世界环保市场竞争日趋激烈,要求我国环保产业的发展必须立足于高新技术。联合国开发计划署 1997 年年初发表的研究报告指出,1992 年全球环保产业市场的规模为 2500 亿美元,1995 年达到 4270 亿美元;预计到 2000 年将扩大到 5430 亿美元,其中美国为 2094 亿美元,西欧为 1612 亿美元,日本 817 亿美元。以发展眼光看,全球环保产业市场的规模可与药材产品市场和航天工业产品市场相提并论,市场竞争将越来越激烈。目前,我国环保产业规模不到 40 亿美元,发展潜力巨大。只有借助高科技驱动,环保产业才能迎头赶上,在全球环保市场竞争中赢得一席之地。

3. 解决我国严重的环境问题,维护良好的国际形象,从根本上有赖于环保产业的科技进步。在我国,环境污染尤其是大气、水污染已经成为制约经济和社会发展的重要因素。1995 年,我国二氧化硫排放量达到 2370 万吨;超过美国,成为世界上最大排放国。当年,仅二氧

化硫及其相关的酸雨污染造成的经济损失高达 1100 亿元,接近国民生产总值的 2%。1997 年年底,美国《纽约时报》发表了题为《污染的灾难在亚洲徘徊》的文章,指出中国是温室气体增长最快的国家,对全球气候变暖有重大责任。世界银行发表的最新报告也称,中国每年有 203 万人死于水质污染和大气污染。环境问题已经引起周边国家和国际社会的密切关注,如果处理不好,中国将被树立为世界性公害大国的形象。

二、我国环保产业的技术现状

从总体上看,目前我国环保产业的显著特点是小型分散,结构不合理,重复建设多,产品的科技含量不高。

据统计,我国环保产业现有企事业单位 8651 个,固定投资小于 1500 万元的小型企业占环保企业总数的 82.6%,从业人数 188 万,年产值 311 亿元,年利润 41 亿元,利润率为 13.1%。在环保产品中,大气污染治理设备和水污染治理设备产值占总产值的 80.3%,低水平重复建设严重。例如,大气污染治理设备厂家多达 1371 家,其中生产除尘设备厂家占 80% 以上,不少厂家仍在盲目上马除尘设备。环保产品结构很不合理,技术水平不高,主要表现在:采用高新技术的二氧化硫处理设备、除尘脱硫一体化设备以及工业废气净化装置等产品开发不足;水污染治理设备标准化、系列化程度低,单机产品生产多,成套装置生产不足,高浓度、难降解工业有机废水处理设备和高新生物技术处理设备缺乏;固体废弃物处理设备、噪声与振动控制设备、污染监测仪器和环保药剂材料生产规模小,品种不全;放射性与电磁波污染防护设备生产处于起步阶段。业内人士指出,我国环保产业中,只有少数技术和产品的性能达到世界 80 年代、90 年代的水平,大部分技术和产品相当于发达国家 70 年代水平。环保产业难以为环境整治提供坚实的物质手段,进军国际市场更加困难。

造成这种现状的主要原因,是缺乏决定环保设备和技术优胜劣汰的环保产业政策。长期以来,环境污染的代价由国家和社会承担,多数企业缴纳的排污费低于治理污染的设备运行费,购买环保设备的目的在于项目上马时能顺利通过环保审批。项目投产后,环保设备基本上不运行,只是成为应付环保检查的摆设。行业管理混乱,生产厂家甚至不需要生产许可证就可以生产环保设备,劣质、低效的环保产品和技术更容易找到市场,因此缺乏技术进步的动力。

从国际比较看,我国环保产业存在许多差距,但技术差距最为明显。目前,在整个环保产业市场中,发达国家占绝对优势,特别是美国、德国和日本更胜一筹。这三个国家用于环境技术的研究与开发的资金分别占国内生产总值(GDP)的 1.9%、2.7% 和 3%,产业已具规模。其中,美国的从业人员达到 100 万人。美国的脱硫、脱氧技术,日本的除尘、垃圾处理技术,德国的水污染处理技术,在世界上均处于领先地位。发达国家环保产业对国民经济的贡献率明显高于我国,其产值大多数超过各自国家国民生产总值(GNP)的 1%,而我国是 0.87%;环保产业就业人数相当于全国总就业人数的 0.5%—1%,我国是 0.85%;环保产业人均产值为全国就业人员人均产值的 2 倍左右,而我国仅为 1.02 倍。发达国家的环保产业中,科技专业人员多,熟练工人多,受教育程度明显高于整个经济部门的平均水平,产业向规模化、集约化方向发展。而在我国环保产业队伍中,中级以上技术人员仅有十多万人,职工的平均素质较低。我国环保产业大部分属于县、镇、乡办企业,产品科技含量低,种类少尤其是名牌产品少,在国际市场上竞争力不强。

三、建议

我国环保产业的目标应该是,加快环保技术的科技攻关和产业发展,争取到本世纪末确保重大装备环保产品基本国产化,基本满足我国环境治理的需要,同时积极开拓国际环保市场。为此,建议采取如下措施:

1. 将环保科技攻关纳入国家创新体系,依靠科技进步实现产业升级。从现在起,应该加大环保产业的技术开发力度,特别要促进高新技术在环保产业的运用。21 世纪,我国环保产业要更多地运用现代科技成果,促使高新技术如生物技术、微电子技术、航天技术、计算机技术、自动控制、传感技术、新材料技术等广泛进入环保产业。

2. 明确环保产业科技攻关的重点。"九五"期间,根据实施"污染物总量控制计划""跨世纪绿色工程计划"和环境形势的要求,要加强适合国情的环保适用技术特别是工业污染防治技术的研究开发,解决高浓度、难降解工业有机废水,以及饮用水源地保护、脱硫、酸沉降、城市大气污染和固体废物资源化等重大环境问题,强调技术的集成和商品化,研究和发展环境污染及自然资源破坏和恢复技术。

3. 按照市场经济规律要求,建立多层次的科技投入机制。国家要努力增加环保投入,加大环保科技攻关力度。国家更多地运用经济手段去促进环境污染的治理,制定高于污染治理成本的排污收费标准,使企业真正成为环保投入和科技创新的主体。鼓励和扶持企业和社会力量兴办环保服务公司,依靠污染者付费原则筹措运行资金,实现污染治理社会化、专业化和市场化,促使以"谁污染、谁治理"为特征的分散治理向集中治理转变。

4. 规范环保产业市场。当前,由于环保市场的不规范、不正当竞争较为普遍,技术领先并不是获得市场的唯一优势,中小环保企业尚有一定的生存余地。"九五"期间,我国环保总投资将达到 4500 亿元,环保产业潜在市场巨大。一些地方片面认为生产环保产品投入少、见效快、效益好,竞相发展环保产业,很多项目属于低水平重复建设。为此,发展计划委、经贸委、科技部和环保总局正在酝酿中的规范环保产业市场的政策宜尽快出台。宜兴环保科技工业园是国家唯一以环保产业为特色的高新技术开发区,已经成为全国环保新技术、新工艺的交流集散中心。国家应加强该区对全国环保产业的先导、示范和辐射功能。

5. 加快对国外成熟技术、设备的引进和吸收消化,努力实现关键技术国产化。长期以来,由于企业管理、产品的制造工艺、材料等方面的因素造成大部分技术和产品在质量、效益上未能达到预计要求,我国环保技术和设备在很大程度上依靠国外引进。我方虽然得到一些国际贷款和技术援助,但大多以购买主体设备技术为前提条件,并将承受巨额的还贷负担。目前,各地对引进此类外资的积极性大为减弱。只有尽快扭转单纯引进设备、复制技术的做法,我国环保产业才有出路。江苏鹏鹞环保集团立足科技兴业,迅速成为国内最大的从事环保设备研制开发、生产和工程承包的大型企业,年生产能力3亿元,生产的30多个系列环保设备涉及水、气、尘处理等,产品出口东南亚、中东和美国等国际市场。该集团还涉足生态农业、电子、建材、旅游等领域,正向多元化、国际化方向迈进。

(本文为国务院研究室"送阅件"1998年7月8日总935号,1998年10月6日《科技日报》第六版刊载此文。)

05　国民素质是第一国力

1985 年,邓小平同志在全国教育工作会议上的讲话中,首次强调了国民素质对国力的作用。他说:"我们国家,国力的强弱,经济发展后劲的大小,越来越取决于劳动者的素质,取决于知识分子的数量和质量。"1993 年,党的十四届三中全会通过的《关于建立社会主义市场经济体制若干问题的决定》指出:"社会主义市场经济体制的建立和现代化的实现,最终取决于国民素质的提高和人才的培养。"随着知识经济时代的到来,国民素质在经济和社会发展中的作用显得愈益重要。

一、国民素质是国力中最重要的因素

国力是一个国家在经济、政治、军事、科技和教育等方面所具备的实力。国力的强弱,直接决定着一个国家的生存和发展状态,决定着一个国家在国际社会中的地位。国力可分为自然资源、人力资源和社会发展(包括经济)三种形态。与自然资源的"物"相比,人力资源的"人"作用更为重要,因为人是知识的载体,是知识的创造者、掌握者和使用者。江泽民同志指出:"人力资源是第一资源"。这一科学论断,与邓小平同志关于"科学技术是第一生产力"的思想,具有同样重要的理论和实践意义。

人力资源包括人口的数量与质量,对一个国家来说,就是国民的数量与质量。人口的数量具有两重性:过多的人口和过高的生育率会给一个国家尤其是发展中国家造成压力;但过少的人口与过低的生育率,同样也会导致人力资源短缺的弊端。国民数量与国民质量相比,国民质量即国民素质在人力资源中无疑起着主导作用;而且,随着知识经济的发展,这种作用将会越来越明显。从这个角度讲,制约我国经济和社会发展的不仅仅是人多的问题,更重要的是人的素质问题。

经济和社会的发展,主要取决于人力资源中的国民素质。社会发

展与国民素质的关系,就是社会现代化与人的现代化的关系。社会现代化和人的现代化是现代化进程中的两个侧面,二者相互渗透,相辅相成。既不能要求先有现代人,再去创造现代社会,也不能要求先有现代社会,再去创造现代人。人的现代化会促进社会的现代化,社会的现代化也会推动人的现代化,而且其最终目的也是人的现代化,即人的全面发展。然而,人的现代化和社会现代化并不是齐头并进的,从整体上说,人的现代化应比社会现代化超前一步。现代化问题研究权威、美国社会学家英格尔斯在《人的现代化》一书中指出:"人的现代化是国家现代化不可缺少的因素。它并不是现代化过程结束后的副产品,而是现代化制度与经济赖以长期发展并取得成功的先决条件。"

综上所述,在国力的三种形态中,人力资源较之自然资源更为重要;而在人力资源中,国民素质又起着主导的作用;国民素质不仅决定着人力资源的水平,还决定着社会发展的水平。因此说,国民素质是国力中最重要的因素,以"第一国力"相称当之无愧。

二、国民素质已成为我国进一步发展的严重制约

新中国成立后,随着经济发展和社会进步,我国的国民素质也相应地得到了提高。尤其是改革开放 20 多年来,我国在提高国民素质方面做了许多富有成效的努力,包括进行经济、政治、科技、教育等方面的体制改革,实施"科教兴国"战略,提倡素质教育,提高生育质量,等等。但我们的国民素质与现代化的要求、与改革开放和现代化建设的需要相比,还存在很大差距,主要表现为文化程度偏低,科学素养不高,主体意识薄弱,民主精神欠缺,法治观念淡薄,等等。联合国开发计划署在《2001 年人文发展报告》中,将世界各国国民的预期寿命,成人识字率,初等、中等和高等教育综合入学率以及人均实际国内生产总值等几项与国民素质关系密切的指标,合成一个复合指数——人文发展指数,并进行了排序:在全世界 100 多个国家中,我国排在第八十七位,处于中等发展水平。我国有关研究机构近年来的预测结果表

明，即使根据英格尔斯20世纪60年代提出的十项指标来衡量，我国离现代化还有不小的差距，国民素质的现代化水平更是不容乐观。

改革开放初期，人们曾一度认为，只要有股子劲头，再引进国外的先进技术和管理经验，就可以把现代化"干"出来。然而，随着现代化进程的深入，国民素质中的问题逐渐凸现出来。经过一番探索，人们发现，先进的科学技术和管理方法可以引进，而国民素质却无法引进；如果因国民素质不高而不能有效利用这些科学技术和管理方法，其结果只能事倍功半，甚至事与愿违。《人民日报》在1997年10月20日发表的社论《着力提高国民素质》指出："中华民族曾经为人类创造过灿烂的文化，但由于长期的落后和不发达，我国的国民素质远不能适应现代化建设的要求，已经成为国家经济和社会发展的严重制约。"这无异于给我们敲响了警钟。如果再不急起直追，着力提高国民素质，我国现代化建设的步伐就会受到影响。

三、积极探索提高国民素质的新途径

提高国民素质是一项长期、艰巨的战略任务。只有全社会都确立"国民素质是第一国力"的观念，才能创造有利于提高国民素质的环境，并把提高国民素质内化为每个人的自觉行动。

体制改革应着眼于提高国民素质。经济、政治、科技、教育和文化等方面的体制，既是社会制度的实现方式，也是社会组织运行的内在机制。人，既是体制的创造者和实现者，又受体制的约束。体制不仅是社会现代化的保证，也是人的现代化的保证。我们在进行体制改革时，不仅要关注相关的社会因素，而且还应关注相关的人的因素，坚持体制改革与提高人的素质的统一；既不要把改革仅仅看作是调整生产关系，而忽视人的素质在改革中的作用，也不要孤立地强调人的素质的提高，而忽视体制对人的素质的作用。对体制的设计，应着眼于如何有效地提高人的素质，充分发挥人在体制改革中的作用。

将变革观念作为国民教育的重点。观念现代化是人的现代化的重要标志。由于各种复杂因素的影响，我国国民头脑中还存在不少与

现代化格格不入的陈旧、落后观念,严重阻碍着我国国民素质的提高和现代化的进程。变革国民观念的主要途径是对国民实施教育。国民教育,即以全体公民为对象的教育,既包括学校教育和家庭教育,也包括以宣传、文化为主的社会教育。面向不同对象的公民教育,都应当将变革观念作为重点,尤其是对国民进行社会教育的宣传、文化工作,更应当责无旁贷地承担起这项艰巨任务。

促进处于关键岗位上的社会成员率先实现现代化。国民现代化,并非指所有国民都必须同时实现现代化。即使在发达国家,也不乏非现代化的人群;同样,在发展中国家,也不乏现代化的人群。问题在于现代化人群在社会中所占的比例及其在社会中所处的地位。只有处于关键岗位上的社会成员率先实现现代化,才能在带动其他社会成员实现现代化的同时,推动社会的现代化,进而实现国家的现代化。因此,我们应当像当年提倡"让一部分人先富起来"那样,提出"让一部分人的素质先高起来",并将其作为实施人才战略、开发人力资源的一项重要内容抓紧抓好。这部分人应当是处于关键岗位上的社会成员,比如各级政府管理人员、教育工作者、企业家等。

遏制生育中的"反优生"现象。我国是一个发展中国家,生活在贫困落后地区的低素质人口占大多数,却快速增加;生活在比较发达地区的人口本来只占少数,增长速度却相对较慢。因此,应采取有效措施,尽快遏制生育中的"反优生"现象。

作为"文化自觉"的信徒,我有幸直接决策和参与湖南省永州市舜德书院的建设过程,与来自国学、艺术和科学界的诸多大家直接对话,转述和解读他们的真知灼见。这是我宿命里注定的幸福,尘缘里注定的辛苦。至于我为什么要在家乡费尽心智和全家财力打造舜德书院,那是我尊重文化的内心冲动使然,或者说是"内心自觉"的结果。舜文化弘扬的个体真善美和国家善治,和我想做的"真性情"人相通。天地人有序。余坚信十多年前提出的"国民素质是第一国力"的论断,如果国家失去"人的现代化"支撑,再庞大物质堆砌的帝国随时都有可能化为废墟。

（本文发表于 2002 年 6 月 22 日《人民日报》第 6 版"学者论坛"栏目，合作者为著名文化学者、作家解思忠先生。北京大学国民素质研究中心成立后，解先生出任主任，笔者出任常务副主任，共同着手这方面的研究工作，连续出版《大学》期刊。本文主要内容和观点被《新华文摘》选用刊登。本文最后一段话为本书出版时增加。）

06　地方行政分割与流域水污染治理悖论分析

流域水污染治理具有准公共物品的特性。因此,政府、市场和公民自组织都可以参与其中。我国流域水污染治理实行属地管理,表现为地方行政分割。在地方行政分割状态下,流域水污染治理实际上存在着边际成本上升的趋势,并最终导致单一地方政府无法承担巨大的治理成本。地方行政分割越严重,流域水污染治理失效的后果越严重。这是流域水污染治理作为准公共物品,遭遇地方行政分割后容易发生的治理悖论。

随着我国人口激增和粗放型生产方式副作用的累积,自从20世纪中叶特别是80年代以来,国人在感到水量紧缺的同时,也意识到水质恶化越来越严重了。我国主要流域的水体呈现恶化趋势,表现在水质下降、水污染范围扩大、危害程度加剧等诸多方面,流域水污染治理迫在眉睫。然而,当前我国流域水污染治理的地方行政分割却违背了流域水污染治理的准公共物品属性,使得流域水污染无法实现有效治理,从而成为我国流域水污染治理中的悖论。

一、流域水污染治理具有准公共物品属性

从萨缪尔森经济学的角度来看,流域水污染治理是介于纯公共物品和私人物品之间的准公共物品。该属性是由两种原因引起的:其一是由流域水资源在一定区域范围内的外部效应引起。如果治理成本大且边际成本递增,则负的外部效应也是边际递增的。其二是由流域水污染治理作为物品本身具有消费的非竞争性又具有受益的排他性引起。这种理论划分也可以从流域水污染基本特点、治理途径以及治理结果上得到验证。流域水污染的基本特点是跨界流动、污染自然累积。无论是畅流流域还是非畅流流域,污染物总量总是成比例地增量

扩大。即使有行政边界的限制,单一地方政府也总是能够采取措施让污染物随着水体流动通过行政边界,决定多少污染物保留在本地区或转移到下游邻近的地区。但无论是选择保留还是转移,流域水污染本身都具有负的外部效应。在这种情况下,当水资源的消费者达到相当多的数量时,必须靠治理水污染的办法为水量紧缺寻找出路,治理污染的边际成本便开始上升,并随着水污染规模的继续扩大其治理的边际成本迅速上升甚至达到无穷大。这时,即便地方政府、企业和公民个人都可以单独进入到流域水污染治理中来,但由于治理的初始成本大而且边际成本递增的原因而使得任何单一的地方政府、企业或个人都无法承担如此大的投入。所以,流域水污染治理属于典型的准公共物品,其治理会因为治理成本大且边际成本递增的原因而具有非竞争性的特点,除非提供必要的激励,治理主体才会有行动的积极性。这就要求流域水污染治理适应受益的排他性特点,在实际治理过程中贯彻谁治理、谁受益的原则。

准公共物品的基本属性要求政府、市场和公民自组织都能够参与到流域水污染治理中来,而不是单纯地采用政府管制方式、市场交易方式或公民自治方式。任何单一方式的应用,都会造成流域水污染治理的悖论和行动困境。

二、我国流域水污染治理的地方行政分割

地方行政分割根源于我国流域水污染治理相关法律所确立的属地管理原则。《中华人民共和国水污染防治法》第4条规定,各级人民政府的环境保护部门是对水污染防治实施统一监督管理的机关。《中华人民共和国水法》第13条规定,县级以上地方人民政府有关部门按照职责分工,负责本行政区域内水资源开发、利用、节约和保护的有关工作。因此,流域水污染治理是按照地区划分来进行的。这一属地管理规定和原则的核心是强化地区政府的管制责任,以政府的行政方式直接进行流域水污染治理。由于不同行政区各自对辖区内的水污染治理负责,因此各行政区域只能根据属地管理的原则对范围巨大、结

构复杂的流域水污染实行"分治",由此产生不同行政区划之间明显的块块分割,并进而形成同一行政区之中的部门分割、单位分割、产业分割和城乡分割。这就是当前我国流域水污染治理的地方行政分割,其主要特点表现在以下三个方面。

1. 地方政府单边控制

单边控制主要表现为地方政府对流域水污染治理的单一行政控制,即块块分割与块块治理,它在实际治理过程中暴露出诸多弊端。

(1)区域内水污染治理的动力为单一的行政力量。由于区域内发生的污染事故单纯要相应地区负责,因此,区域内水污染治理的动力实际上主要是各级地方政府,并具体落实到水事务行政部门以及行政组织的授权单位。我国目前的排污收费制度则是政府管制的典范。我国采取的是一种单因子收费方式,即同一排污口含有两种以上有害物质时,按照收费最高的一种计算。政府单方面负责收费办法和标准的订立,也是由政府全面负责实施、执行等,强化了政府的单一行政方式。特别是自1993年全面实施取水许可制度以来,由区域水行政主管部门负责管理范围内和限额内的取水许可管理,负责区域水域的保护;区域环保部门负责区域内排污行为的监督管理。区域对这部分水资源和水环境容量的配置掌握了实际控制权,但本质上却是强化了属地管理的原则。

(2)区域内水污染管理事务的决策权由地方政府垄断。由于与水污染相关的利益相关者很少有机会或者没有能力参与相关决策,这种决策就成为政府或区域单方面利益和要求的单边决策。在属地管理造成的块块分割中,流域机构没有明确的法律地位,权威受到削弱。在处理省、区之间的流域跨界污染问题上,只能调查研究和协调而不能仲裁。由于流域管理机构缺乏类似政府职能的严格规定性,也没有经济的手段作保证,因此甚至对行政边界地区上的一条小河沟或一个小引水口发生问题后的处理,都不能做出最后决策。1996年6月以来,国务院先后批准了海河流域、辽河流域、太湖流域、滇池等流域的水污染防治规划。规划是根据流域水体的环境质量要求,按比例确定各个地区的最大排污量和削减量;由此形成各地区根据流域污染削减配额的规定,在各自的额度限制范围内排污和削减排污量的比例配额管理制度。以淮河为例,《淮河流域水污染防治暂行条例》第 5 条和第 11 条规定:"四省人民政府应当将淮河流域水污染治理任务分解到有关市(地)、县,签订目标责任书,限期完成。""淮河流域县级以上地方人民政府,根据上级人民政府制定的淮河流域水污染防治规划和排污总量控制计划,组织制订本行政区域内淮河流域水污染防治规划和排污总量控制计划,并纳入本行政区域的国民经济和社会发展中长期规划和年度计划。"可见,这种比例配额管理仍然是以政府单一行政方式利用层级控制来达到治理污染的目的,但在实施中很快陷入流域内各地区争夺排污配额的讨价还价怪圈之中。

(3)单一的行政监督手段难以应对复杂的污染物排放。从目前来看,控制污染物排放的监督是由各级环保部门负责,由环保部门决定污染的排放量以及排放标准。这种单一行政监督的方式经常由于行政编制和技术手段的限制,出现缺位和失位的现象,在流域水污染治理中往往显得力不从心。在划分流域水污染事故责任面前,各行政区内的环保部门往往成为该地区政府的代言人,很少从维护流域内水环境质量的大局出发,主动承担自己相应的责任,这就使得各个行政区块之间的利益协调和谈判异常艰难。

2. 同一行政区的部门分割加大了块块治理的难度

部门分割是指特定地方行政区内部针对流域水污染治理的部门分类管理。我国流域水污染治理在地方属地管理原则下长期实行多部门、多层次的管理方式,主要表现为水利部门负责水资源管理,往往也包含水污染防治,而水污染的监督控制主要由环保部门负责。管理的各项具体内容分割到各个部门负责,不同部门承担着具体的管理职能,从而导致将城市与农村、地表水和地下水、水量与水质等方面的分割管理。部门分割更多地强调专业分工,加之部门利益驱动而使得部门之间难以形成合作。地方政府针对辖区流域内的不同水污染来源在水污染治理权力方面进行了部门分割,这就不可避免地造成职能和权力冲突,使得各个部门都无力承担整个流域水污染治理的任务;水量与水质的"部门分割"管理缺乏有效的部门协调机制,作为自然生态系统的流域的自净能力受到进一步削弱,流域会因为流量供应的人为控制而出现污染程度的剧烈波动,最终导致流域水污染难以预测与控制。

同一行政区内或不同行政区之间的水事务职能部门的职能分割造成管辖权冲突,进一步加剧了块块分割和块块之间的利益冲突。部门分割下的职能错位、失位、缺位以及政府单纯行政方式和层级控制结合起来,则进一步强化了块块分割,单一的行政方式与层级控制则使得流域水污染治理的地方行政分割陷入分散割据、权力重叠、封闭保守、连带责任的恶性循环之中。

3. 分散管理

分散管理来源于我国水资源管理的分散化。水资源管理分散化直接导致了流域水污染的分散化治理。在当前体制下,我国水资源分散化管理主要表现为:区域和行业在水资源管理、开发、利用等方面的决策分散化;水资源不同物理属性之间分散,如地下水、地表水的管理分属不同的管理部门;不同用水部门之间管理权划分,如农业、工业、居民生活用水管理之间的分散;水管理决策权在政府领导人、技术分析人员和专职管理人员之间的分散。流域水污染治理的分散化也就相应地表现为地区分散化、决策分散化、部门分散化、管理权限分散化。分散管理使得各个地方政府之间、各部门之间、各行业之间在流域水污染治理中各行其是,从而出现流域水污染治理中的政府利益部门化、部门利益行业化的特点,进而导致各级政府的自利化倾向,使得流域水污染治理的地方行政分割的制度弊端和危害进一步加大。

三、我国流域水污染治理悖论

在地方行政分割的状态下,不同行政区首先是作为一个独立的经济实体而存在的。而行政区域政府的自利化取向和片面追求经济增长的倾向,使得地方政府趋于把自己错误定位为区域或者部门的企业化政府。这就会出现流域作为自然整体单元被不同的利益单位人为分割的局面,流域的完整性被打破,作为利益载体的未被污染的水源被行政区截留,而废水则被排除到行政区以外,造成负的外部效应。不同层级行政区划的存在,形成了对流域水污染不同行政边界的控制。从表面上看,这种地方政府的行政性控制可以使得上游地区通过控制污染来减轻对下游地区的危害。但所谓边界控制在实质上,一是人为损害了控制区内流域水资源的自然纳污能力,使水体即使不受到严重污染,也会使水质变差;二是控制区内的水资源由于污染物的沉淀而加剧污染,一旦排放,必然会加重下游地区水体污染的程度,从而削弱下游水资源系统的环境承载力。这就是流域水污染表现出来的乘数效应。当分割控制的污染水源客观上要求通过流域的自净能力来稀释时,流域整体又因为行政分割的控制而无法得到充足的清净水源,污染就必定发生并有可能酿成重大环境事故。如果处于上游的地区 1 和地区 2 在决定本地区的污染物削减量和污染物转移量时,完全按照本地区的经济成本函数进行决策,则势必造成下游地区污染物在扩散和转移中的累积效应,从而最终导致流域水污染治理失效,如图 1 所示。

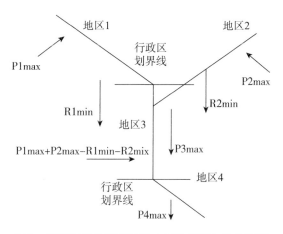

图 1　地方行政分割下流域水污染治理失效机理图

　　从图1可以看出,如果地区1和地区2的排污总量只考虑本地区经济结构以及本地区内经济产业组织的排污分配,假定P为排污量,R为污染削减量,max为最大值,min为最小值,那么,进入地区3的污染物总量=P1max+P2max−R1min−R2min。而当P1max+P2max−R1min−R2min≥0时候,地区3的最优决策方案是不减少本地区P3的数量,也就是排放量达到P3max,而向地区4排放P1max+P2max+P3max−R1min−R2min的污染量。这样,无限制的地区利益竞取会产生破坏性的竞争,从而会导致整个流域的用户群体的利益遭受损失。而不同行政区之间或同一行政区内的不同水事务部门之间的职能分割和冲突,则使得各自的管辖权都难以得到有效行使,甚至产生部门职能错位、失位、缺位的严重后果,进而加剧了不同行政区之间的块块矛盾。这样,特定流域区内特定行政区的经济实体越庞大,流域作为统一的自然水文单元的完整性就会被破坏得越严重,流域所承载的共同利益就有可能遭到覆灭的命运。

　　同理,地区2、地区3额外增加的排污量也会造成累积效应。不断累积的污染物使得整个流域的治理成本累积上升,而且治理的边际成本也因为各个地区追求经济利益最大化的决策行为和污染的累积效应而出现递增。如图2所示。

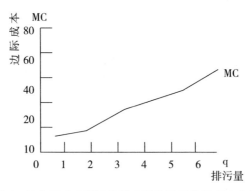

图2　地方行政分割下流域水污染治理边际成本曲线

　　因此,在地方行政分割状态下,流域水污染治理实际上存在着边际成本上升的趋势,提供流域水污染治理这一准公共物品的价格会随着流域所处的地理位置越往下游越呈现边际递增,而不会发生集体物品本身所存在的提供第一批集体物品的价格会高于其后所提供集体物品价格的情形。这就会间接导致不同于美国学者奥尔森所描述的"集体行动困境"的情形,即行动开始的时候由于成本过高而没有人愿意提供,只有解决了提供的激励问题,才会取得集体物品的最大化效应。在流域从上游到下游范围内,如果不能改变污染加剧的趋势,水污染治理开始的成本就会较高,而且呈现出边际成本递增的趋势。这样就会出现一种困境:要想更多地提供流域水污染治理这样的集体物品,各地方行政区付出的成本要比所获得的收益成比例地增大。因此,如果没有合理的利益补偿机制,没有合理的治理制度安排,最终的情形是流域内各辖区自行其是,追求单体利益最大化,尽量将污染危害外部化,流域水污染治理失效不可避免。简言之,地方行政分割无法治理流域水污染,如果地方行政分割越严重,则流域水污染治理失效的后果越严重。

（本文为作者就读于北京大学政府管理学院博士生期间完成,2006年3月发表于中文核心期刊《环境保护》杂志。同门师弟孙朝阳先生提供了智力支持。）

07　我国流域水污染治理困境及对策

流域水污染是指污水排放量超过流域自然纳污能力所引起的流域水资源功能丧失状态。因此,流域水污染不仅和流域水资源环境承载力有关,更与社会生产方式和流域水污染治理制度安排直接关联,流域水污染治理取决于流域自然属性和社会属性的和谐程度。

随着我国人口激增和粗放型生产方式副作用的累积,自从 20 世纪中叶特别是 80 年代以来,人们在感到水量紧缺的同时,也意识到水质恶化越来越严重了。我国主要江河、湖泊的污染源是工业污染和城镇生活污染。2005 年 1 月,对全国七大水系的 175 条河流、345 个断面的监测显示:Ⅰ—Ⅲ类水质占 46.7%,Ⅳ—Ⅴ类占 24.9%,劣Ⅴ类水质占到 28.4%。七大水系主要污染指标是高锰酸钾指数、氨氮和石油类。随着城市规模的进一步扩大和农业面源污染的失控,我国流域水污染呈现出成分复杂、量多面广、危害加剧等特点,严重危害到人民的生活质量,其治理是我国和谐社会建设中的重大现实课题。然而,由于地方行政分割体制的制约,流域水污染自然属性和社会属性处于矛盾状态,流域内不同层级的行政区很难顾及整个流域水资源的共同利益,致使我国流域水污染治理陷入困境。

一、我国流域水污染治理困境的原因

流域水污染治理是典型的准公共物品,具有消费的非竞争性和受益的排他性特征。从准公共物品的角度来看,政府、市场和自治等三种组织都可提供这种治理服务。因此,从理论上来说,治理困境一方面是指提供和生产这种准公共物品的技术工艺问题,另一方面则是指在提供和生产这种准公共物品的过程中三种组织之间的关系问题。是政府的行政干预多一点,还是市场交易多一点,或者是自治协议多一点?三种治理机制之间的关系反映着不同的治理结构,即治理制度

如何安排。在现行体制条件下,即便我们改进了环境技术和工艺并且采取了相应的工程措施,仍然没有从根本上解决流域水污染治理问题,可见治理困境的深层次原因是治理制度安排不当。

（一）工程技术与工具落后是治理失效的客观原因

在我国,水污染防治技术与工具落后由来已久,主要集中在项目规划、工程设计不合理以及设备配置、工艺水平落后等方面。我国大部分企业的污水处理工程采用的是露天水池,先是通过自然净化,然后再辅之以一定的化学措施,很少有生态结构上的考虑。污水处理设备老化严重,容易腐蚀。污染处理介质利用效果差,污水处理效率低。从现状来看,排污管网的规划、排污口的布置以及污水处理厂的建设都由政府来统一实施,然后由环保部门来负责监督排污行为并依法征收排污费。但是,由于采用的是单因子收费方式,当同一排污口排放多种有害物质时,只对污染物质排放收费最高的进行收费,因此,一旦没有制定新的标准,监测部门就没有动力去主动更新检测设备。企业也因为污染收费相对较低的原因,缺乏污染控制的动力而宁愿缴纳排污费,这就使得从整体上控制多种污染物的排放难上加难。目前,国家环保部门制作了新的排污费征收软件,但有些地区因为现有的电脑太落后而无法安装使用。一些地区环保局甚至连检测氨氮的仪器设备都没有,无法进行现场采样检测。我国环保产业起步晚,规模小,技术含量普遍不高,国内环境技术和产品难以适应成分复杂、量多面广、危害加剧的流域水污染的监测和治理的需要。

（二）地方行政分割体制是治理失效的制度原因

我国流域水污染治理实行属地管理原则。《中华人民共和国水污染防治法》第 4 条规定,各级人民政府的环境保护部门是对水污染防治实施统一监督管理的机关。《中华人民共和国水法》第 13 条规定,县级以上地方人民政府有关部门按照职责分工,负责本行政区域内水资源开发、利用、节约和保护的有关工作。属地管理原则的确立,使得流域水污染的治理处于不同行政区之间的"分治"格局之中,并且要服从于不同行政区的经济发展以及行政区域等级结构的安排。行政区域政府的自利化取向和片面追求经济增长的倾向,使得地方政府趋于把自己错误定位为区域或者部门的企业化政府。这就容易造成流域水污染治理上的单一行政方式以及各部门的职能分割。这种属地管理下出现的流域水污染治理块块分治、部门分割、单一行政方式以及等级控制的权力运作方式,可以简称为地方行政分割体制。在地方行政分割体制下,流域作为有机的自然生态系统呈现出被不同利益主体人为分割的局面,流域的完整性被打破,作为利益载体的可用水源被大小不同的行政区截留,而废水则被排放到行政区以外,造成负的外部效应。

流域反映着各个行政主体的利益关系。流域的生态系统一旦失去平衡,就会发生严重的水污染事故。而在地方行政分割状态下,流域水污染治理实际上存在着边际成本上升的趋势,提供流域水污染治理这一准公共物品的价格会随着流域所处的地理位置越往下游越呈现边际递增。如果没有合理的利益补偿机制,没有合理的治理制度安排,最终的情形是流域内各辖区自行其是,追求单体利益最大化,尽量将污染危害外部化,流域水污染治理失效不可避免。简言之,地方行政分割无法治理流域水污染,地方行政分割越严重,则流域水污染治理失效的后果越严重。

二、流域水污染治理制度设计

结合以上分析,可以发现我国流域水污染治理困境,一方面是由于污染防治工程技术与工具的落后无法改变流域水污染的自然累积属性,另一方面则是流域水污染治理制度安排的不合理而导致。因此,寻找流域水污染有效治理的出路也就必须从现实困境这一基点出发,从污染防治工程技术与工具的改善以及制度安排的创新这两个方面来展开。

(一)污染防治工程技术与工具的改善

要改善污染防治工程技术与工具,借助高新技术手段全面提升我国环保产业的总体水平。首先,要鼓励高科技创新,改进工艺水平。在污水处理循环系统上,既要改进处理设备,也要不断发现新的处理介质;其次,进一步加大产业支持力度,优先开展生态污染防治。在利用物理和化学方法处理污染物的同时,要扶持生态污染防治,利用自然生态的均衡能力来达到污染防治的目的;第三,要全面实施战略环评制度。战略环评有利于打破部门界限和地区界限,解决条块分割和部门分割,避免重复建设和盲目建设。要从"源头和过程控制"战略思想出发,对政策、法规、规划和计划中的资源环境承载能力进行深入的分析预测和科学评价,采取预防措施或其他补救措施,从源头上控制环境污染。战略环评要从法规、政策、规划三个层次展开。

(二)构建参与共治新治理模式

流域水污染治理是为了实现流域水资源所承载的共同利益。但地方行政分割体制下的区域分治、单一行政方式、职能部门分割与层级控制使得流域水污染治理陷于分散割据、权力重叠、封闭保守、连带责任的恶性循环之中,还使得市场和自治这两种制度安排很难发挥其应有的作用。要实现流域水污染的有效治理,必须把政府、市场和自治这三种制度安排有机地结合起来,构建新的治理模式。

首先,新模式的构建要摆脱地方行政分割的分散割据、权力重叠、封闭保守、连带责任的恶性循环。要在多个政府、多层级政府之间建立信息披露、资源共享、沟通合作、联合行动的联动机制。要在基层政府、地方政府甚至是中央政府之间建立起合作沟通的平台,建立起多级联动机制,适用多级政府之间的"跳板原则"。也就是说,基层政府除了在本行政区划范围内和地方政府有层级联系外,还可以与另一个行政区划的基层政府、地方政府建立沟通协调的联系机制;也可以通过本行政区划的地方政府牵头来建立和另一行政区划的地方政府、基层政府的合作。基层政府要充分发挥在当地充分掌握时空信息、便于了解当地科学知识的优势。因此,基层政府要深入到公民个人和团体、市场之中,了解公民和团体的需求,把握市场的变化规律。基层政府要加强和当地的公民、团体和市场组织的协调、沟通与合作。要建立起监督协调机制。协调不仅仅是自上而下的,也有自下而上的。还可以发展非正式的协调机制,来弥补正式组织的不足。

其次,新模式要在行政区职能部门之间、行政区职能部门与流域管理机构之间建立良好的沟通、协调与合作。既要充分发挥地方政府职能部门在流域水污染治理中的区位优势,又要发挥流域管理机构的专业管理特长,打破流域水污染治理中行政区和流域分野的格局。

再次,新模式要实现政府、市场和自治三种制度安排的和谐统一。政府、市场和公民自治组织实质上是流域治理的铁三角。在流域水污染治理中,以流域为中心而形成的公民团体、市场和不同区域的政府之间又是一个"合力四边形"的关系。公民团体、市场既可以灵活运用"看不见的手",也可以选择"用脚投票"的方式。在这个参与共治模型的四边形中,两条对角线的相交点和圆锥体垂直线的垂直点吻合时,意味着各个利益主体的行为达成集体行动,此时,社会福利和个人收益同时达到最优。

最后,新模式要发挥立法机构和司法机构的保障作用。与地方政府相对应的立法机构和司法机构要起到代言人和监督人的作用,还要加强和地方政府的互动。立法机构的主要任务是制定治理社会的法律,还可以通过监督政府,审查其是否保护了流域的共同利益等,对政府工作产生影响。立法机构代表人民并作为一种输入机制,接受大众要求并转达给政府。司法机构则要发挥其保障平等和公平的基础作用,保障流域内各个利益主体的法定权利。还要发挥它特有的强制力,保障政府行动得到强有力的执行,尤其是依法支持基层政府的行动。

综上所述,新的模式是在全流域共同利益基础上,由政府间强制力合力为主导和主干而形成多层次利益主体之间的协商合作。本文把这种模式称为"参与共治"。作为一种制度安排,必须由政府之间协商所形成的强制力合力来确保参与共治的建立,个人、团体和市场等利益主体作为参与者也是制度安排的一部分,立法机构和司法机构的参与对多方主体的集体行动是有益的约束。

　　参与共治新模式的建立,有利于流域内各个利益主体达成集体行动,有利于流域共同利益的实现。具体说来,需要落实以下几点:

　　1. 建立协商治理委员会。协商治理委员会以多层级的政府合作为主导,有民间力量的参与,有市场的合作,还有立法机关和司法机关的监督。可以由政府领导或知名人士担任主管专员,通过建立联席会议制度和不定期召开联席会议,及时调解和处理流域水污染纠纷。

　　2. 完善信访制度。提高社会以及民众对水污染事故的知情权、反映权、举报权以及监督权。遇到紧急情况,应按照国家赔偿法来处理污染事故给老百姓带来的损失。

　　3. 建立生态补偿机制。解决好不同行政区之间的环境协调和补偿问题,同时还要建立健全维护行政区域界线附近地区稳定的协调处理机制。对通过境内非营利社会团体、国家机关向环保事业的捐赠依法给予税收优惠。要完善生态补偿政策,尽快建立生态补偿机制。中央和地方财政转移支付应考虑生态补偿因素,国家和地方可分别开展生态补偿试点。

　　4. 完善相关法律制度。《国务院关于落实科学发展观加强环境保护的决定》指出,要健全环境法规和标准体系,努力使环境标准与环保目标相衔接。完善对污染受害者的法律援助机制,研究建立环境民事和行政公诉制度。在法律规范的约束下,在实际中贯彻科学发展观,才能确保辖区内环境质量稳定,促进经济、环境资源协调发展,促进社会和谐可持续发展。

　　(本文发表于中央党校 2006 年 4 月 20 日《理论动态》1704 期。)

08　超越地方行政分割体制　探索参与共治的流域水污染治理新模式

近年来,我国环保工程技术加强,资金投入增长,政策约束更为严格,但水资源治理低效,流域水污染严重,尤其是体制机制不健全,成为加剧我国水资源紧张的主要原因之一。因此,探索我国流域水污染治理困境的制度性出路,可能在于超越地方行政分割体制,探索并完善参与共治的治理新模式。参与共治就是要从流域的共同利益出发,依靠不同地方政府间的合作形成的权威效力为主导和主干,在我国流域水污染治理中构建起政府、市场和社会公众等多层次利益主体之间的协商合作机制。

一、作为现行流域水污染治理制度安排的地方行政分割体制,存在着块块分割和分散管理等弊端,造成了流域内不同利益主体集体行动的困境

1. 流域水污染是指当流域内污水排放量超过流域的自然纳污能力,并且引起流域内大规模的水资源功能丧失时的状态。流域水污染的自然属性反映流域水污染自然生态特征,其社会属性反映以流域水资源为核心的各个行动主体之间的利益关系。流域水流本质上反映着社会利益流。在流域水体总量稳定情况下,污染呈现自然累积的特征。影响流域水污染状态的因素,除了流域内污染源排放强度及其本身客观因素例如水量季节性不均和地形起伏平缓引起排污不畅,还与国家现有工程技术、资金投入和政策约束正相关,更为重要的是依附于流域之上各行为主体的利益博弈。

2. 流域水污染治理是典型的准公共物品,其治理成果具有消费的非竞争性,治理成本巨大要求本身具有受益的排他性。因此就总体思路而言,流域水污染治理可以采取政府提供、市场提供和混合提供等多种方式。虽然地方政府、企业和公民个体都可以单独加入流域水污染治理,但由于治理的初始成本大而且边际成本递增,任何单一的地方政府、企业或个人都难以承担如此大的投入,所以流域水污染治理往往会因此而呈现非竞争性特征,除非在治理过程中提供必要的制度激励。

3. 地方行政分割体制强化了地方利益,与流域水污染治理准公共物品属性客观要求的多元化提供相悖,这是我国流域水污染治理低效的体制性原因。主要表现在以下三个方面:其一,地方政府客观存在自利化倾向,流域水污染属地化治理原则使它们更多地考虑地方利益的得失。其二,地方政府对水资源的分散化管理造成了部门职能的冲突。例如,区域和行业在水资源开发、利用等方面的决策分散,地下水、地表水和云水资源的管理部门分散,农业、工业、居民生活用水管理分散,水管理决策执行权分散在政府领导、技术人员和专职管理人员之间,部门分割还在相当程度上造成"环保不下河、水利不上岸"的管理窘境。其三,流域水资源管理权分散在不同的行政部门,流域管理机构则被限定在分散性的特定区域(如重要河段、边界河段和交叉河段)和特定标准(如取水许可限额)之内承担水管理职能,难以通过宏观径流调节来应对流域水质的波动。

4. 流域水污染属地化治理模式,在政策思路上强调以政府管制为主,辅之以法律规范和行政手段,在实施环节上往往表现为政府行政命令、突击行动、执法大检查等形式。然而,流域水污染治理的准公共物品属性在本质上要求政府、市场和公民个体都能够发挥治理的主体作用,而不能依靠任何单一的运作方式。不改变各自为政的地方分治思路,仅通过强化的属地管理、严格的排污收费、污染配额的削减、以及改进治理技术、增加资金投入等措施,难以摆脱流域水污染治理低效的结局。

5. 在地方行政分割体制条件下,流域内不同利益主体难以通过集体行动以实现共同利益,这是因为流域承载的规模经济总量足够大时,以流域为载体的各个主体如政府、市场、公民以及团体等就会因为各自利益的理性考虑而陷入集体行动的困境。进一步说,行政分割体制条件下流域水污染治理还存在着边际成本上升的趋势,治理成本一般会随着流域所处的地理位置越往下游越呈现边际递增,而不会发生公共物品提供中存在的供给第一批物品的价格会高于其后所供给物品的价格的情形。地方行政分割程度越高,则流域水污染治理失效的后果越严重,其治理成本越大,因此在实践中要特别防止流域水污染全局性失控。

二、参与共治是超越地方行政分割的流域水污染治理体制创新,有助于流域内不同利益主体形成集体行动

1. 典型案例。笔者在此列举通过田野调查获得的三则相对成功的案例,是因为它们中各自孕育着我国流域水污染治道变革和制度创新的因素。

案例一:江苏赣榆县和山东莒南县联合治理龙王河流域水污染的案例表明,地方政府之间行政力的权威引导是实现参与共治的前提:首先,两县政府间形成了经常性的联席会议制度,建立了信息沟通平台,联席会议内容、污水处理厂建设进度、跨界断面监测数据、重点企业治理情况、治理设施运转等信息都对社会公开透明。其次,双方建立了联合督察机制,由两地环境监察人员组成联合督察组,日常监督沿河两县污染企业排放和治理设施运行情况,并约定监测周期和河流水体采样时间,检测结果互报、上报上级环境保护部门。第三,两县环境保护部门约定一旦发生污染事故时要迅速启动应急预案,双方要在第一时间到达同一断面采样监测,据此区分责任并采取果断措施。

案例二:江苏和浙江两省协商治理澜溪塘流域水污染治理的案例表明,流域内不同利益主体的互动共识是参与共治的制度动力:首先,作为不同省际的地方政府认识到长期以来以邻为壑的思路和做法得到的结果是损人不利己,只有协商协调才有可能实现双赢。双方的地方政府建立了市县镇三级互动,发挥了政府间合作的优势和主导作用。澜溪塘流域位于江苏省苏州市吴江市(县级)盛泽镇和浙江省嘉兴市秀洲区的王江泾镇之间。澜溪塘以北的盛泽镇纺织印染业发达,澜溪塘以南的王江泾镇经济以水产养殖、航运和农业为主,由于和盛泽镇接壤故此也有少量的印染企业,彼此互相制约;加之流域内水体一年内还有多日逆向流动,就污染物转移而言上游地区并无先天优势。在处理澜溪塘流域水污染时,事先是苏州市和嘉兴市达成共识,相同层级的吴江市和秀洲区建立了行政监察制度、信息披露制度和联席会议制度,而吴江市设在盛泽镇的环保分局也可以直接和对方秀洲区的政府部门协商处理水污染应急事件,消除了地方政府之间同级别对话的习惯性规则。其次,流域水污染治理提供了广阔的市场空间,相关企业发挥了污染治理设施建设的能力。再次,社会公众和团体对经济项目的环境评价实现了至关重要的参与权、知情权和话语权,参与流域治理的积极性得到了很大程度的尊重。公民利益保护机制的建立,有助于经济活跃的澜溪塘流域实现水资源环境的可持续发展。

案例三:江苏、浙江和上海共同治理太湖流域水污染的案例表明,治理只能在制度创新的过程中取得明显成效:首先,建立了多级政府之间的信息披露制度、行政监察制度和联席会议制度。多级政府之间能够统一协调行动,尤其是在不同行政区之间形成集体行动。这也表明,建立跨地区的政府间权威性机制是参与共治的首要条件。其次,建立了政府、市场和社会公众的参与共治机制。大量环境友好型组织、公民团体和个人都参与太湖的流域水污染治理,由此既形成了流域内各个利益主体的集体行动,也充分利用了各方力量特长和资源条件的优势。在这其中,尤其是民间智慧和专家的指导,为太湖流域水污染治理注入了新的活力。环太湖地区企业和产业结构的调整和进步,以及生物技术对湖泊水体质量本身的改进,都受益于企业对高新技术的攻关和应用。排污权交易市场建设存在多重制约因素,市场机制需要进一步培育。再次,实现了不同部门之间的联动合作机制。地方水利、环保、财政、农业等部门在协商合作的基础上,各司其职,通力合作,由此建立了流域水污染治理的长效机制。尤其是太湖流域管理局和地方政府职能部门的合作,从根本上打破了流域水污染治理行政区域和流域的分野,为多部门联合参与流域水污染治理提供了良好的合作平台。

2. 案例结论。通过对龙王河、澜溪塘、太湖 3 个流域水污染治理案例的分析，可以发现它们立足于经济发展水平较高、水资源构成严重制约和法治精神深入人心的社会现实，从制度层面进行了探索和创新。新的体制和模式在本质上有别于地方行政分割体制，其共同拥有的合理性在于：一是它克服了各个地方政府自利化的倾向，强调流域经济发展和生态环境的良性互动；二是它摒弃了一个地方政府的单边行政模式，强调多个地方政府之间的协同和合作；三是它脱离了经济权重决定话语权大小的传统游戏，强调地方政府依靠行政力权威构建平等的对话平台，在信息对称基础上通过谈判、协商达成共识和合作；四是它突破了在单一政府模式框架内谋划顶层设计的思路，强调政府、市场和自治组织等都是共同参与流域水污染治理的主体力量。这种模式生长于地方政府治理流域水污染的实践之中，它在超越地方行政分割体制的同时，也初步显示了制度探索和创新带来的活力，是一种参与共治机制。

三、参与共治依靠其独特的制度结构、动力来源和实现方式来取得制度绩效

参与共治是建立在流域共同利益基础之上，由地方政府间的协商、协同和合作形成一个跨行政区域的权威强制力，从而通过地方政府间的合力来确保和引导社会多层次利益主体共同参与合作的流域水污染治理机制。

1. 制度结构。参与共治将流域水污染治理主体范围扩大为相关地方政府、地方政府相关部门、市场主体和社会公众（包括公民、法人、其他社会组织）等，形成了独特的制度结构：第一，参与共治以不同地方行政区的利益实现为前提。第二，政府间的合作形成一个跨区域的协同性和权威性力量。第三，建立行区职能部门之间以及和流域管理机构的联动合作。第四，当地企业等市场主体、社会公众等社会主体的参与及其与地方政府治理行动实现协商合作。政府是治理的责

任主体,给予流域水污染治理政策引导和制度激励。企业、社会公众不仅是政府力量的有益补充,也是流域水污染治理的主体。第五,立法和司法机构公平公正地保护流域内各利益主体的合法权益,协调和化解参与共治系统内的矛盾和冲突。与地方政府相对应的立法机构和司法机构一方面要起到社会公众代言人和监督人的作用,另一方面要加强和地方政府的沟通和互动。

2. 动力来源。共同利益是实现流域内环境合作的利益驱动力。消除具有强烈外部性的流域水污染,必须依靠多方参与。如果流域水污染全局性失控,任何一方的利益都会受损。在流域水污染治理中,共同利益既可表现为流域内共同环境规则的制定、执行,也可以表现为利益主体在互动中实现利益,还表现为出于控制损失的幅度和量度目的而达成的集体一致性等。在流域共同利益驱动下,政府、市场、公民以及社会组织共同形成多方面的支持系统,进而实现不同利益主体的合理利益诉求。在共同利益下制度有效性在空间上呈现出多维立体的参与共治结构,制度的有效性得以拓宽。

3. 实现方式。第一,权威方式。参与共治首先强调,流域内不同政府间包括不同层次政府间实现协商合作,以突破地方行政分治的利益格局。流域水污染治理行动突破行政边界控制,跨区域共同协商和集体行动成为常态。在地方政府与流域机构关系上,参与共治要求地方政府从流域共同利益角度出发考虑全局问题和利益得失,以积极合作的姿态参与跨区域的流域水污染协商治理。第二,协调方式。在流域水污染治理中依靠双边或者多边公共协商,建立起不同利益主体之间的协调机制,以实现流域治理决策的合法性和决策执行的有效性。首先是要建立地方政府间的行政协同机制,其次是建立公众、市场和政府之间的利益协同机制。第三,沟通方式。流域内不同利益主体之间进行充分的信息交流。在流域水污染治理的参与共治中,政府应该以各种形式保障公民对行政决策的参与。第四,法治方式。建立完善的法律监督体系,进行有效的事前事后监督。第五,交易方式。一方面要严格实行"谁污染谁付费"的市场规则,另一方面要采取水资源配置效率优先的市场交易措施。

4. 制度绩效。一方面,参与共治案例具备共同的绩效特征:地方政府间合力、市场和公民的参与,提供了制度激励。参与共治可以以较少的策略成本获取流域水污染治理的时空信息和相关科学知识,约束寻租和腐败,因此取得了超越地方行政分割体制的制度优势。另一方面,参与共治案例也呈现出绩效差异性特征:一是地方政府、企业和公众等参与主体的愿望和行为强弱,直接影响制度执行的效果。一般说来,地方政府间的联动合作为主会带来较高的协调成本,企业和公众的参与程度影响制度的活力。地方政府实现公共物品供给与生产分离,有利于企业更多地进入公共物品生产外包领域。二是参与共治的流域对象引起不同的治理效果。一般说来,湖泊在同一时间段容易发生流域污染事故,而整条江河同时被污染的可能性较小。进一步说,对于河流全流域而言,由于上游地区总是处于有利地位,在契约力度和有效性有限的情况下,各方参与共治的动力和愿望往往不足,因此建立参与共治的制度机制异常困难。对于湖泊水而言,流域水体遭到严重污染的后果是相关各方一损俱损,故各方参与共治的愿望和动力要强烈得多。由此推知,尽管江河流域自净能力优于湖泊,但就形成参与共治机制的动力而言,湖泊污染治理比江河污染治理有优势,在湖泊治理中更容易建立起参与共治的治理机制。三是影响制度的还有很多外围因素,例如流域范围大小、资金丰歉、技术优劣以及法制观念是否深入人心等,都会制约参与共治制度的实施而造成绩效差异。

5. 制度模型。从参与共治多维立体的制度模型看来,共同利益是引导流域多方参与的最终目标,地方政府、市场主体和社会公众的有机互动构成参与共治的基础。参与共治的关键在于多个政府、多层级政府之间建立信息共享、协商合作、联合行动的联动机制。地方政府之间的合作、沟通与协调是参与共治模型的主导和主干。其中,不仅需要同级地方政府之间建立起合作联系机制,而且要在下级基层政府、地方政府甚至是中央政府之间建立起合作沟通的平台,建立起多级联动的机制,也就是多级政府之间可按照"跳板原则"突破同等级别对话协商的传统规则;不同层级政府间有明确的分工体系,基层政府要加强和当地社会公众、团体和市场组织的协调、沟通与合作,同时要建立起监督协调机制;地方政府职能部门之间、地方政府职能部门与流域管理机构之间要有良好的沟通、协调与合作。

四、在我国流域水污染治理中探索参与共治制度,可以坚持循序渐进、因地制宜、均衡激励的原则,逐步建立协商治理委员会的组织形式

1. 实行参与共治应该更多地表现为强制性、人为设计、渐进式的制度变迁模式。这是因为:严重的流域水污染治理形势紧迫,制度变迁需要更多地由政府权威和强制力来推动,而不是一般诱致性引导所能达到目的;制度创新的激励不够充分,制度变迁需要更多的人为设计来规范,而不能任由其自发演进和贻误时机;现存地方行政分割体制已经造成治理制度固化和利益关系的复杂化,流域治理中的不同利益主体经常出现零和博弈的困局,参与共治在现有模式基础上不可施以激进化的简单手段。我国流域水污染参与共治模式的实践尚属探索阶段,制度框架有待完善,制度空间有待拓展,制度变迁有待于更多的动力和激励因素的融合。

2. 参与共治的案例多发生在我国经济相对发达的小流域地区,而大流域治理的参与共治机制形成困难但意义重大。在经济相对发达地区,流域系统相对较小,水资源非常紧缺,治理投入较有保障,公民法治精神浓厚,共同利益容易形成,基层政府往往具有政策创新的动力。相反,大流域内的不同利益主体的共同利益不易形成,它们在集体行动中容易陷入困境。尽管大流域内的经济总量大,上游地区在没有外力干预情况下,也总会选择让水污染顺流突破行政区边界实施污染转移。只有在对流域内地方政府的制度激励中,考核地方政府政绩时切实做到环境质量"一票否决",坚决扭转违法成本过低的窘迫,并在相邻地区实施环境效益财政转移支付制度,大的流域水污染治理才有可能形成参与共治的集体行动。

3. 参与共治的活力来自于对各个参与主体实施均衡激励,要进一步构建善治的政府、有效率的市场及公民自主参与的机制。首先,国家要加强对地方政府绿色经济指标的考核,从宏观上更多地考虑促进地区经济增长和流域生态环境协调发展。其次,任何企业都必须对自身的环境外部性负责,科技型企业可利用国家节能减排政策机遇,生产适合本流域水污染治理的环境装备。再次,充分利用听政于群众、问计于专家等协商民主形式,争取公众对参与共治方案的支持。培育公共治理的社会组织,在协商治理中逐步培养现代社会的环境意识。最后,依法维护契约的权威和参与主体对契约的遵守。

4. 逐步建立常设性协商治理委员会的组织形式。参与共治在强调地方政府责任的同时引入了市场、社会公众和社会组织等多主体力量,是我国流域治理制度性重构。在政策组合的集体选择上,参与共治强调地方政府之间进行权威性合作,主张政府通过对企业更多的授权以激励企业为流域水污染治理提供更多更好的产品和服务,支持社会组织的深层次参与。参与共治落实到普遍操作层面上,可考虑在跨行政区的流域水污染严重地区真正建立常设性协商治理委员会,协商治理委员会可以考虑执行如下基本运行规则。

其一,就组织结构而言,以地方政府之间的合作为主,以多层级的政府合作为辅,既有民间力量的参与,也有市场主体的合作,还有立法机关和司法机关的监督。该委员会可由相关地区的政府领导或知名人士轮流担任主管专员,下设日常调解组、战略咨询组、技术储备组和社会参与组,相关小组成员由技术专家和民间活跃分子构成。相关地方政府保障协商委员会的独立经费和它他办公条件。

其二,就职责范围而言,通过建立联席会议制度和不定期召开联席会议及时调解和处理流域水污染问题和纠纷;在涉及流域主体功能区定位、主导产业布局和流域水污染排放标准等重大问题时,充分听取来自不同行业的专家成员的咨询意见;跟踪技术进步潮流,嫁接先进技术和企业攻关的桥梁,为流域水污染治理提供技术储备;调动社会公众、团体组织或第三部门的力量,以程序合法手段提升其自觉参与共治的深广度;完善对污染受害者的法律援助机制,研究建立环境民事和行政公诉制度。

其三,就制度建设而言,积极探索建立流域之间的生态效益补偿机制,用市场交易机制维护行政区流域跨界污染地区的稳定机制,解决好不同行政区域的环境协调和补偿问题。在制度获得流域内相关行政区认可后严格实施。在水价改革环节,充分发挥价格杠杆作用,开展利益相关者听证,激励民间资本进入污染治理设施的建设。在跨省流域水资源调配和跨行业用水交易中,充分听取协商委员会的意见,在优先满足流域生态系统正常运行前提下,尽量降低制度运行过程中的交易成本,用市场机制促进水资源利用效率的提高。

其四,就监督体制而言,大力建设协商委员会信息网络平台,及时公布流域水环境自动在线监测的数据;跟踪流域水污染治理设施建成后的运行状况,对故意造成流域重大水污染事故者给予问责直至刑事处置;定期向上级政府首脑报告各地区流域水污染治理责任制的落实情况,建议将其作为考核地方政府政绩的重要标准;激励民间自组织和独立媒体参与到协商委员会中来,保障社会以及民众对水污染事故的知情权、反映权、举报权以及监督权;在相关法律修改和执行中探索实行举证责任倒置,发生环境诉讼时由排污企业提供没有污染受害个体成员的证据,从根本上改变排污企业对社会个体成员的力量强势。

五、从制度变迁的意义上看,参与共治可以成为我国水资源治理的重要原则

1. 源于流域水污染治理实践并符合公共物品理论要求的参与共治,对治理我国水量分配和水能开发困局同样具有制度借鉴作用。在我国流经多个省市的大型流域,长期存在着地区和行业之间的水量分配不合理,按比例分配水量的传统思路表面上符合优先占用定制,实际上造成了水资源的低效率利用,还容易加剧下游地区用水紧张和流域水污染程度。在小水电开发热中,突击上马、密集布局、径流引水等乱象迭出,全然不顾河流上下游、左右岸和干支流等相关地区的利益诉求,给社会治理和生态环境系统造成了巨大冲击。强调在地方政府权威强制力基础上形成多主体协商治理的参与共治机制,其适用对象并不仅仅局限于流域水污染治理,而是可以考虑根据不同情况加以调整修正,使之成为我国水资源治理的普遍机制。

2. 参与共治存在于制度的动态均衡状态之中,制度因素的组合决定绩效的优劣。参与共治类同弓弦的结构原理:将弹性条的两端头视作不同行政区的地方政府,以弦绷紧并缚住端头相当于地方政府间形成了权威性强制力,拉满弓弦可使分布于弓背之上的诸多企业和社会公众处于最大拉伸应力状态,此时弓弦力道获得最优配置,流域水资源治理中不同利益参与主体处于最优参与状态,即"弓弦最优配置"。在这种状态下,弓弦之间的不同行为主体都是程度不同的有效参与者;地方政府作为制度确立的主导力量,在制度均衡状态时维持系统应力最大。政府间强制力过小则权威性不够,难以协调多主体参与;强制力过大则成为传统意义上的单一行政模式,容易排斥多主体参与。

3. 质量、数量和能量构成流域水资源三位一体,流域水污染防治、水量分配和水能资源开发构成了我国水资源治理的主要内容。中国水资源治理关乎生态安全、经济增长、粮食安全、公共卫生、社会稳定和外交战略等诸多方面,在国家发展总体布局中应该上升为国家战略。考虑到水资源本身的特征和规律,很有必要加强其治理的安全应急体系和能力的建设。与此同时,若能在政府机构改革中设置国家水资源治理委员会,作为水资源保护、开发、利用和水污染治理的权威协调机构,将强化政府部门之间的集体行动。在国家水资源治理委员会之下,设置大型流域管理局,可以摆脱行业部门的利益掣肘和话语权干扰。需要强调指出的是,在流域参与共治体制内,地方政府与流域机构是合作而不是领导与被领导的关系,即便是今后可能出现拥有法律授权和财政独立的流域机构,也必须遵守整个流域内各利益主体在参与共治行动中达成的共同契约并且付诸行动。

　　总的来说,中国流域水污染治理的理性选择是从地方分治走向参与共治。参与共治经过完善和制度变迁,或可成为我国流域水资源治理的普遍机制,从而为我国水资源的有效治理提供制度支持。不过,参与共治还会受到流域水资源自然禀赋、经济发展水平、治理资金技术投入和其他社会制度安排的制约,其制度模型的构建和内生动力的拓展有待我国水资源有效治理的进一步检验和支持。参与共治生于治水困境,其使命亦在于突破困境。参与共治着眼于流域社会利益主体之间、人与人之间的关系互动,其理论和实践探索或可促进人与自然的和谐,促进现代社会治理理念的深化和进步。

　　(本文系北京大学"科学发展观与政府管理改革"课题组研究成果,胡若隐独立完成。本文经国务院研究室副主任宁吉喆先生、社会发展司司长李萌先生审阅修改后,刊登于该室 2011 年 11 月 2 日《研究报告》,先后得到李克强、张高丽和多位省部级领导批示。其基本内容同年 12 月 10 日刊登于中央党校《理论动态》,标题为《参与共治或可成为中国流域治水新机制》。《人民日报》12 月 22 日选用了本《研究报告》五千余言,标题为《探索参与共治的流域水污染治理新模式》。《中国环境报》12 月 28 日全文刊登《研究报告》后,《新华文摘》全文转摘,故而在学术界赢得影响。)

09　探索的艰难与尴尬——对"中国现代派文学"的一种描述

一、"现代派文学"在当代中国文坛作为一种现象的存在

任何一个公正细心的读者都不难发现,"中国现代派"以其富于冒险的独特气质,在文坛掀起了种种骚动。无论是信心满怀的维护、真诚忧虑的观望,还是不屑一顾的鄙薄,都无法否认现代派文学在中国当代文坛的存在。

沿着时间脉络梳理,从 1978 年的"星星"画展和《今天》诗派算起,"中国现代派"已有 14 年的历史,这使我们无法再把它视为一伙人别出心裁的偶然尝试。

1979 年是现代主义的始发期。1978 年 12 月的中共十一届三中全会、1979 年的第四次全国文代会及整个社会的思想解放运动,是它的历史背景和思想背景。"伤痕文学"刚刚退潮,"反思文学"和"改革文学"恰如洪波涌起。现代主义正是在这股潮流中发出自己的呼声。虽然它更加关注艺术的本体特性,试图使作品的内容和形式处于二元分裂状态,但从总体上说,它并没有与现实主义分道扬镳,而是通过关注社会"热点"负载自己的历史责任。

1985 年始,现代主义以旗帜鲜明的姿态和更加丰富的色彩在文坛"爆炸"开来,整个文坛呈现出现实主义与现代主义分化倾向。"中国现代派"在文学中表现出许多新特点。

自 1986 年《诗歌报》和《深圳青年报》联合推出"现代主义诗群大展"至今,一股不易被社会接受的诗潮蔓延开来,但一些有文化素养、人生经验、悟性较高的诗人,确实拓展了诗的表现领域,写出一些"有意味"的作品。"先锋诗人"逐渐不满于"朦胧诗"阶段,呼唤"诗的自觉时代":鼓吹以"生命体验"为最终实现,如江河(他与顾城、北岛、舒婷和杨炼一起被并称为"五大朦胧诗人")所说"现代诗最终只是呈现

一种纯粹";主张以潜意识和无意识为必由途径,深入潜意识的臆想迷幻中;以"女性诗歌"一度给诗坛带来新鲜的瞿永明,在《诗歌报》撰文主张"突破白天,进入黑夜",试图重建诗歌语言;"非非"诗派宣告试图说点社会的什么和向社会说点什么的沉郁的北岛们毕竟"过时",这个群体众多诗人的努力赢得了文艺评论界的关注。

也是自1979年开始,王蒙推出《风筝飘带》等6篇别致的作品,一度形成"人人争说意识流"的盛况。稍后出现的《自由落体》《远与近》(与顾城诗同名)在主题上有较大的推进:人的生存和自信成了一个"问题"。《无主题变奏》(徐星)和《少男少女,一共七个》(陈村)等表现出来的被社会遗忘或主动遗忘社会的"局外人"心理,表明现代主义小说主题的具体化和分化;《你别无选择》(刘索拉)、《红高粱》(莫言)、《冈底斯的诱惑》(马原)的审美态度(闹剧形式和黑色幽默)、艺术感觉方式(空灵沉重)及魔幻般的艺术境界,表现出现代主义小说形式的具体化和分化。

《绝对信号》(高行健)、《屋外有热流》(马中骏等编剧)、《车站》《魔方》等现代戏剧的创作,代表戏剧观念变革的方向:从煽情到达理,从再现到表现,从整一到散乱,从"纯"戏剧到"泛"戏剧。纯然的易卜生—斯坦尼式的写实样式已经少见,代之而起的是布景抽象,戏剧环境主要由动作或台词带出,以灯光效果或人体造型来构成景物;舞台时空变幻自由,心灵活动外化为可见的场面,多有梦幻、鬼魂因素参与剧情;演员打破纯体验的表现方式,常集角色和叙事人为一身;演出区域尽可能向观众席延伸,进而发展为四面观众的小剧场;假面、歌舞、杂耍等因素出现在话剧之中。

自1978年始,对西方现代主义文艺的客观译介应运而生,它使大批作家、艺术家和批评家获得了反思和推进我国文艺的外在的又是现代意义的参照系。他们迎接了"逆向选择"的挑战——站在现实主义圈外来吸收和创新,试图促成原生文化艺术传统的根本性转变,并由此引发了一场规模宏大持续至今的文艺论争。有人认为,现代主义文艺是"来源于人民的生活源泉"的,有积极意义,说它是极端主观主义并不公正;有人认为,现代主义文艺都是"巴黎餐馆里腐烂发臭的野鸡",应以现实主义尺度予以评价。在艺术方法的借鉴上,两种对立意见却达成某种程度的共识。更为激进的是"崛起论"者(缘起于诗歌中谢冕《在新的崛起面前》、孙绍振《新的美学原则在崛起》、徐敬亚《崛起的诗群》)的宣言:现代主义是当代新诗的必然出路。在一些评论家看来,现代主义的论争已不仅仅是文艺问题的一般讨论,"这场论争实质上是道路之争,旗帜之争"(冯牧语)。对于影响如此之大的"中国现代派文学"现象,我们虽不能盲目推崇,也不能熟视无睹。

二、存在艰难:现实主义唯我独尊;"现代派文学"先天不足;社会接受心理不利

中国现代主义的历史可以源溯到七十年前的 20 世纪 20 年代。现代主义与现实主义一并存在于文艺创作之中,李金发、戴望舒的象征派诗歌,也确实形成了一定气候,但当时的中国没有为它提供发展的天空。时代注定了现实主义在文坛中的主流地位,现代主义思潮受到遏制,人们对当时现代派文学也普遍有失偏颇,"我们能听到某人提倡某主义……却从未见某主义的一部作品,大吹大擂地挂起招牌来,孪生了开张和倒闭,所以欧洲的文艺史潮在中国尚未开演又像——演过了"(鲁迅语)。现实主义和其他文艺思潮这种关系直至 70 年代末期,得以绝对捍卫并形成一定惯性。长期以来,现实主义似乎是君临一切的"一元",钳制着现代主义文艺的生长。解放思想后,我们重视文艺的"逆向选择",但又固守于"同向性选择"的实际行为中,是由于既成定式的惯性使然。

郭沫若受到惠特曼的影响,艾青从印象主义和象征主义诗歌中吸取营养,曹禺师从过奥尼尔的现代心理悲剧艺术,鲁迅的小说和散文创作中,更是将西方的批判现实主义方法、浪漫主义、印象主义及超现实主义熔一炉而冶之……毫无疑问,一些文学大家们都曾吸收过西方文学的精华特别是技巧。我们却很少注意到,《狂人日记》借鉴了果戈理的怪诞,却走在西方卡夫卡之前;《过客》在形式上和皮兰德·罗的戏剧相去不远,而尤奈斯库和贝克特的戏剧那时候尚未出世;交口赞誉的《凤凰涅槃》在展示"自我否定——自我实现"这一典型的西方生命母题中,我们也不难发现诗中"道"的物我合一精神,如"火便是你/火便是我/火便是他","一切的一,和谐/一的一切,和谐。"至今,我们常常强调作家对西方文学的借鉴,却往往忽视作家在传统基础上的继承和创新。结论于是被无理地演绎出来:"中国现代派文学"有着技巧等方面的先天不足,我们称之为"剥离技巧派"。

"中国现代派文学"存在的艰难,还在于难以容纳的社会接受心理。

其一,"中国现代派文学"现象作为一种文艺现象,它与新时期的社会变革有一定联系,但从根本上说,其生成动力仍在于文学自身内部,是文学自身发展和走向开放的必然结果。在深刻的社会变革中,文学家们面向世界,试图拓展文学的表现领域和表现方法。"文艺从属于政治"的桎梏瓦解后,文学要求迅速恢复其本来面目,一种反弹力表现出空前的活跃。现代主义大潮涌进了社会主义现实主义阵容。它以其强调主体在文学创新中的重要地位,与思想解放运动中的个性升值相适应。看似奇特的"中国现代派文学"现象的兴起,带来了理论上寻根者的困惑,因为经典文论没有给他们预先准备明白晓畅而又有说服力的解释。

其二,西方现代派文学在两次世界大战期间得到发展,中国 20 年代出现的现代主义大致可以视为起步稍晚的同类现象。直至 40 年代,在现实主义树荫下成长的现代主义只能是脆弱者的形象。特别是十年浩劫中,"左"倾思想侵入文艺肌体,现代主义近乎窒息。所以,人们都普遍认为,现代主义已是昨天的故事,甚至怀疑"中国现代派文学"是毫无意义的死灰复燃,是一些中青年作家心血来潮时的偶然所为。

其三,对"中国现代派文学"表现内容的怀疑,是其被误称为"伪现代派"文学的主要原因。西方现代主义反映出中下层知识分子的不满和反社会思潮的泛滥,其作品表现出严重的精神危机和虚无主义,表现人物的特有心态。现代心理学研究成果表明，人的潜意识是人的生命活动内容的一部分。"精神分析说"在当代诗坛产生了一定影响，且为叙述语言上的意识流形式找到了理论渊源。金近童话《狐狸打猎人》，便有怪诞的意思。事实却正是这样，怪诞和非逻辑的东西，往往也能构成一个历史时期的内容，如十年浩劫就是一例。更何况，我们提倡的"现代派"，"是指地道的中国现代派，而不是全盘西化，毫无创见的现代派……我们的现代派的范围与含义，便与西方现代派的内容和标准不大一样。"（冯骥才：《中国文学需要"现代派"！》，载《上海文学》1982 年第 8 期）因此，就表现内容而言，当代文坛应给予"中国现代派文学"一席之地，因为当代中国人同样有着精神危机感、怪诞感，同样离不开生命的无意识世界，更何况现代主义为艺术表现现代生活提供了有效手段。

三、艰难探索中的尴尬：文学批评支持不力；理解的艰难；创新中自身的困惑

如果将艺术活动作为一个系统来考察，我们发现，它离不开艺术家、作品、读者三要素，审美信息在创作、社会化、欣赏三个环节上流动，成为艺术活动的系统特质。

作品必须经过作家的创作和社会化过程才能实现。文学理论和批评的支持不力，客观上阻滞了"中国现代派文学"作品的社会化进程。一些非学术意义上的批评和凑热闹者的无理指责，使一些作家在探索现代派问题上勇气锐减，惊人的谨慎为多数探索者所愿意保持的姿势。1981 年高行健发表的《现代小说技巧初探》以及由此引发的冯骥才、李陀、刘心武的几封信，被评论家统称为"四个小风筝"。强调"形式美的相对独立性"，强调小说技巧的超阶级性，等等。但我们知道，"谈论技巧时，实际上涉及几乎所有的问题"（M.肖勒语），因此，这种探索常被误以为是抛开内容的"剥离技巧派"所为而又无言申辩。这是一种策略上的障眼法抑或"东方的狡黠"？此举虽显得有些"犹抱琵琶半遮面"，却暗示着一种真诚的理论主张，即在包括内容在内的

多层次意义上为现代派进行理论宣扬。激进的作家、批评家尚且只能做到这一步,可见,要创造一种利于现代派文学作品社会化及创作规律的理论总结的文学批评环境何等艰难。

毫无疑问,对于一种尚未完备的艺术流派,我们需要更多的冷静和宽容。应该看到,一种艺术流派存在的合理性,并不由暂时的认同者的多寡来决定。前些年"朦胧诗"就引发过一场广泛的争论,但它毕竟体现出新旧交替中人们复杂的文化心态和更新中并非割断历史的美学追求,因而在非议之后仍能得到较多的认同。类似的联想是这样的:"中国现代派文学"生长在如此之多的非议之中,却并未销声匿迹,不也从反面说明其强健的生命力吗?

"中国现代派文学"陷入尴尬状态的另一重要原因,在于读者和作者之间的"陌生感",它导因于理解的艰难。

现象是混沌为一的世界,共时并存多种人和事物,那么对现象世界的描述与显示即使只局限在经验的范围内,要求单一的情节与主题,创造单一的情绪,遵循直线型的因果追寻方式来完成作品也是不可能的了。"中国现代派文学""无主题、无人物、无情节"的创作,正是从一个侧面反映出世界的本来面目,呈现出艺术创造的丰富性。

对于混沌现象,人的思想是很难规定其明确指向的,我们却喜欢寻根问底,追求"意义",因为我们从来都认定没有说明不了的问题,没有哲学解决不了的问题。爱尔兰现代主义剧作家贝克特的《等待戈多》里,那"戈多"根本就不会来,而高行健的《车站》里依然有一个前往的目的地。北京人民艺术剧院在排演《车站》的同时,也演出了鲁迅先生的《过客》。"那前面的声音叫我走"——"前面是什么?"老人说是"坟",而小女孩说是"花"。是"花"还是"坟",不同的读者就会相信不同的假定结果,不可能也毫无必要取得共识。作家马原不止一次对类似于"你的小说是什么意思"的疑问表示反感,我想马原自己也无法弄清其小说的明晰意义,甚至很少想过此类问题。

如是说来,容易导致"作家常常并不知道他要表达的意思是什么"的结论,这对作者具有强大的摧毁性。美国学者E.D.赫什就指出,"意义是由一个本文所表示的东西;它是作者借助于对某种特殊符号序列的使用所表示的意思;它是符号表现的东西。"德国康德认为,甚至柏拉图也不知道他的意思是什么,而自己却比柏拉图本人能更好地理解柏拉图的某些著作。柏拉图对"理式"说本文"意义"无疑有最准确的理解,康德只是对柏拉图著作的"主题"有更深刻的理解。康德将这种情况称为"理解作者胜过作者理解他自己"。当读者明晰了本文无意识的"意义",他可以认为理解作者胜过作者理解他自己。

接受美学将读者引入作品意义的创造和实现中,将文学活动看成作家→作品→读者的动力学过程,认为文学的历史生命存在于一代代读者接受的长链中。因此,理解本文的"意义"和"主题"的区别,对我们理解现代派作品很重要。如何缩小读者与作者间的距离感、"陌生感",这是本文意义实现程度的关键。读者系统的调查结果表明,由于现象的"无主题变奏",很多人对现代派作品感到苦涩艰难,"读不懂",似乎"懂"与"不懂"成了潜移默化的评判标准。一些评论家则走得更远些,他们常借读者"读不懂"的呼声作为攻击性武器,这实在令人有些遗憾。

事实上,读者参与后本文意义的实现过程是如此艰难,"懂"与"不懂"就不能成为评判文学作品优劣的唯一指标。像法国司汤达那样伟大的现实主义作家,俄国作家托尔斯泰只能理解他的思想,本国人梅里美只能理解他的艺术,雨果甚至认为他不是作家,他在当时文坛成了"陌生人"。法国哲学家柏格森指出,主体对最终的作品形态缺少预见性和假设力,捷克作家卡夫卡在写完《判决》五个月后修改这部小说时,才弄清其中的人物关系。莫言把自己的创作描述为"天马行空"。"一部作品之不朽,并不是它把一种意义强加给不同的人,而是因为它向一个人暗示了不同的意义。"法国文学评论家罗兰巴特的见解对我们校正阅读现代派作品的态度不无启迪:我们不能执拗于发现作品的唯一意义,否则是一种徒劳和无聊。

创新是"中国现代派文学"的旗帜。由于创新,它终于在文坛占据一席之地;也由于对创新的刻意追求,现代派文学自身陷入了羝羊触藩、进退维谷的困惑境地。

以北岛为代表的"朦胧诗"，高行健的早期戏剧，《在同一地平线上》（张辛欣）、《晚霞消失的时候》（礼平）等小说，代了新时期文坛上第一批现代主义作家（前崛起派）的成就。他们主张内容和形式上的探索并举，形式技法的创新只是为了更深沉地传达自己的社会观念，如杨炼所说，当时"朦胧诗""更大的意义在于诗人的历史而非诗的历史"。因而，其作品受到了普遍的认同。

深化派起步同于前崛起派。王蒙、高行健、莫言、阿城等作家以及孔捷生、王安忆、韩少功、丙嵬、邓刚、谌容、杨炼、江河等人的一些作品均属此类。他们对现实生活持基本认同的态度；认为只有把握社会的整体命运，才能恰当地自我选择；传统中沉淀了人类的共性内容，有丰富的审美源泉和创作灵感，是文艺最应该表现的内容。但在另一方面，他们把创作思维的重心转向了艺术本身，寻求"表现的独特方式"（杨炼语），强调艺术的世界成为"艺术家"的世界、艺术的历史成为"艺术"的历史而不是"艺术家"的历史。文学的形式与内容距离加大，但他们从根本上没有忘记艺术表现现实生活的宗旨，因而为现代主义文学提供了一些范例。

1985 年始，在"打倒北岛"的呼声中，诗坛诞生了"新生代"诗人。小说界出现《你别无选择》《无主题变奏》《少男少女，一共七个》等有反响的作品。这些"后崛起派"作家们，较之"前崛起派"和"深化派"走得更远一些。在他们那里，世界客观性这一主体论前提被轻易否定，反映论根本动摇。他们凭借敏感、开放和精神上的创造性优势，创作出一些有新意的作品，但他们的创新明显表现出历史观、人生观和艺术观的某些偏激。这表现为反传统、反价值、反规范以至"反文化"倾向，还表现为他们特别强调自我人格崇拜和超人意志。

民族文学的特色首先表现为作家运用民族语言的艺术特色。俄国作家屠格涅夫说得好：他的祖国就是俄罗斯语言。语言贵创新，创新意味着组合方式上合规律的重新排列组合。后崛起派提出语言的破坏和重建，给自身的创作带来了尴尬。早在莫言小说中，对语言的颠覆就开始了。它缘起于不可分解的价值的二元对立中自我感觉的爆炸:"最美丽,最丑陋,最超脱,最世俗,最圣洁,最龌龊,最英雄好汉,最王八蛋,最能喝酒,最能爱。"(红高粱)在莫言语式中,能指和所指发生了剧烈震动,语义已很难把握,但这种极端的形式使对立的意义在趋于瓦解之际得到统一,故仍然表现出语言活动对意义的捕捉。在《褐色鸟群》(格非)中,对"她走路的姿势"的每一个细节予以反理性的强化描写,以分裂的感觉完成了语言指代行为的零散化。叙述作为一种语言操作,已堕落为一种纯粹的文字游戏。总之,"非语言"的"非非主义"作品只能给人神昏谵语的印象,是人为自绝于读者的愚蠢行为,是"中国现代派文学"家族的耻辱。有人提出语言解放,要求语言从能指和所指的限定关系中解放出来,成为一种无拘束的能指,其实质就是语言向自然本性的回归。这种理论上的荒谬性,只能导致语言的毁灭——语言不再表现意义,导致创作实践中因漠视读者而不被理解的困惑。

四、结语:反映生活不是现实主义的专利,流放不该属于"中国现代派文学"

任何一种艺术模式都不能周全而精细地表现出一个时期所有的生活,即便是一种占主导地位的模式,也不能代替一切探索和创新。"中国现代派文学"以其独创的气质证明了这一真理。它不是我们通常理解的西方现代主义的简单位移,尽管它明显得益于后者的刺激和启发。宗璞的《我是谁》虽然写了那个年代人变成蛇的异化情态,结尾终究发出了"我是人"的呼声。而卡夫卡的《变形记》中,这种愿望已被绝望的人生观所代替。"中国现代派文学"无法抹掉中国传统文化的五四以来新文化传统的胎记。作家马原就聪明地宣称:"我深信我骨子里是汉人,尽管我读了几千本洋人写的书,我的观念还是汉人的。"

放眼中国当代文坛,我们需承认一个事实:现实主义以其强健的生命力经久不衰,现代主义以其新生的特质和某些优势在文坛引人注目。根本原因在于,重视文学反映社会生活,这不是现实主义的专利权,恰恰是现代主义和现实主义的最大沟通之处。

即便是西方现代主义文艺,也决不是以超越现实为归宿。我们公认的西方现代派文学大师们,从来都没有否认文学的社会性和社会意识,割裂文学和社会的联系。哥伦比亚作家马尔克斯曾指出:"归根结底,创作的源泉永远是现实。"美国作家福克纳也说过:"艺术的宗旨,无非要用艺术手段把活动也即生活抓住,使之固定不动。"索尔·贝娄更是宣称,虚构的小说是"向周围社会作调查的一种工具。"法国哲学家萨特的观点不夹雕饰:"人们无论写什么,更确切地说,无论发表什么,从来都是为了他人。"据说执着于现实主义文学理论的乔治·卢卡奇曾严厉批评表现主义,却在匈牙利事变被捕时恍然大悟卡夫卡作品的真实性,这便是例证。

"时代与作品的内容的相适应性是不容怀疑的,否则就会导致创作进入误区,成为一种自我挫败的行为"。以韦恩·W.戴埃的话去指责"中国现代派文学"进入"误区",这很难令人赞同。"中国现代派文学"的创作实践表明,作家们事实上不可能忘记文学反映生活的根本走向,其创作的三大基本主题"文化之秘""生命之流""悲叹之声"无一不与现实活动相联系。

黄放的《猎神,走出山谷》,告诉我们的不仅仅是一个故事:三姓寨的新一代青年梦猿,背弃老一辈猎手独臂张对外一无所知、所求只管打豹的愿望,走出山谷做毛皮生意,使寨子尽快富起来。对独臂张一心捍卫埋葬在山林中祖宗灵魂的行为,不必过多非议,但我们应该为作家在探索"文化之秘"主题上获得时代赋予的新意而叫好。王蒙的《杂色》、韩少功的《火宅》、史铁生的《命若琴弦》等作品,在"生命之流"的主题探索上,给我们理性的思考。在孔捷生的笔下,做过英雄梦的邱霆在"大林莽"中,因为固执、愚玩而孤独地走向死亡。主人公意识到自己的悲剧的时候,也开始了对自己价值的怀疑。在"悲叹之声"的主题歌中,我们深沉地感到时代青年面临寻找中的某些困惑。

现代主义和现实主义在艺术真实地反映生活这一根本走向上,有着我们很少想到的相通之处。笔者以为，二者没有分庭抗争、互相视为异端之必要。料想，正是由于"中国现代派文学"作品在艺术地揭示现代生活方面有着独到的魅力，才吸引着广大读者在艰难的理解中，硬着头皮读下去。

庶几，我们说，流放不该属于"中国现代派文学"。

庶几，"中国现代派文学"可以此作为一份难得的慰藉，以坚实的努力开辟一条"中国作风"和"中国气派"（毛泽东语）的艺术创新之路。

（本文系作者在湘潭大学攻读文学学士学位时的毕业论文，定稿于 1992 年 5 月。指导老师刘演林先生。全文 8000 余言。这次编入本书前请首都师范大学副校长、文学博士邱运华先生作了审阅把关，他是我就读湘潭大学期间的班主任。鉴于本文涉及作家作品和艺术评论家繁多，为使阅读方便，尽可能将有关信息、观点置于文字叙述中，在此不保留繁杂的参考文章注解。特此说明，并致以感谢。）

三　对话经典

01　艺术逼近"一线天"——"世界华人画家三峡刻石记游"透视

历史可以毁誉但不可涂改,故人类当谨慎地铸造今天。

中国早期的刻石文化带有浓郁的政治色彩,它的艺术价值是在后人的审美活动中发现的。泰山刻石亦称《封泰山碑》:秦始皇二十八年(公元前219年)登泰山,丞相李斯歌颂其统一中国的功绩刻碑于斯。此前的《吕氏春秋》早有记载:故功绩铭乎金石。

两千多年后,中国长江孕育着"高峡出平湖"的三峡工程,令世人举目东方。去年(1993年)11月至今,由中国画研究院、湖北省美术院和广东省画院联合举办的"世界华人画家三峡刻石记游"活动快速进展,得到了有关部门和很多海外华人的认同,同时引发一些专家、游客和政府部门的非议。刻刀刚举,纷议乍起,新闻传媒褒贬不一。

一、铸造跨世纪文化工程

1992年下半年至1993年上半年是"三峡刻石"活动的酝酿阶段,活动目标是邀请国内外知名画家游三峡,搞写生。

　　由于三峡建设项目提上议事日程，如何适应三峡自然景观的变化，这一课题给湖北省文化艺术建设提出了新的要求。1992 年下半年，一批画家聚集在广东省深圳市深华工贸总公司，参加该公司企业文化性画廊"深华画院"的开幕式。湖北省美术院院长冯今松向画界同仁提出"知名画家游三峡，搞写生"的建议，得到大家认可。公司董事长郑宇辉答应资助他们 50 万元人民币，后因企业内部关系协调问题，资金落实不了，活动到此搁浅。期间，冯今松院长和深圳商报社记者、著名中年镌刻家詹志峰先生交换了意见。

　　去年 7 月，由于商界、政界有关人员的资助和关注，"知名画家游三峡，搞写生"的最初目标上升为"三峡刻石记游"。湖北省美术院、中国画研究院和广东省画院三家单位成为主办者。

　　詹志峰和广东省艺术广告发展公司郑宇辉副总经理是朋友，他俩找到了广东省武警总队某负责同志，陈述了画界建设三峡文化工程的意图。这位负责同志原本喜爱绘画艺术，答应同香港方面联系，打通资金渠道。后来，香港华富达公司杨晋光、洪祖杭先生同意投资 200 万元，条件是画家交给公司 100 到 200 幅画。画界方面同意交给公司 100 幅画，并保证刻石活动的高层次、高规格和高质量。双方达成协议，并约定资金渠道是：香港华富达公司资金经广东省艺术广告公司转交刻石活动组委会。

　　广东省艺术广告发展公司总经理卢伟文提出，湖北省美术院如果邀请广东省画院参加活动，广东省的领导同志可出任名誉主任。冯今松院长和中国画研究院院长刘勃舒通了电话，表示同意广东画院参加进来，冯并说请湖北省的领导同志出任名誉主任。湖北省这位领导得到邀请后，表示支持三峡文化项目的建设。后来，广东省委副书记黄华华出任名誉主任。

　　在这种情况下，三家主办单位认为一般记游没有什么特色，他们要做的必须为后代提供长期存在的文化价值。"三峡刻石记游"的构想也就呼之欲出了：刻石记游，首创印章碑林雕刻艺术形式。

　　"三峡刻石"在 5 年来平静如水的画坛掀起了惊涛骇浪。中国美术家协会副主席关山月倍感兴趣,答应出任艺委会主任,题字画画。中国书法家协会代主席沈鹏为活动题写序言。台湾著名画家刘国松寄来作品《山水》。马来西亚艺术学院院长钟正山寄来作品《万丈师表》。新加坡著名画家陈瑞献精心制作《屈原像》,表示对活动的热心。美国、澳大利亚等国华人画家也寄来作品。

二、斯文人亮开了嗓门

一位先哲说:"美是难的。"在中国绘画艺术逼近西陵峡段"一线天"的时候,非议乍起,给"三峡刻石"组委会带来了沉重压力。8月1日上午,组委会副主任冯今松借中华环保世纪行记者在武汉采访的机会,重申了活动主办者的主要观点。

"三峡刻石"是经过严密组织并获得批准的艺术活动,旨在记录和保存三峡珍贵的文化遗产,弘扬优秀的民族文化,促进国际文化艺术交流,推出一项跨世纪的罕见的文化工程。去年10月,组委会在北京召开第一次会议。11月30日,国家文化部复函中国画研究院:"你院关于同广东省画院、湖北省美术院联合举办《世界华人画家三峡刻石记游》的请示收悉。经研究,同意你们举办这次活动,我部由副部长陈昌本同志担任名誉主任。刻石问题由湖北方面办理申办手续……"

今年2月,湖北省领导同志在省美术院呈交的报告上批示:请光忠、清泉同志(宜昌市党政领导,编者注)给予关注,此事亦请重农、祖元同志过问。4月8日,主办单位再次开会商定有关机构及组织成员。组委会名誉主任为:关广富、陈昌本、黄华华,名誉顾问为国家旅游局局长刘毅。组委会主任是刘勃舒,副主任由冯今松、王玉珏等6人担任。艺委会主任为关山月,执行主任为刘勃舒。艺委会顾问名单是:叶浅予、关山月、何海霞、吴作人、张仃、崔子范、赖少其、黎雄才、文楼、姜希文、沈鹏、启功。协办单位为深圳商报社,承办单位为广东省艺术广告发展公司,资助单位为香港华富达有限公司。会议通过了"三峡刻石"实施要点。

今年5月,宜昌市成立了由宣传部、文化局、规划局和外事办参加的三峡刻石记游活动现场办公室,市长罗清泉担任工程领导小组组长。宜昌市负责刻石工程选点、征地及测绘方面的工作,主办者给宜昌市 3 万元供上述工作的经费开支。

刻石工程征地 70 亩,位于宜昌县乐天溪镇王家坪村 4 组的石门。刻石点是宜昌市至莲沱公路上的环形崖壁和一路之隔的绝壁“一线天”,地处西陵峡段。冯今松院长说,刻石主要部分背靠长江,不与长江抢景观。他介绍说,刻石点地处宜昌市三游洞—石门—莲沱—中堡岛三峡旅游文化区内,设想中的“石门露天美术馆”可为当地增加一些旅游价值;供刻石的环形崖壁为 144 平方米,“一线天”为南北方向两堵峭壁,北崖面积为 120 平方米,南崖 80 平方米;和北崖一体的大崖 600 平方米,面向江面,离江心目测距离约 3500 至 4000 米之遥,从江面看大崖像是一只乒乓球拍子。冯先生解释说,莲沱附近的仙人桥绝壁原来也是刻石点,但因绝壁高达 160 米且直立江水北岸,经费和施工难度太大,我们担心影响江岸景观,因而告吹。

三峡刻石规模不大,总共 100 幅画,200 枚印章,画家拿出的作品都是高质量的,可以实现自然景观与人文景观的协调统一,既不损害自然景观,又为西陵天险增添美景。为严格保护三峡的自然景观,组委会将依据“师法自然、高于自然、融于自然、服从自然”的总原则,在刻石过程中具体体现“依山取势,近观取质,密集造型”三大特点,确保高品位的审美价值。

三、当局者迷　旁观者清

壮丽的三峡属于中国人民,在三峡动“刀”,必然触动亿万海内外华人的神经敏感区。记者在广泛调查的基础上发现,专家、官员、游客以及三峡的子民们对“三峡刻石”虽有不同的反应,但他们的基本观点却是一致的:没有任何人简单地以“好”或“坏”二字谈论刻石工程,没有任何人不对“三峡刻石”可能造成的自然景观人为损害表示担忧;“三峡刻石”必须经过公开讨论,由国家高层领导部门组织力量充分论证后予以定夺;由此联想到的日渐升温的三峡广告大战亵渎了游客的感情,必须尽早予以清除。

武汉大学环境科学系主任、教授姚禄安认为,保护三峡壮丽的自然景观比现在人工去改造自然而产生的人文景观更为重要,一切活动须以不破坏自然风光为前提;"三峡刻石"的可行性必须由国家高层部门联合论证,不能某个部门说了算。这位中国腐蚀与防护学会的常务理事还指出,三峡属于大西南酸雨区,宜昌市的酸碱度 pH 值和西欧酸雨重灾区相当,建设跨世纪文化工程必须考虑酸雨和大气污染物对字画的破坏因素,在这方面必须拿出对策。

80 年代初,著名画家汪刃锋致函中国改革开放的总设计师邓小平,反映西陵峡段开山炸石危及长江航运及安全等问题。1988 年 5 月,政协七届一次会议上陆业海、叶汝求和钱保功委员关于"长江三峡自然环境破坏严重,建议国家颁布法令,采取措施予以制止案"引起湖北省政府高度重视。时隔 4 个月,张怀念副省长召集省政府有关部门负责人,听取省环保局关于长江西陵峡名胜风景区保护情况的汇报。会议明确规定西陵峡风景区归口省城乡建设厅管理,所设领导小组办公室挂靠宜昌地区城乡建设环境保护局。

后来,领导小组随着宜昌地区地改市进程自然消亡,缺乏协调管理机构的西陵峡名胜风景区多次出现破坏事件。多次参加事故处理的湖北省环保局副局长、高级工程师吴福仁说:"我在这方面感触很深,在缺乏统一规划和管理的情况下,利用三峡提高知名度的各种想法都会出来,一旦出现负面影响,不是经济上造成损失,就是处理起来很困难。'三峡刻石'不光是文化建设,而且是以自然环境为背景,应由建设部拿出方案,按一定程序严格规划和审批。"

8 月 22 日晚 7 时 30 分,川陵 23 号客轮船员对记者说:"刻些字画是可以的,希望能刻近一些,让我们这些经常在水上跑的人看得见。"学过绘画的游客余东强调"三峡刻石"要抓住民族精神,反映三峡,体现人的精神,做到人文和自然融为一体。他风趣地说:"如果刻石活动要募捐,我愿意出些钱。"谈到广告,这位四川武隆县烟草公司的推销员,指了指他身上穿的衣服上的"宏声"二字说:"这就是我们香烟的牌子,三峡广告和烟一样,属于方寸艺术,是商业性的东西。现在巫峡一带广告太多,驼牌酒、杜康酒等都来了。我不愿见到'一线天'出现这类广告。"

"天中"号游客杨剑祥曾就读于湖南大学,现在是成都汽车制造厂业务主办。他说:"三峡刻石在一定程度上反映出人类对自然景观的人文化做出一点贡献,另一方面是对自然遗留下来的壮丽景色的破坏。刻石行为应相当慎重,单由文化部门认可就举刀为时过早。当代画家的作品很难代表一个时代或者几个时代最优秀的艺术成果。"年仅5岁的小学生邹甜甜是跟他叔父邹兴祥慕名三峡壮丽而来的,她的一句话"等我看完了再刻"道出孩子的童真。

"一线天"真是一个"养在深闺人未识"的地方。摩托车司机徐仁炬、黄世祥告诉记者,他们知道有这么个地方,却不晓得它的名字。乐天溪镇的村民刘永保、黄正伦放下背篓,对记者说:"我们这里不欢迎搞人文景观,城里人到我们这里来,主要是我们这里山水好,空气新鲜。自然景观破坏了,城里人不来,苞谷也不好卖。"

宜昌市"三峡刻石"领导小组办公室副主任董在云是市文化局工会主席。他分析宜昌市支持"三峡刻石"有两方面的原因:一是"香港出钱,北京出力,宜昌受益",宜昌当然欢迎这项活动;二是政府可通过活动的形式,将"一线天"附近的荒山征收过来,防止久拖不治、难治的农民开山炸石行为。

四、愿决策层给予关注

7月14日至18日,以全国政协委员、中国画研究院院长刘勃舒先生为首的"三峡刻石"组委会专家再次前往三峡。7月底,工程总体设计由武汉建筑设计院等5个单位中标,在印章和摩崖石刻的工程竞标中,湖北省宜昌市清江装饰艺术开发公司、河北省曲阳综合石雕艺术研究所和湖北省美术院环境艺术研究所榜上有名。

前不久,香港同胞致信党和国家领导人,对"三峡刻石"和广告问题提出异议。到记者发稿时止,得知组委会已"上书"国务院办公厅。

冯今松先生告诉记者：“我们在等待回音，现在没有动工，我们必须十拿九稳才干。”

记者对组委会提供的“画家作品登记表”进行统计，在117幅作品中，港澳台作品11幅，外籍华人作品7幅，北京、湖北和广东三省市作品多达77幅，全国有11个省（自治区）没有入选作品。从作品的地区来源分析，这一比例显示了很大的不平衡性。尽管如此，这次活动在世界华人画坛乃至整个艺术界造成的剧烈震动是近5年来没有过的。艺术活动是艰难的，难在它目前正受到市场经济潮的巨大冲击，这一点可以从这次活动的资金来源上得到佐证。海内外华人画家出于为三峡工程首创一个跨世纪的文化工程，其动机和爱国热情应该得到肯定。记者在采访中了解到，很少有人认为组委会在策划类似近年来频发的“赈灾义演”之类的丑剧，因为画家们的想法由来已久。艺术逼近“一线天”，是三峡的壮丽吸引了艺术？是艺术活动苦于物质上的贫困而故意将这叶“方舟”引入狭窄的“一线天地”？这是一种天意的偶然吗？

宜昌市文化局的董在云同志证实，从江心到“一线天”大崖直线距离千余米，这与冯今松院长所说目测距离3—4公里相差甚远。距离近了会抢长江自然景观，容易激起非议。但不管怎样，“三峡刻石”都会或多或少地改变自然原来的面貌。1986年，湖北省人民政府立碑：峡东震旦系剖面自然保护点，归属湖北省环保局。该保护点全长6公里，系著名地质学家李四光、赵玉增建立的寒武纪地质断层剖面，“一线天”属其中一部分。董在云同志说：“选择‘一线天’作为刻石点是中南地质502研究所同意的，文化局征求了市环保局的意见并请他们参加活动。”记者回京后通过电话采访了解到，宜昌市环保局局长孙维全一直不同意将刻石点定在“一线天”，他曾将市局意见向主管环保工作的副市长肖道根作过汇报。有关方面至今未向省环保局说过“三峡刻石”问题。国家文化部同意“三峡刻石”是去年11月，而刻石点的敲定是近几个月的事。显然，由宜昌市提出备选点、组委会最后拍板的“三峡刻石”的关键一着棋——何处下刀的问题，根本没有征得文化、建设、环保、旅游等高层部门的充分论证，甚至没有关于选点问题的详细文件记录，这是导致一定程度上的"三峡刻石风，众议难认同"的根本原因。

湖北长阳县、武汉市委党校何士军、吴万等同志类似题为《要立即制止随意刻石三峡的行为》的文章在《湖北日报》《人民日报》等重要媒体上发表或转载，给"三峡刻石"组委会带来了很大压力。本报记者在烈日酷暑中对"三峡刻石"作细致的调查采访，以求读者对目前事态有个客观公正的认识。说到底，刻石、广告、炸石以及以后可能出现的现实问题，都迫切需要一个集协调、规划、管理职能于一身的机构来全盘考虑长江三峡的文化工程建设，这也称得上是决策上的"大处着眼"。

作者补记：

原载于《中国环境报》1994年8月13日一版转二版，一同采访者是本报湖北站记者冉启国先生。文章见报后被《长江开发报》《光明日报》《文摘报》《文汇报》全文或部分转摘，多家省市电视台请求本文记者接受采访。毫无疑问，这是我生平第一次直接或间接与华人书画家打交道，据此写出的长篇通讯反映了市场经济条件下艺术遭遇的困境，故曰"艺术逼近一线天"，新闻采访成功。必须承认，我对艺术品特别是书画作品的经济价值缺乏先知先觉的判断，以至于婉拒了多位大画家主动提出送我作品。

本文叙述到，200万元赞助可以换取100张当时著名书画家的作品，而且市场处于买方主导。可以说当时处于艺术品市场暴动的前夜，由此一路高歌猛进，虽有跌宕起伏，却再也没有给投资者底部买入的机会。据查1994年中国国内生产总值为48459亿元，10年后的2004年GDP达到160714亿元，20年后的2014年GDP达到635910亿元。相隔20年，国家经济规模增长12倍，艺术品价格可能增长了30倍。盛世收藏、价值发现、市场操作等因素合力助推，艺术品市场屡创新高。尽管2012年以来市场需求受到打压，书画市场价格有所回落，但精品力作再也不会遭遇到当年的窘迫。

02 中国榜书艺术的变与常

中国榜书就是中国大字,在中国书法中占有重要地位。她在两千多年的书法艺术实践中独树一帜,成为一道亮丽的风景线。自古以来,许多著名书法家都擅长榜书创作。就是在最近去世的书法大家启功、刘炳森先生,也是因为创作了大量的榜书精品而在我国家喻户晓的。第二届中国榜书艺术大展今年上半年在中国美术馆落下帷幕,取得了参观者近万人的良好效果。令举办者想不到的是,许多年轻人对"什么是榜书"等看似基本的问题仍然缺乏了解。笔者认为,中国书法理论界同仁在欣喜于榜书艺术后继有人的同时,应该更多地把目光放在对榜书艺术特点和内在规律、变与常及其审美嬗变和发展趋势等方面的思考上以便尽快摆脱榜书艺术偏重实际创作、忽视理论建设的困境,自觉地引导其在中国先进文化建设中迸发出生机和活力。

中国榜书源远流长,历经数千年而不衰,它是一个富蕴中国传统文化又具备现代文明强大生命力的美学概念,也是中华民族二千二百多年来艺术实践的一项重大成果。榜书,古曰署书,是秦书八体之一。从起源上看,它以匾额为书写对象。汉代许慎《说文解字》云"秦书八体,六曰署书"是有关榜书的最早文字记载。"署"在古代汉语中有"题字"之意。有关匾额的最早记载是汉高祖六年,萧何所定,"用以题'苍龙''白虎'二阙者也"。书法家米芾在《海岳名言》中就曾描述过"榜字固已满世,自有识者知之"的境界。元代书法理论家释溥光《雪庵字要》专论榜书艺术,涉及执笔、用笔、结构、形势、工具及审美诸方面。他以布书就的《东山传致》,标志着榜书创作工具使用上的突破。他还根据长期书法实践总结了对榜书规格的认识,"大抵四尺以下者有草笔可以书之,五尺以上者须用此布法而书之"。康有为在《广艺舟双楫》开篇说:"榜书,古曰署书,今又称为擘窠大字。作之与小字不同,自古为难。"朱仁夫在《中国现代书法史》中追溯了榜书的嬗变过程。榜书从秦汉开始就被历代书家所重视,秦代六处刻石可谓榜书之滥觞。唐代颜真卿开创了榜书新局面,《逍遥游》等作品至今令人心旌摇荡。宋元以来,能写榜书者多为学北碑、学颜者,宋朝的苏轼、朱熹,明朝萧显,清朝何绍基,现代沙孟海,都从北碑和颜真卿榜书中吸取过营养。《泰山经石峪金刚经》书体雄浑古穆,笔法遒劲纵逸,兼蓄篆隶笔意,被视为"大字鼻祖"或"榜书之宗"。1961年夏天,郭沫若在《访经石峪》中说:"经字大于斗,北齐人所书。千年风韵在,一亩石坪铺。"解说了曝经石和经字的特点以及产生的年代。镌刻在山石上的榜书虽年代久远,历经风雨侵蚀,有的基本上还保持了原来的面貌,有的残损难辨或者佚失,但有拓片传世,是榜书研究者的珍贵实物。

中国榜书有其艺术内核质的稳定性,是谓之"常",故能在中国书法之林中独树一帜,给人以博大精深之感和美的享受;中国榜书有其符合艺术规律的进步,是谓之"变",故能艺术地再现社会现实生活,永葆生机和活力。以"变"赢得发展空间,以"常"维持艺术魅力,二者辩证有机地统一,贯穿于榜书艺术的审美嬗变全程。

中国榜书之"变"主要表现在以下主要方面:其一,就书体形式而言,从单元走向多元。在历史上,榜书对书体有着严格的限制。东晋时代,行草盛行,讲究庄严的宫室题榜仍然多用严整精致的篆隶。唐宋以后,楷书独领风骚。到了近现代,篆、隶等字体复苏,榜书书体逐步呈现出百花齐放、体体皆用的局面。著名书法家皆擅榜书,书体涉及篆、隶、楷、行、草,相互辉映。其二,就表现范围而言,从狭窄趋向开放,从宫阙碑志、宗祠坛观、市廛店铺走向社会生活,如公司牌匾、名山大川等,凝聚着时代特征和人文精神。其三,从作者构成而言,从基本上属于达官贵人、文人墨客的专利走向大众化,许多寻常人家的子弟创作出颇具艺术价值的榜书精品。新中国成立特别是改革开放以来,随着经济发展和人民生活水平的提高,我国书法市场在逐步形成。在中国榜书艺术专业圈内,年轻化和专业化速度也在明显加快。

中国榜书之"常"体现在实用性强、审美特征明显和书写方法相对稳定等方面。首先,榜书文字简练,多见于碑帖,在相当长的历史时期内表现出很强的工具性。或记录现实生活，或抒发人的内心感悟，榜书起到了文以载道和文明传承作用，在当时成为引导主流思想理念的工具之一，于后人还是研究时代变迁、经济发展和人文自然的实物例证，具有重要的学术价值。除汉文字展示风采外，各民族文字的榜书在中国书法大家庭中得到尊重，体现了民族平等，促进了民族团结。榜书还在传播中华文明和维护祖国统一方面发挥着不可替代的作用。例如，元朝是我国多民族文化交融的时代，书法艺术也呈现出多民族参与的复兴局面。元代帝王大多喜欢书法并有所建树。泰定帝也孙铁木耳和顺帝妥欢铁木耳尤爱大字，常常书写大字以奖励大臣。仁宗、英宗和文宗三朝是元朝书法最受重视的时代，因书法见长而获得擢升者屡见不鲜。其次，中国榜书与建筑艺术、自然风光浑然一体，交相辉映；从具象出发，集崇高、和谐、自由于一体，表现出很强的审美性。齐心在《北京名匾》序言中评价榜书"文字精练凝重，寓意深邃，具有强烈的艺术感染力，给人以深刻的启迪"。书坛学者赞誉榜书成就集大成者沙孟海，"观其书，吐气如虹，横绝太空，朴秀兼全，风神盖世"。此外，榜书的具体技法具有相对稳定性。纵情泼墨榜书，是很多书家向往的境界。较之写小字，碑学首领康有为认为榜书存在执笔不同、运管不习、立身骤变、临仿难周、笔毫难精"五难"。榜书者首先要练好小字，才能做到点画精到，锋势兼备；临碑以强字的筋骨，临帖以养字的气韵，二者并重；还要掌握笔大纸厚、墨浓砚深等要求，力求挥洒自如。

目前，中国榜书面临的最大挑战来自电脑制作的"书法体"。随着"书法体"的流行，人们看到的书法作品被局限在展览会、少数报刊和街道牌匾上。随着电脑文字处理技术的推广使用和升级换代，亲笔书写活动离人们越来越远。依靠现代电脑技术完全可以做到将小字放大若干倍而不变形，电脑字库存里也备用了多种字体供人们选择。在这种情况下，有人认为再也没有必要提倡榜书创作。其实不然。经典美学理论家首先告诉我们，"美是理念的感性显现"，艺术生产永远需要灵感，好的作品时刻离不开人的劳动和创新。以写作榜书为例，作者需要擘窠执笔,在步伐移动时腰身产生律动,在笔墨与纸张接触的瞬间将艺术家特有的气质对象化到作品中去。这是一个体现创新精神的复杂艺术过程,显然不是电脑技术复制所能代替的。简言之,电脑"书法体"只能代替榜书创作的工具性,却丝毫不能削弱人们对榜书艺术的审美追求。中国榜书将与中国文字共存。中国不能没有榜书,电脑放大不是榜书。

国人逐步进入小康生活,国人还需要艺术地生活。正如中国书协主席沈鹏在今年全国政协大会发言中所强调指出的,作为民族艺术之一的书法在热潮中实际上面临着生存和发展的危机,书法的可持续发展问题必须尽快纳入到国家艺术发展的轨道中才能得以解决。中国榜书艺术工作者同样需要从容面对崇高的使命和艰巨的现实任务:虽然越来越多的人对中国书法情有独钟,但很多人对榜书这一书法中的品类仍然缺乏了解,为此需要更多有效的宣传;虽然历代文献中书家学者对榜书的历史和特征有一些著述和归纳,但毕竟琐碎而散乱,较之书法其他品类的研究相去甚远,为此亟待穷源竟流,系统整理;虽然榜书艺术成果大多以碑帖形式流传至今,但大量实物历经沧桑,日渐失传,对其挖掘整理和利用保护的工作亟待加强;虽然推出"中国榜书精品工程"的构想令人鼓舞,但如何创作出能够代表一个时代水准的精品对书法家们来说也是重大的挑战。因此,作为中国榜书艺术研究会现任主席的李力生,已近"随心所欲不逾矩"的年龄,仍然感到他带领的这个团队在榜书宣传和创作方面责任重大。

(本文见报前经时任河南省文联主席、中国书法家协会副主席的张海先生推荐。先生 2005 年 8 月 19 日来信嘱我由北戴河回京后将文稿润色后寄他。本文 8 月 31 日发表于河南《书法导报》头版,是我评述书法艺术的开篇之作。是年 10 月张海先生进京荣任第五届中国书法家协会主席,直至 2015 年 12 月卸任。现任全国政协常委,中国书协名誉主席。)

03　魏碑风骨孙伯翔

近些年,书法家孙伯翔因其在魏碑理论和创作方面独树一帜,越来越受到人们的关注和喜爱。究其根本原因,在于他从传统文化中汲取了灵感,并将魏碑风骨般的人格魅力融入了书法创作的实践中。魏碑成就了天津布衣孙伯翔,孙伯翔碑刻了自己的人生路。

孙伯翔1934年出生于河北武清(今属天津)。由于出身原因,他初中毕业后便在天津成为一名普通工人,并从此迷恋上了书法这片可以用来倾诉内心的"世外桃源"。魏碑这个世界淹没了他,他也渐渐地拥有了这个世界。在1982年"全国中青年书法篆刻展览"中,壮岁孙伯翔凭借楷书文天祥的《正气歌》脱颖而出。此后,孙伯翔以坚韧不拔的意志,以只争朝夕的紧迫感,以长期夯就的国学功底,在对魏碑艺术的探索中精益求精。他的魏碑理论见解新颖,突破了传统的桎梏,超越了前人的局限。直到今天,孙伯翔已近80高龄,仍然经常坚持临帖和创作。他说自己是"砚田一耕夫",忘记年龄却不忘艺术"变法"。

魏碑作为承前启后的书法艺术形式,反映了北魏政治、经济和文化等方面的制度变迁。对现实的关切决定了魏碑拥有丰富的社会内涵,碑刻、墓志、造像题记和摩崖石刻等形式与魏碑内容相得益彰,展示出经久不衰的艺术魅力。这也是历代诸多书法家对魏碑潜心研习的重要原因。

集魏碑理论研究和创作实践于一身的孙伯翔,准确而精要地总结了关于魏碑的继承与创新、笔法特征、创作方法论等规律性的要领。他认为,魏碑由隶而始,入楷而终,按本位文化意识来说是不成熟的,对其潜心挖掘是为了提取"新型产品"。《始平公造像记》堪称魏碑正体之源,破隶书成楷书之形,正而多变。以《始平公造像记》为代表的"龙门二十品",其最大成就是创新精神。

笔法对魏碑创作者而言非常重要。孙伯翔强调要在法度中体现碑学者的性情,进而解说了笔法上的"方圆互补"理论——"魏碑方笔重力度,圆笔重内涵。方笔主顿,顿中有提。圆笔主提,提中有顿。顿而不提则死,提而不顿则浮。方笔之法和圆笔之法是辩证互补的关系。"

孙伯翔先写《张猛龙碑》,后写《始平公造像记》,再写《云峰山碑》,形成了独特的碑学创作见解,这就是"先由方圆起步,进而方雄,最后转入浑穆。"他告诫弟子要锲而不舍,艺术追求不能见异思迁,主张"学书法先修性"。他的恩师王学仲称其为人厚道坚韧,故而其作品拥有"钢打铁铸的质感"。

由唐楷入手然后转攻魏碑的孙伯翔,主张对待各种书体不能有狭隘的本位主义,不能独尊魏碑。"一笔一画自成生命","楷书要做到动起来,行草书要做到静下来"。他追求艺术的"清凉之境",要求作品本身要让人清晰可感,"让人们越看越舒服,越看越清凉";同时要求创作主体保持内持自省、淡泊名利的精神境界,在内容上写天地之正大气象,抒民族之风骨华章。

他还拥有热爱真理的品格和自我否定的勇气。对于"魏碑取决于刻工水平"之说,孙伯翔不同意,并以创作实践为根据,阐述了自己的分析逻辑:刻工只能刻其表,不能刻其里;《始平公造像记》的厚重感,是碑刻手工达不到的,其作者朱义章绝对是一个书法高手。孙伯翔还曾经长期信奉碑帖分家的观点。直到 1995 年,他来到山东云峰山,详细察看石刻现场后,感慨:"山林之气可以变成庙堂之气,书法艺术将来的途径还是要碑帖结合。"这是一次为时不晚的重大修正,或者说是一次难能可贵的自我否定。那一年,他已经 61 岁。

凡魏碑之学成大器者,须有劳其筋骨之经历和超凡脱俗之悟性。没有苦难的经历,难以感受魏碑形成之不容易;而没有过人的悟性,也难以从魏碑古朴中寻找到那份灵动。故此,魏碑之学经常会陷入"善始者实繁、克终者盖寡"的老路。孙伯翔能够突破魏碑研习"上路容易成器难"的怪圈,归因于他在苦难的成长中坚守了艺术理想,在"旦复旦兮"的艺术追求中获得了感悟和升华,乃至逐步形成其今日之人格魅力和艺术风骨。

作者补记:

本文经《人民日报》社总编辑吴恒权先生审阅修改,《人民日报》2012年10月14日第8版见报,配有书画作品两幅。本文分析孙伯翔碑学艺术"独树一帜"的特征,在书法艺术业内影响甚大。相关内容还在《新华文摘》《天津日报》《淄博日报》《山东理工大学学报》刊登。

2013年11月1日,孙伯翔书法展在中国美术馆开幕。两天后我和人民日报徐红梅陪同孙先生共进午餐。先生说10月26日李瑞环同志在天津与他品道书法,称天津书法有你这么一位老人,我就放心了。

2014年3月中国文联第十一届造型艺术成就奖颁奖,孙伯翔获此殊荣。评委会的颁奖词是:他是当代一座基石。他的魏碑书风融进自己的个性风格,碑帖交融,刚柔相济,独树一帜。他对书法艺术的深入探讨与独到见解,在当代书坛影响深远。

04 书画家当慎"被收藏"

作为书画家,高兴莫过于作品为世人喜爱、求购乃至珍藏,但有的人却过于迎合市场、贪图名利,将自己的作品千方百计地赠送到知名公共场馆、社会政要、名人或巨贾手中,而后借助名馆、名流"被收藏"来大肆炒作自己。此举常常是某些"著名书画家"所为,为业界和社会有识之士所诟病。

自古以来,中国书画大家多追求德艺双馨的境界。他们常常不以书画家自许,书画不过是其怡悦情志、修身养气的艺术方式,是其精神生活的一项内容或礼尚往来的一种习惯。他们惜墨如金,不屑媚俗,耻于主动送上自己的作品来求得相关的名与利。

从收藏的角度而言,非亲非故之间,若要慕名求得大家真迹,那是要想些法子并有所表示的。于是,《隋书》中有了支付稿费的最早说法"润笔",后来润笔费有了约定俗成的报酬标准,叫做"润格"。清人郑板桥就曾公开宣布自定的书画尺幅价格,为后人所模仿。常言道,"便宜无好货",何况是送上门来的作品?虽然有些未出名的书画家润格不高、艺术水准不低,但在特殊的功利目的促生的"被收藏"现象中,那些送上门来的作品,即便是作者的"力作",也不会是意境、技艺高超的妙品——心在名利,作品又能如何?因此,古来大家或名流诸君,往往假托不谙书画之道,对那些不请自来的书画家避而远之,以免落得个"被收藏"对象,而污损了自己的名节。

遗憾的是,"被收藏"如今已然成为书画炒作营销的主要手段之一——那些自以为"著名"而又不被社会认可的书画作者和他们的包装者,绞尽脑汁找到联系知名公共场馆、社会名流的道儿,或者穿梭在各大展览的开幕式现场,寻找一切机会将精心炮制的所谓精品力作"敬呈方家赐教"。这一过程少不了合影留念乃至录像,也少不了一些鼓励甚至褒奖的话。主动的赠予者,表面恭敬,心中窃喜;被动的接受者,作为社会名流"拨冗"接见书家的时刻,也总得作喜形于色之状,附庸风雅,讲点好话,否则怕人传出某公"没有品位"或是"不近人情"之说。不负责任的点评,经常是迎合世俗而又无可奈何的需要,却让"力作"被收藏之后的社会效应和市场效应达到了令人满意的效果。

这些"被收藏"的作品真实水准如何,在这种"喜庆"的时刻,恐怕是没有人实话实说的。现实的情况是,有些书家,即便将常年练习的"神""龙""福""寿"等字全都写上,再加上有如鲁迅先生笔下人物孔乙己"茴"字般的多种写法,这"力作"也依旧苍白无力。然而,即便是懂得书画艺术的行家里手,在书画作品"被收藏"的现场给予了严谨客观的评价乃至批判,也不影响这次见面市场价值的深度挖掘——书画作品"被收藏"后,炒作此公的系列动作也就出笼了。一般而言,某"学术单位"会先将此公作品编凑成册,加之手拿作品与公共场馆负责人、社会名流的合影,精美装帧出版,再举办此公的专家研讨会,安排圈内人士给予廉价的高度评价,诸如"幼受庭训""涉猎诸家、多体兼擅",又如"作品多次获得大奖,被多家博物馆收藏,入列世界华人艺术名人大典"等。最后的关键环节是媒体曝光,各色媒体纷纷推介,此时常常也要加上"被某公共场馆收藏"的信息或作者与社会名流的合影,更少不了名流和业界口吐莲花的称赞——作品毫无生气的"平庸"被说成"古拙",突破法度的"丑书"被说成"创新",如此等等。这阵势让人目眩耳鸣,置我等普通艺术爱好者于云遮雾绕之中,若是心里还是没有长出几分佩服,便会怀疑自己是否有些狂妄或无知。

此类"被收藏"的市场炒作,利用的是崇尚名流的羊群效应。"被收藏"的谜底并不复杂,技巧也并不高明,却助长了书画界炒作的不良风气,伤害了艺术市场的参与者。若将此类现象的危害全部归因于书画家本身,似乎有失偏颇。众多参与者中,往往还有囤积炒作的收藏者、来者不拒的知名公共场所、不负责任的拍卖公司等。他们和书画家一样,都是书画市场链上的利益共同体。大伙只顾在"鸡犬升天"的过程中捞足油水,哪管是否真有"一人得道",此公创作的东西是否值得收藏。

还有一些"被收藏"漂洋过海，欺世盗名，贻笑异域——人脉广泛的利益相关者托关系将作品硬塞给了国外的博物馆、联合国官员、外国名人政要。此等消息在国内媒体广为传播，却难以得到"收藏方"的证实，也难见到作品被展示。国外博物馆长期陈列的，还是人们公认的经典，包括从我们老祖宗手上抢去的东西。云泥有别，大浪淘沙。我深信，书画艺术和市场自有其基本规律，"被收藏"的作品即便可以欺人一时，也骗不了一世，更骗不了天下。

（原载于《人民日报》2013 年 10 月 20 日"且说收藏"版。）

05　黾翁弟子孙伯翔

癸巳重阳前三日（2013年10月10日），我搭乘北京开往天津的最早城铁，匆匆来到天津大学黾园向学术大家王学仲（号黾翁）先生恭行告别之礼。虽然我无缘受教于先生，却向来敬重他的学问融通和书法精湛。**他所倡导的"四我精神"——"扬我国风，励我民魂，求我时尚，写我怀抱"，至今仍在书坛高地回声嘹亮。**他所感悟的书艺思路"大字贪丑拙，小字求妩媚"，至今仍给书道同仁以启示。遵照他一生艺术刻薄、做人低调的原则，眼前的黾园接待站陈设简单而肃穆，厅内悬挂着黾翁面带慈祥笑容的照片，两侧是他最为得意的弟子孙伯翔的魏碑行书挽联。上联曰"黾园恩泽育桃李"，下联曰"夫子翰墨传后人"。其简约用语中蕴含的感情分量，是今年八十岁的孙先生对八十八岁故去的黾翁所特有的那份厚重。我无法揣测孙先生的心情，只听说失去恩师后的他近日多了些沉默。

虽然近些年来孙先生声名远播，在书坛多有"书法大家""北碑重镇"之称，孙先生总是感言当年黾翁的领路大恩，"是黾翁为我开启了魏碑之门，没有黾翁就没有今日之伯翔"。即便你是天才少年，昏暗年代也会英雄气短。孙先生出身成分太高，在那个年代是几乎要命的先天糟糕。他少小辍学，等闲技工，痴情书艺，幸得先生王学仲引路，持之以恒，方登魏碑堂奥。长期以来，黾翁因健康所困成为轮椅上的艺术巨人，深居简出。孙先生虽腿脚不便，也总是趔趄躬行，经常登门看望恩师黾翁，畅叙其怀。

我与孙先生相识纯属偶然。家乡湖南九疑山（舜帝陵寝所在），欲光大舜文化之精神，父老拜托我要请"全国大书法家"用楷书创作舜帝《卿云歌》"卿云灿兮，纠缦缦兮；日月光华，旦复旦兮"，认为将颂扬舜帝禅让大禹的情景碑刻出来才是到位。经我在京当面请教书家张海先生，得知成为楷书大家很不容易，"若问碑楷作的好，当属天津孙伯翔"。于是我贸然登门打扰，所幸交谈甚欢，客主以为难得相见。他说因为书法评审活动去过湖南，登过岳阳楼，游过洞庭湖。我说的家乡湖南省南部的永州市，他说没有去过。我向他介绍家乡的风土人情特别是文化，他赞赏道"永州底蕴厚重，怀素草书闻名"。我谈到柳宗元的《捕蛇者说》，周敦颐的《爱莲说》，他很熟悉。特别是谈到清代碑学大家何绍基，他兴奋有加，表示一定得去永州感受一番，追学先贤。

至去年中元节次日，孙先生个人书法展在山东淄博开幕。我前往助兴，分享先生夜话七十多年书道感受："登云峰之巅，拜龙门之室，坐卧其下，不计寒暑，心摩手追，荣辱尽忘。"谈到自有"北吴南沈"（指天津吴玉如和上海沈尹默）以后，帖学日盛。时津门碑学惟黾翁马首是瞻，其亲率弟子咸集于碑学实物重地河南。前前后后，"友石斋"里有"三老"（费新我、沙曼翁、王学仲），气象蓬勃于中原。此说"三老"者，张海先生尊称三位恩师之谓也。是日齐地秋高夜爽，圈内人士评点黄公望的《富春山居图》新版，在场诸君亦有笑声。次日别过，我祝先生多多保重，他透过汽车玻璃还嘱咐一番，要我让他经常知道我的消息。

有感于先生人品高洁、书艺独到，去年十月我在《人民日报》发表文章《魏碑风骨孙伯翔》，感言"魏碑成就了天津布衣孙伯翔，孙伯翔碑刻了自己的人生路"。先生看过后说文章写的比他做的好，还说文章称呼他为"布衣书法家"恰当，坚守了学术的道德底线。他解释说，是否"大家"，是否"著名"，都得大家说了算，而不是书家自封的。事实上书坛早有基本共识，孙伯翔丰富和创造性地发展了魏碑理论，并以卓越的艺术实践获得了令人尊敬的地位。他诠释了魏碑艺术的基本特征，称《始平公造像记》为魏碑正体之源，"龙门二十品"蕴含的方笔特质是魏碑笔法的秘密。他所发现并归纳的魏碑笔法"方圆之说"，结束了长期以来魏碑"刀刻之说"的理论困扰。即便是故去的艺术巨匠启功先生，虽曾对碑学有过与孙伯翔先生迥然不同的观点，在2012年出版的《启功谈艺录》中还是以文字的形式修正了他生前的看法。他在谈论河南石刻艺术时说道，"书法有高低，刻法有精粗，在古代碑刻中便出现种种不同的风格面貌"。

圈内人士知道,当年恩师王学仲称赞弟子孙伯翔为人厚道坚韧,故而其作品拥有"钢打铁铸的质感"。孙先生后来告诫自己的弟子在艺术追求上要锲而不舍,学书必先修性;关键在于以生知之资,治困勉之学;在于平常心态,褒贬不惊;在于取先人经典之妙,悟天地万物之象。他精要地指出,形质为躯壳,性情是灵魂;形质由古取,性情应时生。如今孙先生也已人书俱老,但老骥伏枥,惟望弟子敏学进步。弟子们将先生循序渐进学习魏碑的艺术理念化为行动,志学经典,师法自然,"先由方圆起步,进而方雄,最后转入浑穆"。弟子们感受到先生对魏碑的情有独钟,也领会到先生的开明之说"山林之气可以变成庙堂之气,书法艺术归根到底还是要碑帖结合"。弟子们同样在追求先生称道的"清凉之境",修炼淡泊名利的精神境界,努力以艺术审美的形式再现人间正大气象。

鼋翁八十六岁接受媒体访谈时以"三凡"绝对之语告诫弟子,"凡学我者都难成功,凡以我言为谬者都有所成立,凡恭敬相信我者都不能有所树立。"其言辞激切实为故意为之,他在强化先贤所说"学我者生、似我者死"的警示而已。孙先生信守"真正的学术、艺术从清贫中来,从寂寞中来,从独立思考的创新中来",他从来都鼓励弟子们进行艺术探索和突围。**孙先生认为,除了个人素质提高和人生阅历增进之外,书家弟子要成功实现艺术突围必须具备三种智慧,始得真经、眼观六路、各自为阵是也。**

其一曰始得真经。先生特别叮嘱那些天资聪慧的弟子,尤其要持之以恒,孜孜矻矻,学思反复,如僧之虔。有弟子王子丰者,至今能够回忆起三十年前先生教授魏碑方圆笔法时一边作示范,一边强调说"写方笔转折处要灵动,写摩崖转折处要凝重",可谓观察细节的有心之人,先生近来称其"始得真经"不足为奇。孙先生反复告诫弟子,作为艺术源头的真经在于魏碑本身,千万不要迷信名门和任何大师。突围的路径离不开志学经典,师法自然,而后方可能顿悟。孙先生感慨地说,艺术领域里的离经叛道不是凡人之举,唯有大家才能感受到这样的境界。

其二曰眼观六路。孙先生要求弟子树立全局视野，借助他山之石提高自己的水准。他说，碑学不是天津的特产，它有其广泛的地域基础，历史上的燕赵、关中和中原等地源远流长。今之天津以外，陕西、河南、山西、河北以至岭南一带，放眼艺术平畴沃野，碑学之士道路相亲。孙先生关注书家张海、胡抗美、王镛、张旭光、陈洪武等多位先生的碑学见解和创作成果，瞩望各路名家做客津门。他更是鼓励弟子们要手勤足捷，高铁穿梭，多地游学，碑帖并举，在切磋探讨中有所收获。

其三曰各自为阵。在笔者看来，先生碑楷如正气之歌，沉雄高古，原野奔流。先生碑行如神来之笔，灵动鬼魅，气韵酣畅。孙门弟子作书得其形似容易，得其神似太难。弟子之作时如深闺出阁，察言观色；时如法度羁绊，青涩拘谨。笔者管见，造成师生艺术境界差距的原因，在于人生经历的境界和驾驭艺术的能力高下之不同。所幸孙门弟子在尊师重道方面多能得其要领，坚守碑学之道却又竭力艺术探微，道相通而技不同者多有长进。弟子张建会的隶书碑意卓立；弟子任云程的行书真朴空灵；弟子王金复的金石碑古通感……诸位弟子坚持艺术探索，各有风貌，向来为孙伯翔先生鼓励。

艺术常伴随美丽的遗憾，虽为大家不能例外。孙先生说，创作失败是家常便饭，作品失败了弃之便是，不要流入社会。我见过他的一些书配画作品，常有灵感所附。如根据朱熹《观书有感》而作的书画，"半亩方塘"中两只水鸭在嬉戏，似作神迷对话。我问他"如此水鸭传神之眼难得，我不信您每次都能画成这样。如果水鸭画得眼神不到位，您是不是就不题字了？"他似乎在狡黠一笑，说道："先画后书，失败了赶快刹车，扔了再来。忙了一大堆，很满意的十有一二就不错了"。我相信先生说的不假，也切身感受到他的艺术忠诚。

孙伯翔先生告诉我他现在的生活状态，别闲着，别累着，别折腰。他强调"敬贤在先，敬老在后"，要预防为老不尊的毛病。在我看来，这位"三别"老人还保持着艺术探索上不服输的精神，他是一个老有所为、境界高远的长者。我敬重"三别"老人孙伯翔，也祈祷今冬天津雾霾不再。

（原载于河南《书法导报》2013年11月1日，与本文大致相同内容11月3日见于《光明日报》第11版，标题《师承魏碑有书家》。）

06 黾勉从事成大家

黾翁王学仲,是我非常敬重的艺术巨人。他生前是"轮椅上的巨人"——晚年借助轮椅活动的他,思想穿越多维的时空,艺术只是他的思想的点缀。虽然他全面而卓越的艺术创作成就鲜有人能够与之比肩,但他更为重要的贡献在于开启了对中国传统书画文化的艺术哲学式的思考并且使之成为独立体系"黾学"。

黾翁癸巳寒露而逝,是日 2013 年 10 月 8 日,泰安吉利,想必是上苍对先生的眷顾。此前三天即 10 月 5 日的下午,我去天津看望孙伯翔先生,欣赏了他最近花了整周时间才得以碑楷巨制而成的《怀素自序帖》,请他审阅拙作《孙门弟子的艺术突围》,并与他商榷了师徒相承和天津碑学建设的构想,其间谈话多次涉及黾翁。

碑学不是天津的特产,却在津门艺术大地上植根深厚。近现代以来,碑学历经漂泊名流康有为、徐悲鸿师徒相承,王学仲先生得其真传,口授高徒孙伯翔"要把魏碑写得像钢打铁铸的一样"。师徒长期定居天津,其艺术实践为后学弟子提供了激励和样本。中兴津门碑学的当务之急,是树立尊重大师之风尚,发挥大师之影响。然王孙二公年已八十有多,趯趯国器行动不便,仍可堪艺术引领大用。莫等闲,看轮椅上的巨人日渐倒下,空悲切。

重修并中兴津门北碑重镇,方可促进天津和全国其他地区碑学艺术的研究互动。在笔者熟知的书家中,张海先生有着深厚的碑学功力,胡抗美先生曾赞许"好的碑学作品能让人的眼睛忽然为之一亮",王镛先生时刻不忘从民间碑学中汲取营养,张旭光先生推崇孙伯翔、王镛并在京常常和好碑学子切磋碑帖融合……若各路名家京津高铁穿梭,王黾翁、孙家样皆不会感到寂寞,中兴津门碑学当为期不远。

黾翁仙逝后,我在《光明日报》和《书法导报》先后发表过题为《师承魏碑有书家》《黾翁弟子孙伯翔》的文章,以为纪念。黾翁的艺术成就卓尔不群,熟知他内心世界的莫过于入室弟子孙伯翔先生。虽然近些年来孙伯翔声名远播,却总是感言当年龟翁的领路大恩,"是龟翁为我开启了魏碑之门,没有龟翁就没有今日之伯翔"。他还说,龟翁确实有过人之处,神来之笔足以惊世骇俗。比较他们师徒相承的艺术历程,会发现孙伯翔毕生奉为碑学经典的《始平公造像记》是当年龟翁认可和推荐的;孙伯翔主张的"形质由古取,性情应时生""书写正大气像"诸理念和龟翁倡导的"四我精神"一脉相承,是"扬我国风,励我民魂,求我时尚,写我怀抱"的续篇;甚至在欣赏孙伯翔书法作品时,有心人能够感受到龟翁书艺思路"大字贪丑拙,小字求妩媚"的活灵活现。龟翁去世之日,天津大学龟园里悬挂着龟翁面带慈祥笑容的照片,两侧是孙伯翔的魏碑行书挽联。上联曰"龟园恩泽育桃李",下联曰"夫子翰墨传后人"。其用语简约,笔墨到位,情感厚重,可谓大师和弟子之间的最后一次对话。天下师徒有如此成就,有如是翰墨一生者古来寥寥,有这样的结局也算幸福了。

关于龟翁的感人故事,多年来在与张海先生的交往中也听说过一些。自从 20 世纪 80 年代以后,张海先生逐步操持河南省书法活动的要务。时人记忆中的往事并不如烟,至今回味着如火如荼的书艺场景,称之曰"友石斋里有三老,气象蓬勃于中原"。友石斋关乎张海。"三老"者,张海先生"未行拜师之礼,实结师生之谊"的恩师费新我、王学仲和沙曼翁是也。中原书风的强劲,与"三老"的鼎力助推有关。早在 1973 年时任河南安阳市群众艺术馆的书法专职干部张海,就邀请费新我到安阳讲学办班。1980 年应河南省书协邀请,王学仲先后在安阳、新乡、郑州、开封、洛阳等地讲学一个月,并举办"王学仲书法观摩展"。1982 年沙曼翁应邀担任河南省书协在安阳举办的篆刻学习班导师,培养篆刻艺术骨干。1983 年王学仲等人在郑州举办"墨林五家书展"。至今在"张海书法艺术馆"馆藏图录"三老"序言中,评价"王老熔诗书画为一炉,合才情功力成一体"。张海回忆说,在一次长达二十天的书法理论班上,龟翁登台讲学,动手示范,用心良苦。讲学结束后,他分文不取,我们送给他一块几十元的毛毡表示心意。为了表达心中对恩师的敬意，张海撰写了怀念王学仲教授的长篇文章《灵魂若有在，凯歌唱未休》，并发表在今年 11 月 11 日的《人民日报》上，综合评述了黾翁作为艺术家、文艺理论家和教育家的大家风范。

黾翁是为艺术而生的。他因天才禀赋脱颖而出，甚至他的论文也总是洋溢着智慧和激情。在我的家乡湖南零陵，知道怀素的人很多，知道黾翁的人也不少。1980 年他在《书法研究》上发表论文《漫话书法的形象性》中谈到，"颜真卿常和怀素讨论各自的生活体验。怀素的狂草书，曾从嘉陵江水声、夏天的白云、墙壁的裂缝中寻求变化"。黾翁青年时代在国立北平艺专求学时，他的诗书画习作就得到恩师徐悲鸿的肯定："方在少年，其书得有如是造诣，禀赋不凡，盖由天授；与之古人，在唐则近北海，宋则山谷，明则倪文正、王觉斯，而非赵、董世俗之姿可相并论。"1993 年黾翁突发脑溢血时，还是以诗人的情怀关注着国家的命运："我自有心力未遒，陆台分峙子民忧。丈夫报国满腔血，可惜空于颅内流。"我们今天从诗作中感受到的，有他无可奈何的淡淡悲情，更多的是他人格的崇高美在通过艺术美而呈现。

黾翁的思想独到而深刻，逍遥于深邃的艺术天空。凭借独立思考和超常的悟性，黾翁从艺术哲学的高度来审视传统文化的现状和未来，他的许多论述深入浅出却从来不失"黾氏语言"的风格。

其一，视野开阔，出语惊人。他提出的"世界美术思潮中心东移""东学西渐、欧风汉骨"等许多切中时弊的论断，掷地有声。他坚持认为，现代文人画作者需要高修养、深功力、好人品三者并重，文人画非一味标榜"逸笔草草、不求形似"，只知追求小情趣的无学之辈所能为。从他的第一张画《小红低唱我吹箫》，到后来的代表作《垂杨饮马》《怀思》《刘公岛》等，无不蕴含着传统山水花鸟画的神韵。他告诫自己的学生，"凡学我者都难成功，凡以我言为谬者都有所成立，凡恭敬相信我者都不能有所树立"。这些话看似极端，实为黾翁故意发出的警示之语。

其二，反弹琵琶，大巧如拙。他所发现的艺术理念"善藏其拙、巧乃益露"，蕴含逆向思辨的逻辑。他的艺术理念是其哲学思想"蔽明论"与"归衡说"的理论发散。他追求创作实践中的打破常规，而又不失险绝平衡。从他的书法艺术看来，碑楷不刻意追求以笔代刀，也不一味强求笔意的放纵，端庄杂流丽，刚健含婀娜，富有经典魏碑的审美性格；草书有"癫张狂素"的豪放，却不失自己的法度。创新是他人生中的永恒旋律。黾翁晚年仍有很多与西画相结合的创新之作，油画作品中多有印象派风格。"双眼自将秋水洗，一生不受古人欺"。他主张法古而不泥古，提倡发挥人的创造性。

其三，黾勉从事，终成"黾学"。他的学术思想逐渐形成了一个备受关注的学术体系"黾学"。"黾学"简单概括为一画、二合、三怪、四我、五象、六学、七艺。依笔者粗略看来，前三者和"五象"谈及书画艺术本身，强调文人作品的意象结合，"艺必己出"；"四我"作为艺术的最高宗旨，强调艺术态度和民族精神；后两者给出了"卓然大家"的标准，要具备融通的社会科学知识尤其是国学基础，通晓诗书画印和多种文学艺术门类。"黾学"描述的艺术境界，实现境界的途径，以及艺术人的高素质标准，是学问滋养、融会贯通的艺术大家才能达到的。按照"黾学"的艺术标准，成为"大家"太难。黾翁自己也从不自封雅号，他把"中国书协副主席、联合国专家组成员、国学大师、鲁迅文艺奖"等头衔当作社会各界的认可。

我钦佩黾翁的独立人格，他是一个纯粹的艺术工作者。他淡泊名利，多年来向各大艺术馆、博物馆捐赠了自己珍藏的名人字画七百余件。他说这么做有利于艺术的弘扬。他不能忘情的只有艺术，称自己不是一个时间上的富翁。黾翁有行草力作曰："昔年稚（原诗为'种'）柳，依依汉南。今逢摇落，凄恻（原诗为'怆'）江潭。树犹如此，人何以堪？"此作内容为古代诗人庾信暮年之作《枯树赋》结尾部分，既伤心树木凋零，更叹息人生易老。无论成败英雄，垂暮之年都会感伤人生际遇。晚年主席甚爱此赋，何况黾翁乎？黾翁鼓励后生敏学者多，称赞名流者寡。他推崇过去的傅抱石是当代的代表性画家，而不鼓吹发现自己的伯乐徐悲鸿先生。他说"遍观当今书家，余独爱燕叟之古朴拙重"。他对燕叟文怀沙的知名度过高是不以为然的，但遇到自己的艺术馆有重要活动时还是要诚心相邀。燕叟受到争议期间,他说不该如此求全责备一位老人、学者,是谓"君子坦荡荡"。

我相信黾翁一生中因为艺术见解不同和别人发生过争论,但他不大会与同行计较权利上的得失。长期以来在圈内有一个很少有人愿意触碰的敏感话题,有人说他突发疾病与当年中国书协换届人事布局有关。我以为这是一种牵强附会的揣测,他高远的艺术境界便是理由。他说过,不要求自己的绘画与理论都能被同代人理解,学术探讨的是与非当不计较一时之得失。在认知艺术境界上达到这样高度的任何人,当不会为身外之物计较。黾翁捐助大量作品而设立的艺术馆遍及天津大学、江苏徐州、山东滕州和曲阜,它们奉行兼容开放的艺术原则。2011年10月20日至25日"沈门七子书法展"在滕州市王学仲艺术馆举行。此次共展出七子书法作品84件,中国书法家协会名誉主席沈鹏欣然为该展览题词祝贺。同是大师,不同形式,总是要对话的。这是时代的特征、艺术的幸运。

我同样有过黾翁带来的困惑。黾翁在艺术上对自己的要求是近乎苛刻的,对普通艺术爱好者还算是宽容甚至有几分迁就。黾翁之"黾"是王学仲父亲为其所取之名,典自《诗经·十月之交》"黾勉从事,不敢告劳"之句。他一生勤勉成就斐然,作品中却是这样评价,"余自束发受书习书习剑,皆未有成,自愧资质愚陋。"社会上有书画爱好者说他出手太紧,写得好的都存着,放出去的不是精品,他的家人也不好打交道。市场人士说他的东西价格不算很高,但没有炒作机会。我们今天欣赏到的黾翁书法艺术,大多表现为他惯常书写的行草书作品。即便来到天津书画店里,也只能看到黾翁少量的作品。两年前北京一家书画杂志社记者采访黾翁后写道:"王老一口山东话,说话很实在。他解释自己为什么近来总写大路货风格的字,说是为了满足求字者的需要。是逢场作戏,反正真正独创的他们也看不懂,而且不喜欢。"在我看来,黾翁也曾经勉强过自己,只为迁就普通的艺术爱好者,他也有无能为力的事情。作为艺术巨匠,在引领人们走出庸俗—雅俗共赏—更高更雅的心路历程中,黾翁毫无疑问是文化市场高地的精神领袖,但他做得并不彻底。

可以断言,如果世人够理性,当理解亀翁为何冷落市场。如果市场够聪明,当理解世人为何寻找亀翁。在当今杂乱混沌的艺术市场条件下,亀翁生前一直熟视无睹"别人画钱",只顾"自己画画"。而且亀翁晚年行动不便,只能精耕细作,难以过多地照顾到市场需求。他的书画作品大量捐赠到了艺术机构,投入市场的数量本就不多。奇货可居,而又稀缺难居。这种情况让那些意欲囤积炒作者有些尴尬。亀翁过去可能失去了一些钱财,而他注定赢得一个时代的尊重。

(本文 2013 年 12 月 26 日初稿于北京,应天津大学王学仲艺术研究所刘珺先生邀请而作。人民日报文艺部徐红梅先生提供了很好的修改意见。)

07 "孙门弟子"需要艺术突围

在当今书法大家、魏碑巨匠孙伯翔的门下高徒中，张建会隶书成就卓然，任云程、王树秋、邵培英、窦宝铁、周如璧等人年过半百，修炼有成。笔者有幸作为孙伯翔忘年之交，每每请教先生细数人生和书家门道之时，多有入室弟子满屋聆听之情景，给人门人益亲、如沐春风之痛快。

在书法艺术界很多人的眼里，孙伯翔先生的人品书道如高山仰止。大家们称赞孙先生是"纯粹的书法大家"，有着魏碑风骨般的人格和近乎刻薄的艺术标准。弟子们对先生报以"虽不能至，心向往之"的恭敬，先生对弟子的严格要求却从来不打折扣。如有弟子作品成集出版或举办个人展览，先生总是要勉励几句，用语凝练，情真意切，一字千金。肯定弟子们努力进取，曰："用功且勤，孜孜矻矻，不计寒暑，如僧之虔"。告诫弟子碑帖不可偏废，曰："各自偏爱，人皆始然。可喜碑学山林，亦喜清流庙堂"。先生还与弟子们共话书道，曰："志学经典，与先贤对话；师法自然，万物生灵；内观外化，技进乎道"。

经过多次与先生促膝切磋，笔者发现先生虽认可多位弟子"始得真经"，殷切厚望溢于言表；但他们若想"修成正果"，达到新的境界，至少需要如下三个方面的艺术突围。

其一曰突破"名门围城"之困。对于任何成长中的碑学书家而言，得到当今时代德高望重、身怀绝技并懂得因材施教的孙伯翔先生点拨，那是上苍对他的眷顾，也是他艺术人生中最大的幸运。就总体气象而言，伯翔先生掘引艺术泉眼若干，今已汇流成河，呈现大江东去之气象。弟子门庭若市，即便如影随形，而得其形似不易，融会贯通其精神更难。就美学特质而言，先生之作气韵酣畅，归于平淡；弟子之作如深闺出阁，似在察言观色。造成师生艺术境界差距的原因，在于人生经历的境界和理解、驾驭艺术的能力高下之不同。

其二曰突破视野闭塞之围。近现代以来,碑学历经漂泊名流康有为、徐悲鸿师徒相承,以下又得书法大家王学仲、孙伯翔师徒得其真传并定居天津,他们的卓越成就使得津门碑学熠熠生辉。自有 20 世纪"北吴南沈"(吴玉如和沈尹默)以来,虽多位大家对碑学秉持学术偏颇,身处天津的多位碑学大家还是以独到的理论建树和喷薄汹涌的创作实践,赢得了圈内人士乃至国人的认可,碑帖两派形成并驾齐驱、互相借鉴的共荣局面。即便是故去的启功先生,虽曾对碑学有过孙伯翔先生不以为然的看法,在 2012 年出版的《启功谈艺录》中还是以文字的形式修正了他生前的看法。他也认可"书法有高低,刻法有精粗,在古代碑刻中便出现种种不同的风格面貌"。时至今日,魏碑之学成为津门书法之重器,也越来越为全国同仁所关注。**唯树立开放的全局视野,从容应对当务之急,津门碑学方可能有大的作为。**

当务之急,要树立尊重大师之风。碑学有其广泛的地域基础,历史上的燕赵、关中和中原等地,源远流长。今之天津以外,陕西、河南、山西、河北一带,好学魏碑之士薪火相传。然关河阻隔,交通不便,信息不畅,造成了历史上艺术大师被冠以区区一个地方的头衔,其盛名难扬,贻害至今。京畿有闻,文怀沙、黄永玉不顾年事已高而行走奔忙,国人知之者众;又闻"山西姚奠中""天津王学仲、孙伯翔",虽为趔趄国器,非圈内人士知之者寡。诸如以上先生,皆同为国家艺术巨匠,都可以在各自领域发挥好文化建设之作用。莫等闲,看轮椅上的巨人日渐倒下,空悲切。

当务之急,要继续巩固北碑重镇。津门碑学在全国有明显优势,借助碑学的艺术感召力,就能够促进天津和全国其他地区碑学艺术的研究互动,蔚成壮观,乃至复兴津门书法在全国之自豪地位。若各路名家好来津门,高铁穿梭,王遐翁、孙家祥皆不会感到寂寞。张海先生凭借深厚的碑学功力达到四体兼擅的境界。胡抗美先生曾赞许"好的碑学作品能让人的眼睛忽然为之一亮"。王镛先生高扬"艺术书法"旌旗之前却时刻不忘从民间碑学中汲取营养。张旭光先生推崇伯翔、王镛,常于北兰亭和慕名而来的好碑学子切磋融融。放眼艺术平畴沃野,碑学之士道路相亲。如能形成问计诸家、切磋互动之氛围,津门碑学中兴之日当为期不远。

当务之急,要抓紧书法艺术的基础建设。孙门高徒中作为中兴魏碑书法艺术的后起代表书家,除了潜心自己的创作之外,还应该与同门弟子乃至同道共同努力,在碑学的实物存世调研、流派的理论梳理和人才队伍建设等诸多方面有所作为。集结碑学研究和创作力量,成立天津魏碑书法研究院之类的学术机构,以艺术自组织形式获得成长壮大,吸引管理协调机构、市场人士和第三部门力量(包括专家、独立批评人士等)的广泛参与,方能助推天津为实现中华民族优秀文化繁荣之梦作出贡献。

其三曰摆脱"收藏元年1952"之困惑。文化兴衰是一个时期社会变迁的综合反映和结果,艺术繁荣绝不是简单意义上功利化的热闹炒作。**粗略考察中国经济发展的轨迹、社会价值多元化的演变路径,以及中国书法人才成长的周期性规律,可以得出书法艺术的两个基本结论:**一是1952年之前出生至今健在的书法家及其作品更应该受到市场的关注,1952年之后出生的书法家得到市场认可的难度系数要大得多;二是中国书法艺术"收藏元年1952"客观存在于现实之中,虽然至今没有人界定其内涵,而它可能默无声息地存在于书法艺术创作主体之间、作品爱好者之间,尤其是存在于书法市场交易主体之间。这个"元年"即便不是精准的年份,但若以年为单位来划分中国书法的时间周期,它不会严重地偏离于收藏界颇为关注的黄金时间窗口。

初步梳理1952年以来的共和国历史可以发现,1952年顺延30年后的1982年,大约是中国恢复高考后第一批科班人才出笼;1992年关于"计划与市场"关系的讨论使得市场经济提速,效率优先、兼顾公平逐步成为社会的主流价值观之一;1992年至2012年被认为是"中国社会主义市场经济20年",期间国力剧增,艺术品市场热闹纷呈,"金字塔"结构初步形成。值得注意的是,"收藏元年"前出生的书家中,大多是兴趣引导其艺术成功,压根儿没有想到大学深造和高考加分,到1982年他们已经三十而立,到1992年他们撞线不惑之年,基本上坚守着"为艺术而艺术"的情感原则,不太媚俗于名利思想的干扰。六十书家正当年。"五二"书家群体至今正值艺术创作的黄金年龄。对待那些脱颖而出的实力书家的成果,市场人士有目共睹并以真金白银投了赞成票。

然而,如同孙伯翔先生所言,"真正的学术和艺术,从清贫中来,从寂寞中来","五二"书家群体很可能成为中国传统文化意义上的经典书法艺术的"最后终结者"。笔者认为,空调房里的"牛奶一族"(大约1973年后出生)即便拥有年轻聪明的优势,即便标榜自己如何热爱书法艺术,即便他们的临帖如何形似逼真,但由于他们的生存环境不再清贫,也很难在物欲横流的大环境里坚守住艺术的寂寞。他们纵然有物质条件周游四境之内,却难得再有身临其境接触并感悟山野碑林的机会。"牛奶一族"对待书法艺术的情感迥异于"五二"书家,他们彼此之间能否达成艺术情感上的认可尚待时间检验。物质的繁荣和科技进步,制造了几代人之间的艺术情感断层而不是默契。如果撇开货币流动性泛滥和陷阱推高艺术品价格的现状,单从艺术情感断层这个独特的时间窗口而言,所有的书法艺术参与主体都面临"收藏元年"的诱惑和无奈。

需要强调指出的是,中国书法艺术"收藏元年1952"显然不是单纯时间意义的概念,而是社会经济、文化和价值观多变量冲突和平衡的结果,是观察书法艺术内涵的时间窗口和价值分野。据此推知,后于"收藏元年"却先于"牛奶一族"之前出生的书法作者群体,权且称为传统书法艺术"没落的贵族"(1953至1972年间出生),他们现在的年龄大多在40岁到60岁之间,有着自然年龄的优势和创新冲动,却与艺术情感的富矿形成期擦肩而过。如若他们的作品得到了市场的认可,除了超群的实力或者超前的另类,怕是很难找到别的解释理由。

作者补记:

孙伯翔先生弟子书法展于2013年9月28日在山东淄博举行,余应邀前往助兴。本文根据当天即席讲话整理而成。余10月5日下午专程到天津看望孙伯翔先生。他刚以碑楷完成经典之作《怀素自叙帖》，说是写了一个礼拜，共对开 8 幅，其中两幅不尽意重新来过。我请先生审读此文《孙门弟子需要艺术突围》，先生文字称道："拜读若隐文章，如振笔落珠之美，腹有诗书气自华。真方家也。"先生叮嘱，文章观点要斟酌，放得太高不行。

10 月 11 日，我请中国书协主席张海先生审读此文。张先生说标题"突围"一词用得好，孙门弟子碑学功底深厚，惟望加强帖学行书；天津碑学总体上而言，都要加强对帖学的借鉴。张先生还说，本文关于"收藏元年"、书家代际划分，需要数据支持。文章提出如何突围的三个问题，可以分作三篇文章来写，方可突显它们的学术价值。你可注意沈老(沈鹏先生)培养弟子的情况，和师徒传承有些区别。

后来《人民日报》文艺部徐红梅编辑来电，称此文在阐释师徒传承方面言之有物，建议公开发表。余反复考虑孙伯翔和张海两位先生的建议，觉得梳理不够清晰，斟酌未定，故未答应公开此文，却断然没有想到天津王学仲、山西姚奠中先生相继迅捷驾鹤西去。余拙联"黾园碑学古，樗庐杏花香"以为缅怀，也借多有提及二公的本文，表达对学术大家的景仰之情。今借收罗自己书论短文出版之际，收录此文。特在此补记，以为来龙去脉。

08 敢云大隐藏人海

我向来认为"一方水土养一方人"这句古话很有内涵，"湘中三老"活跃当代书画艺术高地的现实使我更加笃信。**来自凤凰古城的画家黄永玉年过九旬，生于株洲的书法家李铎八十有四，生于湘潭的金石书画家李立年近九十**，时人并称"湘中三老"或者"一田共二李"。他们的故乡沿北纬二十八度偏南自西向东贯通湖南中部，丘陵起伏，山水连绵，民风淳朴，或许是孕育书画艺术的优良基因。"湘中三老"中我与李立先生谋面算是最后，然而我听到关于他的故事却是很早。

1988 年我开始湘中游学的时候，听说过春节期间胡耀邦同志在湖南省委九所和李立见面，后有故友拉家常式的照片公开，而李立与胡耀邦同志的墨缘却要更早。据我湖南的家乡朋友、今已耳顺之年的罗玉元亲历所述，1983 年 11 月胡耀邦应邀访问日本，在首相中曾根家作客，他们当场写了两张条幅"中日友好，代代相传""友好永远"。当时胡耀邦身边没有带印章，回国后把制作印章的事情委托给当时主管教科文工作的方毅副总理。玉元兄时任方毅同志的警卫参谋，多年受到首长研习何体书法的熏陶，相处融融，在探讨书法艺术的时候可谓长幼无序。在一天散会后的汽车上，方毅问道："小罗啊，你说把为总书记制作印章的任务交给福州的周哲文好，还是交给长沙的李立好呢？"罗玉元迅捷回答说："长沙的李立是齐白石的弟子，篆刻艺术很有特点，完成任务应当没有问题。"

随即，湖南省委接待处的同志接到了制作印章的指示，并向李立作了简要转告。李立衔命专程赴福建采石半月之久，回到长沙后将五颗印章刻就，还是由方毅同志转交。1984 年 3 月，中曾根访问中国，将胡耀邦访日期间书写的条幅裱好带到北京。24 日胡耀邦在中南海举行家宴，请中曾根夫妇去作客，中曾根请胡耀邦为自己的条幅加盖印章。胡耀邦兴致勃勃地指着桌上的一盒印章对中曾根说："为了给这些条幅盖章，我特地请了中国著名画家和篆刻家齐白石的高足李立为我刻了这些印章。"接着,两位领导人分别重新书写了这两帧条幅,期盼中日友好的未来前景。

其实,李立制印的名头早已不小。七十年余李立的印章作品多达数千方,或作为国家礼品馈赠各国政要,或作为珍贵展品流传于异国他乡,让国内外众多知音为之喜爱。许多文化名人如茅盾、梅兰芳、吴冠中生前都曾慕名索印。白石三子齐子如曾为他题字"石庵金石专刊"。白石弟子画家李苦禅、李可染等都曾为他题字留念。李立篆刻的《文天祥正气歌印谱》《毛主席诗词印谱选》等,标志其金石艺术达到炉火纯青的境界。方毅同志专门致信李立,称其印章"有白石老人遗风"。

我与李立先生初次谋面是在 2013 年 12 月 1 日,那天正值周日。晚上 9 时,我先是来到热闹的长沙市湘春路上,而后拐入一条不通汽车的巷子"西园北里"。这里陈砖旧瓦,矮墙低檐,像是以独特风格彰显其"大隐隐于市"的气韵。悠长曲折的巷子里坐落着一幢古朴小楼,柔光里看得见门楣上有陈大羽篆书"石屋"二字,上款曰"李立大师兄"。同行中的省文史馆的朋友告诉我,"湘中三老"之一、金石书画家李立先生的家就在这里。

"石屋"确实老旧木气,低矮的二楼摆满了各种陶瓷古玩和古籍。白发老人李立坐在睡椅上,微闭着双眼,乐呵呵地招呼我们坐下,说着"还是老规矩,吃点东西,今天先呷了橘子再聊。"**先生左手腕上还挂着输液管,右手递给我白石老人 1943 年 7 月 25 日给他回信的复印件**。家人告诉我,几天前先生参加活动,染了风寒,医嘱要连续输液四天,听说我是家乡人又从北京来访,特地提前半天回家输液了。难怪家里来了二十多个亲戚朋友和先生弟子,找个座位不容易。先生示意我坐在他右侧的矮凳上,还一边说道:"沈鹏先生来家里做客,也是坐的这里。"我说:"惭愧打扰,不敢造次。"

据李立先生讲述,他 1925 年出生在湘潭城内裕芳花圃,算是书香门第,爱石成痴不假。祖父李遏非毕业于北京法政学堂,曾任湖南法官,喜爱诗书画。父亲李伯元纵然才高,却不幸英年早逝。母亲文泽清家教优娴，乐善好施，好闻孩提李立诵读文天祥的《正气歌》。外祖父热衷于收藏金石书画，与齐白石过从甚密。李立幼时喜爱精美字画，更痴迷于字画上的珠红色印章。他开始偷偷地将几幅画上的印章剪下，粘贴起来用以玩赏，而后干脆到山上采回乌珠石，打磨后按图谱刻起印来。东窗事发后，外祖母跺脚责怪。幸好与齐白石家有着姻亲关系的李立的舅舅胡卧龙热喜爱篆刻，从中看到了李立的才华，开始指点他刻印。从此李立自号"石庵"，手不释刀，乐在其中。

　　良好的艺术禀赋和家庭环境使得李立在艺术追求上春风得意。十八岁时，他自制了一册《石庵印章》。在家人的帮助下，李立将其作品寄给远在北京的齐白石老人，没想到当时已逾八旬高龄的**艺术大师竟然亲笔给他写了长达四页的回函，**文中称其"所刻之印数方，刀法足与予乱真……予心虽喜又可畏又惭也"。白石老人还在信中给予李立很好的点拨，"**好学者无论诗文书画刻，始先必学于古人，或近代时贤，大入其室，然后必须自造门户，另具自家派别……**"白石老人还写道："自刻之'古潭州人'四字甚工，此时不见，想是自己磨去。昨想再刻，恐不能有旧刻之工。**湖南若有人来北京，愿世兄将'古潭州人'四字石印赠我为望**。"李立谈及北平沦陷后当时的白石老人，如信中所说"倘天见怜，使长途通行，予决还乡"，身处境况凄苦之中，真是语重心长，情真意切，足见白石老人的博大胸襟和为人。李立动情地说，是白石老人的那封信为他指明了方向——必学于古人，须自造门户。无论是在华中美术学校研学，还是在杭州国立艺专攻读，李立始终以白石老人的劝勉为座右铭，从未倦怠。随着李立的金石书画其名始著，白石老人更是常常寄书函给李立，向他传授技法艺德，两人的丹青缘一直持续到老人逝世。

　　至今李立即便名满天下，依然谦虚地说自己只是"大匠门外"，未得大师真谛，不敢以"白石弟子"自居。庚午立秋，**李立以《潇湘灵气》为题，**将他对白石老人的艺术理解篆刻成精致的作品，其文曰："**白石老人刻印使刀如剑，所向披靡，有挥斥八极之势，与凡工之专以摹作削为能事者有天渊之别**。余持铁笔步老人后尘五十年，管窥蠡测，愧不能穷其高深，得皮与得髓，付予后人评。"在李立书房的醒目位置，至今仍挂着一幅很大的老照片。那是李立和齐白石1956年在北京一起吃饭时的合影，为白石之子齐良迟先生所摄。李立视若珍宝，寄托思念。至于那份人书俱老的艺术感叹，又些许生活的浪花，笔者愿意相信到了境界，隔世者也能分享。

圈内人士认为李立篆刻有其公开的秘密，那就是发源于汉代将军印《急就章》的"神刀"技道，在李立手中表现得令旁观者惊叹，云云同道者只可意会不可言传。只见小巧的刻刀在李立灵巧的手中上下滑动，不绘印稿，不用印床，略一思索便决然运刀刻石，直接在印石上操刀挥洒。何处留空，何处连边，何处缺损，早已成竹在胸。**这就是李立独特的刀法：以刀当笔，刻削如泥，瞬间而成，古朴浑穆，"神刀"美誉由此而来。**有方家之言，李立继承了东方古典的审美意趣，篆刻理念或追求古朴简练，或向往雄峻奇绝，不尚精雕细镂和金粉玉屑。他自嘲地说，"神刀"也有不神的时候，故而刻印时大胆驱刀，刻完后要小心收拾；收拾就是初步制作完成后将半成品拓上印泥，钤盖在纸上审视，再动刀略作修改，如此反复，直到满意为止。

遇到诸弟子自带印谱登门求教，李立先是鼓励道"要跌"（湘潭方言"可以"之意），尔后反复叮嘱"学印先从秦汉入手，古朴遒劲，夯实基础"，还给弟子开列书单，有《汉印分韵》《汉印分韵续编》等。他解释说，汉印的风格是平直方正，制作要领在于凿和铸，临摹就要临得像样，还要体味刀法的动转。**"齐白石先生说过，学我者生，似我者死。你们刻印不要学我，要多临汉印，这才是康庄大道。"**先生兴之所至，便拿起刀石演示。屏息握石，顷刻间便犁出一条条刀痕，石屑碎落，如湖南水田崩埂，不可收拾，正当初学弟子陡生心惊胆战之感，一枚"大道纵横，放胆行去"（白石老人印语）的印章既成。桃李不言，下自成蹊。先生家简直就是一个艺术沙龙，故先生刻印要待客走人寐，一般都在午夜时分。夜深人静，刻刀入石，石屑溅落，清脆的"嘎嘎"声融入天籁。

随着李立"神刀"篆刻名声大著，他也成了"湘中三老"文化名片。

只有相关圈内人士才在意他是中国书法家协会 1981 年成立时的首届理事,还是大学教授和湖南省文史馆研究员。李立在书法艺术上师法古人,博采众长,吸收了甲骨、钟鼎、小篆、铁线和竹简的营养,用笔遒劲,风骨石老。**李立代表性的书法成果是,由于他篆刻底蕴深厚而形成的书法"飞白篆",迄今在当今书坛独树一帜。**他继承了东汉书法家蔡邕始作"飞白书"的传统,特别是融入了白石老人的书法精髓,采用小篆笔意写大篆,蕴含刀法之快捷,字形由《天发神谶碑》《祀三公山碑》等名帖铸古融今,笔法中适当保留枯笔部分,字体新颖方正,结体严谨,法度森严,并有突出的个性风格。作品篇章布局中精心留白,像是一座城堡的眼睛。历来书家鲜有借用"飞白"艺术作篆者,李立当属独辟蹊径且得其精髓之人。当代草书大家沈鹏先生称道李立篆书,能给人耳目一新的感觉。普通艺术爱好者欣赏李立的"飞白篆",如身临我国古代印章雕刻艺术原野,仿佛感受到书法艺术时如千年石刻,时又传来金石沧桑的诉说。

李立同样受到了齐白石艺术哲学思想的影响。白石老人认为,万事万物遵从庄子的"齐物论",无雅俗尊卑之分,在艺术家笔下都可以呈现得色彩真挚热烈,造型夸张有趣。李立在柴米油盐的平凡生活里汲足了泥土地气,他将世间万物歌兮舞兮地归入性灵的有情天地。他的花鸟画飘然脱俗,线条洗练,有如金石坠地。他的梅花凌霜傲雪,为身处逆境者呐喊助威。他的杜鹃红红火火,抒发着江南红壤的生命激情。他的水仙、荷花飘逸出尘,神韵婀娜。"岭南派"代表性画家赵少昂称其花鸟画"凌古铄今,拟齐老再生"。

李立是"石屋"的主人,喜欢闹中取静。他在为这个时代的艺术而活着,以艺术灵感和笔墨记录下人间的真善美。他身居斗室,视野开阔。他回忆起 1990 年 11 月他应台北画学研究所之邀先后在台北、嘉义、新店和苗栗举行为期三个月的个人展的盛况,台湾主流媒体称赞他是"首开两岸文化交流先河"的大陆教授。展览期间他回答了同为湖南湘潭人的马鹤凌(马英九先生之父)的家常式问话:"长沙的臭豆腐还有呷没有? 和记的粉还在吗?"李立还认为,中国古老的文明形式有能力同世界不同文明进行对话。2005 中法文化交流年,他在法国圣雅克展览馆举行了个人金石书画展。在短短的展期里,参观者络绎不绝。圣康坦市文化交流局局长让·皮埃尔·鲁因腿部受伤行动不便,将李立请到自己家里住下来,当面交流艺术一个星期。

如果"书者寿仁"是个普遍定律,那么快乐则是艺术老人长寿的秘诀。李立喜欢流行时尚,爱听迈克尔·杰克逊的歌碟,得意于七十二岁时在新加坡玩了一把六百米高空跳伞。李立不喜欢他的名字和齐白石、王福庵、邓散木等前辈一道排列,入选"现代中国著名印人"方阵。他向我打探当年的几个印人同行,其中有上海的韩天衡,杭州的刘江,还有在北京荣宝斋活跃的四川人熊伯齐。我提到一些当今书坛的篆书家,想请他逐一评价他们各自的特点,他还是那句湘潭方言"要跌,要跌",却是没有下句了。

拜访李立先生结束,想起学者钱钟书先生的一句话"敢云大隐藏人海,且赖清寂读我书",觉得用于此翁不无妥当。有感于李立七十年不改其志,恪守白石老人"必学于古人,须自造门户"之教诲,金石书画屡有建树,至白发飘飘而不自称"白石弟子",是谓之过谦。古来传统师徒相承,非经拜师仪式不算入室子弟,重形式焉。即便国运维艰1943 年南北通途已断,白石老人勉励后生之语千金难买,个中论断精准无误,是谓之真传。过谦之人得真传,鬓齿不为童游,七十年术有专攻,终成大器者非李立翁而谁? 胡曰:快鸟先飞,逍遥无极,湖南李立是也。

(本文 2014 年 4 月 19 日同时发表于《书法导报》《永州日报》。本文主要内容以《神刀走笔红印坛》为题,载《光明日报》4 月 13 日第 12 版,获得中国书协副主席胡抗美先生赞许"此文大手笔"。)

09　度则舍筏话张海

初识书法家张海如白驹过隙整整十年,如今先生进入了"度则舍筏"的自由境界。若要更好地解读先生,当追溯到三十多年前。20 世纪 70 年代后期中国萌动着沧海桑田的变化,书法艺术复兴只是一个缩影。1976 年张海效力于河南安阳市群众艺术馆,印制了全国第一本收录当代中国书法名人作品并由赵朴初先生题名的《书法作品》集。1980 年,作家王蒙发表反映中国大地希望和转机之作《春之声》,让人们聆听到新时代的铿锵脚步。同年年近不惑的张海调入新近成立的河南省书协,并由此逐步开启了中原书法艺术复兴之路,赢得学问大家启功先生以诗句"八方风雨会中州"相赞。2005 年起,张海连任两届中国书协主席,当选全国政协常委。鉴于书法创作是一门表现性很强的艺术,较之组织工作更需要悟性与灵感,我们关注张海多因为他的艺术而不是头衔。

一、世人若问我何求,生命雪藏艺术中

书法家张海,洛阳偃师人,生于国运维艰之年 1941 年,大学期间攻读理化专业却在毕业后不久由组织安排转入书法队伍,孜孜矻矻数十年终有所为。"张海草隶""破锋行草书"颇受雅俗共赏,"洛阳纸贵"道路相闻。张海仁爱厚道,内秀沉稳,痴迷书艺,勤勉善悟,故能度则舍筏。他是一个坚持把艺术探索放在第一位的代表性书家,多种书体"擩以兼通"(孙过庭语),风格气象"和而不同";他执着行进于书法艺术造型变革的路上,将极具个性的创新精神和鬼魅笔法自然雪藏于创作实践之中,逐步赢得了当代中国书坛引领潮流之先的地位和社会尊重。面对时人滔滔议论或赞誉,张海表示毕生所为即便成为艺术"烂尾楼",只愿为后人提供攀登的阶梯。

余 2005 年起有幸认识张海,十年来过往甚密,受益良多。当年他

在河南省书协工作,余已听得多个朋友称其书艺常新。春暖时日又在第二届中国榜书艺术大展见其所书曹植句"翔鸟薄天"条幅,果然与众不同、气象非凡。余遂将拙文《中国榜书艺术的变与常》寄去讨教。因属不曾谋面不期而扰,也就不抱希望。未曾想到先生8月19日亲笔来信,嘱余将文章修改后寄送到《书法导报》备用。其后如期兑现,当月底头版见报。先生还嘱社长王荣生寄来样报,鼓励一番。余是时闲暇懵懂爱上书海拓荒,虽一朵浪花而记住了整个大海。又记得在张海面前自称"怀素故里人(湖南零陵)"时,他向我介绍自己是"唐僧的老乡",余以为这是一种打趣。后来查阅《旧唐书·列传第一百四十一》有云"僧玄奘,姓陈氏,洛州偃师人。大业末出家,博涉经纶。尝谓翻译者多有讹谬,故就西域广求异本以参验之";又得知佛家之言"度则舍筏"源自《金刚经》"知我说法,如筏喻者;法尚应舍,何况非法",通俗说佛法如筏,既已渡人到彼岸,法便无用,不可再执着。余逐步意识到,玄奘西游为的是广泛求取其他版本的经书来参考验证流行版本的谬误,而张海楷行隶篆四体书融合不亚于西天取经那么困难;参悟书法艺术者要达到最终的觉悟,必当摆脱法度的束缚,获得最终的解脱从而进入自由创新王国。

张海在书法艺术上一直追求"度则舍筏"境界。2014年5月他在郑州举办"古稀新声"书法展,余参观时默读其《心境》一文后多有感动和感悟:**其一,他是把自然生命理解为顺其自然。**医学专家说,每个人的一生都是在病中度过的。张海说从记事开始就老是有病,但从来没有为保持健康而停止工作,人的一生就是在健康与工作之间寻找平衡点;人生在世难免不称意,但总是要执着付出方能称得上无悔。"知我者谓我心忧,不知我者谓我何求"。**其二,他是把艺术当作自然生命的延续。**为了尽量少留艺术遗憾,他对书法总是全身地心付出。"每创作一件作品,往往血压升高,心跳加速,身心俱疲,完美创作伴随着生命作代价"。他描述自己缺少诗情画意的生活是这样的:"如果不是衣服的增减,我似乎感觉不到四季的变化;如果不是看到窗外灯火通明,我似乎也感受不到昼夜的更替"。**其三,他是把变法当作艺术常新**

的途径。书法艺术有其特殊的规律，人到中年常常才具备基本功力，大器晚成也算是常态。作为成功度者，算是适彼艺术之岸，虽年届古稀，他坚持衰年变法。他把自己当作书家队伍中的普通一员，和同道者保持着平等的对话关系，尊重理论家的延伸阅读包括尖锐批评。

二、"草隶"行书常破锋，四体融通舍筏度

全国政协副主席、中国文联主席孙家正先生曾归纳时人对张海的述评，称他隶行楷篆四体兼善，都取得了相当成就；他融简帛、行草于隶创造出"草隶"，受到业界肯定；其小字行草颇见功底，楷书结体生动，篆书充满情趣。早在1995年书法大家沈鹏在《创造力的实现》一文中便断言：张海书法初步形成了几种不同的风貌，它们之间相互渗透，将逐步通向灿烂的格局。据笔者观察分析，张海书法特色的秘密不在工具选择，而在其功力深厚和悟性，加之艺术造型之革新理念。张海笔用兼毫长锋，笔杆多用陈年湘妃竹。用墨比较讲究，常根据创作需要勾兑不同性质的墨液。作书不用颜色纸，认为白纸渗化性能和笔墨表现力更强。张海四体书法特质的形成，和他艺术成长的轨迹相关；各种书体由冲突互动到和而不同，归因于作者的艺术哲学思想和艺术实践创新能力。余在简要分述张海四体书时，注意力放在它们之间的内在联系方面。

楷书尤其魏碑，是张海书法艺术基础和创新之源。传统观点认为，学习楷书当取法欧颜柳赵，清代碑学兴起后而有魏碑为另路。张海学习过欧体，却是从"龙门造像"打开楷书门径。他的出生地堪称魏碑故乡，家中杂物台子皆由墓志石垒成，书法艺术可谓耳濡目染。20世纪60年代中期某日，有同事张之凰见其痴迷于魏碑，将其家父珍藏版《龙门二十品》剪裱拓本赠送于他。在国家十年内乱后期的1974年，张海在郑州荣宝斋学习装裱，得意于一本很好的怀素《自叙帖》拓片几块钱就可到手，一本《张猛龙碑》才花五毛钱。其间经装裱大师张贵桐介绍，拜访了荣宝斋书家徐之谦。徐先生在陋室中给张海讲授了楷书基本知识和技法，还题赠条幅"书山有路勤为径，学海无涯苦作

舟"以勉励。四十年后,张海见到先生之子张树刚及其长孙张杰,皆激动不已。

自从获得《张猛龙碑》后,张海心摹手追不知寒暑,楷书才算到了自己认为的"有点样子"。该碑书法俊秀刚健,开唐欧阳询、虞世南之先导,康有为称该碑为"正体变态之宗,如周公制礼,事事皆美善"。张海在楷书创作的探索上,一是在笔法中参用行书或隶书的笔法,使得楷书不至于刻板;二是将广泛应用于行草书的"宿墨""涨墨"偶尔用之于楷书,突增新意。张海楷书得意之作是2009年冬日《六文八体》对联,此作突破了《张猛龙碑》藩篱,兼容碑帖韵味而成大字楷书。张海以《西山南浦》对联"西山载酒云生屐,南浦寻梅雪满舟",以其作为"岁月如歌"书法展全局之总,依结束语而踞,观者云有世外桃源之趣。此联为清书法家何绍基自题,呈现广大之中的静谧意境。他赋诗《题宋文治先生松》:"苍鬣生白甲,绝巘络霜根。摧折天风凛,却无斤斧痕",抒发对家乡龙门佛像端庄雄强的赞叹。

行书是张海书法的强势书体,"破锋"特征淋漓尽致。初学行书往往陷入模仿当代名家之误区,张海亦然。20世纪60年代,他比葫芦画瓢学当地名家。70年代后期,临习费新我线条质感和通篇布局,曾作对联"笔落惊风雨,诗成泣鬼神",投稿书法杂志社却未被录用。张海从此明白如不从经典入手,即便收到立竿见影的效果,最终只会是徒费时日。他遂好唐零陵人怀素《自叙帖》,临习有年;后又喜明孟津人王铎草书,如饥似渴。从怀素到王铎,张海找到了行草书雄强浑朴、畅达恣肆为主要特征的风格定位。

年轻人功力不够下笔难以精到,老年人目力不济难求细微。张海发现小字行草创作起来有相当难度。1990年"河南书法周"在北京举办,王学仲先生看到张海小字行草作品后赞赏有加:这条路子选得好,作品典雅,有书卷味。1992年全国第五届书法篆刻展举行,张海投稿小字行草,结果是高票获奖。1995年其综合作品集《张海书法》面世,沈鹏先生看后感到欣慰。先生在飞往新加坡访问途中兴致而作《创造力的实现》,赞善张海隶书"用笔如屈铁如游丝,布局成行不成列,萧散有严谨,空灵又凝重,让你分辨不出笔画的来由。"先生话锋一转,又美言起张海的行草书,"倘若观者不限于'先声夺人'的定见,张海近两三年来的若干行草书新作水平实际上超过了早些年的隶书"。碑学大家孙伯翔和张海共同追梦于魏碑,他也说张海的行草书较之楷书更有艺术韵味。

张海推崇唐人孙过庭《书谱》所说"五乖五合论",曾搬到宾馆创作,以为这样可以排除干扰。发现写完一幅作品后,再也无法很快写出第二幅。他说这就像钻探,钻头到达一定深度后会加速发热,冷却时间长短和地质结构、地面环境有关,可见艺术创作和主体心理状态关联度甚高;创作灵感和冲动发乎自然,可遇而不可求,故"神怡务闲""偶然欲书"能出好作品。"众里寻他千百度,蓦然回首,那人却在灯火阑珊处"。张海称2003年行草书代表作之一《苏辙·黄州快哉亭记》来之不易。第一幅写完,发现"江出西陵"误作"西出江陵",一气不成,意兴全无。数月后重视,斟酌可取,遂又补写,以荣宝斋旧藏用纸成之。今余观此作,容貌迥然有三:一曰用笔独特,秃顿长锋兼毫,形成破锋效果。书家曹宝麟有云:"放旷恣肆,驰骤合节,其焦墨破锋尤为警拔,足称子由'变化倏忽动心骇目'八字焉。"二曰结构开合力度大。书家李刚田有云:"笔下游刃恢恢,举重若轻,有风樯阵马之势。"三曰创作心态自由奔放,略无迟滞。书家周俊杰推测张海作此书时的状态,"技巧本身不再是考虑重点,文学内容也退居后面。听得到笔纸摩擦沙沙声,令作者怦然心动,沉浸于毫颖提按使转、正侧逆施、八面出锋、任意挥洒的快意之中。"纵观张海行草书笔法多端、奇异诡谲的原因,是他可能秉持一条接近道家哲学的艺术原则:草法有源,笔法无定;心与冥运,指与物化;似是而非,似非而是。**张海探讨破锋行草书创作时强调,破锋是创作过程中自然流露,聚散互用,聚多散少;倘若通篇散锋,字如乱麻,就难以给人美感。**破锋创作,要把握墨色浓淡,尤其要做到气息畅达,遇有停笔调整,亦应做到韵味连贯,浑然不断。余观历代书家中用笔以破锋为主要特征者寥寥,且工具材料各不相同。张海破锋作书积年,笔锋落纸势如破竹,满纸云烟。书法创作如同钧瓷"窑变",过程在掌握之中,结果也许在意料之外,不期然而然。

毫无疑问,"张海草隶"成为当代墨海弄潮人百看不厌的风景。张海初学隶书时没有人指导,拜市面上买来的《汉碑范》为老师。记不得临习了多少遍,花了多少时间,据他回忆在高中和大学数年业余时间里除去打球就是临碑。后来相见恨晚者是《封龙山碑》,称其有《张迁碑》的宽博凝重,《乙瑛碑》的轻盈妙巧,还不乏《曹全碑》的丰腴庄重。美色不同面,皆佳于目。通临《封龙山碑》之后,笔法、结字、谋篇都已谙熟于心。他尝试着隶书创作自然行笔,使雁尾既有挑势,又不过于写实。他隶书的一幅李白诗中堂在山东展出时,学问大家蒋维崧评价曰:"行笔自然,点化圆润,紧凑中闪耀着一股灵气。不用雁尾而能表现出飞动的神态,吸收了汉碑古朴而不矫揉造作,故为苍老。"

张海通过汉简这座桥到披沙炼金式的良种培育,实现了隶书创作的理想:在遵循隶书基本规律前提下,掺入可以任意挥洒的笔画,获得强烈而又异于诸书家的个人色彩。张海说关键性的艺术启示不是来自神灵暗示,也不是来自名家宿儒点拨,而是来自他习惯于对生活细节的观察以及道法自然的感性觉悟。某个夏日,张海与朋友泛舟河南信阳南湾水库,忽遇狂风大雨。诸君急着就近靠岸时刻,朦胧中发现避风小弯,便催促船工掉头直达安全地带。船工借故万籁作响不闻所云,绕了一个大弯才到达避风处。众问其故,船工说风大浪高之时,小舟切切不可急转,自然转弯才是正路。诸君惊骇稍定,张海却有意外收获:若直接由行草书过渡到隶书,就如同小舟在风浪中九十度转弯,很可能招致失败;书体之间融会贯通需要迂回,汉简入手有可能革新隶书。

张海隶书开始自觉地在结构体式上取法石刻隶书和《居延汉简》,点画多用行草笔意。逐字练习,寻找新意,比较筛选,数月之间他积累几十个字……汉简挑笔类似行书,放在石刻隶书中同样和谐,并能使汉隶在典雅工稳之外平添灵动跳跃。张海把"草隶"风格形成比喻为"良种培育法",就像袁隆平在农田里偶尔发现一株优于他株的水稻,收集起来定向培育，成功了再大面积推广。北京奥运那年前后，张海多次书写苏轼《江城子·密州出猎》，屡试弥新，却写来无厌。兴致来时，赋诗自己的创作状态："凝思暗想觉依稀，奋笔直书神且奇。身倦心疲三日后，欲摹遹境总难追。"他热爱生活，内心激情燃烧，也好书唐人刘禹锡诗句"自古逢秋悲寂寥，我言秋日胜春朝"。

最后当说的书体是篆书，它是张海吸收艺术营养的书体。张海学习篆书开始于20世纪70年代，当时在甲骨文发现地河南安阳工作。为了教学需要，开始学习篆书。80年代初调入河南省书协后，开始举办篆刻学习班，邀请篆刻家沙曼翁、苏白、刘江诸位先生来豫讲学。张海和学员们一起学习刻印。他感到从清人吴让之开始学习篆书，虽有"取法乎下"之嫌，却有立竿见影之效。吴书字形瘦长、线条飘逸和结构严谨，多少影响到张海终生的艺术实践。当初张海怀疑前辈学者书家商承祚所说"篆书笔法最丰富，最富于变化"，后来品读书家陆维钊作品时才修正前观，认为篆书笔法同行书一样丰富多彩，生动感人。张海自谓金石功力尚浅，不能体会到商老所说篆书境界，但青铜铭文结体自由率真，章法有行无列，随器赋形，就势谋篇，其间蕴含的自由创造精神足以让他终生受用。他将篆书感悟和优秀基因嫁接到自己的主攻方向，希冀在隶书和行草书探索中务求险绝后复归平正。三十年前张海通过已故书家洪丕谟得到篆刻家钱君匋所刻闲章一枚，印文为苏轼"我书意造本无法"。苏轼书法并非无法，而是不拘成法，富于在继承基础之上加以创新。沙曼翁赠刻张海的印有多方，其中两方印文曰"墨戏""意到便成"，期盼后学者打破艺术常规。数十年来张海感受到的除了物是人非的沧桑，也汲取了篆刻大师们的艺术暗示，故能在度则舍筏的自由创作中无愧于先贤期待。

三、程门立雪道师承，疑难热点可商榷

中原多出大家，尊师重道使然。《宋史·杨时传》记载，儒学杨时不惑之年在洛阳拜谒大理学家程颐，碰到程颐偶瞑坐便侍立门外等候，先生醒来时门外雪深一尺。世人感念求学之谦恭真切，赞以"程门

立雪"。余乃爱好书法的"圈外之人",造访张海先生时彼此早已习惯于不拘话题。今撷取涉及书道传承、大家条件和书法未来等方面内容,或可使本文赘述不全是徒费笔墨。

中国传统文化尤其是书法艺术,师徒传承是一个永恒话题。在继承和创新的关系认识上,**张海强调,书法艺术比任何别的学科都需要文化传承;没有传承就没有生存的土壤,而没有创新就会失去发展的动力。**关于具体路径,技可模仿,道需感悟,而书家首先要找到适应自己气质的书体。他向费新我、王学仲、沙曼翁先生求教,便是感其气韵、择其所长为我所用。他直言碑学、帖学需要共融,唐楷法度森严注定了通过魏碑求新的裂变之路漫长。先生说看过我《魏碑风骨孙伯翔》一文,称我读懂了执着魏碑的孙翁,称孙翁独辟蹊径而卓然。我告诉先生,随着孙翁名声日隆,布衣门庭若市。张海说津门碑楷基础好,需要更多借鉴帖学。这与我当面听到的孙翁所说相当吻合——孙翁说今生独爱碑学,惟望弟子不要类我;若说吾近些年来碑体行书有了点气候,首先当归于对碑学的坚守,其次自己也汲取帖学,只是临得少读得多。张海得知我关心成功老书家传道问题,建议我关注"沈门七子"的情况,毕竟师徒传承需要赋予更多开放的现代意识,弟子们艺术风格的多样性也有助于彼此借鉴。

谈论"大家"从来都不是艺术行家的专利。即便处在一个看重物质利益的时代,有心人还是会敬畏那些独步于精神世界的艺术巨匠,打探一番当朝谁才是"书法大家"。张海说过,"对于我们这个时代的书法水平和艺术成就最终作出客观的评价,这是后人的事"。**笔者浏览书法艺术史后便觉得,艺术荣枯与国力强弱不是简单关联,"大家"出没有时候可遇而不可求,但就总体脉络而言之,"大家"一词经常和"大学养""大手笔""大人物"结伴而行。**一曰"大学养"。大家除了具备独立的人格魅力,还应当在某些知识领域(不一定是国学)独具慧眼并有所建树。重书前人经典虽有助于国学普及,却难免带来审美疲劳,此举当大家谨慎为之。如同人们虔诚逸少却厌倦到处看到"永和九年",敬畏东坡却也索然寡味满目"大江东去"。二曰"大手笔"。大家必须有个性化的艺术语言，要么多体融汇有所突破，要么笔法独到惊世骇俗。"笔墨当随时代"，而时代呼唤群峰林立。在书法领域少壮登顶令人向往，大器晚成让人敬佩，衰年变法多为笑谈……依据生理年龄去评判书法家的水平和贡献，不利于艺术人才脱颖而出。**三曰"大人物"**。古来书法大家中，不乏社会显贵、领袖要员、先知先觉或名流隐士等，一言之多是社会上传递正能量并且有相当影响力的"大人物"。即便大家自以为是平头百姓，但他多半和同一片天空下的"大人物"有过交道，又或许身后进入了"数风流人物"而盛名乍起。虽然古来酷爱或评论书法者不分贫富贵贱，"大人物"也不等于公权领域的政治领袖，但位高权重而有艺术禀赋者的言论有助于垒土艺术高塔。若南朝萧衍称王献之"绝众超群无人可拟"、唐李世民称王羲之"尽善尽美""其余区区"、五代南唐李煜欣慰"真卿墨迹尚存于世"、宋高宗赵构"大旨所宗惟在羲献"……若诸公不处帝王之尊，即便对书法艺术有深刻认知，对相关经典书家的寥寥数语评议断然不会有绵延千秋的影响，以至于后世好书者有时候疏忽了"梁武有为"、"贞观之治"、"亡国之君"等政治话语，却对他们的书论和作品了然于胸。至于当代我们所熟悉的，赵朴初、启功先生对林散之的赏识，郭沫若先生对"左笔"费新我的推崇……更多意义上属于艺术巨匠而不是领导对书法奇才的发现。**艺术审美"羊群效应"的客观存在，艺术评判标准的主观性太强，这或许是传播心理学注定了的书法"大家"离不开"大人物"的深层原因。**

　　笔者向来不怀疑中国书法拥有未来，只是担心作为艺术形式它的高度今不逮古。**张海先生认可我从书法人才的成长周期展开分析，提出的"六十书家正青春，尔后鼎盛二十年者鲜闻"是严峻的现实。**他在多年前就说过，假若天假以年，希望自己能够打破这个"魔咒"。据笔者接触过的现今六十开外书家讲述，他们当年艰难学书多为"兴趣"二字，直到1992年市场经济全面提速时他们已过"不惑之年"，其艺术创作的功利性相对较低，笔者称之为"最后的贵族"。诚然众多书家参与是艺术繁荣的基础，我们不能苛求人人呈现"大家端倪""衰年变法"

的盛况。受困于时间、精力和健康原因,加之物质条件改善和"艺术突围"太难,即便是成就卓越的书家进行艺术创作时的边际冲动也会下降,他们出于应酬对笔墨的兴趣与日俱减,故我们只能见到屈指可数的"艺术常青藤"。**鉴于金字塔原理对艺术领地的约束适用,笔者初步假定当代书法家作品收藏的"黄金分割年线"为 1952 年,此后在 2012 年前年满 60 岁的书家作品优先进入视野。**笔者以为电子信息技术使人们变得眼高手低,书写困难,空调牛奶高楼环境中成长起来的学书大军又难以在情感上继承中国传统经典书家的衣钵。"艺术的经典与大家是文化沉淀后的历史评价"(孙家正语),故笔者在此向"最后的贵族"致以敬意。

　　(原载于 2014 年 7 月 1 日湖南《永州日报》整版。部分篇幅见于《中国艺术报》、河南《书法导报》和湖北《书法报》。)

10　诗书画印求"四融"

2015 年 1 月,北京军博。由当代书法家李铎先生题写主题"中国书画千字文"、张海先生题写展标"继古——求新——圆梦"的张继诗书画印艺术展在此举行,涵盖篆隶楷行草五种字体、75 米绘画长卷和 307 方篆刻。这场不设开幕式的艺术展首日迎来 5000 多名观众,印证了人们对张继艺术的喜爱。学者周笃文评价,张继所作高度浓缩而又生动精彩的艺术概括,完成了一项重量级文化工程。张继说,感恩家乡水土孕育出楷书大家钟繇、《诗品》作者钟嵘,以及近邻的沈丘《千字文》首创者周兴嗣,自己深受先辈乡贤的熏陶,三年推敲锤炼,粗得诗作《中国书画千字文》。

是年秋,文怀沙先生见到北京大学出版社出版的《翰墨经典颂虞舜》,将碑刻着他以古体字书写的屈原《湘夫人》"九疑缤兮并迎,灵之来兮如云"句,与张继隶书的《史记》"舜葬九疑说"之碑重典于舜德书院正门,欣然赞叹,感触良多。追溯张继之碑,是我十年前受家乡父老重托,请他以隶书书写《史记》"舜践帝位三十九年,南巡狩,崩于苍梧之野,葬于江南九疑"一句,后来家乡舜德书院 2014 年落成时刻碑于斯。上述二碑紧邻当代碑学大家孙伯翔先生碑楷之作《卿云歌》,都是弘扬舜德文明的内容。孙先生谈到张继,说他精心隶书而兼融碑学,路数来自《张迁碑》《曹全碑》,而自己尤爱龙门二十品之首《始平公造像记》。

在笔者看来,张继隶书呈现大汉气象和朴拙率性的个性风格。他说,碑的山林之气相伴着温暖和生命,倾听古人方有可能感悟经典。某日相见,他从云南陆良县贞元堡小学回来,说是实地察看了南朝刘宋时期镌刻的《爨龙颜碑》。我问,你不爱旅游,长途漫漫,容易吗?答曰:总比阮元(清朝金石大家)找到它容易。某日,他从陕西回来得意洋洋,说此行去合阳县打探了明万历年间发现《曹全碑》的故事。我问,到故宫博物院就能看上一眼拓本真迹,煞费苦心,值得吗?他说,知道它的过去,有助记住秀逸多姿、结体匀称的特质。书法是哲学的艺术表达,创作需要化碑于简、求趣由心。张继博采多体精华,在反复比较中寻找到自身性格和隶书在平实稳健方面的契合点,其创作逐步呈现古朴自然、沉稳雄强的风貌,乃至别具特色,成为当今"尚趣"书风的引领者之一。他制作了好几方名曰"朴率"的印章,为的是提醒自己坚守朴拙率性的艺术理念。

张继敬佩古往今来以"大学养"滋润"大手笔"的艺术大家和学者。他1991年进入首师大学习,赢得了欧阳中石先生的欣赏,原因不在于张继书体接近于先生,而是他在诗书画印方面的理性感悟和感性实践,连续三届以草书、隶书获得全国书法篆刻展最高奖。先生的鼓励和厚爱溢于言表,先后让张继为自己篆刻了名章"欧阳"。当时张继不到而立之年,在篆刻界初出茅庐,没有今日操持东方印社这般风光,不时有西泠诸家前来切磋。凭借大学绘画专业背景的实力,他的"海底系列"绘画作品别有情趣。孩子们有说他画里鱼儿像是精灵,快要从纸上跳出来了。若说张继绘画受到书法的影响,主要在笔墨上。若说受到篆刻的影响,主要在构图方面,表现在留白地方较少。欧阳先生提醒说,画还是不要荒废了。据我所知,欧阳先生也是喜爱绘画的。我十多年前拜访先生时,曾见到过先生的画作。

张继热心公益事业。作为中国兰亭艺术奖最年轻的评委,他在评奖过程中保持公正的原则立场。他说,如果出于个人情绪化的原因给个别参选者打分极端低,等同于把自己的人品放在了不及格线下。他在山东德州地区捐资援建了希望小学,每年资助的各地贫困学生多达百名。他曾应邀到祖国宝岛台湾交流书法艺术。有台湾书家羡慕大陆书法艺术市场的广阔,问他名利诱惑是否影响艺术创作。张继感叹说,如果想到这一笔下去值多少钱,难免动作会变形。有书家评论称,张继是"有良心的书法家",这样的人多了,艺术才不会沦为市场的奴隶。

(原载于《光明日报》2015年10月19日第十五版。文稿经过摄影美术部主任徐冶先生审阅修改。不料徐先生 11 月 6 日突然离去，酿成思念如山。我们约定一起参观张继先生工作室"四融斋"，今生不得成行。我在《度则舍筏话张海》一文中分析了成就书法"大家"的三条标准，即"大人物""大学养""大手笔"。2016 年 1 月张继先生举家来到舜德书院开展新年笔会，赠送鸿篇巨制隶书力作《中国书画千字文》，并为我篆刻了"大人物""大学养""大手笔"三方闲章。4 月张继先生为我家乡贤兄欧阳智才肇建乡村胜境"桃花源"，隶书对联"翠岭邀明月，细条拂碧烟"相贺。江岭之间，其名大著。2016 年 4 月 2 日余单独造访碑学巨匠孙伯翔先生，报告这本书的书名和基本内容。谈到当今书坛各种书体代表人物时，先生说就隶书而言，张继名列前茅，而且他善于变化。）

11　学问大家萧艾访谈录

萧艾简介:萧艾(1919—1996)古汉语文字学家、中国文学史家。湖南宁远北门萧家人,原名萧家林。早年肄业于上海持志大学。1939年在贵阳第二西南联大毕业,后任无锡国学专修学校讲师、西江学院副教授,主编《国际论坛》。1945年在长沙师范学校执教,任《湖南日报》主笔,《平民杂志》发行人。1949年任长沙湘雅医学院院长秘书。1955年被卷入胡风冤案,坐冤狱然后下放湘北农村,被残酷迫害长达25年。1979年起任湘潭大学中文系教授。长期从事甲骨文、中国文学史、中国氏族学的研究。他创立"中国文学史应从卜辞文学始"的理论,提出"丝绸之路应名玉石之路"的见解,引起学术界的关注。著有《殷契偶拾》《甲骨文史话》《王国维评传》《王国维诗词笺校》和《〈世说〉探幽》等。

时间:1991年4月7日下午四时到五时。

地点:湘潭大学教师宿舍楼南阳村11楼。

事件:是时余就读于湘潭大学中文系大三,慕名"湘大三老"(另外两老是姜苏阁、羊春秋教授)之一萧艾先生久矣。因为叙事散文《黄昏,我噙着一支黄土情歌》在当年"我与湘大"征文竞赛中获得一等奖,其间涉及先生对家乡后学的勉励之情,先生故而特别邀约家中叙谈。本文来自当日笔记实录,由是可轮廓洞观先生的人生感悟、学校建设、学术境界和桑梓情怀。即便余记录理解有失偏颇,如若先生所述无碍党国规章,今收录出版时保持原貌。窃以为这是对先生最好的怀念。

萧艾教授引我落座,接着便说:"你的那篇文章我看过了。"我告诉先生"最近又作了些修改",把改过的版本呈递给先生。他问我留了底稿没有,准备在什么地方发表。我答道:"校报可能有安排。"他停顿了一下,说了一句"我想可以找个别的地方发"。

先生开始用方言和我拉起了家常,问我是宁远哪个地方的。我说:"中和,绿园的。"他开始说一些往事,问我知道一位姓李名啥的不。我不知道,是前辈的事情。他说,那时候自己在长沙,为了筹钱救他,卖掉了一栋房子。几经打听,花了一百块大洋,才晓得关在哪里。于是叫一个女老乡,设法和他装为夫妻,讲的宁远土话,得知他真是个共产党。于是暗示他绝不承认是共产党。当然我自己不能出面,靠的是医生。经过这些努力,他被判了五年徒刑。在狱中待了一年多一点,就称病外医了……他后来平了反,是南方起义的总司令,回到零陵,在"文化大革命"中被斗死了。当年手指都吊断,都挺住了。遗憾啊。

那时候我在益阳是家喻户晓的,臭名远扬。总算有一天被别人发现,居然是个十三级干部。每次四百多人游街,地委书记和我打头。他是"反革命",我是"牛鬼蛇神"。

先生说他已七十三岁了,虽然精神还蛮好,坐着也要背靠椅子。我察觉到,先生说到这时眼眶里湿润起来。他接着说,可能身体越来越差了,我八七年送出研究生,八八年系里借名又招了研究生。现在我离休了,在政界只留下个政协职务,下届就不干了。开会,就是要我的命。如能再活十年,也就是三千六百五十天。不像原来,我现在晚上不能写作了,也很少发表东西。在南京的古典文学刊物发了一篇三千字文章,引来了不少问题,很多年轻人写信来,说要报考我的研究生。现在他们来系里听课。我过些年就不招研究生了,人总要留点时间给自己用吧。

先生谈起了湘潭大学。他说,学校去年在湖南高校中排老八。这个地方不留人,没有学术空气,水也不太好。当然如果办好了,是个做学问的地方。孔雀东南飞,麻雀也会飞。我的一个学生在广东进入了"三优"人才,他若在这里可能难有机会。中年教师都很好,有两百多名讲师。青年教师接不上,湘大都办成一所师专了。我到这里来,是走错了地方的。我是博士生导师。我们系里每年招收研究生不超过十名,没有授予博士学位的资格。中国知识分子有些好的传统,做领导的不要给他们带来不必要的烦恼。去年一个教师差点走绝路,很不容易评上副教授。你们的余老师五十多岁了，还没有一个相称的职称，爱人在市场上卖猪肉呢。

做学问，要分清是欣赏还是研究。例如说，我们讲这句诗好，如何的好，这是欣赏或者说是鉴赏。老实说，教育青年学子搞研究不容易，自己都不明白什么是研究，怎么去指导学生呢？"文化大革命"的时候，我被抄家。当年家里不是现在这个样子。我的西服十四套，书有两房间。我是研究甲骨文的，全套甲骨文，《红楼梦》刻版有八回。后来政府为我平反，要我就这些东西填个价格。我能填什么呢？又不要赔。要论价钱，齐白石先生的画任我挑过两幅，值多少钱？徐悲鸿先生为我画过一张像，就现在这么坐着的样子。台湾行家写信来，问我某公写的那副对联还在不，开价千多美金呢。现在我的书都是1978年以后的，很乱很乱。

先生说家乡宁远是个好地方，历来出人才多。唐有开科状元李郃，宋有状元乐雷发，他们的人品和文章都是有名的。在他点校的《历代社会风俗事物考》前言中指出：叶子戏实自唐李郃骰子彩选格演变而成，叶子戏再变而为"马吊"即今之"麻将"的滥觞，九疑山是文娱牌的发祥地。新中国成立前的育群中学、简易师范学校、宁远县中（一中前身）和泠南中学（二中前身），为宁远培养了人才。当年自己是师范毕业的，和衡阳师范毕业的郑国栋熟悉，郑公在家乡办学费心很多。宁远还是个穷地方，地方领导请我们想办法。开发九疑山，没有铁路，交通不便。我想了好些办法，找到一个美国人，他愿意投资三千万美金办厂。上面晓得了，说省里要占25%，地区要占25%，到达宁远就没什么了。我想促成此事，美国人也不会答应。这个事情还是没有干成。

谈话大约一个小时。先生的学生来了。我顺势起身告辞，先生开门，探出头来相送。我后来粗略了解到他的学术。学界认为，他的《王国维评传》达到公认的最高水准，对王国维自沉昆明湖作出了独到的分析。他研究《世说新语》而成的巨著《世说探幽》关注魏晋时期人的主体意识觉醒，视魏晋风度为承担和化解苦难的方式。他在岳麓书社出版的《王闿运评传》给我们带来的依然是命运反思的感受。接近并有幸与萧艾先生对话，是理解中国传统知识分子文化心理的机缘。

12 苍梧之野 伟岸"三杨"

像许多热爱九疑山(屈原《离骚》称苍梧,在湖南宁远县境内)的家乡游子一样,我在雾霾都市也曾向朋友们鼓吹过家乡的魅力,还习惯于自我介绍是"九疑山人"。要是对方还不明白,便要请出毛主席的诗句"九嶷山上白云飞"了。至于家乡游学京畿者,若是在名利喧嚣中尚能憋出点文章,自然要感谢故乡给予的灵感,遂将笔名也署作"九疑山人"。甲午夏秋之交,我粗略研究家乡历史上河渠、经史、艺文诸方面,发现署名"九疑山人"实在有愧于先贤,此乃民国时期古琴宗师杨宗稷自号。由此上溯苍梧之野文明滥觞,碰巧有晚清诗人杨季鸾和南宋诗学评论家杨齐贤同属杨氏名流。此三公皆生于苍梧之野,其文化影响在各自所处时代遍及宇内,并泽被后世,故笔者称其为伟岸"三杨"。

一、古琴宗师杨宗稷

按照湖南宁远县地方志的说法,杨宗稷(字时百,1865—1933)年轻时受到过清朝管学大臣张百熙的关照,在京担任京师大学堂学部主事,后又供职于邮传部、交通部,还出任过洞庭之滨南县的知事。他深感自己不宜做官,1908 年到南京拜全国著名琴师黄勉之为师,三年苦学而有长进。先生感慨自己授琴数十年,众多弟子中没有一个能超过杨宗稷。1917 年杨在京专门从事古琴教学和研究,爱琴成痴,积琴百部,自号"九疑山人",称自居处为"半百琴斋"。随着中国古琴"九疑派"声名日隆,他受聘于北京大学教授古琴,又受阎锡山之聘授琴于太原。

杨宗稷被时人称为"民国古琴第一人"。其琴艺精湛,著作颇丰,其中主要有《琴粹》4 卷、《琴话》4 卷、《琴谱》3 卷、《琴学随笔》2 卷、《琴余漫录》2 卷、《琴镜补》3 卷、《琴瑟合谱》3 卷、《琴学问答》1 卷、

《藏琴录》1 卷。后人将这 40 多万字著述合刊为《琴学丛书》。该书将古曲译成通行简谱,对指法要求作了详解,使后来学古琴者有章可循。现存最早的《碣石调幽兰》的文字谱,首先由他翻译为减字谱。作者木刻该书始于 1911 年,直到辞世两年前的 1931 年完成。总计木版 1036 页,用梨木 518 块,每块尺寸为 19×27×2.5 厘米。如果像书一样排列长度可达 13 米,重量近 600 千克。这些木版于家中有木盒收藏,且每张木版间填以纸张保护刻字。杨氏治学之严谨呕心,可见一斑。

现代古琴大师管平湖是他的得意弟子。一张传世"鸣凤"琴,记录了他们师徒情谊。此琴先经杨宗稷珍藏并加以重修,琴面之钧瓷徽、琴背之八宝徽是弟子管平湖所为。杨宗稷在《琴粹》中说道:"近时都下收藏家仅有贵池刘氏之'鹤鸣秋月'、佛君诗梦之'九霄环佩',其声音木质定为唐物无疑。刘琴相传为雷威斫,未见其款。余藏琴 20 张(注:后来过百),惟'鸣凤'最佳,相传为二十四琴斋之一。题名外别无款识,洪亮不如刘佛二琴而苍润过之,一二徽间稍欠松,当为宋物,否则唐琴矣。"杨管师徒二人毫无疑问是功底深厚的古琴鉴定专家。他们先后破解并整理的代表琴曲有《流水》、《广陵散》、《胡笳十八拍》、《幽兰》等,其间曲目弹奏时有如诗人李白所说"为我一挥手,如听万壑松"的磅礴气势。

《论语》有言:"子在齐闻韶,三月不知肉味","子谓韶,尽美矣又尽善也;谓武,尽美矣,未尽善也。"关于《韶乐》起源之争,韶山、韶关或有字面优势,淄博有碑"孔子闻韶处",通行说法还是"韶乐,为上古舜帝之乐"。笔者根据《尚书》之说"舜弹五弦之琴,歌南国之诗而天下治",又据《史记·乐书》"昔者舜作五弦之琴,以歌南风",若考证《韶乐》起源,北方之说似乎缺少根据。永无结果的争论当搁置一边,重要的是孔子把音乐形式"尽美"放在了第一位,这表明只有感化才能教化。窃闻古琴弹奏历来久矣,观先贤杨宗稷所以能开宗立派,原因当归于功到自然成,他所钟爱的曲目包容天地气象而摒弃简单教化。又闻今"管理众人之事"者(孙中山语)经常谴责"靡靡之音"为害甚大,窃以为此论有失公允:若是歌词内容龌龊另当别论,若是好事者闻过古琴等民族乐器演奏的曲目，非要论定格调低下或高尚当属愚昧徒劳，因为审美判断存在于欣赏者心中而不是旋律本身，即便位高权重者也无优势。《乐书》有云"乐者为同，礼者为异"，主张用乐来协和百姓好恶，用礼来区别人间贵贱，考虑到了天下还是众生居多，没有秩序就会"礼崩乐坏"。《韩非子·十过》责怪乐师延之曲令人萎靡不振，害了商纣。武王伐纣时，延抱琴投濮水而死，此后水中常出乐声"靡靡"。杨宗稷作《广陵散谱跋》时感叹道："今按谱弹之，觉指下一片金革杀伐激刺之声，令人惊心动魄，忘其为琴曲。是以当日鼓琴阙下，观者成行，马牛止听。"他还引用前人张崇序《广陵散》时说，"琴谱中有井里、别姊、辞乡、报义、取韩相、投剑之类，皆刺客聂政事。"可以看出，即便是"聂政刺韩王"这等严肃主题，大师追求艺术曲调"基本旋律"外，还是给大量"弦外之音"留了空间。在笔者看来，二者没有高下之分，也断然不得称后者为"靡靡之音"。

我每次往来于宁远县和永州市之间，必经先贤杨宗稷的家乡清水桥乡平田村。据村民讲述，平田村始建于南宋，自古居永州大道之要冲，部族曾因参加徐寿辉部抗击朱元璋军队许多被迫改作"杨"姓，遂又恢复"欧阳"姓，现有人口万许。宗祠始建于南宋嘉定二年，清乾隆年间陈列600多斤铁钟，明清古建筑群损毁于太平天国石达开部过境。甲午中元节次日，余与同窗何国义徜徉于平田青石板巷道、石桥，见到石刻、牌坊、凉亭、八角楼、庙宇庵子雕梁画栋，亟待修缮保护。明清以降平田有进士、举人十余，村规民约特别重视教育，这在一定程度上弱化了乱局祸害文明。民国之初平田开办现代小学，20多人进入黄埔军校。人文厚重、民风古朴和田园风光为平田赢得了"湘南典雅古村落"的雅号。

若是初夏时分，平田那南岭山区中难得的平畴沃野开满油菜花，村前龙溪河沧浪之水仿佛在传唱当年琴师的成长。听村里长老介绍，杨宗稷14岁考入县学，20岁学习古琴。大师少时好用丝桐演奏舜帝《南风歌》"南风之熏兮，可以解吾民之愠兮；南风之时兮，可以阜吾民之财兮"，他或许由此找到了淳朴厚重的艺术灵感。相传唐朝四川峨眉人雷威常在大风雪天里去深山老林听风吹树木的声响,从中辨取造琴良材。杨宗稷信以为真,与苍梧之野水土相宜的梧桐林造化了他风里听音的聪敏。老子曰"大音希声,大象无形"。最好的旋律本就来自庄子所说的"天籁",只是宗师耳聪道高能取"天籁"而作绕梁之声,凡夫俗子心不静只能声色犬马于众声喧哗之中罢了。引起杨宗稷命运拐点者,是邀请他进京做官的长沙人张百熙。听说大师离开家乡时所备行李中除了简单衣物就是梧桐精料,这样的细节或许注定了杨宗稷命运终点是艺术巨匠而不是半途而废的一官半职。

二、绍基至交杨季鸾

同样是平田这个人杰地灵、好读诗书的村落,养育了清朝著名诗人杨季鸾(字紫卿,1799—1856)。这段历史应验了"琴与诗书渊源相通"的说法。他出生在世代书香之家,14 岁作《雨后村庄晚步》"数里入寒坞,人家半夕阳。雨余红柿熟,风过绿橙香。野渡凭谁问,林醪唤客尝。牧童归径晚,一笛下牛羊",就有相当境界。15 岁赋诗《春日杂咏》十二首而声闻远近,其中之一"萧萧亭馆暮春时,鸟儿青帘看折技。何事风流最堪忆,王家筋咏谢家棋",表现出作者的敏锐观察。杨季鸾19 岁开始全国游历,武昌登临黄鹤楼时诗兴大发:"岂徒黄鹤乘云去,不见崔郎与谪仙。今古登临同怅望,后先凭吊一茫然。但闻江上数声笛,吹落梅花何处边。我欲飞筋尽高兴,醉呼明月照晴川。"杨季鸾28岁时到达北京,诗坛名家吴嵩梁看到了他的《黄鹤楼》诗后赞叹其作"与太白最近",杨遂有诗声日重,成为道光咸丰年间全国诗坛名家,与何绍基、魏源(字默深)等诗酒唱酬。杨有诗《寄魏默深》:"京华谈笑隔年余,红树秋来叶又疏。北望燕台空入梦,南寻禹穴问何如。忧时贾谊休垂涕,卧病虞卿且著书。衡岳洞庭幽绝处,待君同隐结茅居"。长于著文赋诗的两江总督陶澍为杨季鸾诗集《春星阁诗钞》(注:现存国家图书馆)作序。

随着杨季鸾常年游历他乡,蜚声海内,桑梓情怀常使他梦回故乡。他的诗《上巳前一日新晴出游》有句"白云缺处俨图画,山红涧碧湿且明;牧童驱犊转屋背,人家隐约烟树平",仿佛在歌唱江南早春的家乡。他用诗句"九疑灵异不可状,谁能振策穷跻攀""奇花怪石莽难数,篁深不辨溪头路"来描述"游九疑山望三分石"所目胜景。他用《谒虞庙》之句"天地承尧统,山河锡禹功"表达对上古圣帝的崇敬,用"莽莽苍梧野,萧萧斑竹丛""白云黯黯愁潇湘,离忧哀怨成文章"来叙说舜帝南巡的凄美。杨季鸾之诗,古体磊砢自嘉,与太白、退之为近,近体多显清新婉约,此说可引《贾太傅祠》为例:"一篇鹏鸟叹文章,濯锦坊前吊夕阳。闻道绛侯高冢上,于今秋草亦荒凉。"杨季鸾还十分尊崇柳宗元,仰慕先贤周敦颐(注:北宋理学鼻祖,号濂溪,1017—1073),年51岁归寓永州,主讲濂溪书院,亲自校核柳宗元文,闲暇重刻乐雷发所著《雪矶重稿》。据《零陵地区志》载:"清道光二十一年(1841),永州官办刻印坊刻印《柳河东全集》……以楠竹为原料的手工造纸遍及各县,道光年间宁远杨季鸾校刻的《柳河东全集》称为'海内珍本'。"他还为永州柳子庙撰写两副对联,其一为"才与福难兼,贾傅以来,文字潮儋同万里;地因人始重,河东而外,江山永柳各千秋";其二为"胜地喜临江,万叠云山来缥缈;高情还爱石,一园花竹尽玲珑"。以上二联均由何绍基书于永州柳子庙壁柱,后因年久失修原迹淡去,一联改由当代书法家刘艺书写,二联仍摹何绍基书。为弥补遗憾,余找来何绍基书赠朋友的相同内容,也看出何对杨联的喜爱。

杨季鸾和书法大师、诗人何绍基(字子贞,1799—1873)乃同年出生,又是志趣相投的同乡,彼此来往传为家乡美谈。杨曾经评述何的绘画:"子贞齐年,平日作画,往往于不经意处,古趣横生。此幅娟秀乃尔。殆所谓风流自赏,自求馨逸者矣"。何的诗集《使黔草》1845年刊刻,邀请杨为其作序一篇。杨曾经邀请何同游九疑山,何因小恙在身未能成行,何以为此生憾事一桩。同治初元(1862)帝命祭告舜帝,何绍基执笔祭文。二月他来到九疑山时感伤杨紫卿已殁6年,"年来怕听山阳笛,谁复高怀似紫卿"。何绍基还将人生感悟融入了《游九疑》诗中:"生长月岩濂水间,老来才入九疑山。消磨筋力知余几,踏遍人间五岳还"。笔者感受到"蝯叟"(何绍基1854年起自号)在倾诉乡情、错失同游的遗憾,还暗含着对宦海沉浮和人世坎坷的厌倦。笔者没有想到,150年后中国书协主席张海为舜德书院奉献墨宝,欣然选择书写了自己推崇的大师何绍基的这首作品。这应了《吕氏春秋》所说的"古今一也,人与我同耳",境界高远、时代不同的人能够超越时空对话。这对我家乡先贤亡灵而言是最好的告慰。

杨何至交的往事在我的家乡永州流传甚广。道光辛卯年(1831),何作《答杨紫卿》,有言"婉婉十年交,唐唐千载思""登高夜南眺,念子寒与饥",足见彼此感情之深。何作《杨紫卿祝融峰观日出图》,赞叹"杨侯数年不相见,百赋千诗日豪变"。是年重阳何绍基步游长沙天心阁,赋诗后兼呈杨紫卿等。道光甲午年(1834),何回湘应试,在长沙病逾10个月之久,赋诗《病起柬杨紫卿》,有感叹时局之言"连年遍灾亦已甚,今兹元气差当复",并嘱咐"小诗激语未全删,秘之莫遣他士读",足见彼此信任充分。1835年杨紫卿《送何子贞领解此行二首》之一:角逐圣场已廿年,客寮相对短檠前。每因江上秋风起,来话天涯旧雨缘。眼见桃花红满观,手栽蕉树绿成天。重为合会知何地,应记城头夜月园。城南精舍君频岁贡寓居于此,院内芭蕉树数本,何亲手种也。道光甲辰年(1844)秋何欲回京复命贵州乡试结果,途径常德武陵与杨相遇。何得知杨已主持永州濂溪书院10年,其作《春星阁集》付梓,狂喜有作:"子贞忽听紫卿呼,蜡炬腾花酒笑壶……奇山影落春星阁,瑞露光分太液池……采笔有人赓日月,狂澜何计挽江河……我读骚词爱远游,君能作赋早登楼。两人足迹轻天下,千古诗怀在永州。"至杨紫卿1856年去世,何绍基作联评价其一生,上联曰"要什么功名,一个太学生,能使公卿称国士",下联曰"也无多著作,两部春星阁,长留天地咏诗人"。何绍基还为杨紫卿墓碑书写了"两人足迹轻天下,千古诗怀在永州"之句。时任永州知府黄文琛亲自经办其丧,并为之建祠宇置祭田。

三、"李诗"注家杨齐贤

苍梧之野的文化名流具有独立人格魅力,南宋著名诗学评论家杨齐贤(字子见,大约1181—1269)便是以独立的学术见解展示了这种魅力。据笔者考证,就在诗人杨季鸾出生600年前的南宋宁宗年间,年仅19岁的宁远县双板桥乡背后山村人杨齐贤1199年高中进士。背后山这个地名,在我20世纪80年代就读宁远一中(现为省重点中学)期间就很熟悉。从故乡绿园到县城21千米许,徒步担笈杖锡也是有的。由背后山再前往5000米许便是县城,在此歇上会儿、问乡亲讨口清凉便忘了疲惫。毕竟,父辈们激发过我对城市的向往。

在背后山行政村董洲坪自然村杨国田家里,主客方言式的问候和交谈,眼前四方小桌上摆放着的红瓜子和花生,让同行的乐松生、蒋少军同样感到亲切。在客厅主人向我们展示了十年前修订的《杨氏宗谱》,其间《源流像赞篇》里有十七世祖杨齐贤的遗像和后世赞词。由此上溯到唐宋,可鉴杨氏家族的荣光。宁远杨氏的世祖杨越房晚唐曾任郴州刺史,与著名诗人元结(时任道州刺史)为同乡至交。越房公又请教宁远籍状元李郃后,才决定迁徙并定居于当时的舂陵河冲积扇平原与丘陵交汇之地蛟龙塘、背后山一带。料想当时族群尚小,此地又是自然胜景。处高地而无水患之忧,有茂林修竹滋润农作。门前树影弄檐,邻里崇尚和睦;清流不舍昼夜,上苍厚爱勤作。"积水成渊,蛟龙生焉";见贤思齐,苍梧栋梁。蛟龙塘曾为林秀高岗,后沉降为今天的硕大莲池,她的美名或许预示着此地必将不同凡响。这里地处舂陵河与五里沟一带,路在两水之中。中和镇人若去县城,到达此地后可以依次看到滔滔江流、护坡林带、会车困难的小道、灌溉水源五里沟渠,右边车窗之外就是险绝的山岭了。幸哉这里地势险要,当年日寇窥伺片刻而不敢进入,吾先辈得以平安存活。这里山河相映成趣,历来郁郁葱葱,火灾从未有过;即便附近火情漫天席卷,到此便不再蔓延。是说有几分神秘色彩,可能与山势和河道急转造成物态细润、地形窝风、气流稳定等因素有关。

据大明成化九年(1473)赐进士出身、监察御史黄锤所作《杨氏宗谱序》:"有越房公者,幼习诗书,遂登金榜,为一时之英士……刺史郴郡,清廉简约,平易近民,善政之施,美不胜书……太和二年(829)已酉中原云扰,河北汉南悉为战场,人无宁宇,公闻忧惧,乃至道州见刺史元结。结与公同乡者也,因相与谋立家于此。杨公意决,还职经延唐(今宁远县),过莲塘……时李郃(注:唐朝宁远籍状元)……不就而归。公趋谒焉,慕邑之山川秀丽,土田肥饶,又为贤人萃聚之地,虞舜过化之邦,遂与郃君谋之,而郃君亦喜甚……自唐历五代至于宋,人文继起,科甲迭兴。有齐贤公者,少聪颖,凡书一阅,终身不忘,年十九登庆元五年(1199)己未科进士……豪杰人中第一,英雄世上无双……平生喜注诗赋,所注有李白诗集……殁后入祠乡贤祠,受春秋祭享,吁亦荣矣。"据笔者查证,清修《四库全书》收录了杨齐贤集注的《李翰林集》(李白为翰林出身),后世流传的元肖士赟《分类补注李太白诗》(25卷)是在杨氏最早版本基础上形成。随着国学热兴起,它们进入了国家重点古籍藏品,并屡屡被雅昌等知名拍卖公司所青睐,去年福建人民出版社出版的杨齐贤注《元刊李太白诗》受到读者喜爱。

余观杨注李总体面貌,既有客观内容介绍,也有独到艺术见解,有时还巧妙地对古代先贤评说一番,用语简约而又客观明快。例如,杨注李白《早发白帝城》"朝辞白帝彩云间,千里江陵一日还"时指出,"白帝城,公孙述所筑。初公孙述至鱼复,有白龙出井中,自以承汉土运,故称白帝,改鱼复为白帝城",传播了古代地理河渠知识;在注《关山月》"明月出天山,苍茫云海间。长风几万里,吹度玉门关"时说,"天山至玉门关不为太远,而曰几万里者,以月如出于天山耳,非以天山为度也",艺术地肯定了李白诗歌极度夸张想象的特质;在"古风"《齐有倜傥生》诗句"意轻千金赠,顾向平原笑"后,杨齐贤注"鲁仲连为人排难解纷,功成无取,"隐含着注者欣赏战国齐人鲁仲连说魏联赵抗秦、有功不受禄爵的大丈夫气节。

学者普遍认同唐宋以降关于"李杜优劣"之争日久,"扬杜抑李"居于多数;宋朝"注杜"成风,但"注李"只有杨齐贤一家。关于杨齐贤为什么选择放弃诗学主流、再造门户的原因,迄今没有人深入探讨,余作为家乡后学试图寻找答案。笔者揣测,即便杨齐贤无心宦海、一门心思要做学问,他选择"注李"而不"注杜"的根本原因在于他们天赋极佳而命运多舛,他对"诗仙"李白拥有内心的亲近和艺术认同。较之天才少年李白,杨齐贤具有七岁能文、过目不忘的神童本色,由于同科连中三榜还获得钦赐"丹桂联芳"四字。他们都曾有过为朝廷建功立业的理想,却都不为朝廷所重用。杨齐贤在南宋宁宗、理宗两朝为官48年,效力后者的年头更多。据《宋史》"本纪第四十五"所述,怀揣"以理学复古帝王之治"的理宗虽享国久长而治效不及;"首黜王安石孔庙从祀,升濂、洛九儒,表章朱熹四书",理学升天,思想文化窒息。杨氏长期委屈久居闲职员外郎或谏议大夫,他选择了像李白一样游历全国名山胜境的生命路径。共同命运也对杨氏"注李"提供了最好的帮助,他最懂太白。

　　笔者以为,杨齐贤不是单纯意义上的一介书生,他懂得什么是前车之鉴,并且谙熟如何力求自保。他当然知道唐朝后期宁远籍状元李郃因得罪宦官被发配到"江湖之远",李晚年退职还乡寄情九疑山水。他对宁远籍同朝状元乐雷发更不会陌生,乐氏满腹经纶却险些被其收复河山的政治主张所葬送。他为近邻道县的当朝理学鼻祖周敦颐编撰《周子年谱》,给自己撑起一项政治保护伞,这也有助于他著述《青莲诗选》《蜀枢集》和《李翰林集》等。另外,杨齐贤可能也发现,作为诗学评论"注李"虽然有悖于潮流却也未被禁止。宋朝统治者从维护礼教和儒家忠君思想的观念出发,总体上倾向于"尊杜贬李"。王安石评价"李诗"格调不高但"豪放飘逸,人固莫及",赞赏杜甫"光掩前人,后来无继"。苏辙指责李白"不知义理之所在"。朱熹认为李白支持谋反之人,表明他没有政治头脑。然而,唐朝杜甫本人对李白诗歌有过"笔落惊风雨,诗成泣鬼神"的高度评价,韩愈调和"李杜优劣"论时说"李杜文章在,光焰万丈长"。至于宋朝,欧阳修喜欢李白诗歌的丰富想象和壮大气魄,"江西诗派"开创者、书法大家黄庭坚虽然偏好"杜诗"却留下了草书长卷《李白忆旧游诗》为代表作之一⋯⋯由是观之,凡属大家都能对"李杜优劣"秉持包容博采的学术立场,为理学背景下的艺术研究开掘留了一条狭窄的生路。苍梧之野杨齐贤坚持学术独立,独爱"注李",以老致仕,获赐"贤良方正"锦帛,并获在县城赐建牌坊,算是他不幸中的万幸。

苍梧之野,伟岸"三杨"。他们出生于不同帝王时代,或无心宦海浮沉,或有志隐逸苍生,故青史翰墨位高权重者不著其名。然苍梧之野毕竟有过上古尧舜韵化,"三杨"亦均沾天赐禀赋,虽历经艰难曲折,数十年孜孜矻矻,终成正果。念圣人孔子告诫弟子"用之则行,舍之则藏",既知斯道不行而无悔中原问道于老聃。又闻文豪苏东坡劝朋友"用舍由人,行藏在我",他自己却也没有把握好仕途命运。树有本末,业有主副。本末不可倒置,而主副易位者司空见惯,持之以恒并有所建树者亦不鲜闻。曾文正公云:"真学养兼到,天下事皆需沉潜为之,乃有所成。"今观苍梧"三杨"人尽其才,自我调整,其必曰"死生有命不择世,渡没无筏存我心"。为人处世当随遇而安,却切不可随波逐流也。

(原载于湖南《永州日报》2014 年 8 月 25 日第四版整版,得到总编辑欧显庭先生、总编室刘倩女士的帮助。本文是我研究家乡历史文化的结果,调研和思考历时三月有余。)

13 名将阙汉骞和"拨云体"

余未曾料到,在台湾书坛能够和于右任、吴稚晖相提并论的第三人,是来自家乡宁远县九疑山下的阙汉骞(字拨云)将军。他以中将军长之职指挥中国远征军取得腾冲歼灭六千日军的战绩为人称道,他所创造的书法艺术"拨云体"在中国大陆却鲜为人知。

甲午中元节次日,余和家人寻访阙公故里阙家庄。该村位于县城之北三十公里的宁远至永州要道上,与万人村庄平田一水之隔,规模虽不算大,但环境秀美,山水平畴一应俱全,六十公里外便是舜帝陵所在的九疑名胜。沿着杂草齐腿、瓦砾遍地的村间小路,我们步入阙公故居。较之湘南标准的天井式合院建筑,它的功能一样但结构稍显简单,墙体为青砖结构,屋内为木结构。阙居大约百来平方米,相当于客厅的堂屋名曰"怀德堂",左右对称有厢房各一,堂屋正前是天井,天井两侧是对称的杂物间。据阙家后人阙土生说,他的三叔公阙汉骞出生在左边厢房,有兄三姊一,家境一般。眼前堂屋陈列的照片显示出阙公傲人的军旅生涯,还有他书法创作时的酣畅淋漓。其中有一幅照片,"兴富先生八旬荣庆 春荫长隆 蒋中正祝贺",从父因子贵的侧面看出阙公在当时受到的器重。

余对阙公的认知是从书法开始的。当我翻阅张传务先生送来的湖南文史馆编写的《阙汉骞书法艺术》,第一感觉是楷隶气势磅礴、行草怀素风范。上海三联书店 2001 年出版黄仁宇的著作《地北天南叙古今》,有专门章节讲述阙公带兵的故事。台湾《中外杂志》王成圣 2007 年撰稿称赞阙汉骞"报国有百胜之奇功,传世有不朽之书法"。至今在中国黄埔军校网能够看到赞赏阙公书法艺术的文章。

余上溯当年阙公的成长历程,容易想到"时势造英雄"那句话。阙公生于辛丑条约之年,国难当头。如《诗经》所云"我生不辰","猃狁孔棘"。阙家庄处于大小村落之间,他出生时合族不过百数十人。阙公说在此等困难环境下容易养成小姓部族之人倔强独立、冒险犯难之精神。所幸阙家子弟历来重视文化熏陶。阙公说他六岁即延师课读，天资虽不甚高，而体力则过人。他九岁入平田村杨家私立的伦英初小，当时用一种价格便宜的黄毛笔写字。三年后他先后考入县立高小、第十三联合中学。"五四"运动期间，他考入湖南公立法政学校，后因母丧辍学。1920年阙奉父命与杨如结婚。杨如之父为又陶先生，性豪爽，善书画，能文章，对阙汉骞有知遇之恩。阙读伦英初小时，同学皆笑他体格高大、笨拙无能，先生独大加赏识，常谓阙家子磊落魁梧，写字亦洒脱可喜，吾家弟子都不如。阙婚后蛰居家园，纵情临池，对《张迁碑》尤感兴趣，且推崇颜真卿书法。闲暇自遣于明清古典小说，诸如"三国""水浒""西游"之类，爱不释卷。

没有人料到书法能改变一个山里娃的命运。当时阙汉骞做棉花生意，来到了邻县双牌。有钱人家听说县里回来个旅长，要在家乡做寿宴，忙着找人作对联祝贺。阙汉骞主动请缨，破开竹筷一根，夹住棉花一坨，谈笑间榜书对联既成。旅长见到贺寿对联后命人请来作者，称其书法大气，从军或有可为，当场以上宾对待。从此刻开始，阙汉骞发现多收棉花只能保住几家温暖，决计冲出山关赌命于枪林弹雨之中。

阙汉骞辗转湖南多个地方，学习步兵，后来考入黄埔军校第四期。毕业后浴血战场，屡建奇功。1937年卢沟桥事变起，阙任第十四师四十旅旅长参与淞沪会战。罗店洛阳桥之役中，在敌机炮火猛烈之下，阙督战前线，士气百倍，敌寇伤亡惨重。1938年阙旅担任上海撤退掩护，于誓节渡一役与日军白刃相接，迫使敌军迟滞于长江下游。1939年夏阙在常德接掌第十四师，年冬取得粤北抗战大捷。1944年，担任五十四军副军长的阙汉骞统率全军将士浴血奋战，突破日军严密设防的怒江天险，攻破海拔三千米的高黎贡山防线，收复了滇西重镇腾冲，创造了全歼日寇两个联队的光辉战绩。阙汉骞蜚声中外，在战役中荣升军长。1945年秋，阙奉命受降日军于广州。四年后率部到达台湾。

阙公勤作于书道，读过之古碑帖达千百种之多。单说进入黄埔军校后,喜临南北六朝碑与秦汉碑,以临"毛公鼎"而言先后共达五年之久。阙公在军中东方未明即起,起必燃烛书写擘窠大字数百个,始闻起床号音,数十年从未间断。每在战地一得闲暇,便读碑阅帖,揣摩古人风韵。阙公习书亦不错炎天酷暑,雪地严寒。他少壮时候身高一米九五许,体重二百八十斤,尽兴庞然榜书时挥汗如雨,沉着痛快。阙公喜大草文天祥《正气歌》,全文三百字,书八尺条幅十二张,需时仅五分钟,可谓神速。阙公曾经说,功名如浮云过日,书法为第二生命。

阙公对书法艺术有独到见解。其一,他强调学习古人但求适我意,不求取悦于人。"余宁为颜平原之刚劲,而不能为赵文敏之妩媚;即如二王之文采风华,亦不过翩翩佳公子活跃纸上,余虽爱好之,而不愿师之;以处非其境,又非其人,勉强学之,何由得其神似。"其二,阙公于古人碑帖,观摩多于临摹,不拘一格,亦不刻意求其酷肖,取其神态而已。有时兴之所至,每参以己意,信手而挥之,自知不免有狂貌之笔。这正是他的独到之处。其三,阙公能将书法境界融入指挥作战之中。他常言:"作字可以涌泳身心,陶熔气质,集中意念,纯一精神于统军作战时,尤能藉之以镇定于万变之中,从容于疆场之上,而置生死于度外也。"阙公又云:"读书可以入圣,写字亦可以入圣;人生于业,惟精惟一,未有不成者;精一入神,未有不圣者"。阙公此生,堪称"儒将"无疑。

阙公书法得到了高度认可。吴稚晖先生于1951年曾题阙书千字文云:"阙汉骞将军以拨云体之隶草重书之,直追王前,使钟体复活,并略复千文之旧,名其体目拨云体……阙书笔力千钧,气势万千,遒劲雄浑,闪电奔雷,确非常人所可企及。拨云兄百战沙场,未尝一败;斩将搴旗,未尝一失;每于出生入死之际,未尝稍怯;处枪林弹雨之中,未尝稍后。盖能以气雄之,而以力胜之也。其于书法亦然,以气胜、以力胜,故得有雄奇壮阔之造境。"阙公自1952年借病告老后得暇专心于书道,1959年在台北中山堂举办了个人书法展,其正书《正气歌》和行草楷隶四体千字文为当时著名艺术家纷纷品题称赞。溥心畬先生谓其作"既工楷隶,兼善狂草,如铁马陷阵"。

　　阙公的桑梓情怀为家乡人称道。据阙汉骞 1962 年所作回忆录《戎马关山话当年》序言,"余出入于枪林弹雨中数十余年,未曾带伤,今又有圆满之家庭刚聚于此,天之于我者厚也。惟冀还我故居,放怀九疑山水之间,得以其余年致力于所好,此又人生之大幸,为余馨香祷祝寤寐以求之者也。"这又应了家乡的那句古话"树高千丈,落叶归根"是也。

　　(原载于 2014 年 9 月 24 日湖南《永州日报》,版面安排带照片和书法作品。湖北《书法报》和河南《书法导报》刊登相关内容。阙公孙辈光儒、再仑欣闻媒体介绍先辈书艺后,造访舜德书院,欣赏了阙公楷书碑作"推位让国,有虞陶唐"。)

14 迎接舜德书院的新生

自担当舜德书院创办之责以来,承蒙诸多艺术家、领导和乡亲们的理解和支持,相关事宜进展顺利。我谨在此将兴建书院的初衷和初创过程作个小结,将书院初步完成的碑刻经典书法作品作个介绍,并对书院今后的发展构想作个汇报,诚望家乡人民和有识之士给予点拨,以更好地迎接舜德书院 2014 年 10 月 21 日的新生。

一、虞舜文明的深刻内涵

考据《史记·五帝本纪》叙述,"舜年二十以孝闻,年三十尧举之,年五十摄行天子事。年五十八尧崩,年六十一代尧践帝位。践帝位三十九年,南巡狩,崩于苍梧之野,葬于江南九疑,是为零陵",结合更多记叙上古社会的典籍,可以概括虞舜文明的丰富内涵。

一是广为人知的舜是"孝德"的楷模,开启了传统道德文化之滥觞。"舜父瞽叟顽,母嚚,弟象傲,皆欲杀舜。舜顺适不失子道,兄弟孝慈。欲杀,不可得;即求,尝在侧"。尧的两个女儿嫁给舜以后谨守妇道。舜登临帝位之后给父亲请安,仍然和悦恭敬。

二是舜在中国早期社会就具备多技之长,把吃苦耐劳当作安身立命的根本。"舜耕历山,渔雷泽,陶河滨,作什器于寿丘,就时(注:原始的商品交换)于负夏",那里的人们友善相处,让畔让居,制陶诚信次品少。舜还掌握了廪食掘井技艺,解决生存之道。

三是舜把教育风化当作内平外成之首要,启用善良的八元推广父义母慈、兄友弟恭和子孝,五典百官。《易》曰:"观乎天文以察时变,观乎人文以化成天下。"舜特别叮嘱典乐官夔,教育稚子(注:贵族子弟)要"直而温,宽而栗,刚而毋虐,简而毋傲";"诗言意,歌长言,声依永,律和声,八音能谐,毋相夺伦,神人以和"。

四是舜践帝位后依靠任人唯贤、惩恶扬善、制度立国来追求"弹五弦之琴,歌南风之诗而天下治",即看似无为而治的德治状态。《千字文》有曰"推位让国,有虞陶唐"。舜起于民间,懂得用人如器;流放四凶,严治名门;分职举用,咸成厥功。舜命伯禹为司空,大禹治水,弃管农业,契为司徒五教在宽,皋陶公正五刑,垂为共工,益为朕虞管山泽,伯夷管祭祀,龙为言官。

五是虞舜作为个人修为和政治领袖为历史典籍所记录,也为后世不朽文章所传唱。有关虞舜活动的历史记忆终结于苍梧九疑,有人从中欣赏到传说式的感伤和美丽,也有人从中得到国家治理层面的智慧启迪。《四书·中庸》说"舜好问而好察迩言,隐恶而扬善,执其两端,用其中于民",表明公共决策要平衡利益关系、不走极端。

总的看来,虞舜文明也得到了孔子的推崇。《论语》评论"韶,尽美矣,又尽善也。武,尽美矣,未尽善也"。孔子主张"为政以德",强调教化,反对武力征伐。司马迁在学术上坚持"厥协六经异传,整齐百家杂语",但对儒家思想独有偏爱。他推崇孔子主张的"为政以德",将孔子列入"世家"并描述成完美的圣人形象。《史记》开篇《五帝本纪》突出五帝三王是以德来治理天下的,对虞舜"孝德"细节给予了充分描述。古代圣人开掘的虞舜文明,包含了调整人与人关系的"孝德",调整人与社会关系的"德治",调整人与自然关系的"天地人和"文化。虞舜文明底蕴厚重,经久不衰。

二、兴建舜德书院的初衷

余自游学湘中在先、后又燕园受训并公差于京畿 20 多年来,暗誓如不能为国家建功,当为家乡立业。可爱的家乡湖南宁远县,地处湘江上游,五岭北麓,乃自然胜境。自古以来为贤人萃聚之地,虞舜过化之邦。屈子有诗云"朝发轫于苍梧兮",秦统一后历史地图有"九疑山"。虞舜文明盛传于苍梧之野,是中华民族道德文化大厦的基石。弘扬虞舜文明,我等责无旁贷,时不我待。

"天下明德皆自虞帝始"。余上溯虞舜过化以来苍梧历史,无论是状元李邰、乐雷发,还是抗日名将阙汉骞,无论是艺术大家"三杨"(古琴宗师杨宗稷、绍基至交杨季鸾、"注李"大家杨齐贤），还是今天生长于斯的众生贤达，都对虞舜文明怀有景仰之情。并且今人对虞舜的崇敬除了虔诚的祭奠，更专注于虞舜文明精髓的传承和弘扬。这样的文化自觉行为，给家乡带来了人气和生机。这样优秀的文化基因，是我家乡人民的幸运。

行客自南北，青山共古今。兴建舜德书院即是颂扬虞舜文明的尝试。九疑山因舜帝陵所在历来为文化名流咏唱。借助书法艺术将其中的经典章句物化为可感的书法作品和碑林，有助于南来北往的人们领略到虞舜文明的大气磅礴，也有助于家乡人民增强文化自豪感，故此舜德书院有可能成为宁远县的文化客厅，乃至成为区域性文化对话平台。随着讲究法度、墨池笔冢、碑帖并举的艺术正道受到了电脑打印和市场功利的侵蚀，中国传统经典书法艺术家正在离我们远去，这使得依托书法艺术的舜德书院碑林建设拖延不得。

三、舜德书院作品征集和兴建略记

舜德书院已经完成从构想到框架结构建设，其兴也勃。她的新生得助于地方领导对虞舜文化的认同和对文化资源价值再发现的睿智，得助于设计人员的精心谋划和参建人员的全力以赴，尤其得助于中国书法艺术大家们的鼎力支持。

2010年10月5日，我和内人郑林英参观流经宁远县城的泠江上游下灌、羊蹄岭、青山尾一带，惊叹于故乡风景如画。12日我致信湖南省委书记周强报告家乡的可喜变化，并附美言泠江上游风光小诗《江南九疑》。该诗15日在《湖南日报》发表，《人民日报》25日发表时标题改作了《九疑山》。我琢磨着更好地宣扬家乡。

2011年4月10日，全国政协常委、中国书法家协会主席张海为我家乡创作两幅作品，一是草书何绍基诗《游九疑》，二是屈尊隶书《江南九疑》。我谈到挖掘苍梧文化底蕴、助力家乡发展的设想，先生颇为赞同。

2012年1月8日，县里领导来京召开家乡发展座谈会。在京老乡对家乡进步尤其是社会秩序和环境卫生是满意的,众曰书记严兴德、县长刘卫华像个干事的样子。

2月23日首都师大副校长邱运华告诉我,欧阳中石先生答应为九疑山题字一幅。我建议内容为"韶韵九疑,舜德天下"。欧阳先生在"疑"字写法上要我确认,后来创作时在落款上署名"中石奉属",足见他为人谦和低调和行事谨慎。

6月15日我致信周强同志言明了兴建"舜德书院"的设想。后来他通过总机打来电话,对兴建舜德书院的设想表示支持,并嘱我尽快恢复健康。我电话嘱咐家乡唐慧云常务副县长摸底书院选址。

7月13日,我由北京回永州,海南地标"三亚凤凰岛"总体效果设计师、美术家周霖在郑州上车随我同行。我们与刘卫华勘察并比较了砚山腹地,3天后选择莲花山麓。此地形似莲花五瓣,其名蕴含高洁。登高远眺,九疑风光目不暇接。

8月15日经张海先生介绍我造访了天津孙伯翔先生,并请他创作歌颂舜帝的古歌《卿云歌》。两日后请北大导师王浦劬约请同门师弟沈千帆,诚请沈鹏先生书写李白诗歌《远别离》。按照要求电汇了润笔费。9月16日收到作品,并附先生送我《屈原怀沙草书卷》一册,扉页亲笔签署"若隐君正之壬辰沈鹏"。

9月4日向永州市长魏旋君通报了舜德书院的进展。市长说舜德书院建设是特别有意义的事,我很赞成;要请最好的设计单位,做最有品位的大作。9月6日在宁远视察车上市委书记张硕辅强调,兴建舜德书院要抓紧落实,早开工早竣工;魏旋君指出兴建舜德书院必须协同推进。9月9日,舜德书院立项通过宁远县委常委会议,明确选址、用地规模和价格等问题,决定由副县长胡昕若、宣传部副部长乐松生等成立指挥部。9月28日县政府网刊登了相关土地使用权挂牌拍卖出让的公告。

10月14日我由北京飞抵永州,准备参加书院奠基仪式。17日凌晨2时莲花村支部书记徐国清还在率众现场处理泥泞。

10月18日(农历九月初四),舜德书院奠基仪式8时举行。现场气氛热烈,群众称好。周强书记在贺信中说,希望把舜德书院建设成为文蕴厚重、功能完善、特色鲜明的重要文化品牌。张海主席在贺信中说,舜德书院有望成为传承书法艺术、弘扬优秀文化之重地;宁远县注重文化资源的价值发现,文化旅游有望蔚成大观。市委领导张硕辅、唐松成、董石桂、蒋善生参加,张硕辅、严兴德讲话,县长刘卫华主持。我以北京大学法学博士、舜德书院创院院长身份出席,提出"更加艺术地热爱生活",建设宁远文化客厅。县里换届刚结束,书院建设已列入县政府工作报告。我嘱咐《永州日报》报道不出现我的名字。

11月1日,师兄朱晞颜夫人薛梅引荐我拜访了国学大师文怀沙。他为书院书写了屈原《湘夫人》选句"九疑缤兮并迎,灵之来兮如云"。这是"九疑"一词最早出现于古代典籍中。先生以研究屈原楚辞著称。我送先生湖南出版的《湖南人的精神》,书中称文老为"活着的屈原"。他很高兴,认可自己祖籍零陵。我邀请他回家乡走走,他答应有生之年得去。先生谈到诗文依然声如洪钟。11月20日,张海先生应请书写了唐代元结(曾任道州刺史)文章《九疑山图记》,该文主张"当合以九疑为南岳,以昆仑为西岳",颇有新意。

2013年3月25日,魏旋君在宁远调研,谈到书院建设时要求坚持安全、质量、品位三个第一,力求明年秋天落成。这是她在永州市长任上直接过问书院建设的最后一次。她曾同意地方以重大文化项目为书院申报点经费,我担心这么做显得功利故没有答应,她对此表示充分理解。五天后她告诉我,永州干部和群众对自己很好,没有想到要从湘南到湘北工作。我说历史经验表明,仕宦他乡荣辱一瞬;你走得再远,书院都欢迎你回来看看。

4月7日我和爱人到奥林匹克公园拜访中央数字电视书画频道董事局主席王平,采纳周霖建议收购中国书协百位理事书体多样、地域代表性很强的"百年迎春"作品115件。其中有国学大师姚奠中先生百岁之作"不坠青云志,常怀壮士心"。4月16日县城投公司正常处理土地附着物。次日,郑林和开始在临近地区寻找用于碑刻的天然石头,有朋友提出蓝山荆竹乡一带值得看看。

6月15日在宁远见到市委副书记唐松成。市委书记陈文浩在外地出差打来电话，对舜德书院建设表示关心和支持。

8月3日，提前应对今年严重旱情，凿井一眼。同窗欧运清说，深挖到30来米时水量够大，还请来了新田农民师傅着手山脚护坡。8月12日，惠风和畅，指挥部出面简单举行了主楼放线仪式。次日下午大雨，众曰吉利。书院酝酿以来，国土局郑志辉、规划局尹国军、城投公司欧阳国春等同志做了大量工作。

9月16日书院刚刚开挖了地面基坑，中午时分县城上空黑云压顶。幸运的是书院周边龙板桥大雨，莲花山一带竟然未雨。

10月5日看望碑学大家孙伯翔。他以碑楷创作了《怀素自叙帖》。先生说写了整整一个礼拜，鸿篇巨制力难从心。他落款时称我是忘年之交。

11月3日晚在永州市驻京办见到陈文浩书记。他谈到发展战略时强调环境保护、文化教育和就业，我向他通报了书院情况。11月5日县规划局说书院设计方案有了完善。11月12日十八届三中全会闭幕，中午我在京西宾馆拜访省委书记徐守盛。我报告了建设舜德书院的初衷和进展，他说难得你做这么一件有意义的事情。11月19日张硕辅到宁远县视察农业生产，顺便过问书院建设。他告诉我到达宁远时天色已黑，没有来得及看现场。11月23日李宜源从广东清远请来了10多个木匠师傅，以保障进度和质量。

12月1日中午在长沙见到陈肇雄常务副省长。他建议舜德书院落成后发挥好海外影响。晚上我和小驹看望了湖南文化老人、齐白石弟子李立先生。其印学风格险峻，值得我作文《"神刀"走笔红印坛》以记之。

2014年1月19日，农历十二月十九，上午8点18分舜德书院举行封顶仪式，县里领导刘卫华、蒋良铁、唐慧云、胡昕若参加。蒋善生下午才赶到。1月26日上午全家人准备植树，晚上在聚龙山庄自费请清远木工师傅喝茅台。他们高兴地说开春后自己过来。1月30日除夕之夜，年饭后家人、朋友到书院燃放礼花。书院上空满天星斗。家父说今年冬天出奇地暖和,气温经常 20 多度,他活了八十多岁记忆里这是第二回。

2 月 25 日中学同窗田良辉在福州闽侯县了解进口原木,那里的圆桌、茶几和大板很有品位。红花梨大板整料规格为长 635cm、厚 18cm、大头宽 226cm。加蓬的大树令人惊叹。

3 月 4 日"草圣故里永州印象"书法美术作品展在军博开幕。书记陈文浩致辞,宣传部长石艳萍主持仪式。这是"人文永州"进入全国视野的大文化行动。

4 月 5 日书院后山清明失火,被我不幸言中。4 月 26 日在永州拜访石艳萍。她最近视察过书院,给予鼓励。

5 月 1 日请湖北省书协主席徐本一行书周敦颐的《爱莲说》(用于木刻)和北魏郦道元《水经注·湘水篇》选句(用于碑刻)。郦文中的"罗岩九举""游者疑焉"很重要,前者可纠正百度网"罗岩九峰"之谬误,后者可为"九疑山"写法找到源头,看来"山"头"嶷"只因为主席所用影响甚广。屈原《离骚》句"朝发轫于苍梧兮,夕余至乎县圃",据朱东润先生主编的《中国历代文学作品选》(上海古籍出版社,高等学校文科教材)权威注解道"苍梧,舜葬之地,即九疑山",可见使用简单笔画的"疑问"之"疑"妥当。5 月 29 日茶会山东友人王文波,他专程代劳在上海待了 3 天,请印学大家韩天衡行书了南宋宁远籍状元乐雷发《乌乌歌》的两句。

6 月 2 日请王平先生出面联络,请中央美院教授王镛为书院书写《秦始皇本纪》"二世引用韩子语"。韩非子肯定尧舜简陋的生活方式,秦二世以为如此寒碜,没有人愿意当皇帝。6 月 16 日拜访张海先生,他答应书院落成仪式按 10 月 21 日掌握,赞成同时启动"苍梧论坛",邀请艺术家、国学家和科学家雅集九疑山的构想。6 月 21 日拜会中国国家画院院长杨晓阳,他答应书写南朝刘鹗诗歌《次韵虞帝庙怀古》,争取出席书院落成仪式。6 月 29 日在书法家张继工作室,当面核对舜德书院碑刻作品的钤印释文。

7 月 24 日请天津书法家王树秋联络"中国刻字之乡"汉沽的巧

匠,木刻张海书元结《九疑山图记》、孙伯翔所书《怀素自叙帖》和徐本一书周敦颐《爱莲说》。这三幅作品的书者技道高超,功夫下足,内容又贴近家乡,刻字应该力求完美。

8月8日立秋刚过,借周末回乡了解书院建设情况,总体看来进度吃紧。郑林和负责全面协调。衡阳刘小涌前来督促大楼装修,室内设计师张建军现场调整。建筑设计师郭昊、张海军任务既成。景观设计师涂黎黎指挥刻石安放,杨雪松负责林间造型。乐松生全面负责石刻任务。24块碑制作需要些时日,质量要求标准高,同学蔡群峰推荐的本土刻石刘师傅。我考虑请衡山师傅刘衡国前来帮忙。

9月29日,到中国科学院迎请北大校长周其凤院士题赠书院的作品,"摭以兼通,和而不同"。他同意我将孙过庭这句话当作书院发展的思路,坚持说自己初学书法,不用润笔费,让他有写字的机会已经是一个重大奖赏。至此,待刻的作品都齐备了。

10月21日(农历甲午年九月二十八),舜德书院竣工开院。第十一届全国政协副主席李金华莅临现场,时任中国书法家协会主席张海专程前往并致贺词。省市县党政领导欧阳斌、陈文浩、魏旋君、向曙光、刘卫华、桂砺锋和家乡籍中国工程院院士何继善、欧阳晓平、特邀嘉宾章伟秋等出席仪式,父老乡亲千余人现场见证。是日清晨云销雨霁,仪式期间阳光明媚,活动结束后大雨如注。

四、舜德书院的发展设想

文化底蕴是一个地方的特质所在,能够凝聚人心,助力经济发展和社会进步。地方文化载体充当着部分提供公共服务例如让地方民众了解本地文化渊源的责任。舜德书院的宗旨是"韶韵九疑,舜德天下",将优秀文化吸引进来,将虞舜文明传播出去。她或可成为宁远县的文化客厅,成为区域性文化对话平台。舜德书院着力于价值理念、物理和制度方面的结构建设,来培育和增强自身功能,从而逐步实现其宗旨。

其一,舜德书院将秉承"摭以兼通、和而不同"的价值理念结构。

唐人孙过庭《书谱》句"摭以兼通"说的是王羲之草书逊色张芝,但能博采众长、兼通各种书体;孙引用孔子"和而不同"句在此特指笔法之间、字与字之间和谐又不雷同。推而言之,书法的不同书体,不同的艺术形式,不同的艺术流派和主体,多元的社会价值理念,都将在舜德书院得到尊重和包容。书法美术、国学经典、自然科学可以在此平等合规地对话,交融借鉴。

其二,舜德书院将培育"天地人和"的物理结构。总体设计规定,主体建筑达到八级地震基本不受影响、十二级台风不受大损失的强度,实施过程不打折扣。建设期间,天佑吉祥。大楼主体以陈列、创作、馆藏、研讨、教育等功能为主。院落环保自然,院内66棵天然林木原封不动。碑林设置主要依据原文作者代际先后和内容分量,兼顾书法家地位和原石客观条件决定。进入书院正门后沿林中游道拾级而上,可数三十级后到达展厅入口,寓意孔子"三十而立"说法源于虞舜。优秀国民年三十就应该德才兼备,故曰"人皆可以为尧舜"。

其三,舜德书院的发展依托于有效的制度结构。产权经济学、制度经济学和公共治理理论表明,文化载体的制度建设关乎它的生存发展命运。今后舜德书院院长之职位将在全球华人中海选产生,其人品、学术或艺术水准优先,并应具备团队组织能力。艺术活动、"苍梧论坛"由专家委员会筹划。日常运行交由管理委员会执行,尊重市场规律,打造高端品牌。长期看舜德书院将依托文化自组织建设,由社会精英和优秀志愿者实行参与共治,在苍梧之野文明进程中穿越时空,有助于时代和文明的进步。

（本文定稿于2014年10月21日湖南宁远县,入选北京大学出版社《翰墨经典颂虞舜》一书,原标题为《舜德书院的初创和发展构想》。）

15 舜德书院初创略记

我最初创建舜德书院之愿望,不是要追随和复制中国古代书院,而是要借助书法艺术特别是碑林形式,形象地表达舜文化的厚重,熏陶家乡子弟,凝聚家乡人气,也让远方来客在虞舜过境之地得以怡情励志。我的家乡湖南宁远县境内九疑山,乃虞舜藏精之地,孝德之源。一代伟人毛泽东吟诵道,"九嶷山上白云飞,帝子乘风下翠微"。这片土地凝聚了舜文化的精髓,开启了中华民族传统道德文明的滥觞。舜帝文化蕴含的道德文明,与黄帝文化蕴含的政治文明、炎帝文化蕴含的农耕文明一道,势成三足鼎立,构成中华文明大厦的三大基石。弘扬舜文化精神,吾乡人责无旁贷。舜德书院首先要成为家乡的舜文化客厅。

舜德书院所要弘扬的舜文化全面而深刻,表现为个人修为要孝德,国家治理要善治,对待自然要敬畏。《史记》有云,舜年二十以孝闻,顺适不失子道,兄弟孝慈。圣人孔子推崇舜把教育风化当作内平外成之首要,评价韶乐从内容到形式尽善尽美,武乐内容未尽善也。《论语》又云,唐虞之际于斯为盛,舜有臣五人而天下治。圣人之治至德无为,弹五弦之琴、歌南风之诗而已。历史经验表明,应对世风日下诱发的全面危机,除严刑峻法治标之策外,必以中华文化感化和凝聚人心。欲防礼崩乐坏于未然,崇孝尚德当作为首选。舜德书院如能在梳理个人修身和国家治理文化方面有所作为,就可能成为影响广泛的文化对话平台。

有鉴于依托文化对话促进国家治理的愿望,舜德书院坚持"摭以兼通、和而不同"的艺术理念,追求"韶韵九疑、舜德天下"的价值目标,向往和谐而不雷同的境界,渴望成为不同风格书体、不同艺术门类、不同学科乃至不同价值理念对话的平台,成为当地的文化客厅乃至包括国学在内的中国文化对话平台。其长期目标定位和未来发展,只能留待时间和历史检验。然而，书院能否根植于地方文化沃土，并且借助民众认可的表现形式，将决定其先天禀赋和成长空间。

舜德书院是多种艺术荟萃之地。首先，它借助书法艺术特别是碑林形式，使舜文化的深厚底蕴变得生动可感。书法乃中国传统文化之经典，既已传承民族文化的进步历程，也可成为展示舜文化的表现手段。舜德书院珍藏的作品与舜文化紧密相关，接故乡天地之灵气，得到家乡人民的关注。凡碑刻作品涵盖的作者，诸如启功、沈鹏、欧阳中石、刘炳森、李铎、张海、孙伯翔、韩天衡、王镛、文怀沙、姚奠中、周其凤等先生，或在当今中国以书艺卓绝，或以学术不同凡响入列其中，能够给欣赏者带来艺术享受和文化熏陶。时代变迁客观上造就了人们的书写短板，实力书家却在我们不经意之中逐一故去。舜德书院能够结缘这些作家作品，已属不易和万幸。

舜德书院借助十二生肖的雕塑艺术形式，使普通欣赏者感到传统文化是如此亲近。自从有人类，便有自然崇拜和敬畏。天干地支学说相传起源于黄帝时期，用来解释自然更替和时间轮动。舜帝观测天象，察看日月五星的方位，校定四时月份和日子误差。舜帝委派弃主管农业、大禹治水的同时，任用益管理山林沼泽的草木鸟兽。按照十二地支纪年与十二生肖组合，即有子鼠、丑牛、寅虎、卯兔、辰龙、巳蛇、午马、未羊、申猴、酉鸡、戌狗、亥猪。艺术大师黄永玉先生近十年来制作的十二生肖雕塑落户书院，适得其所地提供了人们接触传统文化的窗口。今日之黄老国画声名远播，而他十年前见到我时得意于年轻时的雕刻。

舜德书院发挥园林艺术和建筑艺术的优势，将舜文化元素融入设计之中。书院位于宁远县城的莲花山麓，总体上依山而建。由正门坪地入口，拾级而上穿过森林，便来到书院主楼。展厅入口台阶特别做成三十级，与舜被尧帝重用时的年龄三十岁这个数字一样。子曰"三十而立"，说的是人到三十岁时品德和能力应该可堪大用。书院首期用地二十一亩，主体建筑四千三百平方米。主楼形似轮船，上下三层，古朴沉雄，与附近山峦相连绵，融六十六棵古木为一体。三十个作品组成的书法碑林映带林中，布局自然，与主楼互答成趣。书院总体设计者、海南省地标"三亚凤凰岛"设计师周霖，尝试着以建筑艺术呈现中国文化的博大精深。主楼建设耗时两年，多支省内外队伍挑灯夜战。宝钢赖候板、河北锈石等材料的选用体现了生态环保理念。设计强度为八级地震、十二级台风基本不受影响。精心设计使建筑的恢宏气势初见端倪。

舜德书院竣工开院于 2014 年 10 月 21 日（农历九月二十八），第十一届全国政协副主席李金华莅临现场，现任中国书法家协会主席张海致贺词。省市县党政主要领导欧阳斌、陈文浩、魏旋君、向曙光、刘卫华、桂砾锋和家乡籍中国工程院院士何继善、欧阳晓平、特邀嘉宾章伟秋等出席仪式，父老乡亲千余人现场见证。是日清晨霁雨初晴，活动期间阳光明媚，随后大雨瓢泼。舜德书院奠基于 2012 年 10 月 18 日，时任湖南省委书记周强发贺信，希望把舜德书院建设成为一个文蕴厚重、功能完善、特色鲜明的重要文化品牌。中央数字电视书画频道董事局主席王平先生表达了支持书院、合作共赢的愿望。2012 年为传统历法壬辰年，书院孕育和开工顺乎天时。

羊年新春，地方党委和政府抓紧酝酿建设院士工作站。表兄欧阳晓平欣然同意。他说咱们在一起干，文理兼备，都叫"舜德"才有意思。中国工程院资深院士何继善、欧进萍先生表示支持。在同一时间窗口有三名以上院士对一个县有家乡情结的事情，在全国也不多见。宁远唐宋两代有状元，人杰地灵不是浪得虚名。如今惠风和畅，创业发展正当其时。

舜德书院的未来取决于制度设计和游戏规则。余当谨遵圣人之言"陈力就列、不能者止"，坚持产权明晰，随时恭请大方之家担任院长。书院成立协商治理委员会，坚持国学为基础、艺术为特色的同时，发挥市场运作在资源配置中的决定性作用，调动书院初步具备的收藏、展览、创作、教育和市场等基础功能。舜德书院艺术委员会的成立，是书院重大艺术活动的关键支撑。两套机构和人马的良好配合，将拓展书院设计并实施文化精品工程的能力，赢得未来的生存和发展空间。凡是加盖"舜德书院鉴藏"印的作品,任何条件下不得流出书院。今后大约每年制作一碑,扼要记录祖国和家乡的重大变迁。余亦嘱托身后两代人继续碑刻七十,则碑林作品前后过百,算是纪念舜帝百岁南巡九疑山的壮举。

本书定名为《翰墨经典颂虞舜》,内容涵盖开院盛况、建设过程的图片记忆和我对书院的初步构想,还一并将书院鉴赏珍藏的百幅书法作品公开出版。值此机会,感谢为书院新生真诚奉献的人们。首先当感谢张海先生和夫人杨凤兰老师。绿掩书院的樟树和杨梅树谐音"张扬",提醒我张扬舜文化的使命,也让我想起您们的鼓励和支持。感谢当代碑学巨匠孙伯翔先生,把我当作忘年之交。感谢北京大学博士生导师王浦劬教授,让我懂得学术的尊严和快乐。借用唐人王勃诗句"海内存知己,天涯若比邻",感念北京其他的朋友们。南风北去的时候,余心亦北面而向,遥祝你们平安幸福。感谢我家乡的友人唐松成、张智勇、蒋善生、周小驹、严兴德、唐烨、张明贵、唐慧云、胡昕若、乐松生、何国义、尹国军、欧运清、徐国清等。特别要感谢我内弟郑林和的辛勤努力。

特别要感谢我的内人郑林英和女儿胡希言,你们支持我在稍纵即逝的生命中把握了回报家乡的机会。四时在天,三境由我。学习是为了快乐,财富因幸福存在。吾欣慰于没有被时代列车抛弃,哪怕上的是最后一节车厢。就当是一束微不足道的萤火,我本无意点亮整个夜空,但求有心温暖家乡之一隅。感谢疑我者,让我清醒。感谢赞我者,让我坚持。我很享受这样的过程。如是而已。

（本文入选北京大学出版社《翰墨经典颂虞舜》一书,2015 年公开出版）

16 闲话科学与艺术

在我的记忆中,科学界和艺术界相处斯文尊重,他们中有人属于不知不觉的成功跨界者。20 世纪 80 年代初期,几位获得诺贝尔奖的华裔科学家来到首都北京,时任副总理方毅请福州印学家周哲文先生为他们制作了名章。作家冰心老人后来提起,为家乡出了这么个篆刻艺术家感到自豪。李岚清同志谈到,音乐能激发人的创造性思维。中国第一首小提琴曲《行路难》是地质学家李四光作的。中国"航天之父"钱学森和音乐家蒋英伉俪情深,堪称科学与艺术的完美结合。钱老深感音乐启发了他的科学思维,还专门写了《科学的艺术与艺术的科学》一书。物理学家李政道在清华大学谈"物理与绘画",国画大师黄胄听后茅塞顿开。爱因斯坦和量子论奠基人普朗克曾经同台演奏小提琴和钢琴。

今年 5 月 30 日下午,两院院士大会散会接近 6 点,我有幸驱车将 4 位中国工程院院士由人民大会堂接到北京长椿街西北角的宿州大厦,那里有军博书画院副院长、艺术家张继先生的工作室。我之所以有这个面子,是因为他们中的 3 位是我湖南宁远县的家乡人,另外一位来自湖南大学,长沙人罗安,是他们的朋友。这便应了我的朋友、阜外医院教授张海涛说的那句谚语,"皮裤套毛裤,必定有缘故。不是毛裤薄,就是皮裤没有毛"。永州市一共 3 位院士,都来自我的家乡一个县,不知是天意还是巧合。

张继很高兴院士们的到来,一路寒暄道:我的工作室在这里 10 多年了,领导来的不少,像今天这样一次来 4 位大科学家,却是头一回。客人稍事休息,喝过茶水,抓紧时间欣赏张继围绕"中国书画千字文"所作的诗书画印展品,肯定他在艺术多个门类取得成绩,勤勉耕耘。何继善曾任中南大学校长,中国工程院资深院士,与张继的恩师中石先生多有往来。我的表兄欧阳晓平拿出他为乡村母校题写的"穿岩小学"，请教如何改进笔法。三位家乡籍院士都曾莅临我兴办的舜德书院，张继先生全家今年元旦在书院度过。他们认为，书院入口不远处安排3通碑刻，构成等腰三角形是合理的；相应作者姚奠中先生代表国学，周其凤院士代表科学，欧阳中石先生代表书法艺术，表明舜德书院是不同学科、价值观进行文化对话的平台。

张继主动为院士们献上笔墨，请大家命题作书。院士们也不客气，想到的词句或离不开科学精神，或抒发人生境界。结果，为何继善院士隶书了横幅"继往开来"，为天命之年的欧阳晓平院士隶书屈原离骚句"路漫漫其修远兮，吾将上下而求索"，为欧进萍院士隶书唐代诗人王维句"明月松间照，清泉石上流"。罗安院士要求写"求是创新"，他想起了母校浙江大学的校训。他为人低调实诚，其实他曾经师从路甬祥先生攻读博士学位，但在公众场合从不以此自居。

在院士们中，何继善先生可谓科学成就卓越，书法艺术精湛。何先生1934年生于湖南浏阳，抗战期间颠沛流离于湘南新田、宁远两县，1948年初中二年级后离开宁远。他把这里当作自己的第二故乡。这里的地道方言本土人也有不会的，他还能说上一些简单句子。家乡人知晓他的名字，是1994年他60岁那年成为中国工程院第一批院士，1998年他凭借自己设计的"CT"地质仪器在阿联酋元首指定的农庄打出了上好水井。家乡人分享他的自豪，是2015年央视《新闻联播》称他是"给地球做CT的科学家"，为国家找到的矿产资源价值超过两千亿元之巨。最近乡人得知，先生要带领上面3位院士到宁远，创办院士工作站，有见识者纷纷奔走相告：地球物理学家离国家建设近，离家乡人的心也从来没有远过。"自古明月照般若，隐秀藏锋笑华年"。这是先生馈赠我舜德书院的佳作，也是他心境的自然流露。

科学和艺术上的成功，都需要执迷善悟和时间考验。何继善在国家内乱结束前就开始执着研究"双频激电理论"和仪器，其中奋斗中的寂寞少有人能够感知。所幸他有广泛的兴趣陪伴，而书法就是他生活方式的一个部分。他说自己喜欢写字，没有想过成名成家。他还说得益于永州的文化底蕴，在新田读小学期间接触了榜书"还我河山"，在宁远读初中开始书写《正气歌》。圈内人士认可他，篆隶楷行草均有造诣，行草书尤为所长。他以"科学与艺术"为主题在长沙举办书法展，去年应邀走进北大，作品受到港台地区和日本等地民众的欢迎。碑学大家孙伯翔得见作品，评价其书师法经典造化，千钧劲铁，汪洋恣肆，通篇呈现中和之美、书卷之气。何继善提倡科学、技术、工程与艺术相融合，积极在工科大学生中提倡书法和人文教育。弟子答辩通过之日，何继善总要为他们各作嵌名书法作品一幅，勉励有加。

西方美术史也表明，绘画、雕刻艺术的阶段性突破都离不开科学技术进步，艺术来源是包括精神想象在内的社会生活。希腊人古风时期就开始在陶瓶制作上采用流动曲线，雕塑家波利克里托斯总结了标准人体比例，头部为人体的七分之一。罗丹评价断臂维纳斯是"理与情的结构"。罗马帝国建筑师维特鲁威研究建筑艺术，提炼出三个基本要素即实用、坚固和美观。作为中世纪与文艺复兴时期的艺术分水岭，乔托绘画渗透着崇高的道德内容，用线条透视原则构建起确切的三度空间。天才达·芬奇为了追求艺术感人形象，广泛研究了与绘画有关的光学、数学、地质学、生物学等多种学科。英国风景画 19 世纪进入黄金时代，透纳油画《雨蒸汽速度》中出现铁路桥和火车的崭新内容。列宾作品《伏尔加河上的纤夫》无疑是黑暗命运中的俄罗斯写实主义经典。法国印象派大家马奈认识到色彩与光线的变化关系，在《草地上的午餐》中将裸体模特和黑色绅士放在一起。荷兰画家凡·高在漠视学院派教条和理性知识状态中，使笔下的《向日葵》实现了激烈精神支配下的跳跃和扭动。作为表现主义的先驱，他深刻影响了下个世纪的艺术。西班牙画家毕加索因为开启了立体画派，成为 20 世纪"人类艺术史上罕见的天才"。

（本文是第一次公开发表，文稿内容由作者负责。）

17 临安国石村调查

在人们久居都市而褪色的记忆中,鸡犬相闻、民尚往来的悠闲节奏已经久违,而今它居然出现在浙江临安市国石村这片热土之上。此地因为出产鸡血石为人知晓。2016年6月17日,天刚破晓,我和家人被清脆的鸡鸣鸟语叫醒。掀开薄被,来到南窗,俄顷晨雾拂面,让人神清气爽。随着太阳长高和气温上升,国石村褪去了她神秘的面纱。

一、国石村恢复平静

鸡血石产地玉岩山位于浙西大峡谷源头地区,属仙霞岭山脉的北支。40年来不知有多少人因为"鸡血石热"改变了命运。而如今,经济温和调整、吏治廉洁整肃周期的国家节奏,在这里悄然发挥着影响,疯狂的石头似乎在恢复它本来的面目。

国石村地形总体上西高东低,呈现倒U形河谷特征,自玉山村以东沿"国石一条街"分布3000米许,5个大小不同的自然村陪伴小河一路欢歌,其中汪家自然村在国石村的地位举足轻重。国人熟知的昌化鸡血石矿脉只有2500千米,而汪家村拥有四分之三的集体山林权。2008年起疯狂的石头开始冷却,价格暴跌,国石村玉岩山鸡血石龙口至今维持作业的大约是40个,汪江彬拥有其中11个龙口的部分产权,毫无疑问是这里的人物。

2015年元旦,在山东师弟王文波的帮助下,汪江彬和他的儿子汪剑威携精美鸡血石,由浙江西北山区蜿蜒入境安徽,向西穿越赣南山区,长途驱车到达湖南永州,举办了"舜德书院昌化鸡血石展"(中国书法家协会主席张海题写展标)。当代隶书大家、军博书画院副院长张继现场书写清乾隆年《浙江通志》一段话,以助兴焉。其文曰:"昌化县产图章石,红点若朱砂,亦有青紫如玳瑁,良可爱玩,近则罕得矣。"昌化县的历史版图大致相当于现今杭州的县级市临安,故昌化鸡血石这个名称对市场人士和印学界并不陌生。

疲软的鸡血石市场改变了当地人的生活节奏,却没有改变汪江彬性格爽朗、勤勉执着的硬汉性格。如是往年,每天早晨五点半他就要开始切割打磨这些石头,如今他是在自家院落的菜地里劳作开了。他一边给自己的茄子、辣椒浇水、施肥,一边嘟哝着这些高山蔬菜长得太慢。沿街叫卖各种食物和用具的喇叭有些扰民,原因更多不在于卖家操的是外地口音,而是火爆的石头生意惨淡后,这些叫卖不可或缺,但显得单调刺耳。汪江彬告诉我,他的祖辈来自安徽绩溪,算是早期的移民;国石村三四千人,外来人占比多少,没有人搞得清楚,因为流动人口随着石头生意的冷热变化太大。

石头的冷热和中国经济周期相当,而他的命运也和石头的冷热紧密相连。恢复高考那年,他正好高中毕业,由于家境贫寒,他放弃了继续求学,干起了石头的营生。这一干就是四十年,他的忧乐融入了这些石头。乐了,磨石头,更乐;忧了,磨石头,忘忧。他成了远近闻名的赏石、赌石、磨石的行家里手。在他的大拇指、食指、中指上几乎看不到指纹,有些关节已经变形,他玩起手机来很是笨拙。他长得豪爽面善,而且大方好施,因此人缘很好。他和山上龙口的矿工们喝大酒,尽兴时候两斤高度白酒没有问题。石头行情好的时候,他的生意顺风顺水,但吃进的原石太多,占用了资金。所幸的是,他没有银行贷款,更没有民间借贷,资金链只是紧张,却不至于断裂。在国石村,汪江彬像是风向标一样的人物,他的一举一动都引人关注。

二、国石价值＝文化内涵+物理结构

国石村的经济活动至少可以追溯到北宋时期。村里的千年古树银杏得到植物学家的科学鉴定,至今郁郁葱葱。据当地资料所述,明代最早组织开采昌化鸡血石的人来自当时的文化名城安徽徽州,最早发现地点是目前的新坑,而后才是老坑。所谓目前开采的新坑地段,属于康石岭矿段(旱坑);而老坑一般指玉岩山矿段(水坑),所产鸡血石血色鲜艳、浓厚。早期鸡血石的开采方法比较简单。当时鸡血石露出岩石表层,古人根据热胀冷缩的原理开采,在露出岩石表面的鸡血石上烧柴,岩石全部烧热后,用冰冷的溪水浇泼,使石头分裂,再用铁铲很容易即把鸡血石采下。这样的采法少有裂纹,但鸡血石在没有开采出来前很可能多已变黑或变暗,而采出量也非常小。这种采法一直延续到清末民初,基于表层露头的鸡血石都已采竭,改用炸药爆眼,再用手掘或机掘深挖。1984年国家地质勘探队二零七矿封存,此后民营开采经常传来消息。

作为远道而来的客人,我们走访了国石村三四户人家。他们介绍自家的原石和摆件,笑谈中流露出国石村人的自豪。据说,昌化鸡血石的发现至少可以追溯到明朝,史称当地有人采得鸡血石进贡朝廷后获封"玉石官"。"乾隆宸翰"宝玺,系临安西天目山禅源寺住持文远禅师敬献。齐白石篆刻、赠送给毛泽东主席的两方鸡血石印章,现在珍藏于中央档案馆。1972年中日建交,周恩来总理选用昌化鸡血石方章一对,作为国礼赠送给日本首相田中角荣。历代文化名家,例如邓石如、赵之琛、赵之谦、吴昌硕、齐白石、郭沫若、沙孟海等篆刻大家,都曾与鸡血石结缘。

至于民间有关鸡血石能够"兴家辟邪"之说,来源于传说中的凤凰坚守家园、不惜与鸟狮搏斗最后殒命,她的身躯和凝血历经万年蕴藏后化作石血石。如今玉岩山旁就有凤凰山和鸟狮桥,算是佐证。"玉在山而草木润,人藏玉而万事兴"。清朝利用昌化鸡血石刻制玉玺的皇帝和皇后是最多的,有乾隆、嘉庆、咸丰、同治、宣统、慈禧等。昌化鸡血石凭借美丽、晶莹、稀少的特质,赢得了"石后"的美誉(相对于福建寿山田黄"石帝"而言)。后来这些村庄上书地方政府,要求以石命名"国石村",足见浙商的敏感和对石头的热衷。

从民俗学角度分析,鸡血石的红色与中华民族的文化传统、民俗风情相契合。红色意味着喜庆吉祥、富贵成功。百姓藏之,可以驱魔迎祥,镇宅定居;政要藏之,可以镇邦兴国,祈福降瑞。让人拍案叫绝的作品,或是巧夺天工,或是浑然天成,都与诗情画意的人生境界相贯通。面对田黄薄意《牧归图》,老舍先生曾赋诗:"牧童牛背柳风斜,短笛吹红几树花"。偶遇摆件佳作《人间春来早》，昌化石界 97 岁高寿的郑洁泉先生赋诗："布谷及时劳急促，一鞭烟雨逐青牛。"驻足于一块精美的原石前，让人想起李白诗句"黄云万里动风色，白波九道流雪山"，只是红色鸡血更具视觉冲击力罢了。

昌化石成矿条件独特，主要存在上下两个不同的地质构造层，上为中生代陆相火山岩层，下为古生代浅海相沉积岩层。由于多次地壳运动，岩层发生强烈褶皱和断裂，而高岭石（地开石）蚀变最为强烈，最终呈现不规则团块或脉状产出，成矿为昌化石，其中含辰砂（红色朱砂）与高岭石（地开石）、叶腊石等粘土矿物的天然结合体成为鸡血石。鉴赏昌化石先看石质，再看石色。石质有细、腻、温、润、凝、洁"六德之说"，行家们对此讲究得很。

国石村人借助科学手段发现，相比较福建寿山石、浙江青田石和内蒙巴林石而言，昌化鸡血石的魅力在于它独特的物理结构。据 1981 年的光学检测和分析结果，它的成分是地开石、高岭石、辰砂（朱砂）、明石和石英的共生体，而不是原先人们习以为常的叶腊石。昌化鸡血石呈现鲜红色的原因，是因为它的主要成分为辰砂（硫化汞 HgS）以及少量致色元素铁（Fe）和钛（Ti）的关系。后来在内蒙巴林发现的鸡血石较不耐光，容易褪色，原因在于巴林鸡血石所含微量观光元素硒（Se）、碲（Te）是使鸡血石颜色变暗的原因。辰砂决定了鸡血石红血部位一般带有水银斑的特征，而铁钛元素多寡使得红色富于变化。类似检测还证实，福建寿山石系和浙江昌化石系的主要成分都是地开石。寿山田黄冻石通体明透，润泽无比，重金难求，目前市场上经常出没的田黄石多是来自浙江昌化。至于寿山石中，假借各种美好事物命名冻石的名称中有 12 种之多，与昌化冻石美名诸多相同。

国石村的支书送了我一本钱高潮先生编著的《中国名石图鉴昌化石》。昌化石大致分为 5 大种类：昌化鸡血石、昌化田黄石、田黄鸡血石、昌化彩冻石和昌化巧石，具体品种多达 200 多个。昌化田黄的发现始于 2007 年。一位玉山村的老太太捡到黄色石头，50 块钱卖给福建石商后被转手卖了 30 万元。田黄鸡血石更是难得见到，央视鉴宝专家称它为"双宝石",千克以上体量者世所罕见。玉山村人没有鸡血石洞口,主要在山上的 20 来亩场地内采集田黄和田黄鸡血石。著名书法家邓散木说过,鸡血石品之高下在"血"和"地"。鸡血石品质从血色的浓艳度和血量的多少以及血形的状态来鉴别。血色分鲜红、正红、淡红等。血形分片状、条带状、星点状等。血量 70% 以上者称为"大红袍",全血或六面血为极品。鸡血石质地即底色,有黑、白、黄、蓝、灰褐、紫、青等基本颜色。质地与血色融合后,成为玻璃冻、黄冻、羊脂冻、牛角冻、藕粉冻、桃红冻、朱砂冻、豆青冻、蛇皮冻以及玛瑙冻等等。鸡血石按照成分、透明度、光泽度和硬度等因素,划分为冻地、软地、刚地、硬地 4 大类,硬度逐步递增。冻地石分单色冻和杂色冻,成分为高岭石(地开石),强蜡状光泽,微透明或半透明,硬度 2—3 级。软地者细腻无杂为佳。刚地鸡血石俗称"刚板",玉质感强,受热受震后容易碎裂。硬地者老坑、新坑均有产出,主要成分二氧化硅,硬度大于 6 级。

三、国石开采与草根拍卖

国石村七成以上村民的生计与石头有关。围绕鸡血石的开采、拍卖和日常经营,是人们最感兴趣的话题。石头的命运决定着人的命运和幸福指数。

开采鸡血石的的龙口(当地人称为"洞口")大多位于玉岩山的北麓,因为南坡地形陡峭。正常作业日子里,天亮时分,一群村民行进在玉山村前的缓坡道上,大约三刻钟后可到达北坡矿洞。因为矿区不通车,矿上所有物资和大型设备都要用人力或牲口运上山。我们站立在玉岩山南坡山腰,等待日出,只见山上长满了灌木和野草,远处是低矮的群山出没于雾中。若不是当地朋友相告,我们断然不会高看这座小山。玉岩山总体上并不险峻,主体海拔大约在 1300 米,鸡血石矿脉则深埋于 1000 米左右的山体之中。我们在北坡作业区看到,大型挖掘机经过拆卸后用直升机吊卸到位,因为电力供应没有到位,这些重型设备并没有派上用场。据老汪介绍,他来自国石村汪家自然村,他的媳妇来自玉山村。他的生意比较大,动静也不小,但不会招致玉山村民的反感。邻村之间围绕资源的争夺发生过血案,采矿环节发生的大小不幸就数不过来了。

伫立于矿区龙口前面,大约摄氏 15 度的气流奔袭过来,寒气逼人。进入龙口,才能切身感受到作业辛苦。龙口深的有 600 多米,浅的也有 100 米,有些洞高度只有 50 厘米,矿工进出需要爬行。遇到用木桩做支撑的地方,就要加倍小心。前些年,矿工先用风钻打洞,然后装炸药爆破。尽管通道中的粉尘浓度高,也只能靠头上的应急灯照明。每一轮开掘过后,矿工要察看进度和掉落的石头,那仔细的程度不亚于考古工作者。敲下一块碎石,马上泼一点水在上面,再仔细察看颜色。如果发现石头带有红色,就如获至宝般地收集起来。在矿上做工年头长的,难免会染上尘肺病。拿命换钱,是很多人不得已的选择。

矿工多数来自村里熟悉的人,少数是村上人家的亲戚。在矿山上开洞采石,收入多寡,是否稳定,关键要看能否开采到鸡血石,"能否见红"。当地有句话叫"三年不开张,见红吃三年"。开挖鸡血石要看运气,洞里平时大多出产一些普通观赏石或者叶腊石,这份收入仅够开矿成本和支付矿工工资。只有开掘到一定体量的上好鸡血石,才能让投资开洞的矿老板眼前一亮。随着资源濒临枯竭,这样眼前一亮的时刻越来越少。这些洞主本身就是在碰运气"赌石",有一夜暴富的,也有长年不见"红"负债累累的。

"行情不好,把龙口暂时封存起来,不也是个办法吗?"一个洞主给了我答复:"还真的不成,一旦封存,再启动就很麻烦。有的龙口本身互通,难以防止偷盗。在矿区,若不是抓住现形偷盗,是不算问题的。即便龙口独立完整,请人把门也是大问题。请人多了不划算,请人少了,容易发生监守自盗和被人买通,里应外合,看守成本太高。"看来,每个龙口里都有活生生的经济学,矿主们无师自通。

拍卖石头是常有的事情。龙口拍卖原石,赌的成分多,有多少玄机,得看矿老板和每个洞口队长的脸色。正规拍卖放在村里。每场历时三五天,或在村子里的公家场所,或在村民家中,拍卖什么是在村里醒目位置广告过的。一张简陋的桌子隔开了拍卖者和竞拍者。村里的"拍卖师"在台上站着,手上拿着石头,报出底价。台下的竞拍者簇拥过来,或触摸,或凝视,各显神通。有人使劲吹口气,让石头表面更干净。有人在上面涂上唾沫星子,然后使劲用手搓。无论用何种方式察看,在没有拍下之前,大块籽料不能敲开看。等石头在人群中自由流传充分后,开始报价。大约平均 3 分钟左右,就有一块石头被竞拍者买下。

没有所谓的最后 3 次报价,没有拍卖槌,这些颇具草根特色的拍卖就这样进行。长期以来参与者形成了一种默契:交易都是建立在个人诚信之上的,现场虽然不进行现金交易,但没有谁会拒绝如数付钱,没有谁会因为拍卖价太高而毁约。也就是说,他们都会遵守交易的底线,这条底线是他们个人的信用和人品。个人信用甚至高过一块高价的石头,这是国石村人的逻辑,也是他们特有的文化。

国石村也在学习邻村的经验。玉山村 2006 年起以集体名义开采石头和拍卖产品,而拍卖所得平均分配:凡是接受了九年义务制教育、65 周岁以下的男子都要到山上龙口"上班",集体采石,统一拍卖,再根据出工数实行分红,而其中有一块专门分给 65 周岁以上的老人。按照去年的开采量和拍卖收入,玉山村上班的人分红数为 10 万元,而 65 周岁以上老人每人的分配数额是 15000 元。利益分配相对合理,保障了村民关系的和睦。

听说鼎盛时期国石村的"鸡血石一条街"上,商户鳞次栉比,加工雕刻店有 100 多家。许多来自浙江青田、福建的民间雕刻师常年在此,而前来淘宝的外地商客络绎不绝。玉山村(包括邵家、永安、半岭自然村)、国石村(包括中梅、汪家、平溪、叶家、钱家自然村)形成全长 3 千米的产地特色一条街,集开采、切磨、加工、雕刻、抛光、包装于一体。2008 年,"鸡血石雕"进入《国家级非物质文化遗产名录》,而国石村也逐步将这条街培育发展集加工、销售一条龙的特色街区。而眼前的这里似乎有些萧条,商户的门帘打开得很晚。

四、国石村调查结论

国石村现有开发资源的模式是历史形成的产物;资源稀缺性和成本刚性支撑,可能促成鸡血石价格见底;资源枯竭后国石村将面临新的发展问题,提前布局方为上策。

国家产权背景下的地方开采,政府管制约束下的民营开发,是国石村石头经济的基本制度结构和现状。类似情况在别的地方不胜枚举,一些国家队放弃的散点名贵矿点,即便矿区被定为禁区,由于经济利益的巨大诱惑和山林产权属于地方集体经济,所谓的"封洞护矿"从来都难以实现。仅在 1991 年至 1994 年间,在玉岩山就开掘了大小矿洞近百个。近年来,开采鸡血石变得合法化,炸药被严禁使用,资源枯竭和生态破坏得以延缓。昌化鸡血石和浙江青田石、福建寿山石、内蒙巴林石(它们享誉"中国四大名石"称号)一样,都会以特有的气质演绎着自己的故事。

昌化鸡血石作为高端文化用品、收藏品,它的价格明显受到流动性偏好的影响。2012 年一块重达 600 多公斤的鸡血原石被挖到。相隔几年后,成交 2.6 亿元的一批鸡血石给叶村的每户人家带来了 500 万元的分红。资源濒临枯竭,暴发只是小概率事件。井下高危作业换来一年十来万的收入,当地年轻人并不觉得是好的选择。随着公款消费被挤压出高端奢侈品市场,鸡血石价格经过连续暴跌后基本触底。市场信号来自于原产地,矿主们并不情愿在目前价位赔本买卖,而增量产品少之又少。据估算,两亿元人民币就可全部收购国石村的大体量原石,鸡血石价格快速反弹随时成为可能。

文化是自信的基因,同样是昌化旅游的灵魂。靠山吃山,国石村会有资源枯竭的一天。控制性开采和整体石头结构的山体,会延缓这一天的到来。故此,依托文化旅游的制度性安排,进入了当地政府的视野。杭州临安市地方党委和政府决定将昌化石作为特色潜力行业来打造,逐步形成了临安锦城"鸡血石文化街"、昌化镇"国石文化城"

和龙岗镇上溪"昌化石产地特色区"。在昌化镇建设"国石文化城"，符合历史文化的传承要求。听说临安市已经规划，要在国石村建设"鸡血石一条街"。现有的道路要改造成步行街区，主要道路要在河流对岸重新布局，数亿元的资金正在筹措之中。国石村人对此愿意助上一臂之力。

18　书法艺术提升永州文化自信

　　作为湖南永州籍在北京谋划生计和发展的文化学者,早已熟知"张家界是一幅画,永州是一本书"的说法。湘西如画,看的人很多;永州如书,但是读的人太少。湘西风情万千,我在二十多年前就曾作文《湘西,春天里的抒情诗》。韩国人表达得更直接,"如果爱你的父母,请陪他们到张家界"。说到底,永州这本书,没有人写透,难有人读懂。单论书法艺术而言,唐朝永州籍"草圣"怀素、清代道州籍书法宗师何绍基如同两座艺术高峰,令当今同仁难以翻越,高山行止,但他们的经典穿越时空,流传于家乡的浯溪碑林、九疑山摩崖石刻,成为地方文化画龙点睛之笔。**光大先贤书法艺术,助推后学,大可提升永州文化自信,从而为永州依托文化资源开掘的全域旅游经济和社会全面进步提供新的动力。**

　　怀素是永州最为亮丽的名片。毛泽东同志生前很是喜爱怀素《自叙帖》,其作呈现出浪漫主义艺术气象。毛泽东的草书自成一体,但和怀素《自叙帖》有神似的地方,二者都讲究笔画细圆,字形参差,布局恣肆。1972 年毛泽东会见日本外务大臣太平正芳,赠送了自己喜爱的《怀素自叙帖真迹》字帖。《自叙帖》难能可贵,除了它本身是怀素经典作品外,还在于它道出了书法艺术大家成长的规律性。该帖开门见山,一气呵成。"怀素家长沙,幼而事佛。经禅之暇,颇好笔翰。""担笈杖锡,西游上国,谒见当代名公。""真卿早岁常接游居,屡蒙激昂,教以笔法。""远锡无前侣,孤云寄太虚;狂来轻世界,醉里得真如。"按照当代碑学大家孙伯翔的说法,先天必有,后天必补,没有艺术天赋和兴趣,只有勤奋是难成大器的;志学经典,师法造化,以开放的胸怀对待艺术同仁,孜孜矻矻,尔后才有可能自造门户。孙伯翔遵从国学大师王学仲的嘱托,"把魏碑写得像钢打铁铸一样",才成就津门书法碑学重镇的。他认为艺术是孤独的,需要耐得住长年坐冷板凳。

　　清代学者黄俊称赞何绍基为"有清二百余年第一人"。《中国书法家全集·何绍基》谈到，何绍基说："每一次临写，必回腕高悬，通身力到，方能成字；约不及半，汗浃衣襦矣。因思古人作字，未必如此费力，直是腕力笔锋，天生自然。"何绍基的父亲何凌汉曾经官至吏部尚书，人脉显达，家风严谨，故而后继有人。研究何氏家族历程，可以领略到一代王朝的兴衰。1865年何绍基在江苏吴门见到曾国藩、李鸿章等晚清重臣，赋诗称赞"同治中兴"。他与恩师阮元，与湘人名流胡林翼、陶澍、谭延闿，与学者龚自珍、魏源，与永州故人杨翰多有交往。变法大师康有为、梁启超，国学大师章太炎对其书法和治学给予高度评价。后学者感悟何体书法的独到之处，可以从书法本体创作方面寻找灵感。

　　而今放眼湖湘文化的开掘和全域旅游的兴起，湖南各地政府纷纷重拳出击。湘西旅游从来是新闻不断，湘北旅游势同"洞庭波涌连天雪"，大湘东依托湖南卫视宣传已经其名大著，唯有我湘南永州"养在深闺人未识""酒香尚怕巷子深"。近日得到永州先贤秦光荣先生赠书《潇湘古郡零陵》，同感于先生在序言《古郡风韵，美哉永州》中"时光虽然流逝，乡愁却不会老去"的桑梓情怀，如何激发永州的文化自信成为我们的共同话题。**书法艺术可能是开启永州文化迷宫的钥匙，成为提升永州文化自信的力量源泉和重要抓手。**

　　其一，书法艺术可以打破人们对话先贤的时空阻隔，提升文化认同感和自豪感。相比较政治、经济和文化三大要素资源，永州文化资源在湖南地市中具有先天优势。没有文化的风景，如同人没有灵魂。如果行之有道，文化资源的开掘可以转化为经济增长动力。书法艺术在永州市各地深入人心，她凭借亲切而直观、通俗而厚重的艺术感染力赢得群众喜爱。

　　人们即便没有去过岳麓书院，却知道清代学者王闿运的名联："吾道南来，原是濂溪一脉。大江东去，无非湘水余波。"整个对联表明，湖湘学派与宋明理学一脉相承，周敦颐湖湘学派较之于二程的洛学、张载的关学以及朱熹的闽学处于源头地位，而整个湖湘学派在全国都有重要的地位和影响。

到过柳子庙的人都会感叹,清代宁远籍诗人杨季鸾题联的功力深厚:"才与福难兼,贾傅以来,文字潮儋同万里;地因人始重,河东而外,江山永柳各千秋"。人们除了解该联涉及贾谊、韩愈、苏东坡、柳宗元等文化巨人,还会打探到此联原为何绍基亲笔所书,现为资深书法家刘艺先生补写,而何绍基和杨季鸾为生前同乡好友。

其二,书法艺术可以让家乡学子知古察今,更好地汲取先贤的智慧。早在 1843 年何绍基到曾国藩家中祝贺其祖父七十大寿,曾国藩评价何绍基书法时谈到,"何子贞与余讲字极结合,谓成'真知大源',断不可抛弃;真学养兼到,天下事皆须沉潜为之,乃有所成,道艺一也。"由此可见,在成长关键阶段的曾国藩、何绍基对人生有着上乘的悟性,此后在各自领域突出重围不足为怪。1872 年曾国藩去世,何绍基次年驾鹤西去。

有据可考,1852 年咸丰皇帝召见何绍基,除问道他家遭受太平军蹂躏的情况,还关切问道:"尔的学问都是经史都讲究的?"何绍基答道:"臣不过爱看书,功夫甚浅。"何绍基的"山水绿"匾额至今悬挂于柳子庙戏台,出自柳宗元《渔翁》"烟销日出不见人,欸乃一声山水绿"。何绍基同治元年(1862)所作《祭舜文碑刻》,作为楷书佳作陈列于舜帝陵,为南来北往的客人景仰。何绍基有诗《游九疑山》:"生长月岩濂水间,老来才入九疑山。消磨筋力知余几,踏遍人间五岳还",表达作为濂溪先生周敦颐故里人的自豪,抒发人生际遇的平常心态。虽然先贤真迹不见,余请中国书协主席张海书后碑刻于舜德书院,弥补遗憾。余又在宁远县泠江萦绕的九疑山西弯村,看到何绍基所作"水峙山流"门额等多幅真迹,从内心感叹道:山水滋润大地,文化养育心灵,任何旅游经济的崛起都离不开文化的支撑。

其三,书法艺术可以光大永州的文化影响,助力地方经济建设和文化产业升级。放眼全国各地对古代书法资源的发掘利用,异彩纷呈。浙江绍兴的兰亭序曲优美动人,河南钟繇故里的书法园紧锣密鼓,江苏镇江有了米芾书法公园,如此等等,经济相对发达地区在利用古代经典文化资源方面已经捷足先登。作为草圣故里永州市特别是零陵区,在对家乡"草圣"怀素的认知和推崇方面大有文章可做,而生长于斯的书法家们迎来了报答这片热土的机会。

在我长期关注的永州书法家群体中,有多位功力深厚、重视法度、张扬个性、艺道并进的代表性人物。"田夫"黎笃田(1948 年生)曾任永州市(时称零陵地区)第一届书协主席,其书从颜真卿、柳公权出,又融汉碑古意,故而厚重老辣;加诸学养相助,书卷气象不凡。"抱山"罗峰林(1953 年生)为永州市书协第三任主席,20 世纪 80 年代以草书参加全国书法展,深得沈鹏、张海、刘正成等众多大家好评。1992 年策划了首届怀素书艺研讨会暨书法作品展,颇有影响。罗峰林三十余年研习草书,从怀素、黄山谷、王铎等古代大家出,创作渐入化境,书风飘逸洒脱却不失老硬。书法家欧阳维忠(1957 年生)钟情于何绍基书法,在 2011 年获得全国第十届书法篆刻展最高奖。湘籍著名书法家张锡良为此感到庆幸:潇湘大地有了写何体的高手,这也验证了文化传承的地域性、选择性判断。师法古人并注意自造门户,浑然一体,必将有所建树。现任书协主席唐朝晖(1968 年生)以行书见长,早期学习张瑞图,进而上溯二王,其作品秀丽劲挺。这些书家生长于孕育过书法宗师的土地上,受到优秀艺术基因遗传和天赋氛围的熏陶,他们在虔诚地感悟先贤,传承经典。

永州地方书法家拥有共同的心愿,希望尽快建设怀素广场、怀素纪念馆,设立"怀素书法节"和"怀素书法奖"。2014 年"草圣故里　永州印象"书法美术作品展在北京军博举办,是"人文永州"进入全国视野的大文化行动。永州书协组织过中国书法院王镛一行的田野调查,正在准备明年的全国第四届草书作品展。据 2016 年市政协主席唐定披露的消息,全国第二届怀素艺术研讨会将在永州举办。纵观全国多个地方性文化工程实践后,笔者也认可,地方文化工程建设中应该保持一定的地方文化代表人物的作品比重,这么做接得住地气,更容易得到群众理解和支持,何况人们对"大家"的认同度本身包含地理区域的影响。无论是永州市零陵区的古城建设,还是东山景区包括怀素公园的完善,或者潇水之滨的文化长河建设,都应该发挥地方书法家的作用。平心而论,他们中的佼佼者达到了中国书法家协会理事的创作水准,只是缺乏全国性的知名度而已。

可见,单从书法艺术角度而言,永州真是一本厚重耐读的书。南朝刘鹗有诗云"行客自南北,青山共古今",每个人都是匆匆过客。如果你认为自己有文化,可来永州对对话。咱不说零陵名城的古韵美,也不说永州的山水美。仰仗九疑山的白云,诉说一番源远流长的舜文化。儒家孔子推崇舜帝,宣言"三十而立""五十知天命",这和《史记》记叙的舜帝年三十得到尧帝重用、五十岁开始监理国家的内容是一致的;孔子还评价舜帝所作的"韶乐"尽善尽美。宁远是舜文化重镇,它的几条河流多数汇集到道县,经潇水汇流湘江后入长江。儒学理学,一脉相承。周敦颐平生精粹尽入《太极图说》《通书》,主静为宗,要求人们减少欲望,《爱莲说》倡导做人要"出淤泥而不染"。宁远堪称首善之区,九疑山为舜帝藏精之所,文庙规制仅仅次于曲阜孔庙,儒家教化深入人心。是故拥护国家统一、政府权威,这种价值观历来成为传统主流。潇湘文化为永州书法艺术的繁荣提供了灵魂和不竭源泉。

进一步梳理唐宋时期的文化脉络,可以发现,唐宋时期是我国古代文化的鼎盛时期,而永州、道州在这一时期的文化表现最为活跃。当时大批名人云集永州,本地作家相继出现。《全唐诗》中与零陵有关的诗作达 200 多首,唐代居官永州或到过永州的外地名流达 40 多人,宋之问、张谓、刘长卿、吕温、戴叔伦、李白、元结、柳宗元是也。宋时在永州留下作品的外地名流达 50 余人,寇准、黄庭坚、汪藻、陈与义、张耒、杨万里、范成大、张栻、张孝祥、赵师秀是也。唐宋时期本地名家有史青、怀素、何仲举、路洵美、路振、陶弼、周敦颐、杨齐贤、乐雷发等。张九龄、孟浩然、杜甫、韩愈、刘禹锡、白居易、欧阳修、王安石、苏轼、陆游、李清照等人,亦不乏以永州风物为题材的作品。其中元结、柳宗元的诗文,怀素、何绍基的书法,周敦颐的理学,声名显赫而言之有物,凭借书法艺术的魅力穿越时空,铸造了浯溪碑林、朝阳岩和九疑山摩崖石刻文化经典。公元 771 年元结请来至交颜真卿,将楷书《大唐中兴颂》刻于浯溪摩崖,直让后人感叹,书法可以成就不朽伟业。孟浩然有诗云:"人事有代谢,往来成古今。江山留胜迹,我辈复登临。"余亲历草书家胡抗美书写孟襄阳诗句时,流露出对家乡先贤的敬佩之情。常言道,一方水土养一方人。一个地方的文化基因,注定这个地方群体的优劣。反而言之,"地因人始重",一个地方的优秀人士对提升当地国民素质具有责任。

不能回避舜德书院 2014 年 10 月 21 日落成开院之次日,我陪同全国政协常委、中国书协主席张海先生参观何绍基故里、怀素故里后留下的遗憾。他说,没有想到何绍基故里如此脏乱、作品如此匮乏,也没有想到怀素书法碑因为石材不佳剥落得面目全非,至今没有人出面组织抢救,永州人对一代宗师确有不恭。张先生忠言逆耳却又语重心长。他是永州文化复兴和文化自信的支持者。他说,永州人文历史厚重,加上自然之美就更为难得。而我也相信,书法艺术成就了古代永州的文化辉煌,也能够开启建设文化自信的永州的未来。

(湖南《永州日报》2016 年 10 月 12 日第五版全文刊载本文。)

19　艺术契合源于文化皈依——兼论欧阳维忠的何体书法之路

在湖南,时人有云"永州是本书,宁远是前言",意思是这本书再博大精深,是离不开舜文化源头的。"九疑山上白云飞,帝子乘风下翠微。"毛泽东诗词吟诵的湖南宁远县地处五岭,北压衡岳,南瞰越秀,人杰地灵。她的传奇为《史记》"舜葬九疑说"所佐证,她的故事构成中华文明滥觞,她骨子里流淌着"朝发轫于苍梧兮"的奋斗者基因。在这片江南红壤上,书法在提升城市的文化自信。

永州书法家欧阳维忠生长于斯,孜孜矻矻,在职业契合过程中实现了艺术契合,其虔诚如同文化皈依的信徒。这位 1957 年出生的宁远县人,无字号,亦无斋号,凭借一股子湖南人的霸蛮精神和艺术自信,传承和创新了一代宗师何绍基(湖南道州人,1799—1873,晚晴诗人、书画家,自成何体)书法艺术,赢得世人赞叹。零陵卷烟厂的同事称赞他,在湖南的书法影响超过了零陵香烟。

欧阳维忠的成功,离不开家乡宁远县深厚文化底蕴的早期熏陶。晚唐宁远养育了中南五省开科状元李郃,宋初这里建造了仅次于曲阜孔庙规制的文庙,尊师重教可见一斑。2014 年夏秋之际,笔者伫立于宁远县城至永州的古道上,寻找维忠出生地、万人平田村经久不衰的秘密。宗祠里没有记叙部族曾因抗击朱元璋军队被迫改作"杨"姓、遂又恢复"欧阳"姓的往事,村民倒是耿耿于怀明清古建筑群损毁于太平天国石达开部过境,多位长者对重视教化的村规民约娓娓道来。谈到该村历史上定格了的晚晴著名诗人杨季鸾,维忠羡慕这位先贤和道州何绍基诗书友谊的一生。谈到同村走出的民国古琴宗师杨宗稷,维忠欣慰于自己有过祁剧专业学习机缘,受益于民乐节奏对书法创作的助力,却也流露出少年时代因为家境贫寒初一开始就被迫学艺的无奈。

生活重负再一次中断了维忠的成长节奏。家里接着让他放弃戏曲艺术学习,转而成为零陵卷烟厂的工人。三十多年来,他处事稳重勤勉,为人谦和低调,孤寂中愈发热爱书法艺术。同事中很多人不知道他是中国书法家协会会员,湖南省书协理事,永州市书法家协会主席团成员。原因大体是长期以来永州地理区位相对闭塞,文化市场特别是书法艺术热度不高。维忠学书始于 1984 年,直至 1992 年其行草书作品入选全国第二届新人新作展,2000 年入选全国第八届中青年书法篆刻展,2005 年作品入选全国第八届书法篆刻展,2011 年其行草书作品荣获全国第十届书法篆刻展最高奖、湖南省首届文学艺术奖。这些伴随加速度的进步和成就,让维忠赢得了社会和市场的关注。在何绍基家乡永州,没有人再叹息"前不见古人,后不见来者"。全国书法理论界开始探讨文化传承的地域性和选择性,同一地区大师艺术"复活"是否具有必然性。

人们发现,维忠拥有书法艺术方面的天然禀赋。大家有云"先天必有,后天必补",此之谓也。髫齿不为童游,希言自然,性格内秀,少年老成之模样也。追溯维忠的经历可以看出,书法艺术兴趣陪伴着他的成长。他说,我生不辰,父亲早逝,学书走的是自学路,兴趣是最好的老师。在宁远平田村读小学时,放学回家,他常跟在大人身后,挤进祠堂观察乡里能人书写对联和各类牌匾。耳濡目染,他九岁时就能临摹大人书法。20 世纪 60 年代,自家门口及邻居家的门联开始出自他的笔下。起初维忠师从同事送的柳公权《玄秘塔碑》楷书帖,后来进了工厂便主动申请多值晚班,涉猎多体书法。因为晚班上班时间短,下班后能有三四个钟头练字。时间和兴趣,打磨着他的童子功。

维忠拥有感悟古人技道并进的优越地利。他的家与唐朝怀素当年习书的高山寺隔河相望,与零陵区柳子庙近在咫尺。《永州八记》成就柳子,柳子名声吸引天下。苏东坡在此留下"三绝碑",欧阳修"欲买愚溪三亩地"。从这里放眼潇水、湘江汇合处,萍岛清晰可见。这样的人居环境甚有古意,容易激发创作灵感。从先贤身上,维忠首先汲取的是安贫乐道与霸蛮精神。怀素缺纸,种下芭蕉树,用蕉叶写字。

后人谈到笔家墨池的故事，还能看到沈鹏草书的醉僧楼。清朝何绍基临汉碑拓片，动辄数十通，临写《张迁碑》《礼器碑》一百多遍；为了切身拓碑访古，常风餐露宿出入崇山幽谷之中。维忠缺钱买纸，先是用光废旧报纸，后来干脆用笔蘸水在水泥地板上写，他觉得涩感挺爽。听说臂力腕力是书法的基本功，就从零陵卷烟厂走路到零陵耐火材料厂，捡得一块 7.2 斤的耐火砖，用来放在手腕上练臂力和腕力，早晚在家里和宿舍门口练，上班时间就在办公室找一个重器来代替练习，少有间断。

尤为关键的是，维忠拥有艺术思想契合"何体"书法的先知预判，顺应了"素质决定命运"。他同样拥有艺术实践契合"何体"书法的先决条件，把握了"细节决定成败"。对书法艺术拥有内心向往的维忠，自然选择了书法艺术；而对书法艺术拥有长期实践经验的维忠，自然也了解其中的奥妙。这就应了曾文正公那句话，"真学养兼到，天下事皆须沉潜为之，乃有所成"。精准的职业选择和情趣投放，加诸锲而不舍的努力，帮助欧阳维忠这位平民子弟实现了艺术突围。永州同道发现，他的书法凝结了很好的天性和笔法，他依托永州深厚的文化底蕴为支撑，呈现了永州地域书风的精气神；他坚持回归传统，溯源流，开境界，写字外功，自然水到渠成。

人们在试图从维忠身上解读艺术契合特征，寻找书家个性和书体之间的内在逻辑时发现：其一，他的性格看似冷静，实则不乏艺术冲动。维忠与子贞，性格契合使然。他赞叹何体回腕笔法独到，繁茂时如壮士斗牛，细腻时则脉络毕现，狂放时如惊雷坠石，跌宕起伏却不失线条的质感；何绍基 1854 年"蝯叟"风格既成，小巧玲珑中蕴含正大气象，这更让维忠为之神往。其二，他学书主张朴拙，却又敢于犯险。他认为，清朝书法道光之后以魏碑为主，何体书法超出了一般魏碑的雄强风格，其线条质感灵动，章法独具，笔墨醑畅，让人见微知著，欣然陶醉。这是何体书法的魅力和吸引维忠之所在。其三，情有独钟于子贞。他是在反复比较后作出的理性选择。维忠学过二王行书，习过欧阳询、颜真卿的楷书，后临苏东坡手札，流行书风也跟过一段时间。大约在世纪之交，他开始临习何绍基行草书，一临就上手，仿佛与何字有缘。或许他苛刻的臂力训练法，为何体挥汗如雨的回腕运笔法提前做了伏笔。

维忠用创作实践来表达对湖湘文化的推崇和喜爱。湖南2012年评选出代表湖湘文化精神的《湘君》《鹏鸟赋》《桃花源记》《岳阳楼记》《爱莲说》《潇湘八景图诗并序》《船山记》《湖南少年歌》和《沁园春·长沙》九篇经典美文组合，时人称为"湖南九章"。维忠历时一年用行草书完成了这些美文的创作，在湖南国画馆面世时受到社会认可。《湖南日报》、红网媒体评价，今日之何氏书法以湖湘清正之气、莲荷不染之姿呈现在潇湘大地，艺术地表达了湖湘文化的灵魂。

维忠创作追求"笔墨当随时代"的内涵。他用心灵感知外界，用笔墨书写经典，尝试着用古代诗词来书写国家领袖的三种情怀。其一，个人情怀，表面看来可以选择进退，见元曲邓玉宾《道情》：白云深处青山下，茅庵草舍无冬夏。闲来几句渔樵话，困来一觉葫芦架。你省的也么哥，你省的也么哥，煞强如风波千丈担惊怕。其二，民本情怀，这是为官之道所必需的，见清代文学家郑板桥《墨竹图题诗》：衙斋卧听萧萧竹，疑是民间疾苦声。些小吾曹州县吏，一枝一叶总关情。其三，国家情怀，这是匹夫之责所要求的，见南宋陆游诗《示儿》：死去原知万事空，但悲不见九州同。王师北定中原日，家祭无忘告乃翁。

湘籍著名书法家张锡良五年前在《艺术中国》看到维忠的书法，赞赏其书清水出芙蓉，天然去雕饰，笔下端庄杂流丽，毫无矫揉造作；笔致"紧而实"，结体"疏而空"，墨色变化丰富，章法错落有致，"何氏书风"已得"何体"之髓。

中国隶书代表性书法家张继，于2016年秋品味欧阳维忠的书法作品集后，欣然命笔给予文字评价：欧阳维忠先生于行书方面表现突出，尤其对颜真卿、何绍基书法有着深入研究。其笔法寓沉雄于生动之中，结字宽博但不拘一格，章法安排错落有致，终能浑然一体，值得称道。

中国书法最高奖兰亭奖·终身成就奖获得者、当代碑学巨匠孙伯翔,在为舜德书院书画展题写展标后,用语简约但全面肯定了欧阳维忠的传承和创新性成就:"维忠同道之书:1.功力形质很好。2.睿智悟性好。3.变化可喜。4.学养再提高。"孙先生是在凝神定气、仔细端详维忠作品后才写下上面的话。他存心引用南朝书法家王僧虔《笔意赞》中"书之妙道,神采为上,形质次之"典故,寄厚望于后学者追求"形神兼备"的审美理想,努力攀登更高的艺术境界。在欧阳维忠看来,孙伯翔先生希望自己加强"字外之功"。

维忠坦言文化学习在"文化大革命"期间被耽误了,文化素养需要提高,现在能做的除了坚持一边临帖一边学习古诗词外,要汲取永州本土文化的营养。在维忠写字的屋子里,我们查阅到《中国书法家全集·何绍基》专稿。何绍基说:"每一次临写,必回腕高悬,通身力到,方能成字;约不及半,汗浃衣襦矣。因思古人作字,未必如此费力,直是腕力笔锋,天生自然"。维忠说,先贤运笔方法独到,不能机械套用,但可意会其力透纸背的艺术追求。笔者问过维忠,同样是道州人,为何很难找到何绍基书写濂溪先生、理学鼻祖周敦颐的作品。他没有给出答案,只是说起何绍基曾为《周子家谱序》写过东西,赞扬何氏族人和周氏族人一样,即便在原野上的人群中也是可以通过其举手投足的高素质表现找得出来。维忠知道不少何体书法背后的故事。这些故事却在表明,艺术契合源于文化皈依。

(本文初稿于 2016 年 10 月 23 日。)

四 随性小作

01 杂文《三个日本人急了中国人》等 6 篇

之一：三个日本人急了中国人

三个外国人分成三批，到中国沙漠中植树。第一个是日本人，第二个也是日本人，第三个还是日本人。一个年轻，一个中年，一个老年。难道，日本人想变绿中国浩瀚的万里黄沙吗？我尽量壮胆想回答"是的"，但早就心虚了。

不惑之年的高见邦雄先生，曾就读于日本东京大学。4 年来，他和他的同事们在山西省贫瘠的黄土地上种下 120 万株树木，绿化 500 公顷土地。他说自己看到老百姓生活艰苦感到难受，相信当年日本侵华军在山西一带推行"三光"政策时，老百姓的苦难肯定比现在重几十倍。我不能妄称他的行为旨在赎罪，否则别人会诅咒我是"怀疑主义"了。

但是，我在把对高见先生的采访做成文章《黄土情未了》后，有身居高位者对我温和地说道："你相信他的动机吗？为了绿化中国沙漠，他宁愿吃方便面，节约几个买树种的钱？"我无力反驳，因为自己没有到山西调查一番。

第二个是青年人，才 26 岁。10 月 10 日下午，"沙漠开发日本协力队"一行 25 人驶出呼和浩特市，沿着大青山一路西行，到达库布齐沙漠恩格贝绿化实验基地。中水长浩先生就是其中一员。他说："每年三四月份，中国大陆的黄沙随风漂洋过海，伴着雨降落到日本中部，污染当地环境。如果能治理一下中国沙漠就好了。"他的话使我茅塞顿开，问道："这是一般意义的研究吗？这也叫作超越国界的环境保护吗？"

帮助我们植树，毕竟是好事。好就好在，它不像当年美国人在广岛扔原子弹那么危险，也不像在你家门口大谈核反应堆那样让人惶惶不可终日。何况，"十年树木，百年树人"，栽树是育人的有效办法。听林业部门的杨先生讲，日本的远山先生现龄 87 岁了，是绿化基金会的组织者。他可谓毕生献给沙丘防治研究了，到中国传授经验时还受到万里委员长的友好接见。一次，他带了 80 多个日本人到北京市顺义县植树，连铁锹都是自己"运来"的。有关部门见他们很辛苦，想要他们吃餐饭。他们说："我们是来植树的。"后来听说人家要到内蒙古去植树，从京城里来了不少豪华轿车辛苦地"运来"不少高级干部，为的是给日本友人送行，留个热情、够规格的印象。领导们不约而同地说："你们辛苦啦。"对方像是智商不高，原封不动地回了句："你们辛苦啦。"

唉，领导何时才变得不说"同志们辛苦"呢？中国沙漠有的是，靠异国友人栽些花草是锁不住万里黄沙的。中国人只有着急的份吗？

（原载于《中国环境报》1994 年 11 月 17 日第 2 版"畅所欲言"专栏，原标题为《故事感人人着急》。）

之二：防洪救灾先填会海

浊浪滔天时节，防洪救灾是急务。协调救援的会议免不了要开，至于那些不解决实际问题的会议，理当暂缓甚至禁绝。

南方某省近来江水暴涨，全省近半的县、市灾情严重，防洪救灾，重建家园，乃属当务之急。就在此间，各路县市长奉令聚集省会，准备召开全省扶贫工作会议,"交流经验,共商对策"。有的代表既已报到,为召开这类"团结胜利的大会"憋足了鼓掌的劲儿。

不料,一位刚从抗洪救灾前线归来的领导在会议通知上指示:召开扶贫工作会议的目的就是帮助群众早日脱贫,眼下这些兼有防洪重责的基层领导应该坚守岗位,稳定民心,加强领导,防止大水过后贫困户的猛增,故建议会议缓开。他的建议震动省府,扶贫会议宣布取消,各路与会人马回原地各就各位。

同样在该省,本要到年底才召开的全省卫生工作会议大会小会不断,据说已经召开的十多次协调研讨会是为年底的大会作准备的。各类小会气氛热烈,仅对全省卫生工作"以农村为重点,预防为主"的方针,有的厅局长已争论得唇焦口燥。虽然,大灾之后或有大疫,这道理大家都懂。百姓们众望所归的是,上至厅局长、下至乡村医生都能更多地到乡下帮一把,解决一些农村缺医少药的难题,防止农民同胞因病返贫,为防止疫情流行积大德。古人语"火烧有一半,水打无眼看",洪水危害可见一斑。防洪救灾是大,党和国家领导人对此深表关注。上述的那位领导敢于直言,无非是讲明一个简单的道理:共产党开会要因时因地,对国民有利。他的处事方法真正称得上实事求是了。不过,笔者却为他有些担心,他这一来肯定得罪不少人了:官场同僚妒其见解独到,也会赏他一顶"出风头"的帽子;热衷开会者或许县市长们中也有之,或许还有人恨他把自己往无情洪水里赶了;甚至会议组织者也会怨其毁人前功,告他造成国家人力、物力、财力浪费。果真如此,他可能有许多积怨,却绝非为图利与人积怨。在高层领导中,他那力刹会议风的精神足以在"中国会海史"上写上一笔。

(原载于《中国环境报》1996 年 7 月 27 日第 3 版,笔名"哈哈镜"。)

之三:从景山公园办恐龙展说起

笔者以为,选择北京景山公园办恐龙展,这种创意是深刻而新颖的。

恐龙展作为特殊的人文景观,进驻景山公园这一特殊的古典园林,其寓意是极其深刻的。我与举办展出的人素不相识,毫无拍其马屁之必要。然而,只要对恐龙的生灭和生态的演变稍加分析,我们不难发现这样的道理:地质史上侏罗纪的强大统治者恐龙的衰落,主要归因于外部环境条件的变化,它们之间的同类相残不是这一物种灭绝的原因;随着人类现代化的进程,城市古典园林的苟存大多得益于它的独特文化背景;将几千万年前的地球霸主——恐龙的形象移植到今天的古典园林中来,表明人类保护生态环境的觉悟达到了空前的水平,保护生态环境如同保护自己的生命。

恐龙灭绝的原因是一个千古之谜。是地质变迁、是气候变化还是偶然的天体灾难? 或许是科学家至今都没有推测到的原因。但有一点是可以肯定的,它们的灭绝不可能主要归因于自身,因为当时它们曾是地球上的强大者,彼此的竞争只能促进进化而不是灭绝。

今天的人类却不一样,由于过分强调征服自然、改造自然,资源环境的破坏大多归因于人类自身,人们在一些地方失去了安身的条件,这是大自然的猛烈报复所致。城市在吞并耕地和绿色,规模膨胀中感到环境压力太大,城市病的暴发过早地夺去一些人的生命,研究长寿之谜的城市人到乡村僻壤才能找到寿星,骗子们的长寿不老丹却使人家财败落。我敢断言,要不是六代五朝将北京列为风水宝地,今天的景山公园也会变成拔地而起的群楼了。人类祖先走出森林,开始农耕生活,这是人类文明的重大进步。而现代人曾一度疯狂毁林,破坏环境,以致游玩单调的公园成为城里人的高级消费,这不能说没有悲剧色彩。稀奇古怪的恐龙在今天孩子们乃至成人的眼里,并不显得面目可憎,相反却令我们觉得恐龙的灭绝实在可惜。城里古典园林的热闹,归因于我们有意无意中把自己驱赶到此。恐龙形象进驻古典园林,表明了人类呼唤恐龙复活的童心未泯,更反映了人类爱护生态环境的高度共识。

恐龙是灭绝了,一死不得复生,然而它毕竟充当过地球霸主的角色。这种自然界极具力量的龙死去了,而在景山还死去了中国封建时代明王朝的最后一条"龙"——崇祯皇帝朱由检 1644 年 4 月 25 日煤山自缢。如今,到景山公园的游客难免会在山脚崇祯自缢处追思朝代更迭、历史兴亡的真谛。

作为自然之龙的恐龙,它的造型进驻景山公园这一中国封建时代自命为人间真龙的皇帝上吊自杀的地方,无疑是在巧合中祭奠了亡魂,具有极其丰富的历史内涵。

（原载于《北京工人报》1996 年 8 月 16 日第四版,署名"若现"。）

之四:大堤将决官现形

今年,我们遇到了共和国历史上最大的洪水灾害,长江南岸的洞庭湖地区损失惨重。大难当前,江泽民总书记发出"确保大江大河万无一失"的重要指示。李鹏总理亲临两湖灾区慰问受灾同胞,部署长江防洪抢险。湖南省主要领导奔赴抗洪抢险第一线,部队司令员和战士们并肩作战,群众战胜灾害、重建家园的信心增强。防洪大堤上出现了"人在大堤在""誓与大堤共存亡"的悲壮场面。可以说,群众对党和政府抗洪抢险的大政和措施满意。

然而,洞庭湖受灾群众对基层干部在防洪抢险中的表现,也是褒贬分明、心里有数的:他们对村干部们有难同担的责任感表示佩服,对某些乡镇干部临阵脱逃的卑劣行径表示怨愤,对某些县市领导虚报灾情造成的心理创伤施以咒骂。

群众相信当地的"村官"。是他们在大堤将决的时候振臂一呼"共产党员跟我上"。一边组织精干的劳力疏散并安置人群,一边全力捍卫大堤不失,以血肉之躯换取乡亲们的平安。小而言之,"村官"说到底也是农民,他们的妻儿老小与别人有着相同的命运。大而言之,他们原来是乡亲们选出的致富带头人,临危之际应该是大队人马的断后者。千古老调说,中国农民有很强的自发性和盲目性,笔者却以为,中国农民最朴实敢为。他们认可"千夫所指,无疾而终"的道德规则,为人一生最怕被人戳脊梁骨,因而大难当前能够挺身而出,付出代价直至最后一滴血。

群众用语言形象地给抗洪抢险中某些乡镇干部画了像：手提大哥大，嘴里啃西瓜。这类乡镇干部平时伸手向群众要时劲头满大，眼下群众被围在大堤之上，饮食紧缺，度日艰难，他们却躲起来。"今年是没法向农民催饷纳税了，我自家倒不愁无米可炊。即便大堤溃决，咱率妻儿老小肯定比这些草根们跑得快。"他们这样盘算着，心里不免有点悠闲感，却又不时在脸上装出一副急民之困状，经常对着"大哥大"吆喝着，像是大堤溃决的消息随时都会传来，晚报了军机导致黎民百姓被淹，自己担罪不起。其实，群众早就众口一词，谴责他们应对大堤失守负责。说来也是，如果这些年里某些乡镇干部不把防汛设施变卖处理，大堤将决时，农民兄弟也不至于拿着簸箕、铁锚、编织袋之类的"原始武器"来对付洪水猛兽，一些大堤至少不会那么快便告失守。

群众对某些县市长官们的瞒和骗十分痛恨。上面的领导同志要了解真实情况，他们首先拿出一套科学决策、抗洪抢险的文件，再介绍决堤之后不死人的情况，最后表示市区进水后人心安定、物价平稳、大灾之后无大疫、群众生活安排得当、灾年要争取农业生产好收成，如此等等。像是表明洪荒世界才会出现太平盛世，其用心在于表明自己"大堤要决我无过，防洪抢险我有功"。他们控制的传媒也是睁眼说瞎话，报道农民抓紧双抢，把大部分稻谷都收割好了，其实灾区一些同胞都快揭不开锅盖了。凭谁问：大水没淹死，同胞们又要被浮夸断送性命吗？

大灾大难考验了各级干部，也给我党基层组织建设提供了很好的经验教训。基层建设必须落实到村，吸收先进的农民代表，党组织的基层堡垒作用和模范作用才能发挥出来。县乡两级行政组织是国家大政方针联系农民兄弟的纽带。这里的权力必须掌握在高素质的干部队伍手中。否则，群众多年来反映的"中央政策是好的，就是到下边就变调"的情况，将何以从根本上得到改观？

（原载于《杂文报》1996年8月23日第1版首篇文章，原题为《大堤将决时……》，署名"若现"。《杂文报》属河北报业集团。1983年时任河北省委书记高扬主持创办，在20世纪末红极一时，2015年起停刊。）

之五：太湖还能养育出学界巨子吗

一般人才专家认为，人才辈出主要取决于切实有效的选择制度和当时的政治大气候。科举制度曾对中国的文明进程起过一定的积极作用。近代杰出政治家曾国藩平定太平天国"叛乱"后，就下令在江宁城（今南京市）缓建自己的总督衙门，把经费集中用于兴建江南贡院。苏皖一带的江南乡试果然不负众望，很多知识分子"如锥之在囊，其末自现"。太湖流域"人文之渊薮"的美名得以盛传。

中国虽然早有"一方水土养一方人""人杰地灵"的俗语，但是环境条件对养育人才的重要性从来没有像今天这样为国人所深刻认识。1996 年 7 月，国务委员兼国家科委主任宋健在全国环保工作会议上，历数太湖流域养育出的陈省身、李政道、吴健雄、钱学森、王国维、费孝通、赵元任、钱钟书等学界巨子后，说到如今的太湖污染现状时问道：太湖还能养育出那么多科学家、文学家吗？

"太湖美，美在太湖水。"这样的诗情画意吸引过许多迁客骚人。而今，太湖水体已经发绿变浑，水面污物游荡，散发着腥臭味。有一年，蓝藻暴发，自来水厂提供的水带有浓烈的恶臭味，慕名而来的游客饮水而逃，旅游业受重创。更为严峻的问题是，严重恶化的水质很可能损害太湖儿女的生长发育，进而成为他们成长道路上的羁绊。在这方面，淮河为我们提供了前车之鉴。淮河流域曾经哺育过中华民族无数英雄，但是目前的污染已经危及流域内 1.2 亿人口的身体健康和经济发展。城市百万居民无水可饮，谁能够相信他们仍然在安居乐业？有的村庄绝症日增，多年来无一人体检合格应征入伍，谁将担负起这片土地的耕耘重任？类比淮河，我们不愿意看到由于环境的恶化导致有"人文之渊薮"美名的太湖流域，变成"江郎才尽"的地方，何况这样的悲剧会在太湖儿女群体上而非个别人身上发生。

当年，我作为新闻记者在中南海独家采访宋健时，他说治理淮河水污染的根本出路在于法治。事实上，仅仅靠一般号召和宣传教育，连一些领导的环保意识都难以确保到位。有的人讲环境保护口若悬河，落实国策到位则软弱无力。在实际工作中把经济效益当作唯一的追求目标,为了早出"政绩",有的地方领导不惜以牺牲环境为代价,默许甚至鼓励上马一些污染严重而又治理无望的项目。尽管中央三令五申,小造纸厂顶风而上的消息却不时从中央电视台的曝光栏目传来。面对一些地区环境恶化的现状,国务院严格重申"地方各级政府对本辖区的环境质量负责",为的就是促使地方"诸侯"们对人民生息之地的环境优劣做到警钟长鸣,早下"壮士断腕"、坚决治理污染的决心。

英国历史学家汤因比曾经预言:世界的和平统一,一定是以地理和文化为中心,不断结晶扩大起来。这个主轴不在美国、欧洲和苏联,而是在东亚。笔者看来,人才决定着一个国家和地区的前途和未来,因而从汤因比猜想诞生二十多年来,国内外一些人才问题专家注目于中国人才出得最多的地区之一——太湖流域。由此看来,今天太湖水体的保护行动,也就超出了纯粹环境保护的意义。它成为保护中国未来人才生息条件的重大举措。太湖水土对人才繁衍变得如此重要,想必是曾文正公当年恢复江南乡试时所不曾料到的吧。

(原载于《杂文报》1996 年 9 月 4 日第 1 版。)

之六:"跨世纪人才"谁入选

当人们惊喜于"跨世纪人才"工程的实施,使一些青年在学术界表现得异常活跃的时候,笔者却发现其中的弊端。毕竟真正堪称国家建设脊梁的"跨世纪人才"不是选得出来的,而只能依靠"时势造英雄"和自身努力成长起来。

选拔跨世纪学科带头人的做法通常是,先由行政领导推荐,再经专家评审敲定。这种领导为主的推荐方式有一定的局限性。因为少数领导的决策水平可以左右一个人的前途命运,甚至他们的个人恩怨足以影响"拍板"的公正性。例如,他若抱守"同行是冤家"的陈规,或者忽视学术界"隔行如隔山"的常规,大行越俎代庖之能事,谁能保证举荐之人堪称某一学科的俊杰?

　　眼下"科教兴国"呼声甚烈，各单位都把培养"跨世纪人才"当作大事来抓。然而，各单位若是攀比指标和数量，大行"揠苗助长"之事，就大大的谬也。某单位领导实在苦于"矮子里拔不出将军"，竟不惜巨资漂洋过海去请高明。领导带着人事表格出国，找到留学生谈完话后当即拍板，盛情邀请对方回国后到本单位充当学科带头人。不料，如此戏剧性的做法事与愿违，一些留学生认为国内人事制度的严肃性严重下降，甚至怀疑某些单位的"招贤榜"背后有诈。

　　各种奖励、科研经费和荣誉的光环，等待着竞争中的成功者。很多人为入选"跨世纪人才"，纷纷使出浑身解数。真才实学心底坦然者不乏其人，连滚带爬甚至连蒙带骗者也不鲜闻。有的年轻人把严谨治学晾在一边，忙于在大小镜头（照相机、摄像机）面前"透露"研究动向或硕果，把自己包装得俨然一个社会活动家。加诸某些传媒的"吹星族"又好吹捧，其间个别青年"学者"还真如愿以偿。此类事例不多，却严重损害了科学研究的严肃性，使一些青年误以为学术界也是"三七开"——三分成绩，七分吹牛。

　　入选"跨世纪人才"后，各种优惠政策都加诸这少数人身上，造成把住房汽车、各种经费、奖励、职务堆砌于同一青年身上的状况，不利于调动多数人的积极性，也不利于他自己健康成才。他或许被各种事务纠缠，耗费太多的时间和精力，以至于学术搁浅，欲跨世纪而力不从心；或许并不珍惜既得的一切，以为自己既然是"带头人"了，看好"弟子"就行，从此远离科研第一线。个别人因为经费多了，底气足了，甚至雇上私人秘书，摆出一副行政首长的架势。

　　科学史表明，学科带头人"冒"出者居多，预先圈定"接班人"的成功率不高。真正的英才迟早"青山遮不住"，定会"冲杀"出来。人才库不是保险箱。要把"跨世纪人才"工程作为高素质青年人才的流转站，坚持能出能进，优胜劣汰，不承诺"终身制"。同时，在推荐备选对象的时候，也有必要变革"钦定制"，实行"众举制"，在"跨世纪人才"库的入场口，最好让多数人决定把票给谁。

　　（原载于 1996 年 10 月 18 日《杂文报》，署名"若象"。）

02 黄昏,我噙着一支黄土情歌

我注定爱上了黄昏,它给我怀念的温馨。孩提时代,在朦胧的夜色中捕捉蜻蜓。直到别人叫我大后生的时候,我仍然舍不下独步黄昏这一趣事。天色沉了,若是没有来电,妈妈准会问"油灯备好没有"。那年头,为了考大学。

如今,那西山的残阳荡涤去我白天苦思的倦意。独坐中,我寻觅一叶莱蒙托夫"诗中之画"的白帆,沉醉于"看万山红遍"的恢宏境界。

我依恋黄昏,但是,也曾恨过。是一个秋日,我刚进校,老乡找上门来,告诉我度过四年的经验,诸如"升级"是"必修课",和尚庙也要去,做点生意赚些钱,如此等等。"升级"又叫"开拖拉机",输者围着牌坛绕三周,一边说"向师傅学习",胜者大笑。这自然有几分乐趣。可后来,输者改为向二栋姑娘们"直播"自己的"征婚启事",终因"有求无应",散罢。

也是一个黄昏,我独自去东山散步。见一对对男女嬉戏,倒觉自己不该来。有人说,那是情人路,散步该去西山。唉,一个扫兴的黄昏。

可我改不了独步黄昏的积习。第二天,我真的坐到了西山草地上,沐浴着残阳。许久,路灯亮了,我准备起身离去,忽听有人说话。我发现离我不远处的两人。他们背着光,我看不清他们的脸。一个像是披肩发,另一个头发短缨缨的。听他们说话,似乎在争议什么。

"两年后,我就回去,你送我点什么?"大概是"短缨缨"在说,声音轻轻的。

"一副眼镜,你们那风沙大,你走到哪,备用一副用得着。"自然是"披肩发"在说,声音清清的。

"你不去我们那了? 支边,你怕了——咱们朋友一场,能在一起多好啊。"

"我舍得咱们分开？我没说不去你们那,可我还是想考考研究生。"

"这年头是做学问的吗？我的公主,算了吧。研究生,谁稀罕?"

"披肩发"或许有些生气了,"做什么,何必要人家稀罕?"

一阵沉默……我想他们也是一对,因为出路问题就要分手了。我起身往回踱步。啥时候下起了小雨,黄土积灰黏重。天色灰蒙,竞相挤压着心扉。"西山也是一个样",我艰难地回到宿舍,脸上透凉如冰。摸一把,是落寞,是怅然,是苦涩,是一种不是滋味的滋味。黄昏,给了我伤感。

夏天的一个偶然机会,我认识了家乡的前贤萧艾教授,原因是父亲要我请先生为县志写个序。我几经打听,才确知经常在西山小路上散步的长者就是他。

一个雨后的黄昏时刻,我径直向前给教授打了招呼。他听出了我的口音:"你也是九疑山人?"我见他和蔼地一笑,顿消疑虑,告诉他我的专业。教授乐极了,"都是一家子的呢。"

故乡人相逢,自然好谈故乡的山水人情。"九疑山学院(已故著名农学家乐天宇创办的私立大学)怎样了?"教授关切地问道。我告诉教授,学院本部已迁到冷水滩,条件改善了。

"那就好,建校初年,学习环境像'抗大'那么艰苦。乐老是延安时期的专家了,为了学院,虽年过八旬,仍下地种菜,和学生同甘共苦,精神感人啊。"我惊喜于教授了解家乡如此之多,连连点头。教授却有几分叹息:"多年没见九疑山的面了。"

天色暗了下来,教授约我上他家玩,拍拍我的肩问:"你常常独自来这散步吧?"我微笑着点点头。教授笑着,似是自言自语:"独乐乐,与人乐乐,孰乐?"那"与人乐乐"的教诲,我怎敢淡忘呢?

可我实在舍不下独来独往的积习。南岳览胜,洞庭观潮,昭山野炊……那故乡的山水,那矿井里的清泉叮咚声,令我回味,也使我足以对付情绪的尴尬。

　　去年的一个秋日。是我人生之树的二十年轮,我没有告诉大家。天色雾蒙,昼夜不分。我独自来到西山的树林中,翘首南望。我苦恋故乡的视线,却又为云岭阻隔,无意中折断一枝野玫瑰,狠狠地扔去。倚坡而卧,本想什么也不想。许久,天空中传来孤雁的哀鸣,点点滴滴,坠入我心。一种昼夜作息、游子无归之情浮上心头,为失群的孤雁,抑或为我自己? 它打湿了我的眼睛、我的心脾,至于我灵魂的暗角。我做不到什么也不想了。

　　回到宿舍,已是很晚。推开门,下铺告诉我,"我们等你好久了。"原来,他们为我准备了生日晚会。"Happy birthday to you……"在那百唱不厌的短歌声中,无限愉悦和情思在我心底涌荡。

　　我依然怀念过去的黄昏,我迷恋校园的黄昏,却不再是独自徜徉了。

　　"大西北"吴悔是我同班的挚友。他家住在天山南路,我去过一次。略览天山风光,是淋漓尽致的享受。又见他将一只大羊给杀了,便觉奇怪。他回答得很坦然,"大西北人就是这样好客的。"从此,我便叫他"大西北"了。说到学习,他就怨:"都到临界点了,还过日子么?"我知道,他怨学校早不严治,他已补考了三次,怕是四次补考毕不了业,无颜见西北父老。

　　新学期开始了,今天的"大西北"好一副其乐融融的样子,他通过了国家英语四级考试。我还知道,今天是他生日。

　　踏着黄昏,我来到西山,想寻找点什么。"咔咔"的一声,我抬头一看,见一位带相机的姑娘就在眼前。

　　我不知所云,为她那无可争议的漂亮? 她倒先开口了:"不认识了?"见我仍然纳闷,她说起那次黄昏草地的情景……

　　"是你? 漂亮的披肩发,还有一位头发短缨缨的?"

　　她笑出了声来:"我恰恰是那位留短发的。难道只准男生留长发,不准我们留短发?"

她笑我思维定势。我倒轻松起来:"那时,我还猜你们是快要'Bye Bye'的一对呢。"

她笑我不该"窃听"她们的秘密,说学校已推荐她报考研究生了。

"刚才我正在寻找一枝野玫瑰,作为一个朋友的生日礼物。"

她有几分惊喜,"瞧你那样子,刚才我想拍张照,题为'孤独的寻觅'。看来,该改为'执着的寻觅'才对。"

说完"相片归你",她下山去了。

返回教室的路上,很多人都匆匆忙忙。一个提书包的小伙子对一个踢球晚归的同学喊道:"放心,我会帮你占位子的。"广播里传来了歌曲《人在旅途》:从来不怨命运之错,不怕旅途多坎坷……

此刻,我再次发觉黄昏的可爱,它给予我的,太多太多。我心里又一次唱起了那支我爱我恨、毕竟我迷恋不已的黄土情歌。

(本文参加 1990 年度"我与湘大"全校征文大奖赛,获一等奖。文中提到的萧艾教授是全国著名甲骨文研究专家。1991 年 4 月 7 日余与同乡欧阳少锋到先生家里做客,这便有了《学问大家萧艾访谈录》。他是智慧的长者,遍体鳞伤者,也是一个在注定建造废墟的年代里守望精神高地的真正学者。)

03　南风之薰兮

我很幸运,我是九疑山的儿子。我很欣慰,童年的我一无所知——诗人说,若是你懂得更多,世界将馈赠你愈多的苦恼,这是那个时代对人们许下的诺言。

记得奶奶还健在的时候,每逢我生日那天,就会说:"伢子,去看看咱家的柿子树几轮了"——山里孩子都有和自己一起长大的"同命树"。母亲却只会叹息:"城里照相的就是不进山来。"奶奶告诉我,那是因为山里人太穷。后来我明白,奶奶说的有道理,家里没给我留一张童年时的笑脸,也不是母亲的疏忽。

就在我刚学会放风筝的那年春天,村里来了一位外地人。听母亲说,他是城里来的教书先生。没想到,我便是那年春天上的学。

启蒙的第一堂课,先生要我们各来一首山歌,这实在容易不过了。"水弯弯来山高高,南风吹来竹尾摇。蜜蜂过岭口含糖,落到东边半山腰。"至今想来,那幼稚的声音里有几分羞涩和天真呢。我们都念完自己的歌谣,先生笑得特别开心:"山里孩子真不错,说不定,今后准出几个作家呢。"作家不作家,原先的我是不懂得这个的,但相信"山里人笑不掺假",我便觉得先生是值得信任的。

打那天起,学校生活给我们添了不少情趣,我那童年的美梦不再拴在牛背上度过了。静静的夏夜里,山里人常坐在一起纳凉,让悠悠的晚风赶走白天的疲劳。先生说,那是山里人的福分。要问家乡的过去,黎林大伯自然离不开那竹米的故事:"六〇年苦日子,城里人都慌哩,山里人更没保障。一天,人们清早起来,漫山遍野的斑竹缀满了竹米。靠着它们,山里人活过来了,而那些竹林呢? 大批枯死了。有人说那是舜妃娥皇、女英拯救黎民呢。"记得那次,先生听得特别认真。

邻居家的三根大哥从县里中学回来,自然带回了大串的城里故事:房屋是三层的,姑娘戴太阳帽,马路大得大汽车并排走……他还从哪听来了一些"教授"味儿。问他个究竟,只说是大学里的老师,自然是住洋楼、坐小车……后来,把这话问我们先生,他似乎难为情地摇了摇头。就在那天,三根哥的"孩子王"地位动摇了。

一晃五年就快过去,在很多年级同一教室的"大合唱"里,我们又学会了《南风》一首:南风之薰兮,可以解吾民之愠兮;南风之时兮,可以阜吾民之财兮。先生特别高兴:"同学们,这首古歌相传为舜帝所作……"后来又明白,如《史记》所说:"舜南巡狩,崩于苍梧之野,葬于江南九疑。"这传说的圣地,不就是我朝夕相处的故土吗?

季夏的一天,我接到了县中的录取通知,人们说当年山上的香杉特别地绿。山风醉人的晚上,飘来了一支同样醉人的山歌:"好久没到这边山,这山为何冷叮当。不见阳雀喳喳叫,不知情妹在哪方……"细听起来,哦,那不是我熟悉的歌喉么?

那年冬天,我从县中回到故乡,听人唱起了一支新的山歌:"暖风无意人有情,妹妹醉倒城里人。"黎林大伯也说,山脚下那妹子有福气,找了个那么好的后生,他父亲也刚落实政策,是大学教师呢。我想起了那晚多美的情歌,越发觉得先生怕山里人留他,所以不辞而别要回城去了。

可是,我的猜测完全错了。除夕的头天,先生陪山脚下的阿姐回来了,他还说自己也是我们山里人了。

都快过去十年了,如今的我真碰上机会进了大学,熟悉好多的大学教师。他们现在还不像山里孩子想的那么好:住高楼,坐小汽车。先生一直没离开过我家乡的人们。他说,那九疑山的风让他心醉。

(本文 1990 年 8 月 31 日定稿,后被湘潭人民广播电台录用,9 月 15、16 日连续播出。当年收到稿费 9 元。次年 7 月 9 日又收到奖励 30 元,据说获了奖。这钱数不少,是我一个月的伙食费了。)

04 从来,我没有后悔

没有孩子的花园缺乏魅力,没有收获的秋天令人忧伤。

多梦的季节渐渐退潮,全身激荡着青春的活力。建一座独自受用的幼儿园,去夺回那盏风筝拂去的童年,这愚昧的天真倒倍增情趣。曾一度期盼着春天里将要发生的故事,后来才明白,故事常常发生在冬天里的春天。

时刻寻觅着,幻想与现实之间,有多遥远? 相隔几个太阳年一样遥远的季节,抑或近在咫尺,在水一方? 唯不懈的前驱能够测量。黄昏漫过西山最后一朵枝头的时刻,留下的绝不是惆怅。既然,大一不只是浪漫,大二又不是失落,大三、大四也不是迷惘。那么,回首这片神奇的土地时,不会留下一个颤抖的声音——"从来,我没有后悔"。

人在奋斗时,难免有失误。成功的喜悦,美丽的忧伤,如泥沙俱下。谎言的时代早已过去——上帝撒谎去了,唯霞光辉映孕育了一个灿烂的银河,每颗星都熠熠生辉,共同维系着一种良好的氛围。告别孤独,超越困惑,我们共有一个和谐的家。此刻,那人生瀚海中飘来的一叶扁舟,你会说,那至少称不上迷人的风景。

既然,时代的浪潮淹没了最后一道港湾,大海注定要成为船儿的陆地。就在潮与岸又一次悲欢离合的瞬间,我们赶海去,那点点渔火定然辉煌出冉冉升起的希望。

(本文为笔者担任主编的湘潭大学报学生会、学生通讯社刊物《校园动态》1990 年 9 月 26 日第 26 期临时补缺。当时用的铅字打印排版,工人师傅很是辛苦。)

05　家　雀

孩提时候,跟着奶奶去晒谷子,赶鸡便是我的差事。第一次见到一群麻雀飞落在谷堆上,我心里一急,提着赶鸡棍追了过去。奶奶说:"别去赶它们,家雀儿吃的老虫哩。"

十年一瞬,奶奶去了,孩子们管五叔叫爷爷。他常给孩子们讲一个故事:冬天的一个早晨,成群的家雀儿死在后山的雪地上……五叔边说边叹息:"要是它们不死,那该多热闹。"

在家乡,我多年没见到家雀儿了。五叔常念着过去,我也一样。我在中学第一次作文就闹了笑话。在我们的眼里,校园之晨的描写无非就是"鸟语花香、书声琅琅"八个字。现在想来,对过去校园清晨的追惜之深情,却是真的。

独步黄昏,一场奇异的对白发生在我面前。"你们这儿鸟特别多,能玩几枪吗?""学校禁止一切狩猎活动。""小麻雀也不能打吗?""家雀儿更不能打。"那人走了,向空中放了一枪。看得出,他比五叔年轻很多。我感到一种新的战栗。我渴望更多的鸟儿能挽留住校园里春天的脚步。

（本文为作者在湖南省《湘潭日报》实习期间,1991 年 8 月 2 日发表于该报"雨湖"副刊的一篇小散文。全文 386 字。）

06　有所思

晚上十一点,阶梯教室落锁。陪这阶梯十六年的老唐摇着大蒲扇,哼着"生在南方,夏天受罪"的话儿,来到阶梯教室,站在门口习惯地叫了几声:"有人吗?有人吗?要灭灯了。"

楼梯口传来"咯噔咯噔"的脚步声,"唐伯伯,是我,回来找钢笔的。"

"是个好读书的妹子哩,"邱露露走后老唐自语道,但职业习惯马上给了他几分惊异:"近来,怎么每天落锁时碰到她?就只她一个,从不带书包的?"

邱露露不想回去睡觉,像往常一样,在这条石子路上迈着缓缓的步履,带着沉重的往事。

三年多前,她从北京来到南方,进了这古城一所有点偏僻的大学——照她父亲说的是,接受生活的考验。她是个争气的姑娘,每天晚上坚持到阶梯自习——那时的阶梯,晚上常是空荡荡的。终于有一天,在不多的人当中,她发现一个人用诚实而强有力的目光注视着她。那目光碰伤了她的视线,那目光只能属于夏新星,一个地地道道的南方人——别人说到"山沟里考上大学不容易"的话,他心里想和别人拼命的人。他的确具有非凡的进取精神,露露说那是一种"大山的性格"。三年多来,各种荣誉证书满满一袋。

"他明明不在教室,我干吗要去看他?"露露为几个月来每晚熄灯前去阶梯的事实恨起自己来,继而又为自己辩护,"不,我要的是一种精神,它给我勤奋的心灵。我只想看看他,他能给我精神。"她终于明白了近来自己为什么老跑神,"那些字,跳荡出没,像一个个刚发现的星座,对我微笑,我叫不出它们的名字。"

要是往常有电影的晚上,他会在第 29 棵小树下等她。今晚,伴着自己孤独的脚步声和朦胧的影子,她走出了校园围墙,坐在月光下的田塍上，想借记忆的巧手去翻阅那重叠了无限快乐的日子——

在一个春日黄昏的过后，我们感到早夏的降临。新星，你说"我相信春天里或许没有蛙声，但有皎洁的夏夜。"我仰望着浩荡的天河，"月亮走得好快哟"。你却说："云走得快呢。"我偏不同意，我们有了相识以来第一次争执。你依了我，夸我是诗人，自封哲学家。"才不呢，他们可是死对头。"

我没有你那么多故事，十三陵、八达岭、亚运村、颐和园……我对它们没有新的感觉，你说那是文明人的象征。我爱听你大山那么多的故事，但你不该吓我。你说，很小就跟父亲去山里种苞谷，学会了如何在地里安炸弹。一天，炸弹响了，没炸死野猪，倒害得一个山姑满身是土。你父亲说："活该，来偷玉米。"你也讲，山里人穷，做事狠心，也没办法。你那时候便发誓要离开穷山沟。我吓得浑身颤抖，你第一次热烈地拥抱了我，亲得我透不过气来。我在你大山般的臂弯里感到整个宇宙的停泊。

有一天，你从省城回来，你那最信得过的处长伯伯告诉你，若不解决组织问题，进省城是挺困难的。"依我性格，恐怕难矣"，你叹息说："看来得走'研究'之路了。"

凄清的夜色浸入心底，苦涩涩的，露露感到有些心寒。离毕业只有四个月的时候，夏新星亲口对她说的"以后我不能再找你了"。露露百思不解，"你做'研究'，也不至如此吧？"再没有理他。特别新闻传开了："小北京不理山里人了。"

她想到这些，禁不住落泪。回来的时候，已是十二点了。往日，得他帮她才能越墙就寝。幸好，院内近来正在施工，大门一直开着。

只有两天了，还没有决定工作单位，刚住院回来的周兴叹心里有些急，他没带徐采薇去看电影。他将家乡县一中校长——他高三的班主任给他的信往桌边一搁，心里念着"'如果你回来，我们是欢迎的'，不，我才不回去呢，除了山还是山，过得日子？"此刻，他倒同情起对穷山沟引以为耻的夏新星了，"咱们来争夺这个金苹果吧"——只有一个省城机会了。

徐采薇刚歇下脚来,正在为他整理行李。"叹",虽然在她心里他们是分手了,但她难改这个习惯了,"你心里有话瞒着我?"兴叹摇了摇头。

她是了解他的,甚至知道他的每条神经想些什么。他们是高中同班同学。她是县城姑娘,学业也好,有着"闲论派"所公认的风度。一天,她在报上得知我国那项著名的截流工程出了险情,她那朝思暮想一直不为同学知道的总工爸爸再没有回来。她弃学招了工,为了脚下的四个弟妹,说她的根只能扎在故土。她不忍心让他回到那偏僻的小县,要不他那股读书劲没处使,就会憋死的。

"是自己先提出分手的,我干吗来找他?"一种后悔和自责占据了她的心。"叹,你歇着吧",她见兴叹从壁橱上搬书箱,额上直冒汗,"你太虚弱了。"

"我早没事了",兴叹笑了笑。

"前两天才晓得你病得不轻。"

"我没告诉你。"

"其实,我早有预感。最后几封信邮戳上和你填的号码不一样,你想骗我。后来,别人写信告诉我……"

"别说了……"兴叹用手示意,眼里涩涩的。他记得那些信是在病房里写的,最后一封信有这么一句——再见了,将所有的花扔进墓穴。

最后一天的早晨,班上的女同学比太阳还早醒,因为"北京姑娘"出事了。

夏新星参加完宣誓大会,赶到校医院,已是九点。梅子告诉他,同学们都来过了,可她老是闭着眼睛。徐采薇告诉他,昨晚的事情是这样的——半夜时候,我起来纳凉,看见露露往院门走去。我忙告诉梅子,梅子说:"她近来害了夜游症"。我们跟在后面,不敢叫醒她——听说,这时候吓着了是没法治的。她到了阶梯,好像想进去。经过那条小石子路,她在一棵小树下停了许久。后来,跃过围墙,在原野上坐了会儿。明明是蛙声聒噪的夏夜,她说了句"蛙声都死了"就往回走,她没有从大门进去。她爬到院外围墙边的土坡上,"新星,帮帮我",便跳了下去。一只破啤酒瓶扎破了她的脚。流了很多血,她昏了过去。

夏新星颓然地坐了下来,"昨天晚上,多亏你们了。""都是你好,才有今天……"梅子责怪地说。

略显苍白的房子里,夏新星沮丧着脸。邱露露总算醒过来了,"是你——来干什么?""露露,我是新星呀。""新星,它陨落了",露露拉下了眼帘,或许累了,或许不愿听夏新星那长篇的解释。

"这么久来,我做了一件令我苦不堪言的事。那天晚上,只有一句话——我不能再找你了,我没有给你更多的解释。于是,你怀疑,赌气,心里恨我,也不找我了。很快,别人当我们'吹了'——我需要这种'艺术真实',它能叫别人确信并给我希望。你知道,学校近来的一个红头文件——明确反对学生谈爱:不评优、不入党、分配时不列为推优范围,我早就打听到它的发布日期,我不敢告诉你。像别人那样,待公布之后声明'吹了','藕断丝连'的,就会一切无望。"

看到露露脸上毫无表情,新星差点哭出声来,"露露,你醒醒,笑笑,睁开眼睛看看我,明天我们就离校,到省城去——你曾说过,为了我,穷山沟你也愿去的,而我是不愿再受那份苦的,我那跳出穷山沟的梦年少时就发了芽。"

清早,太阳刚爬到山头上。一场阵雨净洗过的校园特别清新。校门口排满了一列"专车",是各地来接毕业生的大汽车。离校的时刻到了。

听说采薇要同乡们一道回去,露露溜出医院,特地来送她。挤在送行的人群里,找不着采薇的影子,"那么,周兴叹总该来吧?"

忽地,车窗口探出一张秀气的脸庞。哦,采薇看到了她。周兴叹和她是邻座,还是过去那么风趣:"她来接我,我该送她更远一些。""他是要回去了",露露无意识地感到。山里人和城里人的手紧紧握在一起。"谢谢了,采薇""谢谢你来送我。哦,他没来?同样谢谢他,是他给我写的信,告诉我兴叹病了。"采薇感激地说,兴叹肯定地点点头。

　　汽车启动了,露露猛地停下挥着的手,眼里噙着一颗凝结的泪。"我要找他",但她马上有了相反的想法:"一切都没有必要了。"

　　(本小说《有所思》定稿于1991年11月,入选"湖南省第六次青年文学创作竞赛",署笔名"晏之秋",1992年6月3日收到团省委、作协湖南分会和《年轻人》杂志社的来函通报,获湖南省青年文学创作竞赛优秀奖。本文标题与汉乐府之一相同。)

07　话说京城：输不起的北京人

前几日,读晚报得知恶霸欺侮瓜农被拘一事,先快后怒。买瓜不给钱,还动手打伤瓜农、抢劫钱财、毁坏交通工具的"地头蛇"柴某已被公安抓获,这能不大快人心? 然得知,柴某穷凶极恶,施暴于瓜农毕某之时,"引起数十名群众围观,看看男青年嚣张的气焰,无一人敢上前主持正义……"顿生"众不敌寡"之悲哀,而后出离愤怒。

泱泱共和国首都,国人举首,世人瞩目。光天化日之下,是非曲直,众目昭彰。然而,人家毕竟是"法门高墙"的"过来人",以为天下最厉害的"舍我其谁"。由是可知,"寡者"既是亡命之徒,众人怕得有理,这是其一。其二,围观者芸芸众生,彼此路人,加诸近年来"赤膊上前阵"的疾恶如仇者愈来愈少。何况人再多,乌合之众却依然是没有战斗力的。看来,"众不敌寡",乃事出有因!

然而,北京人仍然是相信"寡不敌众"的,这是真理。何况,北京人"输不起",凡事"看不惯",则群起而攻之。

在我的印象里,北京人"输不起"的精神是公共汽车上"挤"出来的。那天,在长安街上乘公汽,雨雹齐来,人都挤成了坛子里的腌咸鱼。出事了!"你能不能注意点?"一位北京人像是被猛踩了一脚。"北京人真厉害,"一位中年妇女回了一句。"踩了别人,就该道歉嘛,"北京人坚持道。"北京人身上有刺","输不起","还是南京人好","好男不与女斗"……众口之声像是把北京人的嘴贴了封条。众口铄金,积毁销骨,寡不敌众! 那中年只是咕哝着,像是不愿做"好男"状。"人家被你踩了还活该""没做错,干吗输""淑女不好斗"……几个北京男男女女替那沉默者扳了回来,人活一口气! 这回,好像是南京人不吱声了。

长于舌战,却痛恨强词夺理;宽容大度,对"看不惯"的却言语刻薄。不到理屈词穷决不服输的北京人,就是这样"输不起"的。作为一位"新北京",我发现"修我戈矛,与子同仇"的协作精神乃是北京那些四合院里的"内骨子"。新陈代谢规律改变不了"输不起"的北京人这种遗传基因。你初来院子里,人人抛给你一副狐狸眼光。你成为院子里一主人后,那人情像从老舍先生的"茶馆"里飘来似的,醇正可口。大清早,邻里告诉你,他家金丝鼠昨晚一窝下八崽。傍晚回来时,有人告诉你几个客人敲你家门儿。但是,若是你的杂物堵了下水道,老少爷们说你"心黑"。此外,相互间吵架都像"辩论",有见识的长者"调停"很有招儿。虽是杂院,却不封闭。小孩子天天去买晚报,家事国事天下事事事关心。人们相处和睦,有"屁"则放,个个有说话份儿。土生土长,坦白自然,世世代代的沧海横流并没有涂改人的真正面目。

北京人明白"寡不敌众"、众擎易举的内蕴。一切在社会上上过"狩猎"生活的人,常常成为"过街老鼠",安身不得。所以,较之其他城市,北京的"众不敌寡"现象毕竟少见,因此才成为新闻的吧。

(原载于《中国环境报》1992年9月29日第2版。当时我住在北京鼓楼西大街棠花胡同8号院的杂屋子里,左邻右舍都是老北京。)

08　岁岁年年人不同

我独自走向祖父的长眠之地,栽下几棵青绿的马尾松,想让它替亡灵分享一份风寒。

暮春也是春,这南岭一隅的故土竟如此满目萧萧?山豁没有风儿,江里没有水排。"南风起来,北风退哟。棵棵大木困山冈哟,哟嗬。大木小木连成片哟,明日下水走远方,哟嗬。走远方,呵嗬……"我哼着那支古老而熟悉的伐木歌儿,任最后一道残阳漫过西天最后一片树叶,不想回家。伐木放排,生死于斯,厮守贫困,这是我祖辈们生活的全部内容。如今,山秃了,水浑了,风住了,轮到孙儿给祖父栽护坟林了,一切都瞬息万变。"一切都沉寂如死!"走出山关的人们发现外边生活五光十色,不满于时代馈赠的填饱肚儿。

我要走了,只是想见上燕子一面。她是一个普通的人,在我心里却异常崇高不凡。我们是邻居,屋都搭垛墙,却是异姓。三四岁的时候,我们就在一起玩了。春天里,燕子常飞过屋梁筑巢,大人嫌那东西太脏,常叫我们用竹竿撬燕子窝,可是怎么也赶不走它们。"讨厌!"在一片怨声中,燕子啄木含枝总算安了家。

一年夏天,我和二毛闹了纠葛。他家鸭子"小黑"吃住一只大田鸡,被我家大黄鸭抢吃了。他死活要我还田鸡,扬言捏死"大黄"。一场孩子战后,二毛妈要我家赔礼。母亲依了,对我却没有责怪,"咱惹不起。"那年冬天,家里让我放鹅了。风雪中,除了寒冷还是寒冷。我默守着小鹅们静静吃草,那老鹰空中盘旋时的"呜哇"声凄清吓人。我怀念起放鸭的时光,"要不打架,那该多好。"挨到枯草又绿的日子里,身边来了一位小伙伴。燕子家里也养起了鹅,说是她闹着家里买的。"燕子,你真行"! 我那时的言语中毫无抒情和柏拉图。

念书识字时,我总算明白了父母那番苦心。问题在于父亲姓"右",我过早失去了金色的童年。沉默不属于 O 型质人,历史涂改了我的面目！唉，谁能像我，从改养一种家禽中悟出点什么？谁又能说环境永远是人类的产物呢？

燕子自然成了我最好的小伙伴。穷人的孩子早当家。她是家里五"千金"中的老大，懂事特早。没想到接到中学录取通知那天，竟是她告别学校的日子。她哭着告诉我："我没你幸运，我爸说，富人才读书，穷人靠养猪……"禾熟了取镰刀，李熟了串巷子，这是她此后经年生活的基调。她做买卖从不叫嚷，生意却特好。客人问多少钱一斤，她总说"你看着给吧"。岁月漂泊中，燕子的名字比咱村名还响几分。何况，她有着同性嫉妒、异性公认的漂亮。

明知她不在，我还是上她家一趟。她家盖了新楼房，我们不再是邻居了。"全靠那女崽争气，寄钱回来。"她妈还转给我一封信，其辞凄楚："哥哥，人说'广东不像河中水，渴者皆可舀一瓢'，这地方的钱确实不如前些年好挣了。但我不想回家，我不能，我要钱！两个小妹得上学，她们不能走我的老路。你是大学生，给讲讲读书的事情，对她们有好处，拜托了。"读罢，想说点什么，但我什么也没说。"小燕子，穿花衣，年年春天到这里……"是一个约三岁的小男孩顺口溜着。忽而，一只燕子飞进屋来，啄了啄壁上的鸟笼，又出去了。"外婆，燕子为什么要走？"小男孩丢下幼儿画报，努着嘴。"这楼房没有梁，燕子筑巢要过梁的。"老人似乎努力着想给孩子解释清楚。"那燕子还会回来吗？""等你妈妈回来的时候。"……

"男儿立志出山关，一事无成誓不还。"离别故土的时候，我眼里噙着泪水，心头涌起这么一句话。我要走了，去哪儿？做什么？我也不知道。但我请求一些同窗挚友不要对我过多责怪："你为什么不去南方？"

"可我为什么要去南方？！"

（原载于《中国环境报》1992 年 8 月 29 日第 2 版头条，署名"地中海"，稿费 35 元。当时稿费标准是头条千字 30 元。）

09 湘西,春天里的抒情诗

"亚热带,我找到了你的故乡。"到了湘西,你准会这样说。

当青绿的枝叶轻扫过车窗玻璃的时候,你仿佛在绿色的江流中徜徉。山逶迤,路蜿蜒,车像一个贪玩的孩子,慢悠悠,蹒跚着如负重的蜗牛。偶尔能听到汩汩水声,是小溪在草丛里酣唱一支没有休止符号的歌。你极力寻觅她时,却又见不着影子。夏日的阳光垂照下来,树丛里却依然幽暗。山里的春姑娘醒得晚,狭长的田野里的禾苗吐着绿色的生机。

山窝里住着几户人家,世世代代享尽了冬暖夏凉的福气。屋脊一律比较陡直,因为常降暴雨,较大的倾斜度可防止积水倒流入室。湘西人爱山水,珍惜这片土地上的一草一木。他们建房时,选一地儿,依旧把地皮上的树视作最早的"主人"。树干从屋顶伸出,繁茂的枝叶和屋顶设计融为一体。多情的树为感激新来的主人,带给屋子一片永不凋谢的四季绿荫。

神奇的土地繁衍着一茬又一茬的土家族同胞。古时的土家人"散处溪谷,所居必择高峻",以防毒蛇虫蝎,避潮防湿。那鳞次栉比的吊脚木楼,至今仍唤醒现代都市的人们返璞归真。"社巴"是"摆手"的意思,作为元宵节前的祭社神活动流传下来。节日将至,土家人聚集村寨跳"摆手舞"和唱"摆手歌",歌颂张古老制天、李古老制地的民族创世传说。姑娘们青春奔放,温柔大方,胜过了城里那些"粉饰太平"的小姐。自沈从文先生《边城》问世以来,多少痴男情女都为那两兄弟用唱歌的形式向翠翠求爱、争着去采摘峭壁上的虎耳草的爱情故事销魂而忧伤。一些人与其说为了领略张家界的风光而来,不如说为了探究那似乎近在咫尺却又远在天涯的爱情意境。难怪人们虽然明白,连创作"翠翠"艺术形象的沈老都走了,却仍然相信那洁白无瑕的摆渡姑娘永远不会离去。

傍晚时分,我们来到小镇的街上,发现很多外来的客人在挑选中意的纪念品和特产,嚷个不停,比叫卖者还胜一筹。若是你捧个西瓜敲敲,土家小姑娘会告诉你:"西瓜2角,自家种的,放心买。"

人们同样怀念那位在风雨中死去的摆渡老人,愿他那涅槃之灵在冥冥之中得到某种补偿。

我和尹君住在一个土家老人家。老人有两个儿子,老二在部队,老大在家这几年勤劳致富了。在选择新房的地基问题上,父子有些闹别扭。老人按照传统习俗,讲究房屋的坐向。因处偏远荒村,地理先生难得请来,老人的根据只有那新筑的鸟窝了。"喜鹊砌窝,或梁上燕子砌窝,窝朝何方开口,何方就吉利。"我们不以老人的顽固为然,却又不得不承认,老人的"科学"里确有几分真理性哩。老大坚持楼房建在山腰处,靠近公路图个方便。他告诉老人:"听说,省会到武陵源风景区即将修建的大铁路可能在这里设个站。"老人一听竟乐呵呵,似乎动摇了当初的想法,"建屋在铁路边,到时我老人家好做点小本生意嘛。"

忽而有一天,老人大清早把我们叫醒。我伸了个懒腰,老人要拉只学过几天写生的尹君作画去。画得朦朦胧胧,但看得出是老大建屋所指的那座山。告别湘西的那天,老人将一包泥土塞给我们说:"我在山上挖了一把土晒干,称其重量,验其硬度后,才晓得这地下可能有溶洞、暗河,建寨都会塌陷,怎能经得住火车呢?"原来如此!老人叮咛我们把这包泥土交给省里的专家,为火车找条好路。

回到省会后,我们在信中告诉老人,专家们已找到一条避免溶洞、暗河危险的新方案。因为,我们毕竟不忍心告诉老人,铁路设计的最初方案就没打这儿经过。

(原载于《中国环境报》1992年11月28日第4版。)

10　沦陷的感觉

"媳妇娘,奶子长,养个奶崽没屁眼……"城里人说的娶亲,在我的家乡称为"讨婆娘"。若吃不到喜糖,山里的男女娃们会诅咒你刚过门的媳妇。

这样的乡俗孕育了我,沉淀在我脑勺的无底之渊。去年,我带着北京妞儿回家成亲,心里却为她受不起这份刺激捏把冷汗。

本该江水暴涨的时候,我们却可驱车从近乎干涸的河心颠簸过去。在祖辈的坟前,侄儿告诉我,前些年大家听支书说"分田分地搞承包",恨不得把分给自家的山林刨个精光。难怪,家乡的山没了水,如同人没了眼睛。只有先人的坟山葱郁依然,那是村人视为阿弥陀佛的风水宝地。

多年不见面,我的侄辈个个长得认不出来了。吃饭的时候,大哥叫辉儿给我盛饭。八十高龄的伯父坐上席,寒暄之后呷了口酒说:"如今的后生家看不起种地的,田土抛荒,造孽啊……"他不多的言语中,像是流露出平生最大的不满。或许是这种情绪打击了他少年为父分忧、农耕几十年的自豪之感,我点头示意自己的尊敬。妻儿却说:"让他们出去闯闯,说不定能折腾出一个模样。""不比你男人,喝墨水长大的,他们迟早都得回来……"伯父对妻儿的说法显然没有信心。

"哦嗬,我来看少爷带回来的北京媳妇啦。"姑婆快嘴刚闭上,就进屋了。依然是那副挂满苦涩的脸,几十年劳苦腌制出来的眼睛,声音里没有了先前的圆润。我给姑婆搬张凳儿,姑婆还是把我当小孩,摸着我的头说:"还是少爷懂礼性,姑婆当年没白疼你。"

姑婆年轻而寡,有四女,最小的一个叫蕨妹。母亲说:"你小时老到姑婆家玩,贪吃香豆儿。姑婆见你跟蕨妹合得来,答应我蕨妹大了就给你做媳妇。"妻在一边说我:"小时就坏了心。"姑婆见母亲说漏了嘴,打住话头:"那是讲着耍的,蕨妹哪有那份福气?"

我奇怪姑婆为啥叫我少爷。至于蕨妹,她少时就羡慕我有书包。她曾带我去刨姑婆刚下的芋种,我们烤着吃得好香。姑婆发现后,蕨妹说全是她干的。姑婆骂我"捞崽"(就是书本上说的"匪类"),不许我到她家玩。我认了错:"你不理我,我理你。"这是我外交上第一次妥协投降。姑婆拗不过我的乖巧,说了句"开裆裤儿,奈何不得",依然如故喜欢我。

"采薇,快来认得你北京叔叔。"临走之时,姑婆叫牵着她衣襟的小孩给我打个招呼。看来,蕨妹把她的美丽天质传给了女儿。妻儿要给采薇压岁钱,小孩硬是躲到桌下不见。小姑娘害羞是真的,大姑娘害羞是装的。这又一次佐证了我的看法。"我不该让她出去打工,"姑婆像是担心起蕨妹来了,"她不在家,也没人能教小女崽认个字儿……"

不曾料到,我携妻儿返京才三天,母亲托人给我拍了一份加急电报,说是蕨妹在广东那边犯了错,要我托学法律的大学同乡打听她的下落。

"某天早晨,我靠在图书馆前的条椅上读英语,我的无聊和无意义在单词之间弥漫着。在我的上空,一些燕子不规则地飞行着,彼此以生命的形式追逐。它们中的一只发现了我,给我一些现实生活的关注,我心中突然滑过一丝感激之情。这是善意而吉祥的信息吗?"

我的同窗郑长天给我来信中的几句震撼了我。同类相残,在追逐中耗命,其间的一些人被他人不情愿地称为少爷、老爷,这是被害之后的悲哀。

我必须设法找到蕨妹的下落,因为我们曾拥有平等而毫无羁绊的少年。

(原载于《中国环境报》1994年11月1日第4版。)

11　话说京城：别把四合院当古董

普通北京人居住的什刹海一带要拆迁,谁还能找到朱自清笔下什刹海佛寺的杨柳？我倒不在乎杨柳之存亡,着急的是自己居住过的棠花胡同也面临墙圮人逃的命运了。因为后海一带正在兴建些百万、千万美元一套的大宾馆——"新四合院",那未来的主人是新贵族吗？这个我也不感兴趣。我只是对自己来京不到三年就被赶得"鸡飞蛋打"而愤然。时下有人喊"要把古都风貌夺回来"。我这几天一直在盘算,要不要在这列队伍中亮开嗓门助上一威。

"古都风貌"语义模糊,至今没有专家作出权威的界定。我同意一种"来自基层"的意见,四合院是古都风貌的聚光镜,照得人原形毕露,并将光芒射入人的心灵。我就被这面镜子照过一回。前年秋天,我搬进那间四合院,因平生操练文字,养成了猫头鹰的习性,将黑夜的来临当作黎明的开始。一个风日,我下班回来见枣树叶堵满了我家小门。魏婶告诉我:"邻居李大爷病倒了,小伙子以后得勤快些,每天清扫自己的家门。"我这才明白李大爷有次给我说的话:"下雨真糟,你家笤帚都长高粱了。"想来汗颜,我曾在被窝里怨过他,大清早就在门口"唰唰唰"响个不停。

北京四合院叫我懂得珍惜人之常情,它像总能绕出去的北京胡同那样悠长。你听不到院子里失窃的消息,因为人眼胜过你精心设置的防盗门;你可以听到对自己的评头品足,因为真诚的人们学不会谎言……当然,你也可以看见含辛茹苦的老人们养狗养猫养老鼠,每到周末期盼着儿孙归来的念叨。而诸多情况是,儿辈发了的住进了新楼,老爷子仍顽固地"坚守阵地"。儿辈没辙的和老爷子一起吃住,吵吵闹闹像辩论,邻里成仇少相闻。有人怕落个不孝的骂名,连劝带哄才将老人携进新楼,而老爷子还是说"住得不习惯"。

赵园因为写过老北京"胡同文化"的书,被当作研究北京的专家。

他却说："我在那本书里所怀念的只是一种生活情调而已,而那种情调已非我今天所能忍受。"一位拍摄过厚厚一沓北京胡同的画家说："北京胡同很有意思,但我决不愿住在这里。"那种小农社会的封闭空间,带来了对个人隐私的无视,更不必说卫生设施的落后,这一切确实与现代生活相去甚远。申办奥运会的失利对北京胡同的主人打击很大,因为旧房拆迁无望断了他们最大的盼头。在"老北京"看来,统一搬迁是一件美事,虽然远离市区是有些遗憾。住市长给的两居室,比住儿女挣的"四室二厅"要过瘾,要坦然。这也体现出他们的独立人格。感情结使他们留恋群居,群居使他们互通信息。都市生活确实造就了大批侃爷。四合院的人手头再紧,也要挤出几个钱买《北京晚报》。要追溯都市的文明渊源,拒谈生息环境的影响是虚无主义。

永恒的保护连历史文物都造不出来,何言铸造跨世纪的事业?要别人保持原始状态,是旁观者的欣赏心理,也是一条适用于国家之间的情感规则。当一位日本父亲对儿子说："要看蒸汽机得到中国去",我深感一种被人视为现代古董的悲哀。千万别把北京当作古董,四合院毫无必要敝帚自珍。1949年人民解放军"不战而屈人之兵","六朝古都"的北京市民无不庆幸。然而时隔不久,建筑学家梁思成就泪别了四围的城墙和大部分城楼子。最近,中国社科院近代史专家茅海建说："应该让圆明园继续荒芜下去。"荒芜的圆明园是我们民族脸上的一块伤疤。一个敢于正视现实而自信的民族,就该将它留存在心底,时刻记住毋忘国耻,奋起直追,没有必要动用建设事业中本已吃紧的人力财力物力。这么做,也会被看作是"历史虚无主义"吗?

像是存心和港台流行歌曲的温柔缠绵、淡淡的悲哀作对似的,戴圆眼镜的李春波以"亲爱的爸爸妈妈"为开头的《一封家书》,使得都市平民都兴高采烈地唱道："爸爸妈妈每天上班吗?管得不严就不要去了。干了一辈子革命工作,也该休息了……"有人断言,这首歌贴切地反映了很不本分的都市平民的文化心理。我却以为,将这种病态的流行"归功"于四合院的主人们则是大大的诬蔑。我以前住胡同杂院时,如果上班出门晚了,邻里会说:"今天怎么晚了?"若是我睡过头了,有人会敲响家门问声"是不是病了"。现在倒好,住所离单位近了,又特地买了闹钟,可还是养成了睡回头觉的劣根性。这也是我特别留恋胡同生活的唯一原因。

（原载于《中国环境报》1994 年 11 月 17 日第 3 版。）

12 诗歌《纯属男人话题》等7首

（01）因为期待而美丽

（2003—11—30 北京）

在一片有头无尾的黑森林
未曾猜想你为谁采摘
有人以为你是迷路了
善良地将你引领到美丽原野
他不奢望你从来吝啬的微笑
也不愿意见到你全然的抱怨

不是所有的好梦都会相约
不是所有的缘分都会牵手
不是所有的风筝都能上天
不是所有的努力都助长希望

坚持为一种期待
期待不需要理由

（02）纯属男人话题

（2003—12—15 北京）

男人可以没有爱情
但不可以没有事业
男人活着山有脊梁
倒下是第一张骨牌

女人一旦把爱情当作事业来经营
悲剧才刚刚开始

女人一旦把事业当作爱情来呵护

喜剧已基本结束

在乡下

谁要是娶了天天赶集的女人

他的这辈子难得安宁

在城里

谁要是爱上了跑车上的女人

他的下辈子不会安宁

这个经验首先为男人明白

但应告诉人类的另外一半

情感世界很难孕育英雄

英雄却常常废弃于情感

情感世界多悲剧

悲剧有时很美

故事原型却很苦

（03）红墙紫薇花

（2004—01—11 北京）

森严的红墙内

铺盖着他乡草

注定活不过今年

因为来回翻修的摧残

有人说这些草享受不了富贵

有人说草死了咱们才不愁活

紫薇被不幸地捉弄进红墙

在被削去枝叶后遭遇活埋

在这黑水岸边阴冷的土地上

早已习惯了无话找话者的冷漠

无知者说这些白色的树权死掉了

当家人说刨出来也没法当柴火烧

春天快走过

繁花在卖弄

小草在嘲笑

紫薇胚芽还没有影子

好高的乌鸦高枝招摇

沉默者在喧嚣中思考

夏天走过来

繁花干瘪在炎热酷暑中

紫薇花在尽情绽放

毫不在意世俗的赞赏

她无拘无束地欢畅

她无忧无虑地芬芳

确有人独爱你风格迥然

感谢孕育灿烂的寂寞时光

直到深冬还在回味你的故事

笑看北国鹅毛大雪簇拥着温暖

（04）博鳌冬天

（2004—01—14 海南黄金海岸）

这里碧水蓝天

这里鸟语说花香

这里是梦幻的海洋

这里是冬天里的春天

请原谅我不是疏忽

没能够为你放声歌唱

请原谅身临其境的我
助长了你的多愁善感

明天我若离你而去
请把你的微笑写在我的脸上
也把我的思绪归于你的淡忘
美是你的命运
天赋是命运的命运
我只是命运的过客

(05) 默无声息亦尊严

（2004—01—23 广州）

睡莲被瓷盆囚禁后沉入池塘
再也闻不到泥土的芬芳
各种花色锦鲤来自扶桑
群集后屏住呼吸巧装扮
在即将腐烂的荷叶下瞠目壮胆
喷泉的呆板传染使它们无动于衷
围观眼镜带头说这些鱼真是好看
随声附和者说就是比本地鱼漂亮

科学家轻声提醒说
它们是鲤鱼杂交后的变种
我看这些家伙实在是可怜
不如老家稻田鲤那么欢畅
那些家伙跳吃过禾苗嫩虫
游弋中听取蛙声丰收在望

那池塘的卧石绝对自然
在沉默无息中捕风捉浪
他们有超乎生命的坚强

时刻捍卫着存在的尊严
沉没时不畏惧心慌
浮现时也不炫耀声张

(06) 谁还在意别人的羽毛

（2004—04—25 北京）

如果细节足以感动
可任由她毁其一生
如果虚名足以窒息
没必要再坚守围城

你的微笑迷醉了北方的春天
她变得稍微可爱了
你的声音轻柔过山野的清风
她荡漾于我的梦境
你眸子里给予我的遥远
是我无法企及的想象之岸

我今生实在是读不懂你
任由这些念想堵塞思绪之网
我不怨栓塞的理想多过理性
救赎心底倒流的时光
如果生命都为了苟活
谁还在意别人的羽毛

(07) 江南九疑

十里画廊没寒烟，
万卷潇湘立江南。
舜德韶韵高朋至，
古道胜景大潮赶。

作者注："江南九疑"语出《史记》"舜南巡狩崩于苍梧之野,葬于江南之九疑",即湖南省宁远县境内的九疑山,现为国家级森林公园。江泽民同志曾题词"九疑山舜帝陵"。作为毗邻两广的湘南地区,受益于国家中部崛起战略和承接产业转移战略的实施,经济发展迎来了历史性机遇。

"十里画廊"是九疑山核心旅游景区之一,沿湘江上游之泠江两岸绵延十里,自然天成,特色显著。山水与田园交融,晨雾与楼阁相映,历史文化内涵丰富。其中,下灌村为唐朝状元李郃故里,村民过万之规模为全国山区县少见;在青山尾村太平天国石达开部五千将士与湘军激战,兵败跳崖阵亡。

《潇湘图》是中国江南山水画代表人物董源的力作。董源,字叔达,南唐钟陵(今江苏南京)人,其画风从元至清占据中国传统绘画主流派地位。

学界认为,舜帝是中国传统伦理道德文化的始祖。舜帝陵古遗址为国家重点文物保护单位。相传舜帝在九疑山演奏的《韶》乐,颂扬劳动和自然之美。孔子在《论语》中评价"韶尽美也,又尽善也"。

(余 2010 年国庆节回到家乡,畅游九疑山泠江下灌至青山尾一带。回京后将这次回乡见闻写短信一封,报告时任省委书记周强同志。他将文稿转给了《湖南日报》的社长。文见 10 月 15 日《湖南日报》"湘江楚韵"版。此作后来在《人民日报》发表,标题改为《九疑山》。)

13　文章立意与国学基础

接近三十年前,我离开母校(宁远二中),今天(作者注:2015 年 6 月 3 日)又回到这里。我年轻时候悟性不够,又无长者适时提醒,浪费了太多的时间。节约时间是对大家的尊重。再过几天同学们要参加高考。我想提醒的是,好的文章都需要国学支撑,应试作文也要吸收国学营养。

人的潜能来源于自信,接近理想需要方法。爱因斯坦发现质能关系式能量 E 等于质量 m 与光速 c 平方的乘积,只是用了三个英文字母和一个阿拉伯数字,却在理论上预言了原子弹的可能性。理论深奥,却言简意赅。不能要求人人都是天才,但是人人都要张开想象的翅膀。想得到,才可能做得到。

一、文章改变命运,引导民族精神

1. 提高个人境界。孔子说,诗言志。曲肱而枕之,乐意在其中;不义而富贵,于我如浮云。苏东坡有诗,粗缯大布裹生涯,腹有诗书气自华。清代学者王国维的《人间词话》谈到三重境界,也是人生的三重境界:"昨夜西风凋碧树,独上高楼,望尽天涯路",讲的是目标高远。"衣带渐宽终不悔,为伊消得人憔悴",讲的是过程艰难。"众里寻他千百度,蓦然回首,那人却在灯火阑珊处",讲的是量变到质变的喜悦,临界突破的境界。

2. 促进国家治理。《淮南子》说,舜为天子,弹五弦之琴,歌南风之诗而天下治。曹丕《典论·论文》句"盖文章,经国之大业,不朽之盛事"。杜甫有诗句"文章千古事,得失寸心知"。

3. 引导主流舆论。毛泽东说,指点江山,激扬文字。他是在北京大学受训邵飘萍先生的新闻思想影响后,回到长沙和同道创办了著名的《湘江评论》。

4. 实现人类的终极意义。活得明白需要求知,活得自由需要财富。财富因幸福存在,学习是为了快乐。经济学家厉以宁说,中国最大的危机是信念危机。古人云,天下熙熙,皆为利来;天下攘攘,皆为利往。而有些价值观念是我们必须坚守的,否则人类最终将失去精神的家园。

二、家乡先贤做出了上等文章

如果说张家界是一幅画,那么整个永州是一本书,宁远县可以说是书的序言。这本书的要点在于三个方面:

1. 源头。在追溯上古圣人治国时期,舜文化形成了丰富的内涵和文化影响。内涵三方面,个人修为孝德,国家治理善治,对待自然敬畏(不是和谐)。天人合一思想是皇帝出现后的说法。孔子尊崇舜帝。张谓诗句:尝闻虞帝苦忧人,只为苍生不为身。毛泽东诗句,六亿神州尽舜尧。永州文化底蕴是以舜文化为源头。

2. 思想。道州养育了北宋理学鼻祖周敦颐,其著述《爱莲说》《太极图说》等全部算完,总计 6428 字,内容经典深刻。清代学者王闿运有对联评价,"吾道南来,原是濂溪一脉;大江东去,无非湘水余波"。

3. 文学艺术。宁远主要河流注入道县潇水,永州南部几个县大约在地理学上归为"潇湘"范畴。五代时期南唐画家董源作《潇湘图》,开南派山水画先河。南宋诗人陆游赞叹永州,"挥毫当得江山助,不到潇湘岂有诗"。江山是国家政权,本意是大好河山。明代徐霞客年轻时自勉,"大丈夫当朝碧海而暮苍梧,乃以一隅而自限耶"。清代画家石涛说,"笔墨当随时代"。民国时期宁远人杨宗稷开创了九疑山古琴派。清朝时期宁远人杨季鸾成为全国著名诗人。南宋注解李白诗歌的大家杨齐贤显示了宁远人的独立人格。至于家乡的两个状元,"我生不辰"(诗经句),一个是生于唐朝安史之乱后的李郃,另一个是朝廷偏安一隅的南宋乐雷发,而他们的文学成就达到了相当的高度。

三、感悟书法大家的境界

"大音希声,大象无形"(老子《道德经》)。中国书法博大精深,是传统文化的瑰宝,其中蕴含了国人的思想智慧,体现了艺术大家的人格魅力,蕴含着许多为人处世之道。同学们大多数参观过舜德书院,梳理这些书家作品,可以了解中国书法艺术轨迹,感知国学的脉络,使得自己的文章立意高远。在此,列举如下故事细节,让我们感悟何谓境界。

1. 大师风范,首先不乏谦虚。在舜德书院,碑刻着国学大师启功的一首自勉诗:当年乳臭志弥骄,眼角何曾挂板桥。头白心降初解画,兰飘竹撇写离骚。国学大师文怀沙2015年4月6号在国家博物馆举办105岁法书展。他用甲骨文为书院书写了屈原《湘夫人》句"九疑缤兮并迎,灵之来兮如云"。他给我谈到一个故事:一个放牛娃在郊外扯了一把草,来到伦敦天文台说:"听说您是大学者,请问这是什么?"学者微笑着抚摸孩子的脑袋,说:"孩子,其实我知道的并不比你多。"术业有专攻,人都有短板。

2. 现任中国书法家协会主席张海说,"每创作一件作品,往往血压升高,心跳加速,身心俱疲,完美创作伴随着生命作代价"。他说自己数十年砚田耕耘不辍,生活中缺少诗情画意:"如果不是衣服的增减,我似乎感觉不到四季的变化;如果不是看到窗外灯火通明,我似乎也感受不到昼夜的更替"。看过先生题写的"莲花山公园",我们领略到先生笔力的苍劲。其实早在1995年沈鹏先生在《创造力的实现》一文中就断言,张海书法形成了几种不同的风貌,他们之间相互渗透,将逐步通向灿烂的格局。一切轻描淡写成功,自欺,欺人。

3. 艺术境界在充分自由中实现,刻意创作难尽人意。1961年湖南人请毛泽东题写"岳阳楼"牌匾,毛主席转请郭沫若题写。郭老每天练习这三个字,历经几个月后比较满意。他从写好的一批"岳阳楼"中挑选三幅,用信封装好,写上"岳阳楼组委会收"。谁也没有想到,湖南组织书法家评选时,认为信封上的"岳阳楼"写的率性大器,刻匾可用。

4. 北大前校长周其凤为书院题写"撷以兼通,和而不同"。这句话出自唐朝书法家孙过庭《书谱》,意思是除了书法艺术之间,不同学术之间乃至不同价值理念之间,都需要比较包容,取长补短。校长还赠我一幅字,写的蔡元培先生观点"思想自由,兼容并蓄"。

5. 学者欧阳中石写"韶韵九疑,舜得天下",多次电话核实"疑"字有无"山"字头,落款"中石奉属"。谨慎行得万年船,大家对待艺术更是如此。先生喜欢别人称他为学者、教育家,不喜欢别人叫他书法家。没有大学养,难成艺术大家。

6. 艺术需要"学于古人,自造门户"。著名书画家李立 18 岁时(1943 年)将自制印谱寄给远在北京的齐白石老人,没想到 80 多岁的白石老人亲笔给他回函,称李立"所刻之印数方,刀法足与予乱真",鼓励道"好学者无论诗文书画刻,始先必学于古人,或近代时贤,大入其室,然后必须自造门户,另具自家派别……"李立即便后来名满天下,依然谦虚地说自己只是"大匠门外",未得真谛。其实他的"古潭州人"一印因白石老人多年用过,至今作为白石用物珍藏在北京画院。

7. 舜帝经历和文化内涵。张继书写"舜葬九疑说"。国学大师姚奠中百岁书写"不坠青云志,常怀壮士心"。舜帝是百岁南巡。姚参加了 1935 年章太炎国学研究班。舜帝耕历山,渔雷泽,陶河滨,就时于负夏。教化百姓,约束百官。团队领袖,靠实力说话。

8. 艺术的生命在于创新,条条大路通罗马。印学大家王镛书写二世引述韩非句子,"尧舜采椽不刮,茅茨不翦"。用印"典之所至""得大自在"。李立用印"大匠门外",冲刀刻法,险峻。周哲文切刀刻法,平正(冰心老人评价高)。韩天衡书法南宋乐雷发《乌乌歌》,以绘画技艺入书法,体现书画同源。制印融合险绝与平正的和谐之美,开掘出独具特色的写意印风。韩公用印"衡公日课",提醒自己昼夜勤作。

9. 坚持需要方法,年轻需要点拨。碑学大家孙伯翔受益于王学仲,"要把魏碑写得像钢打铁铸一样"。孙经验总结:一曰,青灯黄卷,始于方正。文质彬彬,然后君子。二曰,学而思,思而学,思学并兼。三曰,神采为上,形质次之。四曰,先天必有,后天必补。国学大师王学仲书法思想,"大字贪丑拙,小字求妩媚","四我精神":扬我国风,励我民魂,求我时尚,写我怀抱。徐悲鸿称赞王学仲为"怪才"。康有为曾经建议年轻的徐悲鸿绘画时要借鉴书法,特别是要融入碑学,增强线条质感。

10. 坚持是大家的风范,修正是大家的胸怀。孙伯翔的碑学理论别于启功先生,他不认可"魏碑取决于刻工水平"之说。他认为,刻工只能刻其表,不能刻其里;《始平公造像记》的厚重感,是碑刻手工达不到的,其作者朱义章绝对是一个书法高手。孙伯翔还曾经长期信奉碑帖分家的观点。直到 1995 年,他来到山东云峰山详细察看石刻现场后,感慨:"山林之气可以变成庙堂之气,书法艺术将来的途径还是要碑帖结合。"这是一次为时不晚的重大修正,那一年他 61 岁。他追求艺术的"清凉之境","楷书要做到动起来,行草书要做到静下来",要求作品"让人们越看越舒服";同时要求创作主体保持内持自省、淡泊名利的精神境界,在内容上写天地之正大气象,抒民族之风骨华章。

11. 九"疑"山名字考证。屈原《离骚》提到"苍梧",朱东润主编的《历代文学作品选》注解为,"即九疑山,在湖南宁远县境内"。北魏郦道元《水经注》湘水篇提到"游者疑焉,故曰九疑山"。唐代道州刺史元结文章《九疑山图记》提出,"当令以九疑为南岳,以昆仑为西岳"。不能这样划分的原因,客观上是提出"五岳"的时候地理大发现不够;主观原因是当时议者"拘限常情""牵引古制",不能有所改创。

12. 艺术家创作冲动,可能源于故乡情结。应永州客人要求,胡抗美草书柳宗元《江雪》。他平素喜爱书写孟浩然诗歌《与诸子登岘山》:人事有代谢,往来成古今。江山留胜迹,我辈复登临。空间穿越。孟浩然,湖北襄阳人,胡抗美家乡先贤。热爱你的家乡,她会给你灵感和激情。

13. 经典成为经典,言之有物,出自大家手笔。"天下三大行书",都是形式与内容结合的成功范例。东晋王羲之《兰亭序》,唐代颜真卿《祭侄稿》,北宋苏东坡《黄州寒食帖》。唐代怀素《自叙帖》首先讲述了他和颜真卿的师承关系外,记录了当时名流的评价,涉及形似、艺术特质。从父吴兴钱起评价他,追求佛的境界,"远锡无前侣,孤云寄太虚;狂来轻世界,醉里得真如"。毛泽东书法和怀素《自叙帖》神似的地方,笔画细圆,字形参差,布局恣肆。当今书坛许多书法家学养苍白,为世人诟病。热衷于书写"永和九年","大江东去"者,大有人在。

四、中学生命题作文范围

(1)在美好的理想中成长。

理想的描述:我有一双隐形的翅膀。(某年北京考题,败笔。)

过程:理想在奋斗中成长,力戒好高骛远。行百里者半九十。美国心理学家马斯洛把人的需要划分为五个层次:生理—安全—归属—尊重—自我实现。

坚持理想需要定力。陈独秀曾在《新青年》发表文章,鼓励中国青年有独立自主、自强不息的精神:我有手足,自谋温饱;我有口舌,自陈好恶;我有心思,自陈所信。

坚守兴趣可能获得成功,选择放弃需要理性和勇气。自我价值的实现(自我设计——自我管理)。实现理想有三个基本前提:

其一,在个人—社会—国家关系中调整自我。不可想象,一个置社会需要于不顾的人能实现自我价值。同样,也不可想象,一个没有自我价值的人能有什么社会价值。

其二,储备现代人必备的人格素质:独立人格。主体意识。个性解放。激励创新,宽容失败。北大学者梁漱溟在《中国文化要义》中感叹:中国文化之最大偏失,就在个人永不被发现这一点上。"最后的儒家"都如此尊重人的"个性解放"。

其三,绝大多数人都有可能比实际中的自我更加伟大,因为我们都有未被利用的潜能。潜意识,弗洛伊德的"冰山理论",重视潜意识,培养好的习惯。

(2)人与人的关系。

利益能够把爱神召唤到战场上来。人在社会,利益互动。

团队协作。服从团队,宽容个性,允许失败。越是竞争激烈,越是需要宽容。"大众创业,万众创新"。人大附中题目,人多走得快还是人少走得快?

竞争优胜劣汰,有序相互共赢。美国社会学家英格尔斯在《人的现代化》中指出,未来的国际竞争,实际上是国民素质的竞争。哪个国家拥有高素质的国民,那个国家就能够在未来的竞争中取得战略主动地位。

（3）国家治理。

社会运行的理论解释:"三斯理论"。科斯产权理论。若斯的制度经济学。奥斯特诺姆公共物品理论。市场经济"看不见的手",决定性作用。政府宏观调控,公平与正义。第三部门,社会自组织建设,例如"自然之友",草根环保志愿者。

两条思路:以德治国是境界,依法治国是急所,并用。

只有在雾霾面前,才能同呼吸共命运吗？从自然生态到社会生态分析。

关于反腐败。"文化大革命"后不久,一部《七品芝麻官》的地方戏轰动全国。剧中主人翁徐九经被认为是个清官,他的那句名言"当官不为民做主,不如回家卖红薯",几乎是家喻户晓。"把权力关进制度的笼子里"。金钱和利益交换将人际关系庸俗化,古已有之。中唐诗人张谓《题长安壁主人》为证:"世人结交需黄金,黄金不多交不深"。

自然道德。恩格斯在《自然辩证法》中忠告人类:"不要过分陶醉于人类对自然的胜利。对于每一次这样的胜利,自然界都对我们进行了报复"。河流治理污染,不能搞行政化的"河长制",要调动自组织力量,调整法律结构,实施举证责任倒置。

（4）辩证思维看待社会现象。主观与客观。辩证思维:联系观,发展观(继承与发展),矛盾观(多从矛盾中抓主要矛盾,例如国家矛盾;同一矛盾中抓矛盾主要方面,例如内因外因)。成功和失败是相对的。寓言漫话类命题,需要直接点题。

（5）认识论问题:现象与本质,感性与理性,原因与结果。美的起源说,劳动。苏联车尔尼雪夫斯基说,美是生活。审美层次:黑格尔说"美是理念的感性显现",抓住了主体与客体互动,比较经典到位。自然美—人体美—崇高美—悲剧美—丑陋。北岛诗歌:卑鄙是卑鄙者的通行证,崇高是崇高者的墓志铭。伤痕还是反思,文学都是历史的记忆。

五、全文结尾

海子诗句:面朝大海,春暖花开。汪国真诗句:没有比人更高的山,没有比脚更长的路。高考不是生活的全部,但我们需要从容地对待每一次迈步。

重要附录

01　学术评价《从地方分治到参与共治》

（01）李克强同志 2011 年 11 月 19 日在国务院研究室 11 月 2 日刊登的《研究报告》第 36 号、第 37 号《超越地方行政分割体制　探索参与共治的流域水污染治理新模式》上批示：

请生贤同志阅。跨行政区域共治流域水污染的经验值得总结,并注意在实践中探索。（抄陈雷同志）。（编者注:李克强时任中共中央政治局常委、国务院副总理,周生贤时任国家环保部部长,陈雷时任国家水利部部长。）

（02）张高丽同志 2011 年 11 月 12 日在国务院研究室该期《研究报告》上批示：

认真阅读,深受启发。我们一定要把水污染治理好,为子孙后代造福,实现人与自然的协调发展。（编者注:张高丽时任中共中央政治局委员、天津市委书记。）

（03）李源潮同志 2011 年 11 月 15 日在国务院研究室该期《研究报告》上圈阅并批示：

很好。（编者注:李源潮时任中共中央政治局委员、中央组织部部长。）

（04）湖南省委书记周强同志 2011 年 11 月 15 日在国务院研究室该期《研究报告》上批示：

省环保厅：参与共治的模式对我省流域水污染治理，尤其是湘江综合治理很有借鉴意义，请认真研究。

（05）江苏省委书记罗志军 2011 年 11 月 14 日在国务院研究室该期《研究报告》上批示：

请徐鸣同志阅研。若隐同志的研究报告很全面、深入，对我省相关工作很有启发。

（06）江苏省省长李学勇 2011 年 11 月 27 日签名来信，内容如下：

我认真拜读了您的研究报告，深受启发。江苏历届省委、省政府都十分重视生态环境保护工作。近年来，我们认真贯彻落实党中央、国务院的决策部署，坚持把重点流域水污染治理作为生态文明建设的重中之重，积极创新"治水"体制机制，深入开展上下游污染补偿试点，切实加强与上海、浙江、山东等周边省市的合作，太湖、淮河等重点流域水质均呈改善趋势。

打破行政分割，突破地方和部门利益局限，是搞好流域水污染治理的关键。您研究提出的"参与共治"模式，倡导在政府、市场和社会公众之间建立信息共享、协商合作、联合行动机制，对深化流域水污染治理具有重要意义。我们将认真研究借鉴您的意见，积极推进水资源公共治理制度创新，努力把流域水污染治理工作做得更加富有成效。

非常感谢您对江苏工作的关心支持。

（07）国家水利部部长陈雷 2011 年 11 月 16 日在国务院研究室该期《研究报告》上批示：

请规划司、人事司、水源司、办公厅参阅。

（08）国家环境保护部部长周生贤 2011 年 11 月 12 日在国务院研究室该期《研究报告》上批示：请力军、华林同志研究。

（09）国家新闻出版总署党组书记李建国 2012 年 6 月 3 日亲笔来信，主要内容如下：

进行如此专业和深入的研究,真令人敬佩和向往。研究的成果对我们国家流域水污染治理有着非同一般的意义。

(10)湖南省委常委、长株潭两型社会建设工委书记张文雄 2012 年 5 月 28 日来信,主要内容如下:

水是湖南最大的优势。长株潭城市群作为国家批准的资源节约型、环境友好型社会建设综合配套改革试验区,把治水摆到两型社会建设的重要位置,正在加大湘江流域和洞庭湖综合治理力度。你提出的政府、市场和社会公众参与共治的流域水污染治理新模式,对湘江流域和洞庭湖治理以及水资源开发利用管理等都具有重要指导意义。我们将运用你的研究成果,指导和推动湖南水流域治理和两型社会建设。

(11)清华大学环境学院院长余刚 2012 年 4 月 10 日签名来信,内容如下:

感谢您前段时间寄来大作《从地方分治到参与共治》。我最近抽空拜读,深感您是一名学者型的官员,而且在流域水环境管理方面有很深的研究。您的著作论述了在高度行政化的中国实施流域水污染控制的必要性和可行模式,对指导我国的水环境保护工作有重要意义。

欢迎您有空后来我院讲学。

(12)湘潭大学校长罗和安 2012 年 1 月 12 日签名来信,主要内容如下:

大作《从地方分治到参与共治——中国流域水污染治理研究》已经收到并仔细拜读。贵作在大量调查研究的基础上,提出"中国流域水污染治理的理性选择是从地方分治走向参与共治",并对参与共治机制进行了详细论述,探索出了一条我国流域水污染治理困境的制度性出路,内容新颖,创新性和可读性甚强。非常敬佩您对学术研究的热心和执着,衷心祝贺贵作出版且相关成果得到多位党和国家领导人、省委书记以及部长的关注和肯定。作为湘潭大学 23 万余名校友的杰出代表,长期以来您始终关注和支持母校的建设与发展。在此,谨向您表示衷心的感谢。

近年来,在各级领导机关、广大校友和社会各界的关怀支持下,湘潭大学各项事业取得令人欣喜的发展成绩:学校成为教育部、湖南省共建的高校;实现了国家重点学科、一级学科博士点、国家地方联合工程研究中心、孔子学院等一系列突出成绩和重大突破。目前,学校师生员工也正充满信心,向着建设研究教学型综合性大学的目标迈进。要实现这一目标,迫切需要像您这样热爱母校的校友一如既往的关心和支持。

作为母校的校长,我代表湘潭大学全体师生并以我个人名义向您发出诚挚的邀请,希望您能在方便的时候回母校讲学,与母校师生分享您的成功与喜悦。

(13)国家环境保护部总工程师万本太先生 2011 年 12 月 5 日通读完《从地方分治到参与共治》书稿,亲笔回信如下:

我用了周末及今天的时间,读完了你的大作,受益匪浅。论文观点鲜明,论据充分,分析入理,逻辑严谨,文笔流畅。确实是该研究领域的领先之作。

具体建议:1.改后的题目更好。2.文内有两处文字修改,供参考。感谢你对环保事业作出的新贡献。

02　茶叶冲里谋发展（新浪网新闻）

　　红网宁远站 2 月 21 日讯（通讯员 乐松生 陈国宏）九疑山上白云飞，茶叶冲里远客到。2 月 18 日下午，湖南永州市委常委、副市长蒋善生，北京大学博士、生态环境学者胡若隐，宁远县委常委、副县长刘庚旺一行三人，应回乡创业青年、县源上源农业科技发展有限公司主要负责人唐永湘的邀请，来到宁远县水市镇茶叶冲作客，围绕茶叶冲高效生态农业项目集思广益，布局谋篇。

　　在茶叶冲夯土成墙的屋子前，乡亲们泡上一壶再普通不过的土茶，随即打开了话匣子。有年长乡亲回忆说，早些年要是谁家来了客人，近邻就得凑上几个小菜；如今的年轻人又回来了，他们记得住乡愁，脑筋好使，乡亲们的日子有了奔头。唐永湘介绍说，茶叶冲属于鲁塘村第八自然村，距离县城约 18 公里，由于地理封闭、交通不便和资金短缺等原因，长期以来家乡百姓抱着金饭碗，到处找饭吃。客人问他在深圳发展好好的，为什么回来吃这份苦。这位憨厚的年轻人答道，一为机会，二为责任。客道，我们信你。

　　茶叶冲位于大山豁口之内，地势相对平缓。由低处到山脚，依次是清澈的水潭，药材种植和菜地，屈指可数的老屋，分割有序的养殖区。这里终年有曲水流觞，水流味甘，可以放心直接饮用。有三道溪流分布其中，她们的性格如同茶叶冲人一样淳朴自然而厚重不息。每遇大雨也不暴躁，上好的植被孕育了水体的婉转。高处的山体挺拔严峻，茂林修竹中常有珍禽鸣唱。有古松终于作古，商贩前来询价。茶叶冲人只说不卖，也不过多解释。这或许是他们理解的坚守的另外一层含义。

　　宁远县源上源农业科技发展有限公司生态农业项目在这里适得其所，这里是唐永湘的家乡。唐永湘说，已经签署合同的山林面积有3000 多亩，主要发展果木、经济林、珍禽养殖等生态农业，兼顾高效农业、旅游休闲、生态环保，为的是走出一条可持续发展路子。这里珍禽多样，勇猛好动，是"丛林法则"使然。常有游客来山上采集鸡蛋，操着一口异地口音，笑声快乐隔山传。

客人们来到养殖区，看到珍禽在啄食草药汤汁。主人说环保无异味，艾酵素需要量大。蒋善生提醒道，还是循序渐进好，花两年时间积累经验值得；防疫是规模养殖的生命线，要牢记于心，谨慎于行。针对九疑山一带生物多样性丰富，亚热带季风气候湿热环境有利有弊，胡若隐说，多变量互动可能增加结果的不可预测性，值得实证研究并给出对策。至于产权明晰才能致富共赢，科技支撑才能高枕无忧，制度创新才能保持"风景这边独好"，这些话语是此行三人的共同心声。刘庚旺还表示，将尽快协调有关职能部门，改善技术等方面的服务。

临近雨水时节，茶叶冲早已春意盎然，山林正孕育着新一季的生机，上万只山鸡在山上飞来飞去，水鸭在清澈的池塘中嬉戏游弋。好的收成在望。客人们祝愿源上源志存高远，追求卓越，在"精准扶贫"攻坚战中成为带动一方百姓共同富裕的现代化企业。蒋善生、胡若隐还建议，宁远县围绕乡村旅游示范点的标准做好规划工作，挖掘本地的民族文化、民俗特色，立足发展体验式旅游的理念，把现代农业示范区的建设与全域旅游发展结合起来，做到现代农业和休闲旅游协同发展。

（原文见 2016 年 2 月 21 日湖南省政府网站"红网"消息，后有新浪网新闻转摘。当时我看好九疑山茶叶冲发展生态旅游的潜质，多次前往感受。主人问称呼我"哥哥"是否妥当，我说你若把家乡事业办好了，叫什么都不打紧。该消息突显人格平等、科学精神和现场可感，写作特色明显。茶叶冲一时成为家乡热词。湖南省扶贫办副主任张智勇前往调研，对这里的扶贫攻坚行动提出建议。宁远县长桂砺锋相继而至，给予茶叶冲"旅游胜地"赞誉。今年 8 月新任县长唐何调研茶叶冲发展问题。9 月北京大学知名学者王浦劭博导调研了茶叶冲的扶贫攻坚。收入本书时有一处改动，"药素"修改成"艾酵素"。作为拥有传统平面媒体工作经历的人，我感受到了网络媒体的魅力。）